21世纪远程教育精品教材·经济与管理系列

# 会计制度设计

## （第二版）

阎至刚　编著

中国人民大学出版社
·北京·

# 总　序

我们正处在教育史、尤其是高等教育史上的一个重大的转型期。在全球范围内，包括在我们中华大地，以校园课堂面授为特征的工业化社会的近代学校教育体制，正在向基于校园课堂面授的学校教育与基于信息通信技术的远程教育相互补充、相互整合的现代终身教育体制发展。一次性学校教育的理念已经被持续性终身学习的理念所替代。在高等教育领域，从1088年欧洲创立波洛格纳（Bologna）大学以来，21世纪以前的各国高等教育基本是沿着精英教育的路线发展的，这也包括自19世纪末创办京师大学堂以来我国高等教育短短百多年的发展史。然而，自20世纪下半叶起，尤其在迈进21世纪时，以多媒体计算机和互联网为主要标志的电子信息通信技术正在引发教育界的一场深刻的革命。高等教育正在从精英教育走向大众化、普及化教育，学校教育体系正在向终身教育体系和学习型社会转变。在我国，党的十六大明确了全面建设小康社会的目标之一就是构建学习型社会，即要构建由国民教育体系和终身教育体系共同组成的有中国特色的现代教育体系。

教育史上的这次革命性转型绝不仅仅是科学技术进步推动的。诚然，以电子信息通信技术为主要代表的现代科学技术的进步，为实现从校园课堂面授向开放远程学习、从近代学校教育体制向现代终身教育体制和学习型社会的转型提供了物质技术基础。但是，教育形态演变的深层次原因在于人类社会经济发展和社会生活变革的需求。恰在这次世纪之交，人类社会开始进入基于知识经济的信息社会。知识创新与传播及应用、人力资源开发与人才培养已经成为各国提高经济实力、综合国力和国际竞争力的关键和基础。而这些是仅仅依靠传统学校校园面授教育体制所无法满足的。此外，国际社会面临的能源、环境与生态危机，气候异常，数字鸿沟与文明冲突，对物种多样性与文化多样性的威胁等多重全球挑战，也只有依靠世界各国进一步深化教育改革与创新、人与自然的和谐发展才能得到解决。正因为如此，我国党和政府提出了“科教兴国”、“可持续发展”、“西部大开发”、“缩小数字鸿沟”以及“人与自然和谐发展”的“科学发展观”等基本国策。其中，对教育作为经济建设的重要战略地位和基础性、全局性、前瞻性产业的确认，对高等教育对于知识创新与传播及应用、人力资源开发与人才培养的重大意义的关注，以及对发展现代教育技术、现代远程教育和教育信息化并进而推动国民教育体系现代化、构建终身教育体系和学习型社会的决策更得到了教育界和全社会的共识。

在上述教育转型与变革时期，中国人民大学一直走在我国大学的前列。中国人民大学是一所以人文、社会科学和经济管理为主，兼有信息科学、环境科学等的综合性、研究型大学。长期以来，中国人民大学充分利用自身的教育资源优势，在办好全日制高等教育的同时，一直积极开展远程教育和继续教育。中国人民大学在我国首创函授高等教育。1952年，校长吴玉章和成仿吾创办函授教育的报告得到了刘少奇的批复，并于1953年率先招生授课，为新建的共和国培养了一大批急需的专门人才。在20世纪90年代末，中国人民大学成立了网络教育学院，成为我国首批现代远程教育试点高校之一。经过短短几年的探索和发展，中国人民大学网络教育学院创建的“网上人大”品牌，被远程教育界、媒体和社会誉为网络远程教育的“人大模式”：即“面向在职成人，利用网络学习资源和虚拟学习社区，支持分布式学习和协作学习的现代远程教育模式”。成立于1955年的中国人民大学出版社是新中国建立后最早成立的大学出版社之一，是教育部指定的全国高等学校文科教材出版中心。在过去的几年中，中国人民大学出版社与中国人民大学网络教育学院合作创作、设计、出版了国内第一套极富特色的“现代远程教育系列教材”。这些凝聚了中国人民大学、北京大学、北京师范大学等北京知名高校学者教授、教育技术专家、软件工程师、教学设计师和编辑们广博才智的精品课程系列教材，以印刷版、光盘版和网络版立体化教材的范式探索构建全新的远程学习优质教育资源，实现先进的教育教学理念与现代信息通信技术的有效结合。这些教材已经被国内其他高校和众多网络教育学院所选用。中国人民大学出版社基于“出教材学术精品，育人文社科英才”理念的努力探索及其初步成果已经得到了我国远程教育界的广泛认同，是值得肯定的。

2005年4月，我被邀请出席《中国远程教育》杂志与中国人民大学出版社联合主办的“远程教育教材的共建共享与一体化设计开发”研讨会并做主旨发言，会后受中国人民大学出版社的委托为“21世纪远程教育精品教材”撰写“总序”，这是我的荣幸。近几年来，我一直关注包括中国人民大学网络教育学院在内的我国高校现代远程教育试点工程。这次更有机会全面了解和近距离接触中国人民大学出版社推出的“21世纪远程教育精品教材”及其编创人员。我想将我在上述研讨会上发言的主旨做进一步的发挥，并概括为若干原则作为我对包括中国人民大学出版社、中国人民大学网络教育学院在内的我国网络远程教育优质教育资源建设的期待和展望：

- 21世纪远程教育精品教材的教学内容要更加适应大众化高等教育面对在职成人、定位在应用型人才培养上的需要。
- 21世纪远程教育精品教材的教学设计要更加适应地域分散、特征多样的远程学生自主学习的需要，培养适应学习型社会的终身学习者。
- 在我国网络教学环境渐趋完善之前，印刷教材及其配套教学光盘依然是远程教材的主体，是多种媒体教材的基础和纽带，其教学设计应该给予充分的重视。要在印刷教材的显要部位对课程教学目标和要求做明确、具体、可操作的陈述，要清晰地指导远程学生如何利用多种媒体教材进行自主学习和协作学习。
- 应组织相关人员对多种媒体的远程教材进行一体化设计和开发，要注重发挥多种媒体教材各自独特的教学功能，实现优势互补。要特别注重对学生学习活动、教学交互、学习评价及其反馈的设计和实现。

- 要将对多种媒体远程教材的创作纳入对整个远程教育课程教学系统的一体化设计和开发中，以便使优质的教材资源在优化的教学系统、平台和环境中，在有效的教学模式、学习策略和学习支助服务的支撑下获得最佳的学习成效。
- 要充分发挥现代远程教育工程试点高校各自的学科资源优势，积极探索网络远程教育优质教材资源共建共享的机制和途径。

**中华人民共和国教育部远程教育专家顾问**
**丁兴富**

# 前 言

会计制度设计是一门技术性和操作性很强的学科，它以现代企业制度为方向，以《中华人民共和国会计法》为准绳，以《企业会计准则》、《企业财务会计报告条例》、《会计基础工作规范》、《内部会计控制规范》和统一的《企业会计制度》为依据，根据一定的理论、原则并结合实际，运用文字、图表等形式对全部会计事务，包括凭证、账簿、报表等会计核算资料、会计业务处理手续、会计机构以及会计人员的职责进行系统规划的工作，概言之，就是按照统一的会计制度来设计企业具体的会计制度。

会计制度设计是会计工作开展的前提，是会计管理的重要组成部分，单位创建之初制度设计的优劣直接影响着随后的会计实务操作。过去由于实行高度的大包大揽的计划经济体制，会计制度设计实际上是财政部门或上级主管部门的事，所以，至今仍有不少会计人员持此观点，认为在基层单位里，无须进行会计制度设计工作；在会计教学中，则往往满足对财政部门所颁布的会计制度进行解释，而对于具体行业和企业建立这些制度的依据、具体原则、方法及会计制度设计的规律、特点、适用性实施效果则很少做理论上的探讨，以致教材成了“制度加说明”。随着社会主义市场经济体制的逐步确立和企业所有制多元化、经营方式复杂化、管理手段现代化情况的出现，以及企业自主性、独立性日益增强，管理权力不断扩大，迫切要求企业建立一个适应自身实际情况和特点的管理制度体系，而会计制度设计则是其中重要的一环。

“会计制度设计”在理论内容上是大学本科所学会计原理、专业会计、财务管理、现代企业管理等学科的融汇和提升；在实际工作中，它是高级会计师和财会部门负责人经常运用和必须掌握的技能之一。

本课程是会计学专业的一门专业必修课，也是其他经济学类专业的选修课。全书分五个部分，共十八章，主要介绍会计制度设计的基本理论、会计组织机构、会计核算资料、会计业务处理程序和其他辅助会计制度五大部分。第一部分（第一章、第二章）阐述会计制度设计的意义、原则、步骤、方法和会计制度的总体设计；第二部分（第三章）阐述会计组织机构的设置；第三部分（第四章～第八章）阐述会计凭证、账户、账簿、账务处理程序、定期汇总结账和会计报告的设计；第四部分（第九章～第十七章）阐述货币资金、工资、固定资产、存货、采购、成本、税费、销售、投资与筹资业务的具体会计处理程序和制度的设计；第五部分（第十八章）阐述电算化会计设计的有关问题。第二部分～第四部分为基本会计制度设计，第五部分为辅助会计制度设计。

本书的学习目的是使学生在全面掌握会计制度设计基本理论的基础上，结合各个行业、各类企业的实际情况，能熟练选择和运用会计制度设计方法，为企业量体裁衣设计出一套适合企业经营管理和长远发展需要的会计制度。

本书从工业企业角度举例与阐述，从整体结构上把握，以内部控制为主线，着重讲述企业各类业务活动在不同业务循环中的会计制度的系统设计方法和过程，包括以各种图表形式出现的会计核算用表、账、证设计和会计处理程序的设计。它需要学生综合运用已经学过的各门课程的知识，并结合自己掌握和认识的不同类型的企业和会计工作的实际状况，充分发挥自身的潜能，真正掌握会计制度设计理论和基本方法，以达到学习目的。

本书具有系统性、时代性和实用性等特点，比较适合我国目前社会主义市场经济和企业现状，有助于总会计师、财务经理和企业管理者提高实务操作和理论水平，可作为财经类大专院校会计专业的教材，也可以作为财会人员和有关经济管理人员的自学工具书和参考书。

由于编著者水平所限，书中定有缺点和错误，欢迎读者不吝指教。

**编著者**

# 目 录

# 第一章

# 导论

**学习导航**

用 1 学时学习本章内容。

⊙ **了解**：会计制度设计的意义。

⊙ **识记**：会计制度设计的 10 个原则。

⊙ **掌握**：会计制度设计的步骤：计划、设计、试行修正和定稿颁布；会计制度设计的基本方法：文字说明法、表格法和流程图法。

## 第一节　会计制度设计的意义

### 一、会计制度的概念

会计制度是由政府有关部门和企事业单位对会计工作的规则、方法和程序所制定的规范性文件。它是整个会计规范体系的主要组成部分。会计制度随着会计工作的发展而不断演变和日臻完善。政府有关部门，主要是财政部制定的企业会计制度与企事业单位自行设计的会计制度是不同的。前者对后者起指导作用，后者以前者为设计依据。后者是前者的扩充和细化。前者是统一的、通用的；后者是具体的、专用的。本文所述“会计制度设计”主要指后者。

有人认为会计制度就是国家规定的有关会计方针、政策、规定，包括《中华人民共和国会计法》（以下简称《会计法》）、《企业会计准则》和财政部颁发的会计科目和会计报表说明。有人认为会计制度就是会计科目及其使用说明和会计报表格式及其编制说明。

笔者认为：国家有关会计方针、政策、规定是会计制度的基础，任何会计工作都必须以此为准绳，但它们不能简单地被视为是会计制度的全部内容；而将会计科目及会计报表的组合视为会计制度又过于狭窄。所以只有这两方面，还不能全面反映会计制度的主要内容，也不能充分发挥会计的功能，它们仅仅是会计核算和报告体系的规则，对于方法和程序的规则则很少阐述。而且它们是相互分离的各个部分，没有形成有机的整体。

所以，会计制度应从系统的角度来认识。系统是指由相互作用、相互联系的若干部分结合而成的具有特定功能的有机整体。

会计制度系统应体现为三个层次：会计组织系统、会计信息系统、会计业务处理系统。三个层次构成基本会计制度的全部内容。具体来说，会计的组织系统包括部门设置及分工、内部控制制度的建立和完善、岗位职责的划分等；会计信息系统包括会计凭证、科目、账户、账簿、会计记账程序和结账程序及会计报表；会计业务处理系统（按工业企业经营业务循环特点分类）包括货币资金业务会计处理程序、存货业务会计处理程序、采购业务会计处理程序、销售业务会计处理程序、工资业务会计处理程序、固定资产业务会计处理程序、成本核算业务会计处理程序、投资和筹资业务会计处理程序等。

当然，会计制度系统还包括许多其他辅助会计制度，或特殊业务基础上的会计制度，如预算会计制度、管理会计制度、电算化会计制度、破产企业会计制度等。本书不能全部囊括，仅将常用的电算化会计制度做重点介绍。

## 二、会计制度在会计管理中的地位

### （一）会计制度在会计核算和财务管理工作中的地位

会计核算是会计管理的对象，是会计管理的重要组成部分。会计是会计理论与会计实践的统一，而会计制度是在会计理论的指导下使会计工作规范化、程序化的具体要求和统一标准，它以具体的规范化文件的形式组织会计工作。

会计核算又是财务管理的基础，而财务管理又是企业管理和公司治理的核心和重要组成部分，因此，一个设计成功、内容完善的企业会计制度是会计管理和财务管理的有力保证。

### （二）会计制度在内部控制中的地位

会计制度是内部控制的重要组成部分，一方面，会计制度是对企业各个部门和各类经营活动的控制，包括识别与记录所有合法合规的经营业务，对经营业务进行适当分类，确定会计期间，准确计量经营业务的价值，在会计报表中合法公允地反映资产状况、经营成果；另一方面，会计制度中规定的各种会计方法和程序对会计人员与会计部门本身也起着控制的功能，例如，不相容职务的分离，复式记账，账证、账账、账表核对，财产清查，对账，结账，查账等。

### （三）会计制度在会计法规体系中的地位

会计制度在会计法规体系中处于基础地位，因为：

1. 会计制度是会计法律法规的具体说明和详细规定

会计法律法规是就会计活动的普遍规律所做的总结，是国家对国民经济活动中的会计共性问题做出的统一规定，因其具有高度概括性，所以，很难兼顾不同部门、不同行业的特殊情况，也不能满足会计实践的具体要求。而会计制度实质上是会计法律法规的具体说明和详细规定，它能指导和满足会计实践工作。

2. 会计制度是会计规范体系形成的先决条件

会计规范体系如图 1—1 所示，从会计规范的演变过程可以看出，会计制度始终是会计规范体系的基础内容，是会计规范体系形成的先决条件。

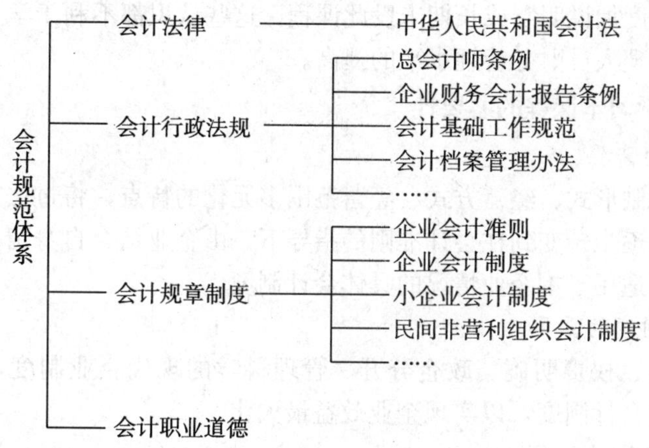


**图 1—1 会计规范体系构成图**

建立以会计法律法规为指导、以会计准则和统一会计制度为核心、以单位内部会计制度为基础、以会计职业道德为保证的会计规范体系，是我国会计规范体系的发展趋势，这种发展趋势需要研究和夯实企业会计制度在会计规范体系中的基础地位。

## 三、会计制度设计的必要性

会计制度设计是一门技术性与操作性很强的学科，它是以国家制定的会计准则和统一的企业会计制度为依据，用系统控制的技术和方法，把一个单位的会计组织机构、会计核算报告和会计业务处理程序规范化、文件化，以便据此指导和处理会计工作的过程。具体来讲，它以现代企业制度为方向，以《会计法》为准绳，以《企业会计准则》、《企业财务会计报告条例》、《会计基础工作规范》、《内部会计控制规范》和统一的《企业会计制度》为依据，根据一定的理论、原则并结合实际，运用文字、图表等形式对全部会计事务，包括凭证、账簿、报表等会计核算资料、会计业务处理手续、会计机构以及会计人员的职责进行系统规划的工作，概言之，就是按照统一的会计制度来设计企业具体的会计制度。

会计制度的沿革：会计制度设计是会计工作开展的前提，是会计管理的重要组成部分，制度设计的优劣直接影响着今后的会计实务工作。过去由于实行高度的计划经济体制，会计制度设计实际上是财政部门或上级主管部门的事，财政部原颁布有许多分行业、分所有制统一执行的会计制度及范例，对于规范各部门、各企业、各单位的会计工作，保护国家财产的安全和完整，给政府提供进行综合平衡宏观调控所需要的财务和成本数据，促进国民经济的发展，起过积极的作用。但随着我国市场经济体系的确立、企业所有制形式和投资方向的多元化，企业经营范围、经营方式和管理模式也发生了重大变化，如何适应这些变化，彻底改变过去教条死板地执行由财政部门所制定的统一的会计制度，而由企业按照统一的会计制度自行设计适合本身经营管理需要的具体会计制度，已是当前会计学科研究的一个重要课题和企业财会部门高级管理人员迫切需要掌握的重要技能。

**(一) 认识的误区**

长期在计划经济体制下工作的一些管理者认为，可以依靠财政部和上级部门颁布的会计法规，企业无须进行会计制度设计；大学会计教学部门则满足于对财政部门颁布的会计制度进行解释，缺乏结合各类企业实际情况，对于设计依据、原则、方法和内容的探讨，以致教材成了“制度加说明”或长期未设此课程。这些认识都不利于学生将来就业的实际操作和企业高级管理人员财务管理水平的提高。

**(二) 设置与学习本课程的必要性**

1. 市场经济的需要

根据企业所有制形式、经营方式、经营范围多元化的特点，将过去由国家主管部委制定统一会计制度，逐步转变到在会计准则的指导下，由企业结合自身情况和经营管理的具体要求，自行设计适用于本企业情况的具体会计制度。

2. 现代企业制度的需要

建立产权清晰、权责明确、政企分开、管理科学的现代企业制度，需要设计一个科学、有效、实用的会计制度，以实现企业效益最大化。

3. 企业生存发展的需要

企业欲在风浪迭起、险象环生的市场经济海洋中求得生存与发展，则必须随时分析和研究新情况、新问题，控制风险，控制成本，提高管理水平，增强企业实力和市场竞争力，而这一切都需要设计一个最佳的会计制度作为依靠和保障。

## 第二节　会计制度设计的原则

设计会计制度是一项复杂而重要的系统工程，设计产品质量如何，直接关系到企业的运营和财务管理的效率、效果，因此在设计会计制度时应遵循以下10个原则。

### 一、满足信息使用者的需求

会计工作的基本出发点之一，就是满足信息使用者的需求。这也是会计制度设计者首先需要考虑的原则。信息使用者分为外部和内部会计信息使用者。

**(一) 外部信息使用者**

(1) 政府主管部门，如财政、税务、统计、工商行政管理部门等，这些部门利用企业的会计信息，既可监督企业经营活动是否合法，又可进行宏观经济调控。

(2) 银行等金融机构，在办理企业结算或发放信贷时，需及时掌握企业的会计信息，以保证本息的收回。

(3) 债权人，主要是与企业发生经济交易的赊销者和借钱给企业的债权人，他们要通过会计信息了解企业的偿债能力和风险。

(4) 股东，作为企业财产所有者必须要通过会计报表了解企业的资产增值保值和股息红利收益等情况。

(5) 证券市场上的潜在投资者，在购买企业债券、股票之前，也需要了解证券发行和上市公司的财务状况与经营成果。

（6）其他使用者，如信用评级公司、会计师事务所、资产评估公司和证券公司等，也都需要利用企业的会计信息为客户提供专业服务。

**（二）内部会计信息使用者**

（1）企业的管理者是企业财产的经营者，他们受财产所有者的委托，履行经营责任。一般来说，内部管理决策70％～80％的信息来自会计信息，因此，企业的管理者必然要依靠会计信息，以进行供产销、人财物的调度决策。

（2）企业的职工与企业的生存发展密切相关，他们也是内部会计信息使用者中的一个不可忽视的群体。

总之，在设计会计制度时要注意内部和外部信息使用者的要求，以便及时提供和满足各方面的需要。

## 二、满足企业经营管理的需要

设计会计制度的直接目的是指导单位的会计工作，规范其业务与会计行为。所以，会计制度设计一定要从实际出发，针对单位的具体实际情况（行业、性质、规模、经营方式、生产特点）进行设计，切忌生搬硬套。一切以满足企业经营目标、经营管理、经营战略、发展方向的需要为出发点。如果忽视这一点，企业设计的会计制度必然适应性弱，指导性差，甚至将企业的会计和业务工作引入歧途，导致混乱。

## 三、以会计准则为指导

一般或基本准则、具体或应用准则是会计制度设计的依据和指导。企业自行设计的具体会计制度，必须与统一的会计制度保持一致，体现会计准则的要求，才能保证会计工作在合法合规的前提下健康运行。

## 四、反映会计信息质量特征

会计信息质量特征是指相关性、可靠性、明晰性、可比性、实质重于形式、谨慎性、及时性和重要性。

相关性是指会计制度所产生的会计信息与会计信息使用者的目的和经济决策需要相关，只有相关的会计信息才有助于信息使用者对企业过去、现在或者未来的情况正确进行评价、预测、判断和决策。

可靠性是指企业应当以实际发生的交易或者事项为依据进行会计确认、计量和报告，如实反映符合确认和计量要求的各项会计要素及其他相关信息，会计信息能真实、正确、客观、完整地反映企业的经营情况。

明晰性是指企业提供的会计信息应当清晰明了，便于财务会计报告使用者理解和使用。

可比性是指会计信息能通过信息对照产生的效应提高信息的有用性。可比性以一贯性为基础，在一定时间内，计量与口径一致且相对稳定，才具有可比性。实质重于形式是指企业应按照交易或者事项的经济实质进行会计确认、计量和报告，不应仅以交易或者事项的法律形式为依据。

重要性是指会计信息对企业管理当局及其他信息使用者进行决策具有举足轻重的影

响。谨慎性是指企业对交易或者事项进行会计确认、计量和报告应当保持应有的谨慎，不应高估资产或收益、低估负债或费用。及时性是指企业对于已经发生的交易或事项，应及时进行会计确认、计量和报告，不得提前或者延后。

一个成功的会计制度应能反映与提供兼具相关性、可靠性、明晰性、可比性、实质重于形式、谨慎性、及时性和重要性的会计信息。

## 五、符合内部控制的要求

企业建立健全内部控制的目的是保证资产的安全与完整，防止、发现、纠正错误和舞弊；保证各项业务活动顺利有效地进行；保证会计资料的真实、合法与完整。

设计会计制度要将内部控制方法、措施和程序恰当地设计在会计组织结构、会计核算和会计业务处理程序中，抓住内部控制关键点，体现内部控制要求，使会计制度真正成为内部控制的重要组成部分。

内部控制方法、措施和程序可归类为职务分离控制、授权批准控制、岗位调换控制、标准处理程序控制、财产清查控制等。

## 六、会计核算、统计核算、业务核算三者结合的原则

在企业的生产经营过程中通常要涉及三种核算：业务核算、统计核算和会计核算。

业务核算是指企业各职能部门反映监督经济业务的方法；统计核算是指政府、企业上级和自身研究大量和个别典型经济现象的方法；会计核算是指财会部门以货币为主要计量单位的记账、算账、报账和用账的方法。

业务核算为统计核算和会计核算提供基础资料。

三种核算之间互相提供指标，也在一定范围内共同使用核算记录。因此，设计会计制度时，应与统计核算、业务核算相结合。除满足会计工作的要求外，还应尽可能满足统计核算和业务核算的需要，做到数据共享，相互配合，步调一致，推行标准化管理，避免对同一业务各搞一套，造成重复劳动。对于可共同利用的原始记录、原始凭证和程序的设计，应认真考虑其要求，统筹规划设计。

## 七、成本效益原则

任何一个方案或项目的设计均应比较其成本和收益，从中选择效益最好的方案。对设计企业会计制度来说，就是根据目前企业的具体情况，在现行社会经济发展水平和政府宏观经济政策的指导下，通过制度收益和制度成本的比较来选择制度效益最大的设计方案。

这里的制度成本，是指设计成本和运行成本之和。既包括设计会计制度时所发生的各种直接或间接的设计成本，也包括会计制度具体实施时所发生的运行成本，还包括企业其他部门、员工为保障会计制度设计、修订和正常运行等而发生的其他成本。

制度收益是指该制度实施、运行后产生的收益。制度效益即指制度收益补偿制度成本后形成的差额。

好的会计制度应以尽可能少的成本产出尽可能多的有价值的会计信息，以实现成本效益的最优组合。

## 八、简便易行原则

只有简便易行且被广大员工理解和自觉执行的会计制度，才能充分发挥会计制度应起的作用。太健全的会计制度手续过于严密，冗长烦琐，往往会影响工作效率，不易为各部门（包括会计部门）人员所接受。太简易，则又难以实现设计会计制度的目标和效果。因此，在会计制度设计中，必须妥善而又谨慎地处理好精确与粗略、所费与所得、严密与烦琐、详尽与简明的辩证关系，尽量达到既符合会计工作的规律和要求，又囊括要点、严密有序、简便易行。

## 九、以提高工作效率和运行质量为标准

会计制度设计的目的是规范会计工作，但这种规范应以提高工作效率和运行质量为标准，而不能起反作用。设计时应抓住要点，选择捷径和采用先进的会计手段或工具。

## 十、相对稳定原则

会计制度不是一成不变的，应随着客观形势的发展变化而不断改进，因此，会计制度设计也不是一劳永逸的。但是，如果变更过于频繁，将违反会计核算的一贯性原则，造成核算的混乱和会计信息的不可比。所以，企业所设计的会计制度在一定时期内应保持其相对稳定性，一般在一个会计年度内不宜作较大的变动。

# 第三节 会计制度设计的步骤

会计制度设计可分为四个阶段：计划阶段、设计阶段、试行修正阶段、定稿颁布阶段。

## 一、计划阶段

### （一）初步了解企业情况，分析原有会计制度运行利弊，选择会计政策，确定设计方向，创新设计思路

了解与设计项目有关的行业、企业现行法规、会计政策和会计处理程序方面的内容、活动。包括对行业和企业基本情况的调查，企业会计制度现状及其实施情况的调查，企业各类业务会计处理程序及其效果的调查。

在了解中需掌握的材料有两类，一是批评性的材料，指现行制度中有待修正的缺点或不足之处；二是建设性的材料，指在建立新制度时所需考虑的需增补之处及原有制度中行之有效可继续使用的材料。

### （二）编制设计计划，构思和完成企业会计制度的总体设计

会计制度的总体设计包括确定设计类型、设计方案，选择设计手段和会计政策，制定设计策略、设计原则和设计验收标准，落实设计人员，安排设计进度。

1. 设计类型

按企业所在行业特点、经济性质、规模来确定。比如确定是工业企业，还是商业企业会计制度设计；是私营企业，还是国有企业会计制度设计；是中型企业，还是小规模企业

会计制度设计；是集团公司，还是子公司会计制度设计，等等。

2. 设计方案

设计分全面设计和局部设计。局部设计又可分为补充性设计与修订性设计。

3. 设计手段

如选择人工设计还是电脑设计；自行组织设计还是外聘会计师事务所等中介机构设计等。

4. 会计政策

企业会计政策有几十种，均需企业审慎选择适用的政策，如资产核算，选择历史成本法还是成本与市价孰低法。

5. 设计策略

设计策略不是完成设计工作所需执行的设计程序的详细安排，它是指在进行设计时，基于调查研究和初步判断所采用的主要方式方法和行动准则。

6. 设计原则

如满足信息使用者的需求，满足企业经营管理者的需要，以会计准则为指导等 10 项设计原则。

7. 设计验收标准

验收标准是指衡量会计制度设计质量好坏的规定。包括会计制度内容合规、合法、系统、完整，运作起来实用、高效、成本低、便捷准确，适合企业的实际情况，能满足会计核算和经营管理的需要等规定。

8. 落实设计人员

根据企业规模和管理要求，大中型企业可设专人负责，一般由企业内部会计负责人员、专家和其他管理人员组成；小型企业可请会计师事务所、财务咨询公司等中介机构帮助设计。

9. 安排设计工作的进度

指设计工作的时间、费用及任务安排要紧凑、周密。

## 二、设计阶段

根据会计制度总体设计的框架和规划，结合对企业深入调查掌握的情况，着手进行分部门、分业务或分项目的具体设计工作，包括具体落实设计方案，设计范围与表现形式，分别采用文字说明、表格和流程图等各种方法，完成设计工作。

## 三、试行修正阶段

将已完成的会计制度交付企业各部门试运行，并搜集反映运行中的问题，寻找漏洞、查找不足。对于会计制度中不符合实际需要者，不利于会计工作操作和企业发展者，予以坚决更改；对于内容过于烦琐，不便于施行者，予以删减；对于过分简化不能充分满足信息需要者，予以充实；对于内容与各环节之间衔接不严，存在漏洞者，予以修订弥补。一切强调实用、高效、准确。

## 四、定稿颁布阶段

经过试行修正阶段的修改、补充、删减等工作，会计制度已趋于严密和完善，然后确定全部设计文件，经校对无误后装订成册，颁布执行。其内容目录一般包括如下：

**（一）总则**

（1）会计制度设计目的和依据。

（2）会计制度一般原则。

（3）会计政策的确定。

**（二）会计组织机构**

（1）企业会计组织机构图。

（2）会计岗位及职责说明。

**（三）会计核算报告**

（1）会计科目（名称、编号及使用说明）。

（2）会计凭证（种类、格式）。

（3）会计账簿（种类、格式）。

（4）会计账务处理程序。

（5）定期结账（路线图、日程表）。

（6）会计报表（种类、格式和编制说明）。

**（四）各类业务会计处理程序**

每项业务包括概念说明、业务特征、内部控制要点、业务凭证与报表、业务处理流程图等。业务一般分为：

（1）货币资金业务。

（2）工资业务。

（3）固定资产业务。

（4）存货业务。

（5）采购与付款业务。

（6）销售与收款业务。

（7）成本核算业务。

（8）投资与筹资业务。

**（五）辅助会计制度的设计**

（1）电算化会计制度的设计。

（2）责任会计制度的设计。

## 第四节 会计制度设计的方法

会计制度设计的方法一般有文字说明法、表格法、流程图法及其他表述手段。

### 一、文字说明法

科目、账证等使用说明，内部控制要点等均须用文字表达，表达时行文要规范、简明易懂；定义要准确，严谨无误；内容要实用，力戒空洞。

## 二、表格法

**（一）表格尺寸要统一**

包括格式统一、用纸统一和联数统一。

**（二）表格画线要标准**

表格空边的画线、表格栏次的画线、表格制作控制、粗细线的应用、封闭与开口的应用等均要符合标准。

**（三）表格制作控制**

表格制作、实行、修改和废止均须正规，履行审批手续，切忌各行其是，杜绝随意性错误。

## 三、流程图法

流程图是会计制度设计中常采用的以图形反映各项业务处理程序的方法。常用的有以下几种：

**（一）框图式流程图**

即用矩形框图与直线组成的一种流程图，如图1—2所示。框图内反映所处理的内容，直线反映信息及其载体的传递流程；框图亦可反映信息及其载体，直线反映处理要求。

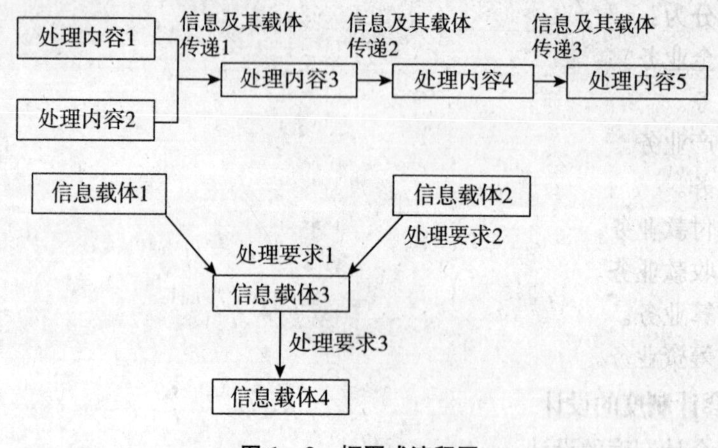


**图1—2　框图式流程图**

（二）符号式流程图

选择和设计能表示一定意义的符号，并加以连接和技术处理，编制成可形象反映业务处理过程的图表。它一般比框图式流程图反映更直观全面，不仅能反映业务处理部门、人员，还能反映信息传递、变换的过程和信息载体生成、传递、记录、存档的情况。

1. 符号及其含义

符号式流程图要事先规定符号的样式及含义，并规定绘制规则。本书采用的流程图符号如图1—3所示。

2. 绘制方式

符号式流程图的绘制方式一般有以下两种：

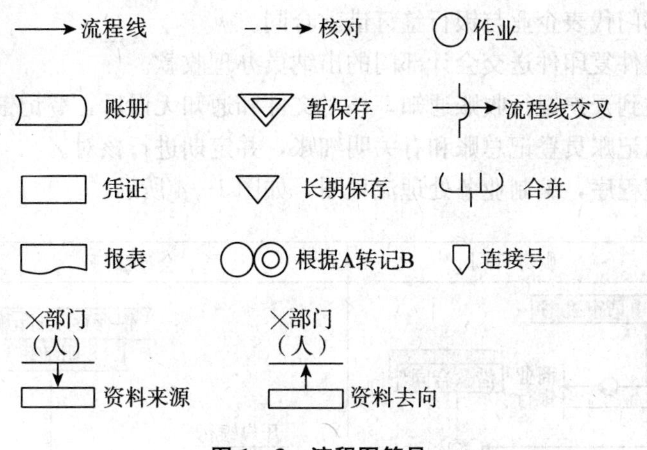


**图 1—3 流程图符号**

第一种为纵式绘制方式：将一项业务处理过程按照先后次序，用一条垂直线串联起来，将业务处理过程中发生的单据、凭证以及凭证的分类、记录、归集、汇总等处理步骤都用具体图式描绘出来，如本书第十三章的图 13—4。

第二种为横式绘制方式：以业务处理过程中各部门的控制与实施范围以及部门之间的联系为基础，横向表示凭证、单据在部门之间与部门内部的传递、分配、记录、归档等步骤。本书主要以横式流程图反映业务处理程序。其优点是：可系统、完整地反映业务处理过程中各职能部门之间的联系；缺点是：不便于对各步骤的活动作简单的文字叙述，如果业务内容过于复杂或图形符号过多，就较难明了整个业务的控制系统全貌。

横式流程图的绘制一般应注意：

(1) 业务流程一般从上到下、从左到右。

(2) 业务部门设定绘制，以业务处理程序先后为序。

(3) 业务流程中信息载体符号（如凭证、账簿、报表）在上端，信息处理操作（如作业、转记、汇总等）及存档符号在下端。

横式流程图在反映凭证、报表生成、传递、保存时有两种处理方式：一种是凭证、报表符号及联数在生成、传递、保存过程中多次重复显示。这种处理方式虽然较前一种需多花费些时间，但优点是与客观实际比较接近，符合人们的视觉习惯。另一种是凭证、报表符号及联数只在生成时一次反映，以后传递、保存不再显示其符号，而用联数编号（即图中的阿拉伯数字）来反映。这种处理方式简单、明了，凭证报表与处理符号位置可有一定的规律可循，但若某一经济业务涉及较多凭证或报表时，联数编号就变得困难，从而影响流程图的识读。

无论采用何种绘制方式，流程图都必须满足以下要求：

(1) 注明业务处理流程经过的部门和经办人。

(2) 注明凭证、报表名称和份数，用流程线反映其传递的流程。

(3) 反映业务处理记账情况及凭证和报表归档保存情况。

现举例如下：

某企业银行借款业务处理程序为：

(1) 由财务部门将借款申请审批书原始凭证送交上级，经负责人审核签字后，由财会部门送交银行。

(2) 由财务部门代表企业与银行签订借款合同。

(3) 随后将文件复印件送交会计部门的出纳员办理收款。

(4) 出纳员收到开户银行收账通知，核对文件和通知无误后，登记银行日记账。

(5) 会计部门记账员登记总账和有关明细账，并定期进行核对。

根据以上处理程序，编制业务处理流程图，如图 1—4 所示。

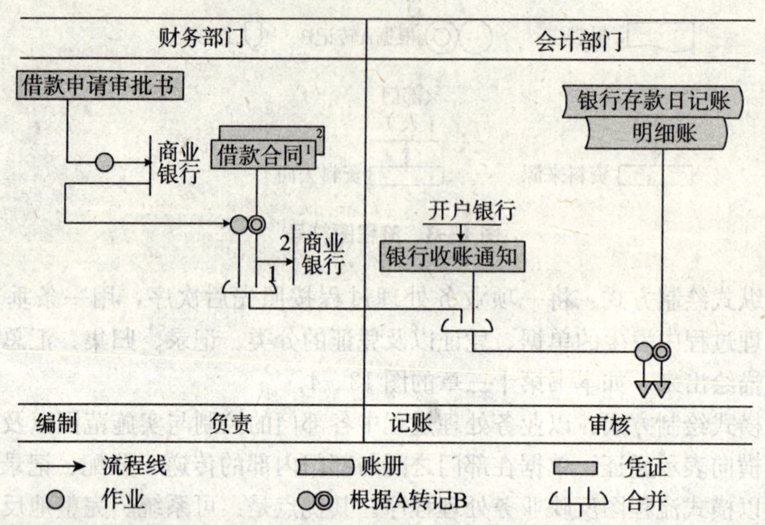


**图 1—4 银行借款业务流程图**

本书使用的符号式流程图均采用横式流程图，并在反映凭证、账簿和报表时，其符号采用一次生成后不再多次显现，而以标号予以区别。

## 拓展区

阅读光盘“背景资料”中的《企业会计制度》总则，了解与本章内容相关的知识。

## 【本章小结】

本章作为会计制度设计的基础，是对整个课程的一个较为综合和总体性的介绍。知识点相对较少，但却很重要。其中，会计制度设计的原则贯穿整本书的各个章节，是我们进行企业会计制度设计的主要指导思想和方向。

## 【复习思考题】

1. 简述我国会计规范体系的发展趋势。
2. 简述人们对会计制度设计认识的误区。
3. 会计制度设计方法中的流程图法必须满足什么要求？
4. 简述会计制度设计的原则。

☞阅读光盘“例题分析”中的本章内容，掌握解题技巧。在 40 分钟内完成光盘“即时练习”中的本章练习。光盘中的“关键概念”提供了相关概念的检索。

# 第二章

# 企业会计制度的总体设计

**学习导航**

用 2 学时学习本章内容。

⊙ **了解**：企业会计制度总体设计的概念：设计类型、设计方案、设计手段、会计政策和设计验收标准。

⊙ **理解**：会计制度总体设计的作用：保证会计制度具体设计的适用性和可行性，协调整合企业各项制度使之相互衔接、同步进行，规范控制会计制度具体设计的有序进行；

会计制度总体设计的内容：提出通过设计提高经营管理水平的意见和建议，提出机构设置和人员配备的设想，提出核算方面的基本设想等。

⊙ **掌握**：会计制度总体设计的步骤：调查研究收集资料，确定设计类型和设计方案，选择会计政策和会计手段，制定设计策略和设计标准，编制会计制度总体设计计划和具体的设计安排。

⊙ **运用**：会计制度总体设计的各个步骤。

企业会计制度设计的第一阶段是计划阶段，这一阶段的主要工作是初步了解被设计单位的基本情况和在此基础上完成会计制度的总体设计任务。

## 第一节　企业会计制度总体设计的概念

企业会计制度设计是一项重要的系统工程，要想高效优质地设计好，必须事先有一个提纲挈领的规划和指南，具体表现为对某一单位所要设计的会计制度内容及设计工作做出的全面安排及规划，这就是会计制度总体设计。它的好坏直接影响到将来设计定稿的企业会计制度的可行性和适合程度。总体设计一方面要对会计制度设计的内容勾勒出总体框架和总体规划；另一方面要根据企业具体情况，创新设计思路，确定设计类型、设计方案，选择设计手段、会计政策，制定设计策略、设计原则和设计验收标准。同时，对会计制度设计所需人员、经费、时间等也要做出具体安排。以下对上述提及的相关概念逐一给予解释。

## 一、设计类型

设计类型是指由共同性质和特点的众多设计所形成的类别。设计类型一般是根据企业所在行业特点、企业经济性质、企业规模来确定的。例如，根据企业规模，可确定是大中型企业会计制度设计，还是小规模企业会计制度设计；是集团公司会计制度设计；还是子公司会计制度设计等。

## 二、设计方案

设计方案是指根据企业会计制度设计涉及的范围，所形成的系统、框架和规划。具体可分为全面设计和局部设计。

全面设计是指为企业设计一整套完整的会计制度，一般在新建企业或改制、兼并与收购后的企业，需要进行全面性会计制度设计。而对于企业董事会或管理当局人事发生变化，或原有会计制度不健全、过时落后，或企业规模和经营业务发生较大变化，原有会计制度不适应，有时也需要进行全面性的会计制度设计。

局部设计是指对个别部门的组织机构和会计核算资料，或部分经济业务的会计处理所进行的设计，它又可分为补充性设计和修订性设计。补充性设计是对因拓展新业务而产生会计处理业务的设计。例如，某企业原来是手工记账，后改为电脑记账，则需设计相应的电算化会计管理制度。修订性设计是对已不适应国家规定或业务已发生变化，在原有会计处理不符合要求时，需对原有会计制度进行修改。例如，企业对外投资核算方法由成本法改为权益法；企业产品成本计算方法由品种法变为分步法，都需要对相关核算制度进行修订。

## 三、设计手段

设计手段是指进行设计时所采用的工具或方法。例如，在设计时，是人工设计还是电脑设计；是借助或结合企业本身已有的企业资源计划（ERP）系统软件，还是借助其他管理软件和会计软件进行设计；是自行组织设计，还是外聘会计师事务所等中介机构设计等。

## 四、会计政策

会计政策是指企业在会计确认、计量和报告中所采用的原则、基础和会计处理方法。

企业选择什么样的会计政策，直接影响会计制度设计的内容和特点。例如，企业管理当局在存货政策上，选择历史成本法或成本与市价孰低法，反映在会计凭证、账簿等核算资料设计上以及存货业务会计处理程序设计上都有很大不同。所以，在进行会计制度总体设计时，应考虑企业所选择的会计政策对整个会计制度设计的影响。要学会选择会计政策，首先必须理解掌握有关政策、会计政策、国家会计政策（宏观会计政策）和企业会计政策（微观会计政策）的含义。

**拓展区**

阅读光盘相关内容，掌握会计政策的内容、会计政策的选择。

## 五、设计策略

设计策略不是完成设计工作所需执行的设计程序的详细安排，它是指在进行设计时，基于调查研究和初步判断所采用的主要方式方法和行动准则。例如，在设计时，是选择从上至下，先从公司管理机构或财会本部开始设计，还是先从班组、车间底层所需的资料开始，由下往上设计；是一个部门，逐一设计，还是分部门平行同时设计；是按业务流程设计，还是按会计报表项目设计。这些都需要在调查研究的基础上，根据企业经营管理要求和实际情况加以制定。

## 六、设计验收标准

设计验收标准是对将来设计定稿的企业会计制度是否成功的衡量尺度。成功的会计制度一般在内容上应合规、合法、系统、完整，运作起来实用、高效、成本低、便捷、准确，适合企业的实际情况，能满足会计核算和经营管理的需要。完成后的会计制度不仅应有利于规范和控制企业现在的经济活动，而且能适应和推动企业将来的发展。所以，最好的设计应适合和满足企业的需要。在最后完成定稿时的会计制度，若经过验收不符合标准，应及时适当修订或补充。

# 第二节 会计制度总体设计的作用与内容

会计制度总体设计不是可有可无的多余环节，作为一份指南和纲领性的文件，它能发挥以下作用：

（1）保证会计制度具体设计的适用性和可行性。

（2）协调企业各项制度使之相互衔接、同步进行。

（3）规范、控制会计制度的具体设计有序进行。

**拓展区**

阅读光盘相关内容，加深对上述内容的理解。

会计制度总体设计应包括以下具体内容：

## 一、提出通过设计提高企业经营管理水平的意见和建议

会计工作是企业经营管理工作的重要组成部分，因此，会计制度设计者应根据调查研究中了解到的管理工作中存在的问题，提出改进意见和建议，以便在此基础上更合理、更科学地设计新的企业会计制度，使所设计的会计制度与整个企业的经营管理要求和现状相适应，并通过新会计制度的执行，促进整个企业经营管理水平的提高。

例如，定额管理制度、原始记录管理制度、计量验收制度等基础工作是否全面和健全，哪些地方需要改进和提高，直接影响着企业会计制度的设计和运行，应予关注，并提出改进的意见。

企业各项内部管理制度的建立健全，是企业会计制度设计的前提和必要条件。只有前提和必要条件具备了，才能在总体设计中确定会计核算体制、核算内容和核算方法等基本思路和总体框架。同时，通过对企业经营管理提出改善的意见或建议，才能够顺利地完成新旧会计制度的过渡，使新会计制度更好地得到贯彻执行。

## 二、提出机构设置、人员配备和岗位职责的设想

企业资本或金融运作、计划管理、财务管理和会计核算等职能究竟是合并还是分设，一般根据企业规模、经营特点和管理需求而定。按照《会计法》的规定，企业会计机构的设置有三种情况：有独立的机构和独立的会计人员；没有独立的机构但是有独立的会计人员；既没有独立的机构又没有独立的会计人员，委托企业外部机构代理记账。《会计基础工作规范》第 11 条规定：各单位应当根据会计业务需要设置会计工作岗位。同时制定相应岗位职责。会计工作岗位可以根据需要设置，也可以与会计电算化、管理会计、预算会计、内部稽核等工作岗位相结合。

## 三、提出核算方面的基本设计设想

### （一）有关一般记账要求和会计政策的设想

这些设想包括记账方法的确定、记账本位币和记账文字的选用等。

### （二）会计科目的设置设想

《会计基础工作规范》第 41 条规定：各单位根据国家统一会计制度的要求，在不影响会计核算要求、会计报表指标汇总和对外统一会计报表的前提下，可以根据实际情况自行设置和使用会计科目。

基层单位对会计科目的选择和使用有较大的自主权和灵活性，但不是说基层单位可以随意设置和使用、甚至乱用会计科目，应当在不违背以下两个原则的前提下设置和使用会计科目：一是设置和使用的会计科目，其核算的内容应当符合包括会计准则在内的国家统一会计制度的规定；二是所使用的会计科目应当能够满足编制统一会计报表的要求，保证会计报表各项目的数据来源合法、真实、准确、完整。

允许基层单位自主设置和使用会计科目，以利于单位的会计工作和经营管理。因此在会计制度的总体设计中，设计人员应当根据企业的具体需要和上述两个原则，对本企业会计科目的设置提出意见和设想。

### （三）提出会计凭证、会计账簿的设计设想

企业在提出会计凭证和会计账簿总体设计方案时，可以有两种思路：一种是直接到会计用品商店购买记账凭证和会计账簿；另一种是企业根据自身经营情况的特点和会计核算的要求，自己设计和印制会计凭证和会计账簿。

采取前一种思路，设计工作量小，可以有效节约设计成本。不仅如此，而且因为是统一设计的记账凭证和会计账簿，所以其格式一般来说不会违背《企业会计准则》和《企业会计制度》的规定。小型企业和业务比较简单的中型企业会计可采取前一种思路。

采取后一种思路，设计工作量较大，费时费力。在具体使用时，企业要支付印刷费用。但自己设计和制作的记账凭证和会计账簿可满足企业自身特殊的需要。换言之，采取这种思路，设计成本相对而言比较大，但由于平时凭证、账簿用量大，每年企业随改随印随用，使用方便；且从总体上看，自印比外购的运行成本要低多了。由于是企业自己设计，所以在设计时必须注意与《企业会计准则》和《企业会计制度》的要求保持一致。业务比较复杂的大中型企业的核算要求比较高，经营活动有特殊性，所以可采取后一种思路。

**（四）提出内部会计报表的设计设想**

《会计法》第20条规定：财务会计报告由会计报表、会计报表附注和财务情况说明书组成。

对外统一报送的财务会计报表，国家在《会计法》、《企业财务会计报告条例》和其他有关的统一会计制度中，对它们的编制内容、编制期间、编制方法等都有统一的规定和要求，企业应在这类财务会计报表设计的总体方案中贯彻落实国家的统一规定和要求。

不少企业为了满足内部的管理需要，还设置一些内部财务报表，如产品成本计算表、销售额日报表、费用分配表、现金日报表、应收账款账龄分析表等。企业会计制度的总体设计中应当根据企业的具体情况对企业内部会计报表的设置提出设想。《会计基础工作规范》第66条规定："单位内部使用的财务报告，其格式和要求由各单位自行规定。"这种内部财务报表的设计要与国家统一规定的会计报表的核算口径相一致。设计者应在总体设计中对企业内部财务报表以目录的形式列明下列内容：使用部门、报表名称、编制期限、送达领导或部门等。

**（五）提出账务处理程序的设计设想**

理想的账务处理程序是做好会计工作的重要环节，对于提高会计工作的质量和效率，正确、及时地编制会计报表，起着重要的作用。所以，尽管每个会计单位各有其业务特点，但都应对账务处理程序做出明确规定。合理适用的账务处理程序，一般应当符合以下两个要求：

(1) 要与本单位的核算形式、核算方法、经济性质、规模大小、业务繁简程度等相适应。

(2) 简洁明了，能正确、及时和完整地反映提供本单位经济活动情况的核算资料，以满足企业财务管理、经营管理的需要。

(3) 能有效地执行内部控制程序，以发现、控制和处理各类业务活动中存在的错弊风险。

企业在进行总体设计时，应当根据本企业的具体情况确定适用的账务处理程序。

**（六）提出其他辅助会计制度的设计设想**

企业还可以根据管理需要和具体情况，提出其他诸如责任会计、电算化会计、管理会计、破产企业会计等辅助会计制度的设计设想。

## 四、提出财产核算及其管理制度的设计设想

前边是基本设计设想，本部分是具体的对企业的财产核算和管理两个方面提出的设想和意见：

**（一）企业内部的财产管理制度和原则**

企业中的各项财产以不同的形式存在，如货币资金的形式、实物的形式、无形资产的形式。不同存在形式的财产其管理要求不一样。在总体设计中，企业应当根据各种不同形式的财产以及这些财产在本企业中的重要程度，提出分工管理的原则和制度框架。

1. 现金和银行存款

对现金和银行存款应就以下问题在总体设计中进行安排：

（1）现金的管理是实行内部备用金制度，还是实行由财务部门统一办理出纳制度。

（2）钱账分管的原则和制度。

（3）支票、汇票、本票的管理及签发手续和管理制度。

（4）股票、债券等有价证券管理制度。

2. 材料或商品

材料或商品等存货的核算与管理，应对以下内容提出意见：

（1）原材料是实行部门分头采购，还是实行由企业物流中心执行的统一采购制度。

（2）为与采购部门的内部分工相适应，库存材料或商品如何进行明细分类核算。

（3）库存材料或商品采取何种价格计算，如是采取计划价格或售价计算，采取何种差异率计算调整实际成本。

（4）材料或商品的收、发、保管等业务处理程序，车间或者基层单位领用存货采取何种方法进行控制。

（5）包装物和不够固定资产标准的低值易耗品如何管理，采用何种方法摊销，在用包装物和在用低值易耗品采取何种核算方法。

（6）各种存货的入库、保管、领用出库管理制度，是否需要另设置仓库保管账。

（7）实行何种形式的采购资金管理控制制度，如何建立材料采购资金的审核、批准、支用制度；会计部门在采购资金管理上的职责是什么。

（8）在途材料或商品与应付购料款采取何种方法核算等。

3. 在产品或产成品

在产品或产成品的核算与管理方面一般应提出以下意见：

（1）产成品销售的业务处理程序。

（2）为与销售部门有关销售管理制度相适应，产成品应如何进行明细分类核算。

（3）发出商品及应收销货款采取何种办法进行管理和核算。

（4）对供周转用的包装物采取何种方法进行管理和核算。

（5）对销售费用如何管理和控制。

4. 固定资产

固定资产核算与管理方面一般应对以下内容提出总体设计意见：

（1）对国家规定的构成固定资产的条件有何补充意见。

（2）企业中固定资产的确认标准是什么。

（3）固定资产增减变动的业务处理程序。

（4）采用何种方法核算和管理固定资产折旧。

（5）固定资产的大修理费用、日常维护修理费用的计算、提取、使用和管理的方法及制度。

（6）固定资产管理责任制的框架体系如何确立，以及与此相适应的固定资产的明细核算、分类核算制度如何建立。

5. 无形资产

无形资产核算与管理一般应对以下内容提出设计意见：

（1）对国家规定的构成无形资产的条件有何补充意见。

（2）如何保证无形资产确认与计量的正确性。

（3）如何保证无形资产摊销方法和处置措施的合理性。

（4）无形资产的购入、使用和处置的管理方法及制度。

（5）无形资产管理责任制的框架体系如何确立，以及与此相适应的无形资产的明细核算、分类核算制度如何建立。

### （二）各种财产物资的盘点、清理以及非正常损耗的报批制度

企业各项财产物资在生产经营过程中以不同的方式不断地流动和转换自己的存在形式。

具体到一个企业，这种资金的循环和周转还要经过不同的空间（地点上的停留）、不同的时间（时间上的停留）、不同的部门和人员（人员手中的停留）。如何保证企业财产物资在上述周转与循环中的安全，不让它们在各个停留阶段中产生非正常损耗，这是企业会计制度所要达到的重要目标之一。因此，企业会计制度的设计者在总体设计中，对各种财产物资的盘点、清理、损耗报批等应提出管理上的总体构架和控制要点，以确保各项财产物资的安全。

## 五、提出成本费用核算及其管理制度的设计设想

企业在进行会计制度的总体设计时，应当结合企业生产经营活动的实际情况，对成本的计算工作、费用的确认工作提出总体设计原则和思路。在这里，有两方面的问题需要明确：

### （一）成本费用核算方法的选用

成本核算方法和核算制度的确定取决于企业的行业类型。产品制造企业、商品流通企业、旅游服务企业、交通运输企业等各种不同类型的企业都有不同类型的经营内容。其经营成本的核算方法和核算形式也千差万别。在企业会计制度的总体设计中必须明确企业主要的经营内容和经营形式，同时根据这种经营内容和经营形式确定采用的成本核算方法。

如工业企业在总体设计中应当明确以下内容：

（1）成本计算对象和费用归集分配的确定。

（2）成本计算期、成本核算流程和成本核算方法的确定。

（3）费用要素、成本项目和辅助生产的具体确定。

如商品流通企业在总体设计中应当明确以下内容：

（1）企业是以批发为主营业务，还是以零售为主营业务，据此再确定是以售价金额核算，还是以进价金额核算。

（2）在销售成本的计算上，如果采用售价金额核算，那么还要明确采用什么样的进销差价率计算销售成本；如果采用进价金额核算，还要明确是采用毛利率法，还是采用加权平均法、先进先出法等其他方法计算销售成本。

（3）商品流通费用如何进行核算。在实际进行会计制度的总体设计时一定先要对企业的生产经营内容和经营特点进行充分的了解，随后根据企业的实际情况对企业成本的计算

在总体设计中做出符合逻辑的方法选择。

### (二) 成本费用管理办法的确定

企业在生产经营过程中每时每刻都在发生着各种费用。企业中所发生的各种费用其性质不同、用途也不一样，因此企业在会计制度的总体设计中应当明确以下几个方面的问题：

1. 明确费用支出的分类和划分标准

发生的费用中，应当作为资本性支出的确认标准和原则是什么，应当作为收益性支出的确认标准和原则是什么。在收益性支出中，确认为财务费用、销售费用、管理费用的标准和原则是什么。

2. 明确成本费用的分类分级管理办法

企业发生的各项费用中，其金额大小相差悬殊，大到成千上万，直至上百万上千万，小到几百元、几十元甚至只有几元。总体设计中应当根据重要性原则，对不同金额的费用支出实行分类分级管理的原则和方法。同时，在核算上确认跨期分摊、提前预提的金额标准和分摊预计的期限等。

3. 确定应提供给各职能管理部门所需的各项资料

设计人员对企业各级、各专业管理部门所需要的各项会计资料，应详尽了解，并在总体设计中分级、分部门逐一列出，以便与有关人员研究确定后，据以设计出提供这些资料的最佳核算方法和核算制度。

## 六、设计其他会计管理制度的考虑

企业会计核算和会计监督深入到企业的各个角落，涉及各层面的环节和人员，所以，除了上面提及的各个方面以外，企业还要对以下有关方面进行总体设计：

(1) 定额管理制度；

(2) 计量验收制度；

(3) 收支审批制度；

(4) 财务会计分析制度；

(5) 原始记录管理制度；

(6) 稽核制度、内部牵制制度；

(7) 专项资金管理及核算制度；

(8) 在建工程的核算管理制度。

当然，上述提到的这些制度有的完全可以融合在有关制度中进行一体化设计，这就需要在总体设计中明确哪些制度单独设计，哪些制度应当和其他有关制度融合在一起一并设计。

## 七、确定会计制度设计中必须完成并应提交给各方的资料清单

各方指公司办、总经理办、财务、业务、统计、计划、人事劳资、车间等办公室及子公司分公司等下属机构，具体可分为以下三类：

### (一) 企业管理当局所需的会计资料

(1) 反映企业年、季、月资产状况、经营成果和现金流量方面的会计资料。

(2) 按日或按周提供现金成本费用、利润及资金计划执行的实际情况资料、预测资料和简要的分析资料。

（3）按月、按季、按年提供企业内部管理、绩效考评需要的各种会计分析资料。

**（二）物资供应等部门所需的会计资料**

（1）按月提供各类库存材料或商品资金占用额，如材料按计划价格核算，还应提供材料成本差异和差异率，并作简要的分析，以作为考核物资供应部门及其内部各单位计划完成情况的依据。

（2）按月、按季、按年提供各车间、各部门的材料费用预算的实际执行情况，发料和材料耗用情况的资料。

（3）按期提供当月采购资金的使用情况，处理超储积压物资的资金回收情况资料，以更好地执行计划。

**（三）其他各部门所需的会计资料**

其他各部门所需的会计资料可以根据实际需要提出。以上提供给各级各单位的会计资料，既是它们今后执行其管理职能所必需的，也是发挥会计管理作用的一个重要方面。因为提供的这些资料实际上起了参与预测、决策和分析、考核计划完成情况等作用，有助于促进有关人员和部门加强管理、提高管理水平。

# 第三节　会计制度总体设计的步骤

## 一、调查研究收集资料

**（一）调查研究内容的确定方针**

调查研究是做好会计制度设计的关键一步。通过调查，有计划地收集各种与会计制度有关的资料，同时，通过对这些资料的研究和整理，揭示其内在的客观规律性，并据此确定会计制度设计的总体思路。只有收集的材料十分丰富（不是零碎不全）和合于实际（不是主观臆断），才能根据这样的材料得出正确的认识和理论。所以，一定要对会计制度设计的设计对象——特定企业中的特定设计内容，进行充分的调查研究。并按照以下方针，确定调查研究的内容：

1. 调查研究的内容取决于会计制度设计的方案

如果是全面设计，那么，在调查研究时就要对企业有关会计工作的全部情况以及与企业会计工作密切相关的生产经营情况等进行调查研究。调查的面要宽，调查所获取的信息要广，这是全面设计企业会计制度调查研究的重要原则。

反之，如果企业进行的是局部设计中的补充性设计，那么，调查研究的重点则应当是与设计有关的内容，对设计无关或关系不大的内容只作面上的了解和掌握就可以了。

如果作修订性设计，则要重点调查现有的或者正在实行的会计制度在哪些方面已经不适应目前客观环境的变化，同时摸清目前的客观环境对企业会计制度的设计提出了什么新的要求，从而准确地寻找企业会计制度修改的切入点。

2. 调查研究的内容必须和设计对象的生产经营特点相结合

不同企业的具体情况千差万别，其会计核算的具体方法也各不相同，企业在进行会计制度设计前，要针对企业生产经营特点有的放矢地开展调查。比如，设计工业生产企业的会计制度和设计商品流通企业的会计制度，其调查研究的内容和重点就有所区别和不同。

工业企业调查研究的重点应当抓住和结合以下三方面的特点：第一，物料的流动特点，包括物料的采购、保管、出库、结算等过程；第二，产品生产过程的特点，是成批生产还是单件小批生产，是多步骤的连续生产还是单步骤生产；第三，产品销售的特点，是直销还是中间商代理，是建立自己的销售公司还是直接将产品交给商品流通企业等。

3. 调查研究的内容取决于会计制度设计者的具体情况

企业会计制度设计的任务既可以由本企业的职工承担，也可以聘请外单位的专家或者经验丰富的会计师事务所专业人员承担。因为会计制度设计任务的承担者不一样，调查研究的内容也不一样。如果是由本单位自己的人员设计企业会计制度，那么这些人员由于成年累月生活工作在这个企业中，因此调查研究的方法和内容相对而言可以简化一些；反之，如果是委托有关会计师事务所或者大专院校中有关专家学者设计企业会计制度，由于他们是企业的局外人，对企业的生产经营处于不知情、不了解的状况，为使企业会计制度设计得切实可行，那么调查研究的范围就要广一些，调查研究的内容就要多一些、深入一些，调查研究的方法也要复杂一些。

**（二）调查研究收集资料的具体内容**

本节以工业企业为例，将应进行的调查研究和收集的资料介绍如下：

1. 企业组织机构和管理方面的历史和现状情况

（1）企业的经济性质。目前在社会上大致有以下几种类型的企业：国有独资企业、有限责任公司、股份有限公司、股份合作制企业、外商投资企业、私人独资企业等。调查者要搞清楚，企业会计制度设计的对象是其中哪一种。

（2）企业规模。根据国家的有关规定，将企业划分为特大型企业、大型企业、中型企业、小型企业。

不同性质的企业，其组织形式、设立程序和出资方式各不相同，内部的运作和管理程序也不相同。同样，企业规模不同，其内部的经营活动以及与经营活动密切相关的内部运作方式也各不相同。总体设计中，应当根据不同性质、不同规模企业的具体情况对企业会计制度设计提出不同的设计原则和思路。

（3）企业的组织机构：

1）企业是公司（集团或总厂）组织，还是单一的企业组织。

2）企业内部采取何种管理体制（直线职能制、职能制、直线制、事业部制）。

3）企业设置了哪些分公司、生产车间（分厂）或部门，各自的独立性如何，主要职责范围如何等。

企业内部的组织机构不同，管理体系不同，管理制度的内容和要求也必然有所不同。从企业会计核算来讲，其核算的层次、核算的组织形式，凭证的传递和管理制度，成本费用的核算和管理制度也必然不一样，因此，在对企业的组织结构和管理体系进行充分的了解和调研之后，要寻找出其中具有规律性的东西，以便在总体设计中确定采用何种会计核算体制、会计管理手段和会计监督方法，确定会计部门与其他部门或车间的业务关系等。

（4）本企业与其他企业之间经济联系与合作的方式：

1）企业有哪些合作方或关联方，以什么方式建立与其他企业的经济联系。

2）企业与供应商、代理商之间的关系。

3）在开展与外单位的经济联系中，近期和远期的规划如何。

在市场经济中，企业往往以投资为纽带建立起与其他企业的经济联系，以实现企业的一体化或多角化经营战略。通过调查，了解企业与其他企业之间的经济合作方式，从而在企业会计制度的总体设计中有针对性地提出切实可行的会计核算制度和会计监督制度的框架和构思，如可选择合同监督、制度监督或派员监督等。

（5）企业管理工作的历史和现状。

这是对企业管理工作的现状进行总结，在此基础上分析以往企业管理工作中的利弊得失，在新设计的企业会计制度中继续巩固并发扬成功的经验，而对不成功或失败之处则根据实际情况予以修正。

企业会计制度在企业中不是孤立存在的，它与企业管理的历史密切相关，与企业内部其他管理制度融为一体，与这些制度一起构成一个完整的企业管理制度，所以，只有摸清历史，才能把握现状，预测未来，才可以使企业会计制度设计的目标清楚、方向明确，才能兼具实际操作性和战略前瞻性。

设计者在着手进行总体设计之前，应当对现在正在实行的各项管理制度的历史和现状进行调查和研究，搞清哪些是企业管理工作中的成功经验，哪些是薄弱环节甚至是失败的教训。对成功的经验进行总结后寻找出规律性的东西；对薄弱的环节和失败的教训寻找其产生的原因，以及它们对企业管理工作所造成的影响和伤害，查清目前是否正在采取有效措施加以改进，以及这些改进措施的实际效果如何。如果是新建企业，应着重了解企业的经营特点、经营规模、组织形式、未来规划等方面的情况。

2. 企业制度的管理和执行情况

对企业制度集中进行调查研究。首先，应调查研究现有的企业会计制度是否符合实际需要，如果不符合需要，则进一步调查清楚，哪些是因为客观环境的变化而过时的，应当予以剔除；哪些是经过修订还可以用的，则在总体设计中提出修订的设想；哪些不需修订，可接续使用。

其次，调查研究现有企业会计制度与企业内部其他管理制度是否能够很好的配合衔接，如果不能很好的衔接，应当查明原因所在，是会计制度的原因还是企业其他管理制度的原因，然后在总体设计中提出建立新的衔接的设想和措施。

再次，从企业管理的总体情况和企业管理的现状来看，调查究竟是否有重新进行企业会计制度设计的必要，如果必要，那么应当选择哪种设计方案，是全面设计还是补充设计或者是修改设计，然后针对不同的情况在总体设计中提出不同的设计设想。

最后，如果是委托注册会计师或者其他专家学者设计会计制度，那么，在调查研究阶段还要对受托人提出的总体设计方案进行全面调研和评价，根据实际情况确定其是否符合企业生产经营活动的现实情况，能否达到企业的管理要求，还需要增加一些什么设计内容，以及哪些地方需要改进等。

3. 企业生产经营的情况

在进行企业会计制度总体设计时，必须对企业的生产经营现状，以及与企业生产经营现状直接有关的企业组织形式进行深入细致的调查研究，从而使企业会计制度确实可行。

在产品生产企业中，应调查了解以下情况：企业当前生产产品的种类、数量、质量以及今后的生产发展规划；生产产品的类型，是定型产品，还是非定型产品；产品的一般生产方法和工艺流程，是大批量生产还是小批单件生产，是连续式生产还是单步骤生产；耗用的主要原材料和所需的劳务供应情况、半成品的储存情况；产品生产的协作情况和质量管理情况等。

4. 企业财会工作的现状及其问题

在制定新的企业会计制度之前，必须对企业财务会计工作的历史和现状进行充分的调查和了解。调查研究的内容包括以下几个方面：

(1) 附属单位的设置及财务管理情况。企业会计部门对于附属单位的会计工作负有监督、指导之责，相互之间也必然要发生业务上的联系，因而必须对这些单位的有关情况进行了解。了解的主要内容有：

1) 企业中设置了哪些附属单位，这些附属单位属于什么性质，是直辖，还是控股。

2) 企业以何种方式领导管理这些附属单位。

3) 在会计核算与会计监督上，这些单位是自主经营、自负盈亏的独立核算单位，还是由企业对其实行全额拨款、费用实报实销的单位，或者企业对其实行差额拨款的半独立核算单位。

4) 这些附属单位的会计制度是否健全，哪些方面应加以改善。

通过对这些内容的调查，总体设计中可以考虑选择适合这些附属部门的核算形式，确定会计部门对它们实行会计监督的办法，以及与它们相互间的往来结算办法等。

(2) 会计工作情况。

1) 了解现有的会计制度及其执行情况。

2) 现有的会计制度与企业其他管理制度的衔接配合情况。

3) 会计机构的设置情况及其内部分工。

4) 会计人员的文化程度和业务素质情况。

5) 企业对今后会计工作有何规划、设想及打算。

通过对这些内容的调查，了解会计工作在加强企业管理中发挥的作用，摸清企业会计核算和会计监督的现状，总结企业在组织内部核算与会计监督的过程中所获得的经验、发生的问题及应当吸取的教训。据此，在总体设计中制定出有利于加强或改善会计工作、提高会计管理水平的会计制度。

(3) 财务管理的情况。

1) 了解各项长期资金、流动资金、专项资金的来源及其构成和使用情况。

2) 企业的筹资渠道是否畅通。

3) 资金的管理权限和资金内部调拨使用管理办法。

4) 有无对外投资的管理办法和制度，对外投资业务的决策程序是否明确。

5) 对长期投资核算采用的是成本法还是权益法。

6) 有无重大项目建设的资金管理和控制制度。

7) 企业内部成本和费用管理的现状，有关成本费用的管理制度是否建立健全等。

(4) 企业各级经营管理人员、企业内部各个单位都需要哪些会计资料。

企业的各个部门、各级经营管理人员，在职权范围内行使其决策和管理职能时都离不开会计系统提供的财务会计信息。为了顺利完成他们的管理职能，需要会计部门按期提供相应的会计资料。但是由于企业中各个部门与各层经营管理人员所处的位置不同，所行使的职能也不同，因此他们对企业会计资料的要求也就各不相同。为此，在进行调查研究时必须搞清楚不同的部门、不同的管理人员对企业会计资料的详细需求，在进行企业会计制

度总体设计时，从满足这种需求出发，提出在各个具体会计制度设计过程中满足这种需求的总体设想与原则。

5. 资产管理情况

正确核算企业财产物资的收发保管，保证企业中各项财产物资的安全是会计实现其职能的重要内容之一。为了便于在企业会计制度的总体设计中提出有关资产方面的设计原则和设计思路，需要对以下内容进行调查：

(1) 固定资产的核算与管理情况。

1) 了解固定资产的构成、固定资产的物理特性及使用特性。

2) 企业对固定资产的分类和划分标准。

3) 固定资产的收、发、转移和报废等手续。

4) 固定资产的折旧制度和明细核算办法。

5) 固定资产的维修、保养、大修制度。

通过这些调查，在总体设计中设计出一套最有效率的固定资产在企业内部的分工管理制度，提出最能够反映客观实际情况的固定资产折旧方法和原则，同时对固定资产的大修理费用、日常维修维护及保养费用提出总体的管理原则和思路。

(2) 企业的物资供应和保管情况。

1) 了解主要原材料和商品的来源和运输方法。

2) 企业物资采购报批管理制度，采购资金的使用、报销审批制度。

3) 采购物资采取哪几种结算方式，以何种为主。

4) 物资供应部门的内部分工情况，如计划、采购及保管的分工情况等。

5) 是否在外地设有采购、供应及储存机构。

6) 有无委托外单位加工材料或商品的业务。

7) 内部各单位的物资保管情况、在用低值易耗品的管理情况。

8) 废旧物资的回收与修复利用情况。

9) 物资的盘点与清理制度。

通过对这些内容的调查，在总体设计中提出企业中有关物资采购、物资保管、物资收发等供应业务核算与监督的轮廓与框架。

(3) 企业产品或商品销售情况。

1) 了解产品或商品的销售方式在销售上是以自营销售为主，还是以通过中介销售渠道经销或代销为主。

2) 企业与代理商、经销商、代销商的关系如何，以何种方式与他们结算。

3) 有无商品促销方式，如果有，促销权限的报批审查制度是如何执行的。

4) 在商品的发出上是实行客户上门提货制，还是由本企业送货到店制。

5) 企业是否有必要单独设置专门的销售机构，如果销售机构是单独设置的，采取的是什么组织形式，销售机构的管理权限又如何确定，这种销售机构有无向外延伸的销售分机构，销售机构延伸的范围是在本地、外地还是遍布全国各地，有没有出口，出口销售占比例多少。

6) 销售人员的组成情况如何，是与企业有固定合同的雇员还是社会上聘请的兼职销售人员，销售人员工资、奖金、福利待遇的实现方法和实现途径如何。

7) 销售费用或商品流通费的管理制度与管理方法。

8）销售货款的回收与清理情况。

通过对这些内容的调查，在总体设计中确定有关产品销售业务方面的核算与管理办法、包装物的核算与管理办法以及销售费用或商品流通费的核算与管理办法等。

6. 计划、预算、统计和人事劳资的管理情况

（1）了解职工的招聘、录用管理制度。

（2）合同制职工和临时聘用职工的培训、使用、考核、升级、降级、辞退制度。

（3）企业实行的工资制度、奖励制度、社会保险以及福利费开支制度。

（4）病假、事假、公假、调休的管理制度。

（5）职工劳动保护的管理方法和管理制度。

（6）了解生产计划、预算、技术组织措施计划。

（7）各项资金成本和利润计划的编制程序和历年来的执行情况。

（8）各项诸如产量、工时、机器台班、职工考勤等原始记录的填制、报送和内部流转程序及管理办法。

（9）企业统计部门所需的会计资料。

（10）会计核算和会计监督对统计资料及业务资料提出的要求。

通过对这些情况的调查，在总体设计中确定数据收集、数据汇总、数据加工、数据报送的程序和管理办法。确定满足企业计划工作和统计工作需要、保证计划得到落实的方法和途径。

7. 其他需要调查研究的情况

在制定总体计划时，除了要详细调查了解上述所列的各项情况以外，也要充分了解其他一些情况，例如：

（1）与政府部门的联系。

（2）与企业所在经济区域的联系。

以上就工业企业在进行全面会计制度设计时，需调查研究的内容作一简单介绍。在实际工作中，可根据所要设计会计制度企业的具体情况加以取舍。实施调查之前，应写成具体的调查研究提纲，并在调查研究中不断修补。

**（三）调查研究的方法**

一般来说，可以采取以下方法开展调查研究：

1. 现场观察、询问、个别访谈、组织座谈会

有针对性的参观企业的生产过程，并在参观过程中采访有关工作人员，同时召开必要的小型座谈会，这是全面了解并详尽占有企业第一手资料的最有效方法。

当企业委托外单位的人员设计企业会计制度时，受托设计者更有必要采取这种形式深入基层和企业生产经营第一线了解企业的基本情况。只有这样，才能充分反映企业实际生产经营和管理活动对企业会计制度总体设计提出的要求。

即使是企业内部人员担当企业会计制度的设计工作，这也是必不可少的重要一环。因为只有深入基层，充分了解生产经营第一线情况，才能最大限度地掌握和占有基本资料，使企业会计制度的总体设计具有深厚的群众基础和现实基础；也只有这样，才能使制定的每一项具体会计制度为各层次广大员工所理解和接受，从而使制度顺利地在企业管理过程中彻底得到贯彻执行。

2. 广泛收集、查阅和占有企业中已有的制度、文件、图表等资料

它们一般应包括：

(1) 原有的各项管理制度、业务程序、工作标准、内部管理机构的设置和内部各单位各岗位的职责范围。

(2) 有参考价值的总结资料、工作报告、远期和近期的规划。

通过有关制度的查阅和收集、对企业的历史和管理现状的充分了解，从中总结出成功经验和应当吸取的教训，从而在新的企业会计制度总体设计中提出巩固、改进的措施和方法。即使是为新设立的企业设计企业会计制度，也必须对企业已经起草或者定稿的有关制度、文件、报告等进行充分的查阅，以详尽了解企业的生产经营、内部管理体制、长远发展规划及战略等方面的情况，使企业会计制度的设计能尽量满足生产经营管理的需要。

3. 整理分析调查资料，对于不足部分可结合企业具体情况和设计要求，边设计边进行补充调整

在调查研究中应做好记录，对查阅或收集到的制度或文件也要有重点摘录。对某一方面进行调查研究告一段落之后，应对所了解的情况加以综合汇总，用活页记录的形式把各类问题归类整理出来，对于欠缺或内容单薄的不足部分，可边设计边做补充调整。这样不仅有利于总体设计的顺利完成，也有利于各项具体企业会计制度的设计工作有条不紊地进行。

## 二、确定设计类型和设计方案

在经过上级主管部门、企业管理当局、各下属部门负责人、设计人员、专家等各方面周密客观论证后，应能根据企业的具体情况、管理要求和将来的发展方向，确定一个符合企业实际情况的设计类型和理想的设计方案。

## 三、选择会计政策和设计手段

### (一) 会计政策的选择

1. 我国企业选择会计政策应持有的立场

会计政策的选择关系到投资者立场、企业立场、经营者立场、国家立场和劳动者立场，企业要发展，必然要站在企业自身的立场上选择适合自己需要的政策，这种选择也符合各方的利益，因为：

(1) 企业作为我国国民经济的基本组成细胞，其经营管理水平的高低、经济效益的好坏、财务实力的强弱不仅决定企业自身的生存和发展，而且会直接影响到一个国家或地区的经济形势。站在企业立场上选择会计政策，有利于提高企业经营管理水平，优化企业资源配置，增强企业财务实力，促进整个国民经济形势的好转。

(2) 现代企业制度的建立，虽然使企业成为自主经营、自负盈亏的市场竞争主体，但企业适应市场经济所必须具备的自我约束、自我发展的能力还不强，其竞争应变能力、风险承受能力还相当弱。站在企业立场上选择会计政策，将有利于扭转上述现象。

(3) 我国企业的市场竞争能力、抗风险能力都还较低，在准确把握经济形势，正确处理企业与各利益集团的关系上还不尽如人意。此外，我国的资本市场尚不完善、人才市场尚不规范，在这样的环境下，我们应站在企业立场上选择会计政策，这既有利于缓解各利

益主体之间的矛盾，协调企业与各利益主体之间的经济关系，又有利于企业积累财务实力，集中精力开辟新的市场，应付各种各样的竞争和挑战，争取企业效益的最大化。

需要注意的是，坚持从企业立场出发选择会计政策，从短期看，可能会影响国家的财政收入以及投资者和企业员工的收益，但从长远来看，企业将因此而保存财务实力，改善经营环境，提高经济效益，会为国家、为社会提供更多的财源，站在企业的立场，实际上投资者、经营者、国家、职工也会获得更多的收益。而这也正是我国进行经济体制改革的方向和目标。所以，坚持企业立场是选择会计政策的正确思路，也是完全符合我国现实的明智之举。

2. 选择会计政策应处理好几个关系

为保证按照企业立场所选择的会计政策既能实现企业的持续稳定发展，又能得到与企业有关的各利益集团的理解和支持，企业在选择会计政策时必须妥善处理以下几个关系：

(1) 中立性与倾向性的关系。站在企业立场选择会计政策，含有一定的倾向性，无疑会或多或少地伤及其他利益集团的经济利益，过分强调企业利益、股东利益将可能引发其他利益集团的反对，使企业出现危机，阻碍正常的生产经营，上市公司尤其如此。因此，如何合理把握倾向性与中立性的关系至关重要。

(2) 稳定性与调整性的关系。会计政策既不能绝对稳定不变，也不能朝令夕改，只能在一定时期和一定环境下保持相对稳定不变。我国允许企业在国家法律或统一会计制度发生变动时，随之予以变更；企业如果认为自行决定变更会计政策能够提供更可靠、更相关的会计信息时，也可予以变更。对于前一种原因，由于纯属客观原因，企业很好把握；但对于后者，纯属主观原因，完全依靠主观判断，企业在变更时机的把握上会有一定的难度。因为频繁变更会有操纵利润之嫌；固守陈规则可能导致会计信息失真。因此，企业必须着眼于长远利益，因时因势而变，以变应变，妥善处理会计政策的稳定与调整之间的关系，在变更任何会计政策时都应严格遵守谨慎性、重要性和实质重于形式原则的要求。

(3) 成本与效益的关系。企业选择会计政策的最终目的是提供能够最恰当地反映企业财务状况、经营成果的会计信息，保证会计信息的质量，满足各信息使用者的信息需求。一般而言，会计信息受信息提供成本的制约。必须解决好提供信息所产生的效益与提供该信息所需花费之间的关系，避免因盲目追求会计信息的质量而导致会计信息提供成本过大的现象发生。

### (二) 设计手段的选择

设计手段的选择取决于企业自身的管理硬件和管理人员的水平，也取决于会计制度设计的工作量和复杂程度。可以选择单一的设计手段，也可以综合运用各种手段，如人工设计和电脑设计结合，自创软件和外购软件结合，企业内部人员和外聘专家结合，以保证设计质量。

## 四、制定设计策略和设计验收标准

确定了设计类型和设计方案以后，就可以制定与之相对应的设计策略和设计验收标准，以保证会计制度设计的高质量。

## 五、编写会计制度总体设计和具体的设计安排

根据前面会计制度总体设计的内容和深入调查研究收集的资料，按照已经确定的设计

类型、设计方案、设计策略和设计标准的要求，编制会计制度总体的设计计划和具体的设计安排，包括全部设计所需的人员分工、设计经费、设计进度和时间安排等。

## 六、提交会计制度总体设计文本，征求意见后修改定稿

将已完成的会计制度总体设计分别呈送主管部门和专家，经会商定稿，然后按照总体设计的框架和方案，分部门、分业务、分项目进行具体细致的设计。

## 【本章小结】

本章同第一章一样，也是一个总体性的介绍章节，旨在让学生对会计制度设计有一个综合性的认识，相对来说容易掌握，其所介绍的概念对后面章节的理解和运用有着重要的指导作用。

## 【复习思考题】

1. 简述会计制度总体设计的作用。
2. 简述会计制度总体设计的步骤。
3. 简述企业总体会计制度设计调查研究的方法。
4. 试论述企业会计政策与宏观会计政策的区别和联系。

☞阅读光盘“例题分析”中的本章内容，掌握解题技巧。在40分钟内完成光盘“即时练习”中的本章练习。光盘中的“关键概念”提供了相关概念的检索。

# 第三章

# 会计组织机构及其内部控制制度和岗位职责的设计

**学习导航**

用 2 学时学习本章内容。

⊙ **了解**：会计组织机构设计的原则：系统原则、控制原则和成本效益原则；小型企业会计组织机构的设置；大中型企业会计组织机构的设置；集团企业会计组织机构的设置；内部银行核算体制下会计组织机构的设置和内部银行核算体制下会计岗位的职责及操作要点。

⊙ **识记**：内部控制制度的相关概念。

⊙ **掌握**：内部控制的基本程序；小型企业会计岗位的职责以及小型企业会计机构的设计操作要点；大中型企业会计岗位的职责以及大中型企业会计机构的操作要点；集团企业会计岗位的职责以及集团企业会计机构的操作要点。

在公司治理和价值创造中，会计机构是企业组织机构中一个重要的基础构件，是一个须臾不可离开的，担负着反映和监督企业经济业务运作，进行公司理财、财务分析、财务控制、成本管理、信息管理、信用管理及其战略与资源管理，建立绩效评估与薪酬分配系统等重任的关键职能部门，它在企业整个管理机构中扮演着重要的角色，财务和会计管理也被许多企业家视为企业管理的中心。

## 第一节　会计组织机构设计的原则

会计组织机构是否健全，各关键岗位之间的协调运作和内部控制是否有效，直接影响着对企业经营状况的反映、控制、监督的工作质量。构建一个合适、精干、高效的会计组

织机构，须遵循以下原则，即系统原则、控制原则和成本效益原则。

## 一、系统原则

系统是指由相互作用、相互联系的若干部分结合而成的具有特定功能的有机整体。企业管理机构本身是一个大系统，而会计组织机构是这一大系统下的子系统。会计工作组织机构的设置，应根据企业经营规模和管理组织系统的大小、经营方针及发展战略规划而定。以下是几个规模大小不同的企业管理组织系统。

（1）小型企业的组织机构，由于其经营规模小、业务量少、生产组织不复杂，通常按生产运作的程序和需要来设置，对企业整个经营活动实行集中管理，如图 3—1 所示。在这一环境中，会计发挥单一的核算作用，其厂部直属会计组织机构规模较小。

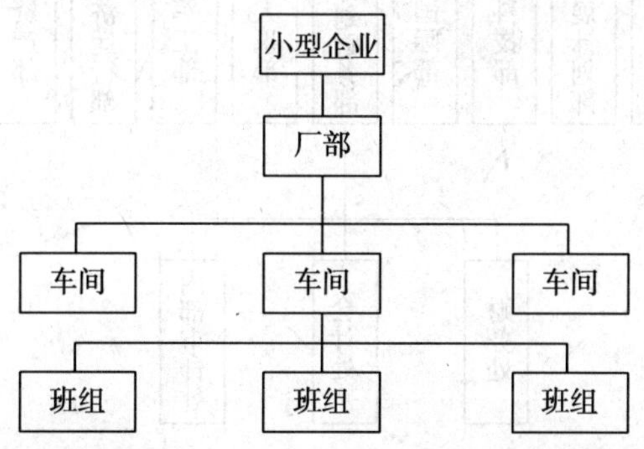


**图 3—1　小型企业组织机构图**

（2）大中型企业，由于其经营规模大，需要会计组织渗透到企业的整个经营过程和各个管理领域，以便会计及时、全面地反映企业的资产状况、经营成果和现金流量情况，并可对企业当前经营和发展趋势及时做出分析、判断和调整。具体如图 3—2 所示。

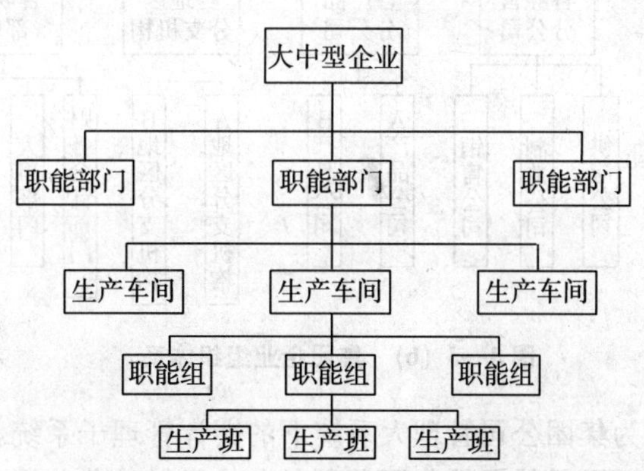


**图 3—2　大中型企业组织机构图**

会计除了负责日常的核算工作外，还要开展对企业各职能部门运作绩效的考核。因此，会计机构这个职能部门作为一个企业管理系统中的子系统，除了具有自身的一整套管理组织机构外，它的信息网络还深入企业各个部门，提供的信息可反映企业生产经营的全貌和整个过程，其作用随时影响着企业管理者的经营决策。

（3）集团型企业，尤其是特大型的跨国公司，它的规模很大甚至涉及不同的国家和地区，其管理系统不但要全，而且要运作有效，它除了指挥、控制、操作总公司的经营，同时还要随时监控处于不同国家和地区中的分公司、子公司的经营状况，并根据需要及时调整各分公司、子公司的经营方针和发展战略，以便使整个集团公司的总体经营效果达到最佳状态。具体如图 3—3（a）和图 3—3（b）所示。

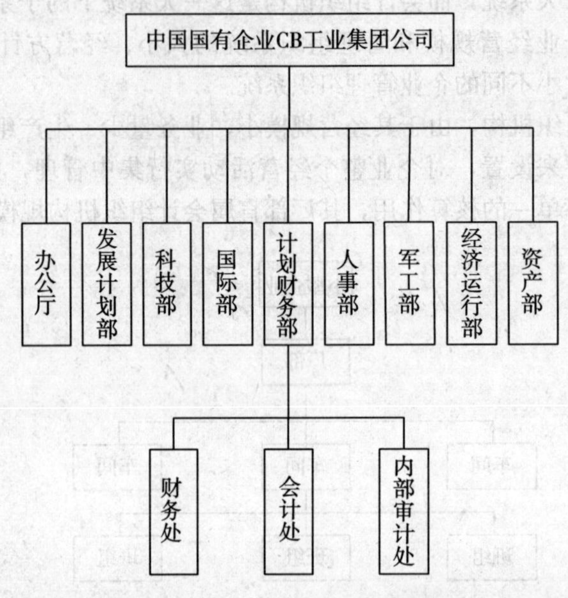


**图 3—3（a） 集团公司组织结构图**

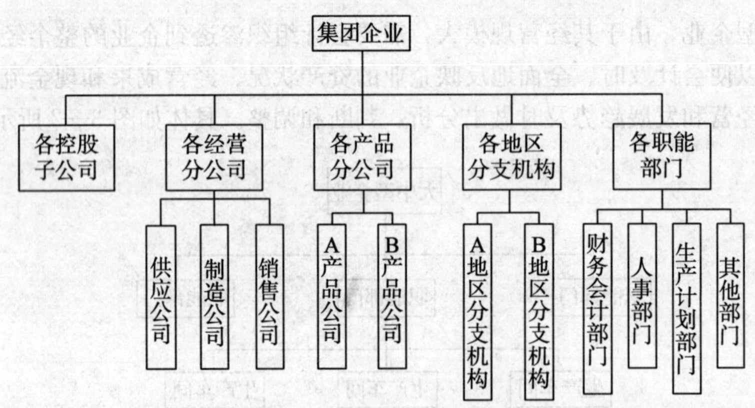


**图 3—3（b） 集团企业组织体系**

在这种情况下，作为集团公司管理大系统下的会计管理子系统，除了日常的会计核算、财务管理工作外，还要筹措调拨集团公司各分支机构或分公司之间的资金，收集汇总各子公司所在地的经济信息，以便更有效地调度集团公司的资金，提高集团经营管理的规模效益。因此，集团公司的会计组织机构通常独立于其他管理部门，不少是将对总公司本部的财务会计管理与对分公司、子公司的控制管理划成两部分，专门组成一个集团财务公司、资金结算中心或投资控股公司，具有独立的法人地位，这是目前企业会计机构的最高组织形式。

## 二、控制原则

会计的职能之一就是对企业的全部生产经营进行反映、监督、控制。因此，会计组织机构的设置必须根据这一要求，抓住企业生产经营各环节、各领域中的控制关键点，并将各关键点连成一个控制网络，从而形成企业经营控制全过程、全方位的一个监控系统。平时通过运用会计的专业方法，如复式记录、核算、对账分析、财产清查、内部稽核等手段，来达到控制企业经济业务活动的目的。

例如，对工业企业产品成本的控制必须针对产品生产成本的三要素，即直接材料、直接人工、制造费用，从供、产、销三个经营环节分别抓住其关键点。直接材料的关键点在于材料的购进与消耗，直接人工的关键点在于工人的工时安排和工资率；制造费用的关键点在于费用支出的审核与分配。在这些关键点上设置控制岗位，设计业务控制标准，并利用计划指标、定额标准及限额审批等方法，达到控制产品生产成本的目的。

会计机构根据防护性监控的原理，抓住会计工作运行过程中的内控关键点以控制业务流程。同时，在各会计领域设立具有相互制约作用的工作岗位，通过业务控制和人员控制的双重反映，来达到相互稽核的防疫功能。当企业具有一定规模，则必须建立专门从事内部稽核和监督会计工作质量的机构。

再如，记账是会计的基础工作，会计机构中记账员的岗位职责、记账工作的质量直接影响到企业各项信息的质量。控制记账工作质量的关键点在于对凭证的审核。例如，酒店记账质量的控制关键点在于收支凭证的审核。酒店一般应设立日审员、夜审员专岗，保证核准当天的记账结果，从而减少记账错误的发生，提高信息的质量。

## 三、成本效益原则

企业管理的目的是使各项业务优质高效运转，取得最大的经济效益。会计组织机构的设置也必须遵循这一原则，从企业自身的实际情况出发，根据管理上的具体要求以及达到管理目标的可能性，来设置适合于本企业的会计组织机构。设计中不能依样画瓢地拿别的企业成功的会计组织机构生搬硬套到自己的企业，盲目追求大而全或草率地执行少而简的方针都是不可取的。成本效益原则的目的是获得两个方面的效益：一是会计机构设置繁简相宜，人员精干，工作高效，在整个会计工作中每个人工作精神饱满，各司其职，协调一致地履行会计的职责，机构设置和运行成本低。二是会计组织系统所提供的信息，其获取成本低于其产生的经济效益，使企业管理从中得益。

例如，财务与会计是企业资金管理的两个重要内容，前者涉及资金的筹措、分配和使用；后者涉及资金的记录、监督和反映。在实际工作中，财务与会计密不可分，因此，企业会计组织机构的设计就要根据企业规模和资金管理的特点，分别组建财务部门和会计部门，或合二为一设立财务会计部门，有的将计划职能也并入财务部门，作为计财部，以充分体现有效性原则（参见图 3—3 (a)）。

进行会计制度设计时，通过制度收益与制度成本的比较来选择制度效益最大的设计方案。这里的制度成本，是设计成本与运行成本之和，既包括制度设计机构在设计时、企业会计机构在实施过程中所发生的成本，也包括企业其他部门、其他职工为保证制度实施、运行后产生的成本。制度效益是指制度收益与制度成本比较后形成的差额。应特别注意的是，这里的成本和收益都不仅仅是能够直接用货币进行计量的成本和收益。

会计组织机构的设置必须在保证分工合理、责任明确、控制有效、运作有序的前提下，坚持精干、高效、低成本的原则，反对机构臃肿、人浮于事。会计机构的大小应与企业规模相适应，会计人员的数量多少、层次高低应与单位的业务量和工作难度相适应，尽量以最少的人、财、物的耗费为信息使用者提供使用价值最大的会计信息。

## 第二节　会计组织机构内部控制制度的设计

内部控制就是对一个组织或系统进行的约束和管理，它是企业管理现代化的标志和必然产物。会计组织机构的设置、企业经营管理的运作要点、会计岗位的设置及职责范围的确定均应遵循控制原则。尤其是经济业务日趋复杂的集团公司和大型企业，更应把内部控制和绩效考核制度作为一项重要的内容来设计。只有把控制原则落实到各个部门、各个岗位、各个环节上去，才能使会计组织机构既成为一个核算部门、信息生产部门，又成为一个实施控制和考核的部门。

### 一、内部控制制度相关概念

#### （一）内部控制和内部控制制度

内部控制属于管理范畴，它是一个组织为了提高效率和充分有效地获取、利用资源达到既定管理目标，而在组织或系统内部设计、实施的计划、方法和程序。具体来说，是指被审计单位为了保证业务活动的有效进行，保证资产的安全和完整，防止、发现、纠正错误与舞弊，保证会计资料的真实、合法、完整而制定和实施的政策与程序。广义地讲，一个企业的内部控制是指一个企业的内部管理控制系统，包括为保证企业正常经营所采取的一系列重要的管理措施。

内部控制的职能不仅包括企业最高管理当局用来授权与指挥进行购货、销售、生产等经营活动的各种方式、方法，也包括核算、审核、分析各种信息资料及报告的程序与步骤，还包括为对企业经营活动进行综合计划、控制和评价而制定或设置的各项规章制度。因此，内部控制贯穿于企业经营活动的各个方面，只要存在企业经济活动和经营管理，就需要有相应的内部控制。

企业内部控制制度是单位内部各职能部门、各有关工作人员之间，在处理经济业务过程中相互联系、相互制约的一种管理制度。它是对经济业务的处理过程实施控制的方法、程序和手续的总称。所谓联系，是指经济业务发生时有关经办人员之间如何互相沟通、协调，使经济活动得以顺利进行；所谓制约，是指经办人员之间如何相互牵制、相互监督，以防止营私舞弊和技术错误，保证经济活动的合法、合理性。这种相互联系、相互制约的关系是否明确、是否有效，是内部控制制度是否严密完善的标志。

企业内部会计控制制度是指以保护财产安全和会计信息可靠性为主要目的，用于会计业务和与之相关的其他业务管理的方法和程序。

#### （二）内部控制的要素

完善的内部控制制度一般应具备三个方面的要素：一是权利与责任明确，即单位行政领导和各个职能部门拥有的职权和应承担的责任，以及据此确定的他们在处理经济业务时

所处的地位和所发挥的作用；二是程序与手续清楚，即处理每一项经济业务的规定程序和手续，要求明确规定每一项经济业务需要经过哪些手续，由哪些人员负责办理，他们之间如何沟通联系，应当采用哪些具体的处理方法等；三是控制方式适当，即处理每一项经济业务的人员之间相互制约的方式，要求某人办理的业务必须经过其他人员的核准和同意，必须置于其他人员的监督之下，有关人员之间必须形成制约关系。

内部控制各要素融合表现在财会机构各科组、各个岗位和各个业务环节上，形成控制要点，同时也是会计制度设计的要点。

**（三）内部控制的总目标和具体目标**

内部控制制度不是一项独立的制度，其原则、要求和控制要点贯穿于企业各项管理制度之中，本书在各章的设计中，结合具体业务，分别做了阐述。

内部控制的总目标是建立和维持一个决策科学、运营规范、管理高效和持续、稳定、协调、健康发展的经营实体。内部控制一般应实现必要的具体目标，具体目标又包括一般目标和项目目标，通用的一般目标如下：

（1）保证企业财产的安全完整。

（2）提高资产使用效率。

（3）落实考核责任。

（4）有效避免风险。

（5）保证会计信息的可靠性。

（6）保证业务活动按照适当的授权进行。

（7）保证所有交易和事项以正确的金额在恰当的会计期间及时记录于适当的账户，使会计报表的编制符合会计准则的相关要求。

（8）保证对资产和记录的接触、处理均经过适当的授权。

（9）保证账面资产与实存资产定期核对相符。

项目目标则视具体部门、具体岗位、具体项目的具体业务和具体环节内容而定。

有关内部控制的基本认识是设计人员应具备的：

（1）建立健全内部控制，修正和维护公司各项控制政策和程序，持续有效的执行是管理当局的会计责任。

（2）公司管理当局应在综合考虑控制成本与效益的基础上，建立能为公司会计报表的公允表达提供合理（但不是绝对的）保证的内部控制。

（3）建立内部控制时需注意工作效率和促进企业提高获利能力。

（4）内部控制存在固有限制，设计人员应予关注：内部控制的设计和运行受制于成本与效益原则，一些理想的内部控制往往因成本过高而不为管理当局所采纳；内部控制一般仅针对常规业务活动而设计，对特殊业务活动往往不适用；即使是设计完善的内部控制，也可能因执行人员的粗心大意、精力分散、判断失误以及对指令的误解而失效；内部控制可能因有关人员相互勾结、内外串通而失效；可能因执行人员滥用职权或屈从于外部压力而失效；可能因经营环境、业务性质的改变而削弱或失效。

**（四）内部控制的分类**

1. 按内部控制制度涉及的范围分类

内部控制制度按涉及的范围分类，可以分为内部管理控制制度和内部会计控制制度。

(1) 内部管理控制制度。它是指以贯彻管理方针、提高经营效率为主要目的，用于企业行政和业务管理方面的方法和程序。主要包括：

1) 组织机构控制制度；

2) 人员素质控制制度；

3) 劳动工资控制制度；

4) 情报资料控制制度；

5) 技术设计控制制度；

6) 材料、物资采购业务控制制度；

7) 生产过程控制制度；

8) 产品质量控制制度；

9) 销售业务控制制度；

10) 对外投资和筹资业务控制制度。

这些内部管理控制制度既独立行使管理职能，也是建立内部会计控制制度的基础。会计制度的设计应注意与上述内部管理控制制度衔接协调和同步进行。

(2) 内部会计控制制度。它是指以保护财产安全和会计信息可靠性为主要目的，用于会计业务和与之相关的其他业务管理的方法和程序。主要包括：

1) 会计组织机构及岗位职责内部控制制度；

2) 会计核算系统内部控制制度；

3) 企业经济业务会计处理程序内部控制制度；

4) 责任会计内部控制制度；

5) 会计电算化系统内部控制制度；

6) 其他内部控制制度。

2. 按内部控制制度的控制方式分类

内部控制制度按控制方式分类，可以分为预防性内部控制制度和发现性内部控制制度。

(1) 预防性内部控制制度是指能够有效地防止低效率、差错和舞弊行为发生的方法和程序。如货币资金管理的内部牵制制度、财产物资保管的业务手续制度等。

(2) 发现性内部控制制度是指当低效率、差错和舞弊发生后，能够及时发现并得到纠正的方法和程序。如会计的对账制度、财产清查制度和人事上定期岗位轮换制度等。

**(五) 内部控制制度设计的要求**

要在会计管理各个环节设计一个好的内部控制制度，应遵循以下几项控制要求：

1. 目标性要求

内部控制制度是一个目标性很强的、具有共同目标的若干个既相互联系又相互制约、相互区别的子系统构成的庞大的内部管理系统。尽管该系统由若干子系统组成，且每个子系统又服务于自己的小目标，但小目标必须与大目标，即前述的总目标和具体目标一致。

2. 整体性要求

内部控制制度系统既然是由若干个子系统构成的，那么这些子系统在设计时除了考虑目标的一致性外，还必须考虑各自的独立性和彼此之间的相互联系，使之成为一个有机的完整的系统制度。

3. 相关性要求

由于构成企业内部控制制度的各项具体制度由目标的一致性和系统的整体性所决定，无论将内部控制制度怎样划分，这些内部控制的具体制度都会出现你中有我、我中有你的影子。因此，在设计各项具体制度时还必须注意彼此之间的相互衔接、相辅相成，不能出现彼此对立或相互矛盾的现象。

4. 需求适应性要求

企业的内部控制制度是在一定的具体环境下制定和运行的，它和企业所处的外部环境、内部控制环境以及企业的需求是密不可分的，只有适应企业的环境，满足企业的需求，才是理想的制度，才能发挥其应有的作用，实现其特定的目标。因此，一旦这些环境、需求发生了变化，就应做相应的调整、修改。

5. 层次性要求

作为一个完整的内部控制制度系统，可以将其按照不同的标志划分为若干个子系统，而在每个子系统下还可能有若干个更小的子子系统。这样由这些子子系统和子系统就构成了一个层次性强、功能高、运行协调的大系统。企业在设计内部控制制度时必须注意划清各系统的层次性，从而有效地将其落实到相关部门或岗位具体人员。

6. 重要性要求

内部控制制度设计时遵循的重要性原则包括以下两方面内容：

(1) 对于那些与准确反映企业财务状况有重要影响的会计信息，从原始数据在生产、经营、管理环节的生成，到财会部门的信息加工、整理、报告，在设计内部控制制度时均须严格要求、缜密控制。

(2) 能够给企业带来明显利益或损失的业务或岗位应是内部控制设计的重点。

7. 岗位责任制要求

内部控制制度应当保证单位内部机构、岗位及其职责权限的合理设置和分工，坚持不相容职务互相分离，确保不同机构和岗位之间权责分明、相互制约、相互监督。

该原则要求会计机构的内部分工必须明确具体，会计工作的全部内容合理划分，并落实到每个小组或每个会计人员，建立健全会计工作的岗位责任制。做到各小组之间、有关人员之间，既有明确的分工，能有效地防止相互推诿、工作扯皮现象，又有默契的配合，减少会计差错，防止营私舞弊。只有这样，才能建立起正常的工作秩序，并促进工作目标的顺利实现。

## 二、内部控制的程序

控制程序是由为了保证公司目标的实现而建立的政策、措施和方法组成的。控制程序可应用于某种交易（如销售）业务，也可以广泛地应用于某个工作环节或工作对象，还可以融合应用于控制环境或会计系统的特定组成部分。内部控制的具体程序方式很多，一般包括交易授权、职责划分、分权控制、岗位调换制、标准处理程序控制、财产清查、预算控制、凭证控制、账簿控制、审批与稽核控制、档案专管控制、电子信息系统控制等。

在不同的经济业务处理过程中，根据具体情况，应当采用不同的控制程序方式，可单一使用，也可结合使用，才能最大限度地发挥内部控制制度的作用。

### (一) 交易授权

交易授权程序主要针对某个部门或员工而言，其主要目的在于保证交易是管理人员在其授权范围内授权后才产生及完成的。授权有一般授权和特别授权之分。前者指授权处理一般性的交易，如采购员可在计划指标内购买材料等。而后者则指授权处理非常规性交易事件，如，重大资本支出和股票发行，企业销售闲置设备、削价处理积压的存货，必须经管理者特别批准授权后才能处理，销售人员不得自行决定。否则，就属于越权行为，就有可能产生漏洞。

特别授权也可能用于超过一般授权限制的常规交易，比如，同意因情有可原的情况，对某个不符合一般信用的顾客赊销商品。管理当局对某项交易的“授权”和员工对交易批准是不同的。比如，信用部门职员可以在管理人员授权的信用政策范围内，批准个别顾客赊购。

各级工作人员必须在授权范围内行使职权，既不能超越权限去处理那些不属于自己职权范围内的事情，如非出纳员收付货币资金、非会计师处理账务等，也不能推诿责任，对那些属于自己职权范围内的事情不认真处理，如保管员不认真负责物资收发等。授权控制有利于建立岗位责任制，使各级工作人员在获得权利时就相应地承担了责任，所任职务与所负责任挂钩，便于有关人员各司其职、各负其责，有效防止违规问题的出现，即使发生问题也便于及时查找解决。

**（二）职责划分**

这一类控制程序是指对某交易涉及的一些部门或员工的各项职责进行合理划分，使一个部门或一个人的工作能自动地检查另一个人、另一个部门或更多人的工作。职责划分的主要目的是预防和及时发现各部门或各类人员在执行所分配的职责时所产生的错误或舞弊行为。从控制的观点看，如某员工在履行其职责的正常过程中，可能发生错误或舞弊，并且内部控制又难以发现他的舞弊，那么可认为这些职责是不相容的。对于不相容的职责必须重新进行职责划分。

(1) 某项交易的执行、记录以及维护、保管相关的资产应该指派不同的个人或部门，比如采购部门负责人员应负责签发采购单，会计部门应记录已收到的货物，仓库人员则应负责该货物的保管工作。在记录此项采购业务之前，会计人员应确定采购已经过授权，所订购的货物已实际收到。

(2) 某项交易执行包括的各个步骤应该指派给不同的个人或部门。比如，某制造公司在执行一项销售交易时，应将销售的授权、订货单的归档、货物的发运以及开账单给顾客等工作分派给不同部门或不同人员。

(3) 某些会计工作的职责应划分。比如，在手工会计系统中，应收账款的总账和客户明细账应由不同的人来记录；记录现金收支的非出纳人员应负责调节银行账户。

(4) 在计算机信息系统（CIS）部门内及CIS部门与使用部门之间应进行适当的职责划分。CIS系统的很多职能，比如统计分析、程序设计、电脑操作和数据控制应被分开。另外，CIS不应更正使用部门送交的数据资料，并且在组织上应独立于使用部门。

大公司和小公司执行“职责划分”控制程序是有些差别的。小公司由于员工的人数较少，实行职责划分要比大公司困难得多。但是在这些小公司里，业主通常积极参与经营活动，这样，业主可通过担任一些特定的工作来实现职责的合理划分。也有的业主通过对员工的工作进行严密的监督和复核，以弥补职责划分的不足。职责划分会影响三种认定的控制风险，比如：

（1）将资产保管同资产记录的职责相分离，可以降低盗窃的风险，因为盗窃者将无法通过减少资产的记录来掩饰盗窃真相。要严格规定资产接触与记录使用制度。

资产接触与记录使用主要是指限制接近资产和接近重要记录，以保证资产和记录的安全。保护资产和记录安全的最重要的措施就是采用实物防护措施。比如，将存货存入仓库以防偷窃。如果这一仓库由胜任的职工管理，还能够减少存货的残损。对货币、有价证券等资产的安全存放和使用防火安全设置等也是重要的实物安全保护控制程序。对凭证和记录等会计档案也需要进行实物安全保护措施。否则重新建立丢失了或损坏了的会计档案，其成本昂贵、费时费力。其中应收账款的档案如果被毁，其后果更不堪设想。为防止这些损失，支付一些成本用于复制记录和实施管理制度是值得的。同样道理，对保险单和应收票据等凭证，也应做好实物保护工作。为进一步保证准确、及时地记录会计信息，还可以采用机械保护装置。在这方面，现金出纳机和其他自动数据处理设备都是有用的内部控制。

（2）将处理现金支出交易同每日调节银行账户分离，可以降低不记录支票付款的风险，因为在调节过程中可以发现这种风险。

（3）付款凭单的批准同支票签发相分离，可以降低支票书写出错的风险。

**（三）分权控制**

分权控制是针对任何一项具体经济业务而言的，交易授权是针对某个部门或员工而言的，分权控制又称职务分管控制，它要求任何一项经济业务的办理都必须由两人或两人以上分工掌管，不允许任何一个人单独办理任何一项经济业务，以便形成相互制约、相互监督的格局，避免以个人包办经济业务全过程而出现弊端和错误。一般情况下，以下职务和权力应当实行分管：

（1）经济业务的授权批准与执行应予分离，即将审批权与执行权分离。

（2）经济业务的执行与记录应予分离，即将业务的承办与记录权分离。如承办购货业务的采购员、承办销售业务的推销员不得兼任账目记载的会计员。

（3）经济业务的经办与稽核应予分离，如财产清查及账实核对工作不能由财产保管人员单独进行，银行存款余额调节表不能由出纳编制等。

此外，经济业务的授权批准与监督检查也应分离，以确保内部控制的严密性。

**（四）岗位调换控制**

岗位调换是指各个岗位上的工作人员定期或不定期的相互调换职务，避免一个人在一个工作岗位上长期滞留。特别是涉及货币资金收支和财产实物收发的岗位，应尽可能地经常调换。职务调换的具体方式一般有对换和轮换两种，对换即两种职务之间的对调，如材料保管员与产品保管员对换，管应收款的会计与管应付款的会计对换等。轮换则是多种职务之间的循环调换，如财会机构内部的材料会计从事成本核算，成本会计从事销售账务，销售会计登记总账和编制报表，总账会计则从事材料核算，以形成一个工作轮换循环圈。

这种控制方式的作用有以下四个方面：

（1）有利于促进工作人员尽职尽责。由于每一个工作人员随时都有调动职务、移交工作的可能，所以必须按规定及时完成自己的本职工作，不能拖拉疲沓。

（2）防止某些人因长期从事某项工作而产生惰性，或利用工作之便编织“关系网”进行舞弊活动。

（3）有利于及时发现问题，采取措施尽快解决。由于原来的工作人员所从事的工作被轮换后，要受到接替人员的检验，即使发生了差错或舞弊行为，也便于发现和揭露并加以处理，以免长期隐匿，造成大的损失。

（4）有利于培养“多面手”，提高业务人员的工作素质和独立工作的能力。

### （五）标准处理程序控制

这一控制方式是指对每种经济业务的处理程序和手续制定出标准化模式，使程序的各个环节之间形成步步核查、环环监督的格局，以便及时发现差错和弊端加以处理，防止同类业务的处理因程序与手段不同而出现工作扯皮、职责不清、结果各异等现象。其主要内容有：规定每种经济业务应经过的环节和手续；对主要经济业务用文字或流程图的方式制定出标准化处理程序；规定经济业务由哪些部门和哪些人员处理，各环节的流转手续和滞留时间以及审核内容等；规定各个环节和各道手续之间的关系。

采用标准处理程序控制方式实施内部控制，一方面可以把各职能部门串联在一起，形成一个有机的整体，有条不紊地开展工作，及时规范地完成任务；另一方面又可形成相互制约、相互监督的机制，把可能发生的差错和弊端消灭在业务处理过程中。

### （六）财产清查控制

企业根据实际需要，对各项财产必须进行定期与不定期的实地盘点和询证核对，以查明各项财产的实存数，确定账实是否相符。这不仅是财产物资管理的一项重要制度，同时也是保证账实相符、保证会计信息真实可靠的重要方法。它包括以下三个步骤：

（1）清查实物，并与账簿记录及原始单据相比较。

（2）将账实差异进行会计记录的调整。

（3）调查分析差异的产生原因，做出相应的处理决定。

### （七）预算控制

预算控制是对单位内部的各项费用开支实行预算管理的一种费用控制办法。其特点是通过预算的编制、执行、分析和考核，强化费用开支的管理。其操作要点如下：

（1）确定预算项目，凡能纳入预算管理的项目，均纳入预算控制系统，并建立明确的预算标准。

（2）规范预算的编制、审定、下达和执行程序，明确各环节各部门的控制责任。

（3）跟踪预算的执行，随时分析和控制预算差异，发现问题，及时改进。

（4）预算内开支实行责任人限额审批，限额以上的开支报企业最高管理当局批准或实行集体审批；严格控制无预算的费用支出。

### （八）凭证控制

原始凭证是经济业务发生时取得或填制的、用以记录经济业务的发生或完成情况的书面证明。它既是进行会计核算工作的原始资料和重要依据，又是会计资料中最具有法律效力的一种证明文件。它是企业在办理财产收发、现金收付、款项结算、成本计算、费用支付、产品生产、商品销售、工程竣工等业务过程中生成的。因此，要保证会计核算的正确性，就必须首先规范各业务岗位的原始凭证填制或取得以及传递制度。确定恰当的责任履行情况，一方面为岗位责任考核创造条件；另一方面也为会计信息的可靠性奠定基础。

凭证控制是指经济业务发生时，通过填制和传递原始凭证，对经济业务实施记录控

制，以便在任何时候、任何问题发生时都有据可查。凭证控制包括凭证生成、凭证审查和凭证传递控制。为此，设计足够的凭证联次和合理的凭证传递程序，将业务发生所涉及的各职能部门或个人联系起来，是强化内部控制的有效方式。

 **拓展区**

阅读光盘相关内容，了解凭证控制的主要内容。

**（九）账簿控制**

利用会计账簿对经济业务进行序时、分类记载的功能特点，实施内部控制。其主要内容是：

(1) 设计一套完整的账簿组织体系，明确规定各种账簿的作用以及它们之间的关系。做到总账控制明细账、日记账，明细账控制财产实物和债权债务的数量、金额变化，日记账控制收付款的笔数和金额。

(2) 规定过账、对账、结账要求，并针对各种账簿做出不同的规定。如总账既可逐笔过账，又可汇总过账，而明细账、日记账必须逐笔登记，尤其是现金、银行存款日记账还须逐笔结出余额。

(3) 建立严格的账簿领用、存档、查阅、销毁等方面的管理制度。

(4) 账务处理程序控制。由于各企业的业务性质、经营规模、经济业务繁简的不同，其账务处理程序选择的方法也不完全相同。但是，每个企业必须根据自身的特点建立规范、科学的账务处理程序，以保证会计信息的质量和工作效率。

**（十）审批与稽核控制**

这种方式是通过事前的审批控制与事后的稽核控制，对经济业务的合法合理性起到前把关、后验收的作用。

稽核指独立的部门验证由另一个人或部门执行的工作，包括验证所记录金额的正确性等，所以亦称独立稽核。独立稽核同很多认定相关。比如，稽核支出发票、工资计算表及存货汇总表的正确性；稽核现有资产和有关记录，比如银行存款余额调节表、零用现金盘点表及实物存货记录等；稽核账户余额，如应收账款的账龄分析表；稽核会计报表、财务分析等详细情况的报告。应在什么时候采用什么方式进行独立稽核，视具体情况而定。人工计算稽核可以每日对所有交易或选出的交易进行；对资产与记录的稽核和比较，可定期（如每周或每月）进行。

事前的审批控制的主要内容有：

(1) 建立“一支笔”审批制度，防止多人插手，分不清责任，统一不了标准。

(2) 严把审批关，按制度、政策办事。要求审有依据、批要慎重，正确行使权力。防止只批不审，滥用职权；只审不批，延误经营。

事后的稽核控制的主要内容有：

(1) 健全内部稽核制度，设置专职或兼职稽核员，负责凭证、账簿、报表、合同、计划、预算等的稽查以及账证、账账、账表、账实之间的核对，保证正确相符。

(2) 核对控制。包括定期进行试算平衡，定期对账，进行账证核对、账账核对、账表核对，保证账证相符、账账相符、账表相符。

### （十一）档案专管控制

这一控制方式是指对会计凭证、账簿、报表等档案资料实行专人保管，以便对档案所涉及的有关人员的工作情况实施控制，防止根据个人需要更改、调整甚至毁灭档案记录的现象发生。其主要内容是：设置专职或兼职（出纳员不得兼任）档案保管员并规定其岗位责任；规定专门的保管场所；规定各种档案的存续时间；建立严格的档案调阅、销毁等制度。

### （十二）电子信息系统控制

随着电子计算机在会计中的普及应用，一些传统控制方式的作用被削弱，而舞弊手段也在朝着智能化、现代化的方向发展。为适应这种变化，必须运用电子信息技术手段建立控制系统，减少和消除人为控制的影响，确保内部控制的有效实施。同时要加强对电子信息系统开发与维护、数据输入与输出、文件储存与保管、网络安全等方面的控制，其详细内容见本书第十八章。

此外，制定内部结算制度，强化财产保全和风险控制，定期召开财务分析会议，健全民主理财制度等，都是强化内部控制制度的方式，不再一一赘述。

以上各种方式，有些是从总体上考虑，不局限于某种经济业务，如分权控制、授权控制等；有些则是针对具体的业务，如凭证控制、档案专管控制等。有些属于预防性控制程序，如：交易授权、职责划分、分权控制、标准处理程度控制、预算控制；有些属于发现性控制程序，如：岗位调换控制、财产请查控制、凭证控制、账簿控制等。严密完善的内部控制制度取决于各种控制方式的综合效应，在设计各种业务的内部控制制度时必须通盘考虑。

# 第三节　小型企业会计组织机构及岗位职责的设计

在掌握了会计组织机构设计的原则和内部控制制度的要求后，我们就可以开始设计企业的会计组织机构。

## 一、小型企业会计组织机构的设置

小型企业一般经营范围狭小，经营活动复杂程度较低，会计账目简单，生产工艺简单，管理方法单一，不相容职责分离有限，业主（经理）可能支配所有的经营管理活动。通常这类企业在经营组织管理上采用比较简单的“直线制”形式，即按照生产经营的程序设置组织机构（如图 3—1 所示）。

在这样的企业管理组织机构中，所有的管理职能都集中在厂部，而财务管理、会计核算一般会合并在一起成为厂部管理组织中的一个重要部门，如图 3—4 所示。

小型企业会计机构一般有 2～3 人。具体分工有出纳、总账会计、明细账会计，会计主管可兼总账会计一职。

## 二、小型企业会计岗位职责

### （一）出纳岗位职责范围

出纳不得兼管稽核、会计档案保管和收入、费用、债权债务账目的登记工作。

（1）贯彻现金管理制度，把好现金收支关，定期编制出纳报告单，以便会计主管及时

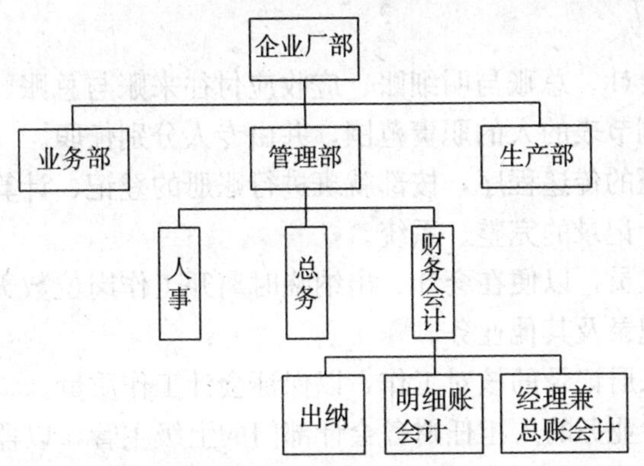


图 3—4　小型企业会计组织机构设置

掌握货币资金收支情况，并做到日清月结。

（2）记录、保管现金、票据及银行存款等事项，每日核对库存现金，定期与银行和银行存款账项核对，保证货币资金的安全与完整。

（3）签发支票、本票、汇票后送交主管核准并盖印签章，保管空白支票、本票、汇票等有关资金往来票证。

（4）处理债权、债务的收支业务。在业务发生频繁的情况下，还需每日填制债权、债务收支业务日报表。

（5）增值税、营业税金及附加、个人所得税、企业所得税等税项的申报扣缴业务处理。

（6）备用金核付。

（7）其他一切与现金出纳有关的业务处理。

**（二）总分类账会计（一般兼财务会计主管）岗位职责范围**

（1）编制、审核会计凭证。

（2）登记所有总分类账。

（3）编制财务会计报表。

（4）核算成本（此项职责有时也可划归明细账会计）。

**（三）明细分类账会计岗位职责范围**

（1）编制和审核会计凭证。

（2）根据原始凭证及记账凭证登记各类明细分类账。

（3）定期将明细分类账记账余额与总账核对。

（4）定期核对财产账与实际盘存、收发数额。

（5）定期进行财产清查。

（6）其他一切与明细账有关的业务处理。

## 三、小型企业会计机构运作要点

小型企业由于企业规模小，业务简单，因此，会计人员在工作中较容易协调。然而，企业的会计要处理一个正常经营企业的全部基本业务，有时会因为业务量少或简单，而简略了一些必要的处理程序，造成会计业务处理非规范化。因此，小型企业会计机构运作要注意下面几点：

(1) 分清出纳与会计、总账与明细账、应收应付往来账与总账、管理现金、银行存款的人与编制银行存款调节表的人的职责范围，并由专人分别任职。

(2) 设定会计凭证的传递程序，按部就班进行账册的登记、计算，不能随意变更凭证传递程序，以保证会计记录的完整、系统。

(3) 要配备代职人员，以便在会计、出纳临时离开工作岗位数天时，能由其接替，以保证连续处理会计的记录及其他业务。

(4) 要经常进行账册记录的核对工作，以保证会计工作质量。

(5) 要由熟悉会计业务的人担任财务会计部门的上级主管，以监督各项会计工作的正常进行。

## 第四节 大中型企业会计组织机构及岗位职责的设计

### 一、大中型企业会计组织机构的设置

大中型企业为了适应错综复杂的经营状况，管理组织通常采用“直线职能制”形式。即将供、产、销各个经营环节中的人、财、物的管理由各个职能部门分别负责。各职能部门下设职能组，深入生产经营的各个环节。各个职能部门既有一条纵深的管理路线，又有各职能部门间横向的业务联系，从而形成企业经营管理的网络（如图 3—2 所示）。

在这种组织体系下，财务与会计即可作为两个职能部门设置，也可作为一个职能部门设置。当设置一个财务会计部门时，财务与会计的岗位与职责必须分离，大中型企业财务会计合为一个职能部门的组织机构设置情况，如图 3—5 所示。

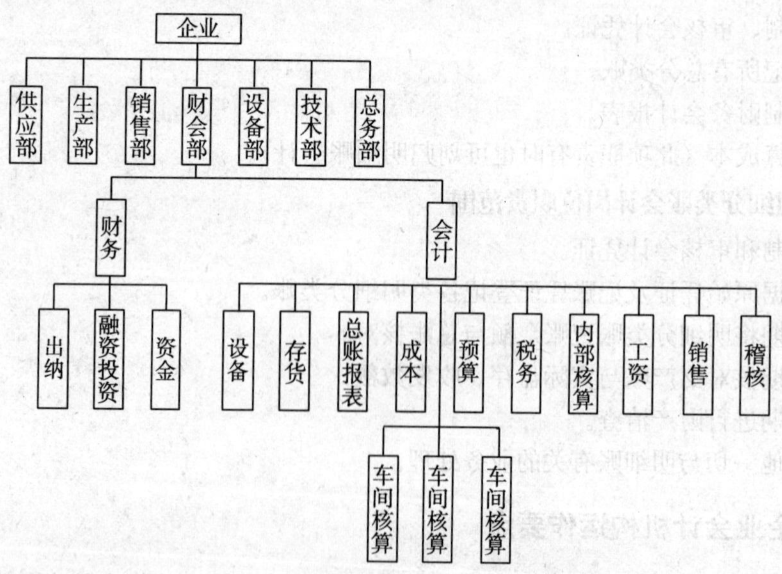


图 3—5 大型工业企业会计组织机构设置

## 二、大中型企业会计岗位职责

《会计基础工作规范》中示范性地提出了会计工作岗位的设置方案，将会计工作岗位划分为总会计师、会计机构负责人或者会计主管、出纳、财产物资核算、工资核算、成本费用核算、财务成果核算、资金核算、往来结算、总账报表、稽核、会计档案管理等 12 个岗位。开展会计电算化和管理会计的单位，可以根据需要设置相应岗位，也可以与其他工作岗位相结合。这种岗位设置方法，基本上涵盖了会计业务的主要内容，为建立岗位责任制奠定了较完整的基础，是企业单位具体制定会计工作岗位的理想的参考方案。企业可根据这一参考方案，结合行业规律、企业规模、经营和产品特点、管理要求等实际情况，具体设置本单位会计工作岗位。

大中型企业出纳岗位的职责如同于小型企业组织中的出纳岗位职责，这里不再赘述。其他岗位应根据具体情况和工作要求按"一人一岗"、"一人多岗"或"一岗多人"（由于大中型企业工作量大，可能会有两个人或更多的人做同一类工作）设置。

**（一）资金与融资投资财务会计岗位职责范围**

（1）参与编制资金计划并监督其执行及控制情况。

（2）负责银行借款的及时归还和投资的收回，筹措及调度资金。

（3）编制现金流量表。

（4）记录、保管各种有价证券。

（5）负责登记资本金、对外投资及其他有关的明细账。

（6）与财务管理、资金调度有关的其他事项。

**（二）设备会计岗位职责范围**

（1）会同有关部门制定固定资产管理与核算办法。

（2）参与核定固定资产用量、编制固定资产更新改造和修理计划。

（3）计算提取固定资产的折旧费用。

（4）负责登记固定资产明细账和折旧账。

（5）参与固定资产的清查盘点以及使用效果的分析。

（6）核算在建工程成本。

**（三）存货会计岗位职责范围**

（1）会同有关部门制定材料管理与核算制度。

（2）参与制定材料的计划成本和消耗定额。

（3）计算材料的实际采购成本，控制采购费用，分析材料成本差异。

（4）负责登记材料采购、材料、低值易耗品和应付款等明细账，并负责应付款项的结算清理。

（5）参与材料的清查盘点以及库存结构的分析。

**（四）总账报表会计岗位职责范围**

（1）协助财会机构负责人组织会计工作。

（2）负责记账凭证的汇总和总账的登记保管工作。

（3）编制、审核、编号、装订及保管各类会计凭证。

(4) 负责结账对账时的调整业务处理。

(5) 办理结算及盈余分配事项。

(6) 编制会计报表并进行分析。

(7) 负责会计凭证、账簿和报表等档案的管理工作。

(8) 其他与账务处理有关事项。

**(五) 成本会计岗位职责范围**

(1) 会同有关部门制定成本管理与核算办法，参与编制成本费用的计划，并分析其执行情况。

(2) 核对各项原材料、物品、产成品、在产品入库领用事项及收付金额，编制材料收发领用转账凭证。

(3) 编制车间或各步骤成本转账凭证。

(4) 计算企业固定资产的折旧费用。

(5) 审核车间成本及备用金开支，指导车间和班组的成本核算，参与在产品和半成品的清查盘点等。

(6) 审核委托及受托外单位加工事项。

(7) 成本结账时的费用分配及账目之间调整。

(8) 计算产品单位成本和总生产成本，负责登记生产成本、制造费用和管理费用等明细账，编制成本和费用报表。

(9) 分析比较车间及企业成本现状，做好成本日常控制。

(10) 内部成本核算及业绩考核。

(11) 编制企业有关成本报表。

(12) 其他与成本核算、分析、控制有关的事项。

**(六) 预算会计岗位职责范围**

(1) 编制企业及各部门资金预算。

(2) 编制及考核生产预算。

(3) 编制及控制成本费用预算。

(4) 编制及分析销售预算和利润预算。

(5) 编制及执行资本预算。

(6) 处理其他与预算有关的事项。

**(七) 税务会计岗位职责范围**

(1) 办理税金计提、缴纳、查对、复核、诉讼等事项。

(2) 办理进出口业务的关税缴纳、免税申请及退税冲账等事项。

(3) 办理企业所得税的减免税申请事项。

(4) 办理企业有关工商、税务的开业、变更登记等有关事项。

(5) 申办及登记进出口证书业务、单据及结算等事项。

(6) 编制税务报表及相关分析报告。

(7) 办理其他与税务有关的事项。

**(八) 内部核算岗位职责范围**

(1) 建立内部核算体制。

(2) 制定内部核算方法及标准。

(3) 做好内部核算的记录。

(4) 分析内部核算结果。

(5) 协调内部各职能部门的业务联系及考核办法。

**(九) 工资会计岗位职责范围**

(1) 会同有关部门制定工资管理与核算办法，参与编制工资计划。

(2) 计算并发放工资和奖金。

(3) 负责工资和奖金的分配和核算。

(4) 计算提取应付福利费并监督其使用情况。

(5) 计算提取和上交员工社会保险基金。

**(十) 销售会计岗位职责范围**

(1) 会同有关部门制定产成品管理与核算办法。

(2) 参与编制销售收入计划和利润计划并监督其执行情况。

(3) 负责登记产成品、销售、应收款、税金和利润明细账以及发出商品的有关记录，并负责应收款项的及时清算和税金的上缴。

(4) 计算产品销售成本，控制销售费用和营业外支出。

(5) 编制销售和利润报表并分析计划的完成情况。

(6) 参与产成品的清查盘点以及库存情况的分析。

**(十一) 稽核会计岗位职责范围**

(1) 审核财务计划和成本计划的执行。

(2) 审核各项财务收支是否正确。

(3) 复核会计凭证和账簿的记录，保证账账、账证和账实相符。

(4) 复核会计报表，保证其准确性。

**(十二) 车间会计岗位职责范围**

(1) 组织生产车间中班组的会计核算工作。

(2) 编制、审核、立档、保管车间会计凭证。

(3) 负责车间备用金的收支记录及保管。

(4) 记录及复核车间各类成本项目。

(5) 稽核并摊销制造费用。

(6) 审核并记录工资、工时、产量报表。

(7) 编制车间工资结算表及领发工资。

(8) 车间生产用料及物料消耗的审核及记录。

(9) 统计成品入库并做好审核记录。

(10) 处理委托、受托外单位加工业务，并做好记录。

(11) 审核各车间生产日报、物料日报、成品收发日报等。

(12) 编制各类车间成本报表。

(13) 车间物品、财产的清查并做好记录。

(14) 车间固定资产的折旧计算及记账。

（15）与企业其他部门之间的往来账务的处理。

（16）处理其他与车间会计事务有关的事项。

在不单独设置内部核算机构的企业中，一些内部核算的工作可分解到各个有关的职能科室，由其分别执行。

以上12个财务会计工作岗位是在财会机构内部分为若干小组的基础上，对小组内会计人员又进行分工后设计的。在实际工作中，可根据机构内部分工粗细和工作量大小，增减或合并岗位或在不违反不相容职务的前提下，重新规定出不同的职责范围。

## 三、大中型企业会计组织机构运作要点

在大中型企业中，由于经营管理需要，一般需设置生产、销售、会计等几个管理部门，并且在各部门下又设置了专职科室与专职人员，会计管理的机构比小型企业的庞大，且层次较多，分工较细，分工时要注意将职责权限合理设置，不相容职务要相互分离，如业务决策、执行、记录、保管等人员的职责要分离，以做到权责分明、相互制约、相互监督。因此，在有条件的情况下，应设置总会计师。

### （一）总会计师的职责

按照《会计法》第三十六条的规定，国有的和国有资产占控股地位或者主导地位的大、中型企业必须设置总会计师。必须由具有五年以上财务与会计管理经验的高级会计师担任。总会计师的主要职责如下：

（1）严格维护财经纪律，贯彻会计法、会计准则，并据此设计本企业会计制度。

（2）充分发掘内部潜力，搞好内外投资和融资，开辟财源。

（3）组织企业内部经济核算。建立健全经济核算制度和内部经济责任制，领导财务管理会计核算工作，搞好资金管理，成本管理。

（4）监督、审核企业各项经济合同的制定、签订和推行，检查企业生产经营活动各环节的经济效果。

（5）编制和执行预算、财务收支计划、信贷计划，拟订资金筹措和使用方案，有效地使用资金。

（6）进行成本费用预测计划、控制、核算、分析和考核，督促本单位有关部门降低消耗，节约费用，提高经济效益。

（7）负责本单位财会机构的设置和财会人员的配备、培训、考核等管理工作。

（8）利用财会资料进行经济活动分析，协助企业主要领导对企业的生产经营做出决策，参与新产品开发、技术改造、科技研究等方案的制定等。

### （二）财会机构负责人的职责

财务机构负责人必须由具有3年以上会计管理经验的会计师或高级会计师担任。

（1）在总会计师的领导下，负责本单位具体的财会工作，组织开展财务管理、会计核算和会计监督。

（2）组织制定本单位的财务会计制度，并负责贯彻执行。

（3）参与编制各种经济计划和业务计划。

（4）监督各项资金的使用和分配，贯彻执行国家有关的财经政策和财政制度。

(5) 负责会计人员岗位分工、工作协调、业绩考核、业务指导等。

## 第五节 集团企业会计组织机构及岗位职责的设计

企业集团是以母公司为核心，由母公司及其控股子公司、分公司和其他分支机构，或由多个有内在经济技术联系的企业、科研单位等组成的企业联合组织。其中母公司和子公司都是独立的企业法人，企业集团、企业联合组织本身可以不是法人，母公司（或子公司）下属的分公司和分支机构也可以不是法人（但可以采用独立核算或非独立核算形式）。对于分公司和分支机构，往往按经营环节、按产品或按地区设置。下属分支机构从事的经营活动可以是同一行业的，也可以是不同行业的。集团企业也可能是一个跨国性企业，其控股子公司、分公司和其他分支机构分布于不同的国家和地区，利用当地的有利资源，为跨国集团企业创造更多的财富。

### 一、集团公司会计组织机构的设置

集团公司的组织根据投资经营、产品和地区特点可采用不同的形式。控股子公司是独立的法人单位，集团企业通过控股权参与管理，所以控股子公司的会计组织机构可根据上述大中型企业会计组织机构的要求来设置。这里，我们主要说明非独立性分公司和其他分支机构会计组织机构的设计。集团公司可按职能或工作范围设置所属机构，如图 3—3（a）所示的国有企业集团公司组织机构图；也可按经营环节设置分公司，按地区设置分支机构，这种组织体系如图 3—3（b）所示。

集团公司本身的会计部门除了设置与大中型企业相似的一些机构外，还需要设置分公司和其他分支机构的会计部门，建立集团企业与分公司、分支机构间的会计联系，以此来全面、统一地反映、监督集团企业、各分公司和其他分支机构的财务状况和经营成果。

集团公司的会计组织机构设置和内部银行职能岗位设置，如图 3—6 和图 3—7 所示。

国有企业集团公司（北京机床厂）传统的组织机构和会计组织机构设置，如图 3—8、图 3—9 所示。

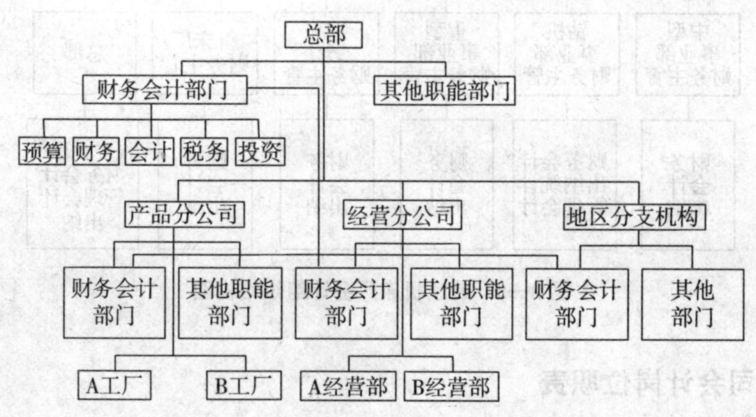


**图 3—6 A 集团公司的会计组织机构设置**

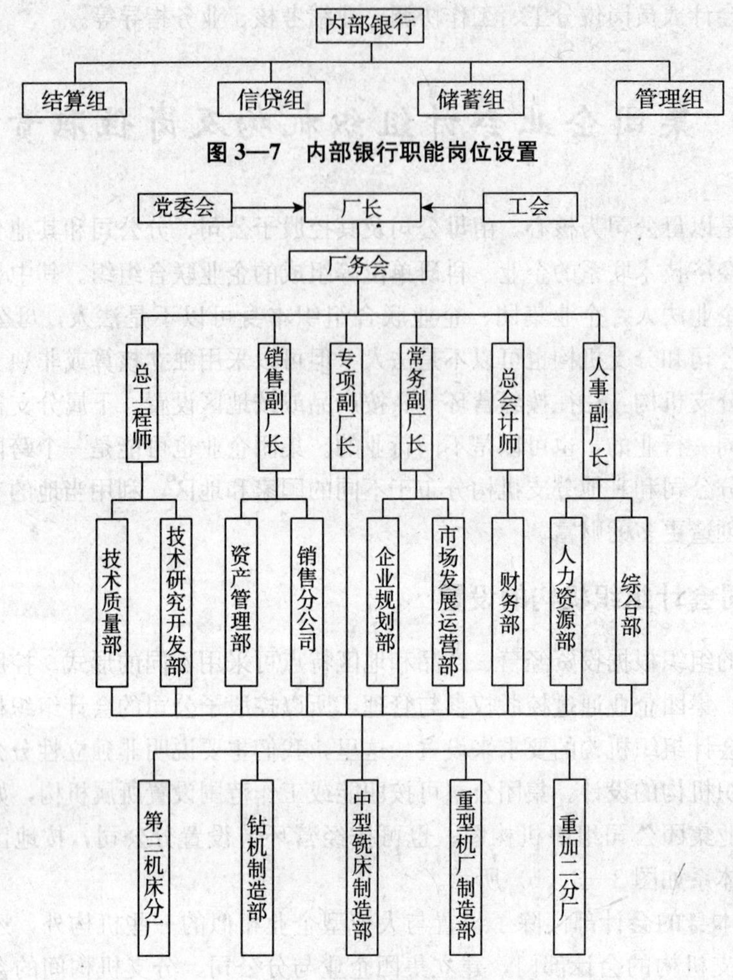


图 3—7　内部银行职能岗位设置

图 3—8　北京机床厂组织结构图

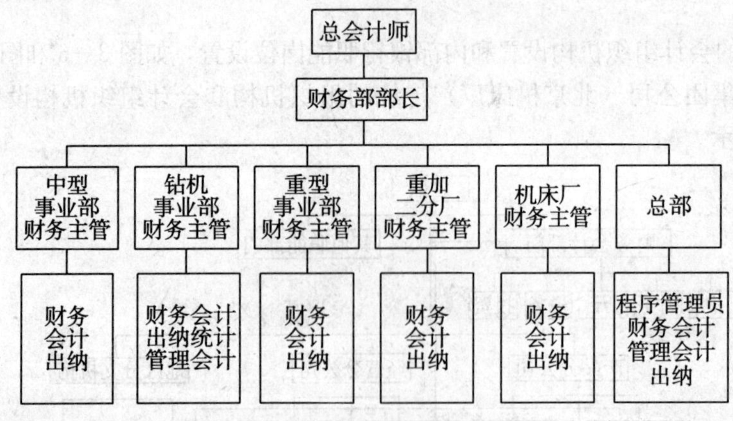


图 3—9　北京机床厂会计组织结构图

## 二、集团公司会计岗位职责

集团公司会计部门的岗位职责除了包括大型企业那些不可缺少的工作外，还需要全

面、统一地反映整个集团企业中各分公司及其他分支机构综合的经营状况，并充分利用其有利条件，灵活调度资金，使有限的经济资源发挥更大的经济效益。具体岗位设置可见图 3—10。

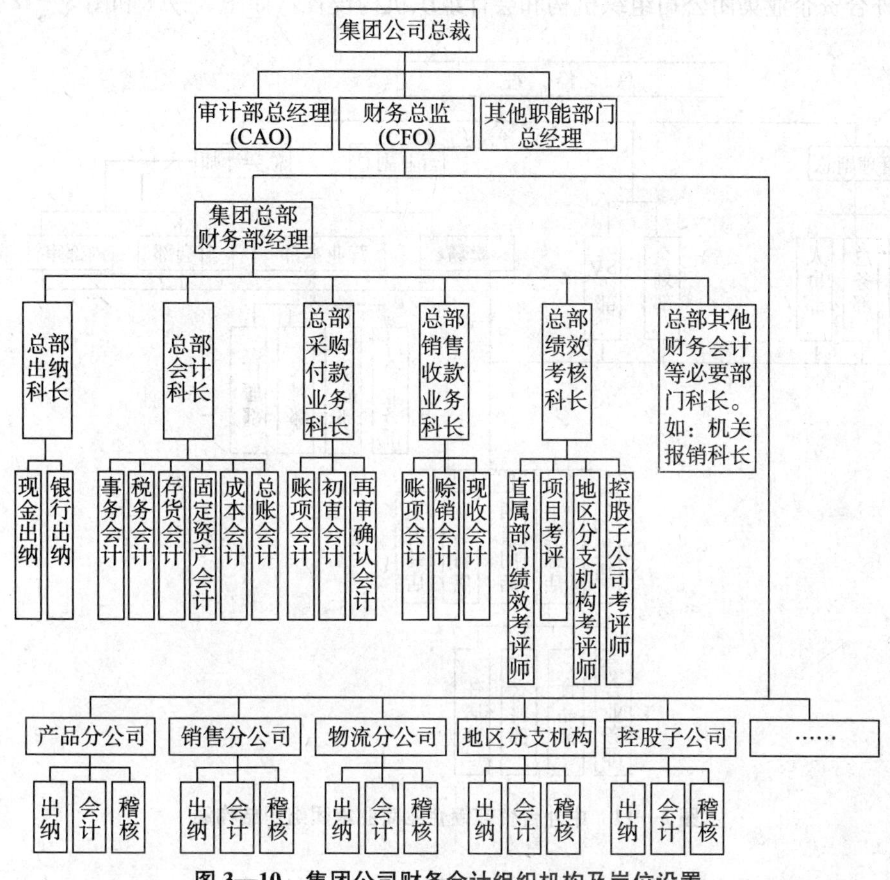


**图 3—10　集团公司财务会计组织机构及岗位设置**

说明：

1. 集团公司财务会计组织一般垂直管理，并选用网络版多功能会计软件组织核算。
2. 会计软件使用和软件设计、维护及程序控制人员分离。
3. 遵循基本原则：
(1) 收支两条线；
(2) 财会人员派出问题。
4. 控股子公司指由总公司投资控股占 50%以上的独立企业法人单位。
5. 总部会计科长下属事务会计指负责整理、装订、保管会计资料档案工作的员工。

还有这样一个例子，北京机床厂财务部共有财务人员 12 员，4 名外派主管，5 名财务会计，1 名管理会计，1 名出纳人员及 1 名系统管理人员。

财务会计——有四项分工，即现金、期间费用、财务成果和税务、长期资产。

管理会计——预算分析。

系统管理员——财务应用系统的日常维护和更新。

外派主管——事业部的财务工作及与总部的协调沟通。

北京机床厂有一个极具特点的“岗位轮换制度”，其内容就是财务会计、管理会计、出纳或各个岗位定期进行轮换，这样每位财务人员会接触到整个财务工作的各个环节，克服了财务人员目光短浅、技术知识狭隘的缺点。这对于培养人才、促使他们全面发展起到了非常积极的作用。职工尤其是年轻职工对这种制度非常欢迎，大大激发了他们不断学习的积极性。

中外合资企业集团公司组织机构和会计组织机构设置，如图 3—11 和图 3—12 所示。

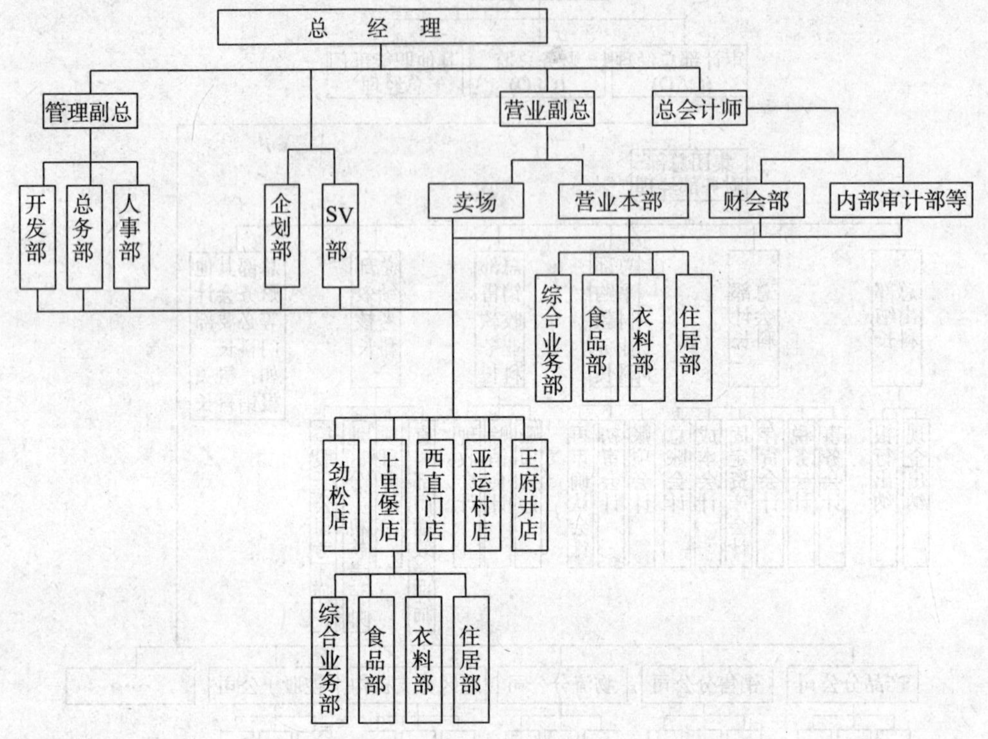


**图 3—11　中外合资连锁企业商业集团组织结构图**

说明：

①总经理直接领导和管理企划部和 SV 部。

企划部主要负责结算、计算机系统的管理、各项机构的设置以及相应机构权限的划分。SV 部是一个业务督导性质的部门，主要负责在总部和店铺销售之间的协调和合作。总部拥有采购权、人事权、财权和投资决策权等重要的权力。

②位于第二层的管理机构，主要有管理副总、营业副总、总会计师。

③管理副总直接负责三个部门：

开发部门：负责新店的开设、如何投资、如何选址及老店的物业管理。

总务部门：负责后勤的员工食堂和各家卖场的保安工作。

人事部门：负责人员的调动和招聘、绩效考核及与此相应的工资的确定。

④营业副总负责两大块业务：卖场的工作和营业本部。

⑤营业本部的职能：

综合业务部：负责合同的审批、物流配送、商品质量管理、内控的防损。

衣料部：根据卖场需要采购鞋帽、男女装、童装、内衣等。

住居部：根据卖场需要采购日用品、体育用品、家居用品、文化用具、照明材料、家用电器。

食品部：主要是为卖场的地下超市采购冷鲜产品、青菜、蔬果、副食品等。

⑥在每一个卖场都设有一名店长，由于是中外合资的企业，店长都是外方人员，店长的权力在部长之上，负责整个卖场的日常运转。比如，店长决定产品的定价，是否对某产品追加订货及退货的处理。虽然在每一个卖场中都设有综合业务部，但他们没有采购的决定权。

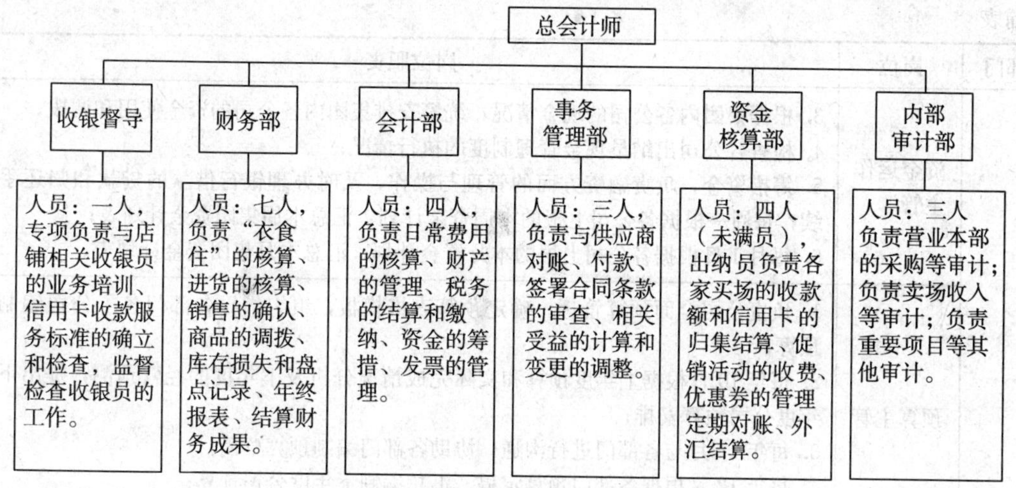


**图 3—12　中外合资连锁企业商业集团会计结构及其相应的职能**

说明：

①各个卖场下设一个独立核算的会计科。

②中外合资企业的经营性质属于连锁店的性质，所以实行的是统一定价、统一管理，整个会计制度体系由总部的财务部来规划和制定。

③由于是零售业，中外合资企业的会计科目分级设置得十分详细，有的科目甚至达到了 6 级，它们设置了适应自己公司特色的会计科目，便于核算和管理，提供了十分详细的会计信息。

④以固定资产的管理为例，说明它们的核算管理体系：

a. 总部的财务部对于固定资产的金额详细核算，首先是对于固定资产的预算和审批，然后根据相应的会计准则，计算折旧、使用期间发生的报损等，最后对到期的固定资产进行清理。

b. 总务部门对固定资产的实物负责。

c. 各个卖场对于固定资产实行现场负责。

上述集团公司的财务机构及岗位的设置各有其优劣点，企业可结合自身情况，参考借鉴之。

另外，集团公司财会机构除直属董事会的内部审计部门外，一般下设三个部门 16 个岗位，即 3 部 16 岗：稽核部（3 岗）、财务管理部（4 岗）、会计核算部（9 岗）。具体如下：

稽核部 3 岗：总稽核、收入稽核、支出稽核。

财务管理部 4 岗：资金运作主管、预算主管、项目与财务分析师、绩效考评主管。

会计核算部 9 岗：总账会计、销售与收款会计、采购与付款会计、固定资产会计、成本核算会计、费用核算会计、存货会计、出纳（现金出纳、银行出纳）、事务会计。现将 B 集团公司财会组织机构及岗位职责的设置列于表 3—1 中。

**表 3—1　　B 集团公司财会组织机构及岗位职责的设置**

| 部门 | 岗位 | 岗位职责 |
| --- | --- | --- |
| 稽核部 | 总稽核 | 1. 计划并安排稽核，确认会计记录的真实性、准确性、完整性及是否符合会计准则；<br>2. 确定稽核程序细则，解决稽核差异和难题。 |
| | 收入稽核 | 负责收入记录的真实性、准确性、完整性 |
| | 支出稽核 | 负责支出记录的真实性、准确性、完整性 |
| 财务管理部 | 资金运作主管 | 1. 负责集团公司周资金计划、月资金计划、年资金计划的编制。根据各下属公司上报的资金计划（周、月）汇总资金计划表，提供给财务总监据以安排当期资金计划；<br>2. 每年 12 月根据各公司下年度的预测现金流量表，汇总编制年度预测现金流量表； |

续前表

| 部门 | 岗位 | 岗位职责 |
| --- | --- | --- |
| 财务管理部 | 资金运作主管 | 3. 根据集团内各公司的现金情况，统筹安排集团内各公司的资金使用和调拨；<br>4. 检查各公司出纳员现金管理制度的执行情况；<br>5. 筹措资金，负责融资方面的管理与操作，及时办理银行借款的贷款和归还手续，每周一根据各公司上报的本周资金计划，汇总本周集团资金计划表；<br>6. 每月1日根据各公司上报的本月资金计划，汇总本月集团资金计划表。 |
| | 预算主管 | 1. 负责公司全面预算管理，确定预算表格模板，组织指导各部门各子公司编制预算；<br>2. 每年10月根据上年度预算和实际完成情况分析及下年度的经营预测，提出下年度公司预算安排；<br>3. 每年11月与各部门进行沟通，协助各部门编制预算草稿；<br>4. 每年12月根据各部门预算定稿，汇总编制下年度公司预算；<br>5. 根据需要随时修改预算。 |
| | 项目与财务分析师 | 1. 负责对公司月度、季度、年度实际发生的财务账目与预算进行对比分析。每月、季、年末根据预算主管提供的《年度预算表》、销售与收款会计提供的月、季、年《销售收入统计表》、费用核算会计提供的《费用统计表》、总账会计提供的《损益表》、《资产负债表》和《现金流量表》，编制《财务分析表》，包括：实际预算对比表、差异分析表，根据《财务分析表》，编制财务分析报告，对公司月、季、年度实际发生的财务账目与预算进行对比分析，编制年度财务分析资料，提交财务总监。<br>2. 根据集团内各子公司的单独报表编制合并报表。 |
| | 绩效考评主管 | 负责对公司本部及下属公司月度、季度、年度实际发生的工作业绩、经济效益与预算和考核目标、标准进行对比分析考评，以掌握情况，激励奖惩员工和安排下一步生产。每月、季、年末根据预算主管提供的《年度预算表》、销售与收款会计提供的月、季、年《销售收入统计表》、费用核算会计提供的《费用统计表》、总账会计提供的《损益表》、《资产负债表》和《现金流量表》，项目与财务分析师提供的月、季、年度财务分析报告等财务资料，编制《绩效考评报告》，包括：绩效考评指标体系、标准、方法，综合考评意见、业务考评意见、效益考评意见、财务考评意见、问题和建议。提交给各部门及下属子公司一把手、人力资源总监、财务总监。 |
| 会计核算部 | 总账会计 | 1. 年初根据核算需要修改账套设置，按照会计制度的规定，设置会计科目、会计凭证和会计账簿；<br>2. 根据业务发生情况及时录制凭证，并复核各明细账会计师编制的会计凭证是否合法，内容是否真实，手续是否完备，数字是否准确；<br>3. 完成全部科目（长期投资、无形资产、所有者权益科目等）的总分类核算；<br>4. 按照规定方法记账、结账、对账；<br>5. 每月终了，根据总账和明细账的记录，编制公司财务报表及其附注，并按时提供给内外部使用者；<br>6. 负责公司全部税务事项，包括税务报表的填制与报送，纳税申报与税款缴纳的核算；按政策规定办理减免事宜；<br>7. 根据各项资料编报各种统计报表；<br>8. 配合公司内外部审计工作；<br>9. 协调税务局，统计局，银行，会计师事务所等方面关系。 |

续前表

| 部门 | 岗位 | 岗位职责 |
| --- | --- | --- |
| 会计核算部 | 销售与收款会计 | 1. 负责公司收入核算与管理，发票的购买保管，包括已使用和未使用的发票。每月3日前与销售部门核对当月销售收入，根据销售部门提供的销售通知单（表）、出库单，客户开票资料（客户名称、地址、电话、税号、开户银行及账号）开具发票，根据发票编制录入凭证、确认收入和税金，计提与收入有关的各项税金及附加；<br>2. 负责往来账款的核算与管理，每年协助业务员与客户核对往来账款；每日根据银行对账单和企业销售发货情况，与出纳核对应收款，编制应收账款明细表及回款明细表、每月7日前编制上月销售收入统计表。<br>3. 根据银行收款票据、出纳开具的现金收据制作收入凭证。<br>4. 根据营销中心提供的当月销售汇总表与财务账核对当月销售收入，月底根据销售收入账编制销售收入统计表。<br>5. 每年1月7日前将应收账款（或预收账款）年底余额明细表交商务部核对客户上年余额，签字后返回财务部根据应收账款明细账编制年底余额明细表交商务部。 |
| | 采购与付款会计 | 1. 由采购员根据公司预算控制计划、支付调整计划编写个人月、季、年采购计划；<br>2. 由各部门使用者填写请购单，注明申请人、品名、型号、规格、数量、估计单价、交货日期，请购单由各部门经理审核，超出审批权限的由上级主管领导核准，认可后方能执行；<br>3. 如代用户采购商品，原则上款到账后，才能执行采购作业，应先由部门主管查实用户款到账情况，并签字确认后方能执行；<br>4. 采购员按审批的请购单进行询价，议价及售后服务条件，然后将采购单交申请人，经选择同意后，才能进行采购作业；<br>5. 采购的商品须经技术人员验收合格后，经申请人确认签领，并由采购人员办理入库手续，不符合订购要求的由采购人员负责退、换货物。<br>6. 请款、报销手续由采购人员统一至财务部办理，经初审、再审确认无误后付款。 |
| | 固定资产会计 | 1. 负责固定资产核算和管理。按照会计制度规定，结合公司固定资产的配制情况，会同设备部门建立固定资产管理制度，设置固定资产登记簿。<br>2. 正确进行固定资产的增减变化的会计处理，按月及时提取折旧，加强固定资产的日常核算与监督。<br>固定资产的增加：根据发票和设备管理部门提供的入库单登记固定资产卡片，并进行账务处理。<br>固定资产的转移：根据设备管理部门提供的固定资产调拨单（表）登记固定资产登记簿。<br>固定资产的减少：出售：由固定资产实际占用部门提出申请，根据实际变卖收入开具发票、收取货款，进行账务处理。报废：根据固定资产报废申请单，进行账务处理。盘亏：根据固定资产盘点表，经使用部门确认、相关领导批准后，进行账务处理。<br>3. 制定盘点表，平时定期和不定期地组织清查盘点工作；年终会同固定资产管理部门清查盘点实物，汇总清查盘点结果，清查结果报相关领导审批后及时进行账务处理。<br>4. 负责公司在建工程核算和管理。根据基建科的立项通知单和工程项目设置明细账，根据入库单、发票（须注明项目名称），按项目计入在建工程，核算企业进行的各项工程，包括新建工程、改扩建工程、大修理支出、固定资产安装工程等所发生的实际支出，工程完工后，根据基建科的预决算报告及完工通知单，及时办理转固手续并进行相关账务处理。计提折旧。<br>5. 每年1月15日前协助办税人员办理上年固定资产损失税前抵扣手续。 |

续前表

| 部门 | 岗位 | 岗位职责 |
|---|---|---|
| 会计核算部 | 成本核算会计 | 核算并分析产品的生产成本：<br>1. 及时归集、结转制造费用，根据车间材料领用统计表，进行原材料的发出核算，根据实际发生的费用，归集各车间、科室的制造费用。<br>2. 每月 6 日前，根据生产部门提供的基本工资表、绩效工资表、设备维修工资表按部门计提工资。根据人工工时统计表将工资计入产品成本。根据产品耗电耗汽统计表分摊生产车间、锅炉车间费用到产品成本。根据产品产量及定额标准计提残品处理费，根据副产品的产量和相关原材料消耗计算副产品利润，根据设备工时统计表分配其他制造费用到产品成本，根据消耗统计表进行在产品与完工产品的成本分摊，汇总其他成本项目各发生额，确定完工产品成本并入库，完成产品成本核算。<br>3. 每月 7 日前填制“实际预算对比表－销售成本统计表”，按销售数量结转产品的销售成本，并与仓库核对产品的收发结存数量。<br>4. 每月 10 日前编制产品成本分析表。 |
| | 费用核算会计 | 负责公司期间费用的核算：<br>1. 每周四审核报销人员提供的原始单据，确保内容真实、齐全（金额、张数、时间、用途，部门、项目、预算科目、本人、主管领导及财务负责人签字），并据以编制记账凭证，录入后转交出纳付款；<br>2. 每月月末预提、摊销各项摊提费用（利息、房租、办公用品、汽油、运杂费、代理费等）；<br>3. 每月 7 日前根据管理费用、营业费用、财务费用和研发费用明细账，编制上月期间费用统计表。 |
| | 存货会计 | 负责材料等出入库财务账<br>1. 每月根据相关单据进行入库账务处理，材料当月入库、发票已来、货款已付：根据采购部门提供的入库单（第二联）、发票及出纳提供的付款单据，进行账务处理。材料当月入库、发票未到：月末商务部（库房）将当月所有入库单第三联交存货会计，存货会计将本月已来发票的入库单贴到已进行账务处理的凭证后，再根据剩余的未取得发票的入库单（第三联）进行暂估入库。<br>2. 月末根据仓库提供的出库单、汇总表、车间的材料领用统计表、产品销售账和样品出库单作材料、产成品出库的账务处理，并与仓库核对数量，做到账账相符。<br>3. 每年 12 月 31 日会同商务部、仓库，参与存货的清查盘点工作，核对原材料的数量。并填写存货盘点报告表实存数，同材料明细账账存数进行对比，以确定材料的盘盈或盘亏，并查明原因，填写盘盈盘亏处理申请表（表），报商务部负责人、财务负责人、总经理批准后，按规定在当年进行账务处理。<br>4. 负责应付账款的核算与管理并与仓库进行核对，每周根据验证通过的发票进行材料和应付账款的账务处理，每年 1 月 7 日前将应付账款（或预付账款）年底余额明细表交商务部核对客户上年余额，签字后返回财务部。 |
| | 出纳（现金出纳、银行出纳） | 1. 出纳负责公司资金的收支工作，为会计核算提供最原始的信息资料。负责现金、空白支票、票据等及银行存款的保管、出纳和记录。<br>2. 每日登记现金日记账、银行日记账，做到日清月结。<br>3. 每日业务员将支票、银行汇票、现金交出纳，由出纳开具收据，并登记备查账或银行承兑汇票登记账，下班前及时将现金、支票送存银行。<br>4. 每日编制现金日报表交总经理及财务负责人掌握。 |

续前表

<table>
<tr><th>部门</th><th>岗位</th><th>岗位职责</th></tr>
<tr><td rowspan="2">会计核算部</td><td>出纳（现金出纳、银行出纳）</td><td>5. 每日登记银行承兑汇票备查账、银行收支各种账簿备查账，以便核对。<br>6. 月末编制银行余额调节表与会计核对现金日记账、银行存款日记账，与监盘人员盘点库存现金，编制现金盘点表，做到账实相符。<br>7. 及时到银行取银行回单及催收发票。<br>8. 每月计提、发放工资、每月 7 日前申报个人所得税，交公司水电、电话费。<br>9. 每周四报销员工费用及付款：由报销人填写《某公司费用报销单》，在表上填清金额、张数、时间、用途，部门、项目、预算科目、本人、主管领导及财务负责人签字，《报销单》背面附上全部发票原件，交由会计审核，审核通过后由出纳付款。<br>差旅报销：出差人员回到公司后，应在一周内将出差费用核销。办法同日常报销。填写《差旅费单》。详细对本次的出差费用进行统计、说明，并按车、船、飞机票，市内交通费，餐费，住宿费，电话费，招待费，办公费分类。经主管领导及部门负责人签字后，交会计审核，由出纳付款。如有没有用完的预支差旅费，报销时须一并归还。无发票费用的报销：由报销人写明无发票的原因（表），经主管领导、财务负责人签字后，以其他票据冲抵，按正常程序报销。<br>10. 每日及时审核业务付款，经初审、再审确认无误后付款。先由经办人填写付款申请单，内容填写齐全（发票号/订单号或合同号/入库单号/项目/部门），经主管领导、商务部负责人及财务负责人审核签字后交出纳付款并登记备查账。付款申请单后附发票及相关单据。预付款需要在付款申请单上填写预付原因，经主管领导、商务部负责人及财务负责人审核签字后交出纳付款。须于一周内拿发票销账，否则填写发票未到原因表，由主管领导签字后交出纳备查。如未在规定时间内办理相关事项，将停止办理该经办人的付款业务。</td></tr>
<tr><td>事务会计</td><td>整理会计凭证并装订成册、按时打印账薄、保管会计资料；<br>完成财务经理交办的其他工作。</td></tr>
</table>

现将集团公司中会计部门的岗位职责范围列示如下，与大小型企业相同的职责不再赘述。

**（一）财务岗位职责范围**

（1）各公司及分支机构资金分配与使用的效益分析。

（2）分公司及分支机构所属国家、地区金融现状的调查及分析。

（3）在总公司与分公司及分支机构三者之间合理的资金调度。

（4）监督分公司及分支机构资金的合理使用。

（5）协助或代办分公司及分支机构对外借贷资金事项。

**（二）税务岗位职责范围**

（1）掌握分公司及分支机构所属地区、国家税法的实施、变更情况，并做出相应的调整措施或提出建议，呈报公司董事会。

（2）协助或代办分公司及分支机构税务事项。

（3）汇总公司所属单位缴纳税款情况，并做出效益分析。

（4）协助公司处理所属部门之间的税务事项。

**（三）预算岗位职责范围**

（1）编制集团企业整体资金预算。

（2）归集并汇编企业分公司及分支机构与总公司的生产预算并贯彻执行。

（3）归集分公司及分支机构成本费用预算，编制总公司成本费用总预算。

（4）编制总公司资本支出预算并予以实施。

**（四）投资岗位职责范围**

（1）调查预测集团企业投资项目的投资环境，编写可行性研究。

（2）分析已投资项目效益，提出整改建议。

（3）了解管理控股子公司。

（4）处理其他与投资有关的事项。

**（五）会计岗位职责范围**

（1）制定总公司、分公司及分支机构会计制度和操作规则。

（2）汇总分公司及分支机构会计报表，并调整公司内部利润及各类划账，编制公司合并会计报表。

（3）统一会计分析指标及收集数据的口径。

（4）制定转让价格，核算集团经营生产的内部成本。

（5）考核各分公司及分支机构经营效益。

## 三、集团公司会计机构运作要点

集团公司对下属控股子公司、分公司和其他分支机构的控制，一般可采用协议控制、派员控制、制度控制等单一方式或数法结合方式。其会计机构的运作关键是要统一，如统一核算体制、统一考核标准、统一记账币制等，使各分公司及分支机构的会计资料具有可比性。这样才能贯彻企业经营方针，准确反映实施结果和进行各种考核。

# 第六节　内部银行核算体制下会计组织机构及岗位职责的设计

为了加强企业资金调度能力，考核企业内部各责任部门的业绩，在大中型企业中，通常要建立企业内部的核算体制，如设立内部银行、内部结算中心等。这些机构所从事的内部核算任务是指运用货币结算形式，把企业的各个业务部门、车间、职能科室的经济核算统一组织起来，使企业内部各核算单位之间的经济往来形成交易关系，按等价交换原则统一通过企业内部银行或内部结算中心进行结算，责权利分明，以强化企业的资金管理、定额考核制度以及内部价格体系，提高下属部门和员工的工作积极性，同时也提高企业整体的经济效益。下面就内部银行的会计组织机构、职责、运作方式等作一简述。

## 一、企业内部银行会计组织机构的设置

内部银行又称企业厂内银行，是一个相对独立于企业会计部门的管理机构。它专门处理上下级日常往来业务结算和资金的调拨、运筹，以强化企业的资金管理和完善企业内部

核算机制、定额考核制度以及内部价格体系。

内部银行会计组织机构的设立，需要企业划小核算单位，增加核算层次。在企业内部核算制下设责任中心或责任部门，并配备专职的核算人员，建立相对独立的核算制度和在内部银行分别开设账户，遵照一定的核算程序进行往来业务的结算和资金运用的核算及控制。

内部银行可设置各职能岗位，如图 3—7 所示。

## 二、企业内部银行会计岗位职责

**（一）结算岗位职责范围**

（1）为每一独立核算的责任部门设立内部核算账户。

（2）办理企业内部一切实物的转让，劳务协作的交易结算。

（3）运用企业规定的内部结算价格，结转内部各部门之间的劳务、实物交易，以实现转让产品的价值。

（4）及时反映各责任部门实现的业绩。

**（二）信贷岗位职责范围**

（1）运用信贷手段，制定企业资金归口管理，分级核算，有偿占用的方法。

（2）定期核算各责任部门的流动资金定额，并按核定的资金定额指标，将企业资金下发给各归口管理部门。

（3）办理责任部门流动资金定额大于实际占用资金的余款存入。

（4）受理责任部门由于流动资金定额小于实际占用资金部分而提出的超定额借款申请，经内部银行审核批准后，拨付超定额贷款。

（5）为实行有偿和节约使用资金，制定出定额贷款、超额贷款、逾期贷款、积压物资贷款等不同性质和不同比率的贷款利率。

**（三）储蓄岗位职责范围**

（1）负责开通企业融资渠道，统一调度企业的经营资金。

（2）申请银行贷款，办理贷款事项。

（3）承办企业职工储蓄业务。

（4）贯彻上级部门的经营决策，拨付及上缴上级部门有关款项等。

**（四）管理岗位职责范围**

（1）有效地组织企业内部银行系统的正常运行。

（2）监督内部银行资金流向的合理合法性。

（3）控制责任部门各项费用支出。

（4）考核企业各部门资金定额。

（5）印制统一的内部结算凭证，如内部银行支票、内部货币等，并严格控制发放。

（6）定期将企业资金流通状况以报表的形式反馈给各责任部门及企业主管，以便对资金进行计划统筹、定额控制，所编制的报表主要有“内部资产负债表”、“内部成本报表”等。

## 三、企业内部银行会计机构运行要点

内部银行可根据内部核算的规模与要求，设置“双轨制”或“单轨制”的核算体制。

"双轨制"核算体制就是将内部核算与财务会计核算区分开来，根据核算的不同要求、不同方法进行会计资料的归集和数据计算。财务会计核算可以保持原有的账户设置、原有的记账程序以及生产费用的归集与分配、成本、利润的结转等，它的运作丝毫不受内部核算的影响，仍能及时编制各种会计报表，提供产品生产的实际成本、产品销售的实际获利及其他企业管理或国家宏观管理上所需的各类数据资料。而内部核算可完全根据企业管理的要求进行，向各责任部门提供各种有助于考核控制的数据资料，所设置的会计科目、核算方法完全不受财务会计制度的制约，具有较大的自主权和灵活性。

"单轨制"核算体制就是将财务会计核算和内部核算融合在一起进行核算的管理体制。在"单轨制"下，企业只设置一套账。通过增设的内部核算科目，用统一的财务会计制度反映财务状况的同时，也根据管理要求反映企业内部资金运作的状况和结果。

### 拓展区

阅读光盘"背景资料"中的《会计基础工作规范》和《中华人民共和国会计法》，了解与本章内容相关的知识。

### 【本章小结】

会计机构是企业组织机构中的一项重要的基础构件，而本章介绍的会计组织机构的设计也是会计制度设计的一个重要基础。

### 【复习思考题】

1. 内部控制一般应实现什么具体目标？
2. 职责划分会影响哪几种认定的控制风险？
3. 试述会计组织机构设计的三大原则。
4. 小型企业会计机构运作要点有哪些？

☞阅读光盘"例题分析"中的本章内容，掌握解题技巧。在40分钟内完成光盘"即时练习"中的本章练习。光盘的"关键概念"提供了相关概念的检索。

# 第四章

# 会计凭证的设计

**学习导航**

用2学时学习本章内容。

⊙ **了解**：会计凭证设计的意义；会计凭证的传递程序；会计凭证保管制度设计的主要内容。

⊙ **识记**：原始凭证、记账凭证的定义、要素和分类。

⊙ **掌握**：会计凭证设计的主要内容及一般要求；原始凭证设计的一般要求、步骤和方法以及原始凭证设计需要注意的事项；记账凭证设计的一般要求、步骤和方法以及记账凭证设计需要注意的事项；会计凭证内部控制要点的设计。

⊙ **运用**：原始凭证的具体设计方法；记账凭证的具体设计方法。

## 第一节　会计凭证设计的意义、内容和原则

### 一、会计凭证设计的意义

会计凭证是记录经济业务内容，明确经济责任的书面证明，是按照一定格式编制的书面单据。《会计法》第十四条指出：会计凭证包括原始凭证和记账凭证。办理本法第十条所列经济业务事项，必须填制或者取得原始凭证并及时送交会计机构。会计机构、会计人员必须按照国家统一的会计制度的规定对原始凭证进行审核，对不真实、不合法的原始凭证有权不予接受，并向单位负责人报告；对记载不准确、不完整的原始凭证予以退回，并要求按照国家统一的会计制度的规定更正、补充。原始凭证记载的各项内容均不得涂改；

原始凭证有错误的，应当由出具单位重开或者更正，更正处应该加盖出具单位印章。原始凭证金额有错误的，应当由出具单位重开，不得在原始凭证上更正。记账凭证应当根据经过审核的原始凭证及有关资料编制。

凭证的实质是证明交易发生和交易的价格、性质及条件的证据，同时，它也是登记账簿的依据。常见的凭证有发票、支票、产量和工时记录等。凭证经过签名或者盖章，还可作为交易执行和记录职责的依据。预先编号的凭证对维持控制和确定职责是很有用的。预先编号有助于保证所有交易均已记录和避免交易被重复记录。在预先编号制度下，所有作废的凭证都必须妥善保存。

以凭证为依据既是会计工作的主要特点，又是对开展会计工作提出的基本要求。经济业务发生后，取得或填制原始凭证并据此编制记账凭证，是会计核算工作的重要内容和基础环节，也是证明经济业务发生情况的原始资料，同时，通过填制凭证，又有利于加强会计监督作用。因此，科学地设计各种类型的原始凭证和记账凭证，建立健全会计凭证体系，并明确规定它们的作用和方法，是会计制度设计的重要一环。

会计凭证在编制凭证──→登记账簿──→编制报表的会计核算过程中的地位十分重要。它是会计核算的起点和基础。一切会计记录都必须有真凭实据，这是会计工作应当遵守的首要原则，也是保证会计核算资料具有真实性、客观性和可验证性的关键。在企业的会计核算中，货币资金的收付、收入费用的发生、产品成本的计算、财产物资的增减、往来款项的清算等任何一项经济业务，都必须根据有关的凭证进行账务处理。因此，设计会计凭证，不仅对记录经济业务、反映资金变化、明确经济责任有直接作用，而且影响登记账簿、计算成本、清查财产以及编制报表等会计核算工作，同时与会计分析和会计检查以及内部控制等工作也有直接的关系。因此，会计凭证设计的优劣直接影响着会计信息系统质量的高低。

综上所述，会计凭证设计的意义概括如下：

**（一）会计凭证是及时准确全面反映经济业务发生和完成情况的基础资料**

在现实经济活动中，会计必须对各单位发生的经济业务进行及时准确地记录或记载，会计凭证的设置正好满足了这一要求，使得经济业务在发生的同时，通过填制或取得凭证得到反映，说明经济业务发生的地点、时间、内容以及经办业务的人员等，保证任何一项财务收支都有相应的证据予以证明。如设计“差旅报销单”，可以将出差过程中发生的一切费用（交通费、住宿费、生活补助费及其他费用）进行归类反映，清楚表明费用总额及各种费用的数额，以便加强费用管理。

**（二）会计凭证是提供登记账簿的合法依据**

任何企事业单位要想连续、系统、全面地反映和监督经济活动过程及其结果，必须采用登记账簿的会计核算方法。而账簿的登记必须借助于会计凭证，账簿上记录的各项会计资料都来源于相应的会计凭证，凭证上反映的各项经济业务也必须经过整理、归类然后汇总登记到有关的账簿中。因此，设计好会计凭证，可为会计账簿的有序规范登记提供依据。

**（三）完好的会计凭证是加强岗位责任制和内部控制的有力保证**

在业务处理过程中，有关部门和有关人员均应以高度的责任感来处理业务。任何一张会计凭证都是经办业务的证明，在凭证设计上都要求有相关经手人签名盖章，以明确其在业务处理过程中所负有的责任。这样，设计成功的会计凭证能够促使业务人员严格按制度办事，保证业务处理的质量，从而有利于岗位责任制的加强。

同时，通过设计会计凭证的必要联次和合理的传递程序，可将业务发生所涉及的各职能部门或个人联系起来，使各职能部门之间以及财会部门内部各有关人员之间形成既相互联系又相互制约、相互监督的格局，强化和完善会计工作的内部控制制度，保证会计工作的规范运行。

由此而形成的凭证控制，即对凭证的编制或取得、凭证内容的审核，尤其在实行电算化后，是会计核算系统中最关键的控制程序。

**（四）会计凭证是开展会计检查和审计工作的重要证据**

由于经办任何经济业务，都要填制或取得相应的会计凭证，但只有经过会计审核无误的凭证，才能作为记账的依据。为了正确反映并监督各项经济业务，会计部门的经办人员必须严格审核各种原始凭证，以确保会计核算资料真实、合法、准确。原始凭证的会计检查和审计主要包括以下三方面的内容：

1. 合法性、合规性和合理性审核

审核原始凭证所记录的经济业务有无违反法令、制度的行为；审核经济业务是否按规定的程序予以办理，对于弄虚作假、涂改或经济业务不合法的凭证，应予确认，并报请主管领导处理。

2. 完整性审核

根据凭证的要素，逐项审核原始凭证的内容是否完整，原始凭证的各项目是否按规定填写齐全，是否按规定手续办理。

3. 技术性审核

根据原始凭证的填写要求，审核原始凭证的摘要和数字及其他项目是否填写完整，数量、单价、金额、合计是否填写正确，大、小写金额是否相符。

**（五）会计凭证是加强企业内部各个部门之间的相互联系和协调工作的纽带**

会计凭证在企业内部各个部门中传递，使有关业务的信息随着凭证的传递而通知有关部门，推进其相互联系和协调，从而在各个管理部门、各个经营环节之间起了纽带的作用。

## 二、会计凭证设计的内容

会计凭证设计的内容可以概括为：原始凭证的设计；记账凭证的设计；会计凭证传递程序和内部控制要点的设计；会计凭证保管制度的设计。

不论是原始凭证，还是记账凭证的设计，均应包括以下要素：凭证名称、填制单位、凭证日期、凭证编号、凭证内容、金额、数量等。

## 三、会计凭证设计的原则

企业在实际经营过程中所发生的业务是多种多样的，对于各种业务的管理要求也不一样，因此会计凭证的设计不可能只有一种模式或几种模式。一切从实际出发，这是在设计凭证时首先要明确的问题之一。在会计凭证设计中除必须遵循本书第一章第二节中所述及的十项基本原则外，还应符合下列具体设计原则：

**(一)如实反映经济业务基本内容的原则**

在设计会计凭证的格式时,应该考虑将经济业务的内容、时间、地点、条件、负责人(即4W1C原则:what,when,where,who,condition)等基本情况都能包括进去,使之能如实反映经济业务的全貌,这些基本情况就构成了会计凭证的基本内容。不同的业务,会计凭证的内容是不同的,但它们总是由这些基本内容构成。

**(二)满足加强经济核算要求的原则**

各个企业的经济核算形式是不同的,核算的方法、范围也不一致。会计凭证作为核算的起点,必须能满足经济核算的要求。例如,在核算工作组织方面,设计的会计凭证既要适应专业核算和班组核算的要求,也要适应集中核算和分散核算的要求。哪一环节上有核算要求而不编制凭证的,其结果必然造成核算上的漏洞。

**(三)具备简明实用特色的原则**

社会上和企业里流行应用的凭证很多,但具简明实用特色的很少,或过于简单,遗项漏项;或盲目追求形式,过于烦琐,而忽略了实用性。所以,会计凭证设计的种类、内容、格式,在保证管理需要的前提下,要切合实际,力求简化,切忌烦琐。凭证上的文字要通俗易懂,有利于职工理解和参与管理,凭证编制、制作和使用的环节都要简化。例如,可以设计累计凭证来代替一次凭证,可以用联合凭证代替分离的记账凭证和原始凭证,以精简凭证数量和制作的环节。

## 第二节　原始凭证的设计

### 一、原始凭证的定义、要素和分类

**(一)原始凭证的定义**

原始凭证是在业务发生时填制和取得,用以记录和证明经济业务发生和完成情况,并据以记账的原始单据和书面证明。

**(二)原始凭证的要素**

无论何种原始凭证,虽然其记载的经济业务五花八门,但每一种原始凭证都必须至少具有下列七个基本要素:

(1)填制原始凭证的单位名称。

(2)原始凭证的名称。

(3)原始凭证的编号及填制的日期。

(4)接受原始凭证的单位名称。

(5)经济业务的内容摘要。

(6)经济业务发生的实物数量、单价和金额。

(7)经办人员的签名盖章。

有些原始凭证不仅要满足会计核算工作的需要,同时要满足计划、统计以及其他业务管理方面的需要,因此可以根据具体情况增设一些补充性的内容,例如有些凭证可以注明与该业务有关的预算计划数、生产指令号、合同编号等。

对于流转到外部的原始凭证，上述内容应该俱全。对于一些内部使用的自制凭证，有些内容则可做适当的省略，如填制原始凭证单位名称或接受原始凭证的单位等可以省略。

**（三）原始凭证的分类**

原始凭证按照不同的标志，可进行不同的分类，如图 4—1 所示。

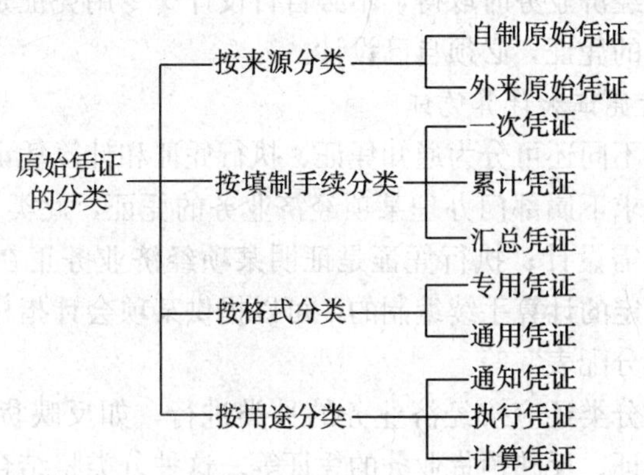


**图 4—1　原始凭证的分类**

在设计原始凭证之前，必须掌握和了解原始凭证的不同分类和应具备的要素，以区别和把握各种原始凭证的特点，从而设计出能完整反映经济业务内容、适合管理要求、结构合理、使用方便的各种原始凭证。

1. 自制原始凭证和外来原始凭证

（1）自制原始凭证。自制原始凭证是由本单位自行设计制作的，由经办业务的部门和人员在执行和完成某项经济业务时填制的原始凭证。常见的有材料入库单、领料单、退料单等。

（2）外来原始凭证。外来原始凭证是在经济业务活动发生或完成时，经办人员从本单位以外的部门或个人处直接取得的原始凭证。常见的有增值税专用发票、银行收款通知、购货发票、飞机票、火车票等。

外来原始凭证中大多数是国家有关部门统一印制的，如增值税专用发票、支票、委托银行收款结算凭证等。这些外来原始凭证一般是符合要求的，所以，企业设计的重点应是自制原始凭证。

2. 一次凭证、累计凭证和汇总凭证

（1）一次凭证。一次凭证是指只反映一笔经济业务或同时反映若干同类经济业务，填制手续和使用一次完成的原始凭证。常见的如销货发票、收款收据。一次凭证包括外来和自制两部分，日常外来原始凭证均为一次凭证。

（2）累计凭证。累计凭证是指一定时期内，将连续发生的同类经济业务多次进行登记和使用，并随时计算累计数的原始凭证。最常见的是限额领料单等，累计凭证大多数只在单位内部使用，故必须自行设计。

（3）汇总凭证。汇总凭证是根据一定时期内同类经济业务的原始凭证汇总编制的凭证。常见的如发出材料汇总表、工资汇总表等。

3. 专用凭证和通用凭证

（1）专用凭证。专用凭证是指具有特定内容和用途的原始凭证，常见的有差旅费报销单、职工医药费报销单等。

(2) 通用凭证。通用凭证是指在一定范围内具有统一格式和使用方法的原始凭证，常见的有全国统一的商业承兑汇票、税收缴款书等。

通用凭证是具有全国性或某一地区、某一系统、某一部门统一规格的凭证，可以从市场上直接购买或在办理经济业务时取得，不必自行设计；专用凭证是指具有专门用途，反映各企业特殊经济业务的凭证，必须自己设计。

4. 通知凭证、执行凭证和计算凭证

原始凭证按其用途不同还可分为通知凭证、执行凭证和计算凭证。通知凭证指财政部门、上级单位命令或要求下属部门办理某项经济业务的凭证，此类凭证由通知单位设计，而作为被通知单位则不需设计；执行凭证是证明某项经济业务正在进行或已经完成的凭证；计算凭证是通过一定的计算手续编制的，可以提供某项会计指标的凭证，如“产品成本计算单”、“制造费用分配表”等。

此外，原始凭证的分类还应按经济业务的种类进行，如反映货币资金收付业务的凭证、反映采购业务的凭证、反映销货业务的凭证等。这种分类将结合原始凭证的具体设计在后面的章节中详细介绍，此处不在赘述。

## 二、原始凭证设计的一般要求

这里所指的六个一般要求比前述会计凭证设计的原则更具体，针对性更强。

### (一) 原始凭证要素不得遗漏

完整的原始凭证是保证账簿记录如实全面反映经济业务发生和完成过程的基础，标准的原始凭证应具备前述七个基本要素。

### (二) 符合经济业务的特点

对于不同经济业务的原始凭证，往往还具有一些特殊要素，设计时应重视和注意以下几个方面：

(1) 从外单位取得的原始凭证和对外开具的原始凭证，必须盖有填制单位的“发票”专用章或财务专用章；自制原始凭证必须有经办人和经办部门负责人的签名或盖章。

(2) 购买实物的原始凭证必须有验收手续，经验收人签名；支付款项的原始凭证必须有收款单位和收款人的收款证明。

(3) 发票须有税务部门监制印章，收据必须有财政部门监制印章。

(4) 各种收付款项的原始凭证应由出纳人员签名或盖章，并分别加盖“现金收讫”、“现金付讫”、“银行收讫”、“银行付讫”印章。

(5) 一式几联的原始凭证必须用无碳复写纸，应注明各联的用途及记账存档单位，并只能以其中的一联作为报销凭证；作废时应在各联加盖“作废”戳记，连同存根一起保存，不得缺联或销毁。

另外，还须强调，任何一项经济业务都会涉及经济业务发生的具体时间、地点、负责人等，所以设计原始凭证时，要把这些要素如实、完整、详细地反映到凭证上，以提供完整的原始资料。

不同企业发生的经济业务内容是不同的。如涉及外币业务的原始凭证中的金额单位，除原币外还应反映汇率及本位币信息。再如零售商业企业在进货汇总表上应按商品类别分

别设计零售价、商品进销差价和成本价、进项税额等项内容。

原始凭证必须体现经济业务特点，只有这样，才能保证为会计核算的后续步骤提供良好的保证。

**(三) 满足企业管理和核算方面的要求**

原始凭证的设计既要满足会计专业核算和加强企业管理要求，又要将企业管理需要的指标结合进去加以考虑，满足业务核算、统计核算等各种核算、控制、分析、考核的需要。

如企业的工资单，从会计部门来讲，是支付工资及各种扣款的原始凭证，但是从劳动工资部门来讲，则是“工资总额”统计的资料来源，因此，在设计时应尽可能将上述要求综合加以考虑。

又如企业的定额领料单，既要反映材料本来的自然面目，又要反映定额管理的要求，所以在设计时，应将货号、型号、货名、规格、计量单位等能反映原材料自然面目的一般内容和计划产量、消耗定额、定额消耗量、已领数量、尚可领用量等与定额管理有关的要素一并统筹考虑，合理设计有关原材料的原始凭证，以满足存货管理、生产管理、仓库管理和其他核算方面的需要。

为满足核算和管理方面的要求，在原始凭证的设计中还要规定统一的填写规则，严格的审核要求，妥善的整理、保管办法，防止错误和弊端的措施等内容。

**(四) 满足内部控制的要求**

企事业单位发生的经济业务，除少数外，大部分要涉及若干单位或同一单位的几个职能机构及相关人员。因此，在设计原始凭证时，必须根据实际需要，合理确定各种凭证所需要联次数量和颜色，并规定各联的具体用途。既要满足各单位、各部门从事经济管理和核算的要求，加强岗位责任制，又要通过连续编号、复写多联等方式使各部门之间相互制约，相互监督。如反映销货业务的“销货单”(发货单)，在大中型企业里最少应设计四联，由销货单位的销售部门、财会部门和仓库及购货单位各持一联。销售部门留作存根进行业务核算，财会部门凭以收款并进行核算，仓库凭以发货并进行实物核算，购货单位作为付款凭证办理采购业务的会计核算。其格式如表 4—1 所示。

**表 4—1**

**(企业名称)**

**销 货 单**

年 月 日　　　　销字第 号

购货单位或个人：　　　　发货仓库：

| 货 号 | 品 名 | 规格与型号 | 计量单位 | 数量 | 单价 | 金额 | 备注 |
|---|---|---|---|---|---|---|---|
| | | | | | | | |
| | | | | | | | |
| | | | | | | | |
| 合计（金额大写） | | | | | | | |

业务主管：　　会计：　　制单：　　保管：　　提货人：

**(五) 加快凭证传递，提高工作效率的要求**

凭证如何传递，不仅关系到经办业务的各职能部门如何联系和相互制约，促使它们尽职尽责，积极完成自己承担的任务，而且关系到如何简化凭证传递过程，提高工作效率，防止产生工作脱节和漏洞。这就要求在设计原始凭证时，科学合理地规定每一凭证的传递程序，避免传递过程中的迂回或脱节。具体规定好哪些凭证需要经过哪些部门，在传递过程中哪联凭证留归哪个部门，各个传递环节的任务等。例如反映领料业务的"领料单"，一般由领料单位填制后，交物资供应部门审批，仓库根据审批后的"领料单"发料，并将实发数量填入单内，交给有关部门，领料单如表 4—2 所示。

表 4—2

（企业名称）

领 料 单

领料单位：　　　　年　月　日　　　　字第　号

用　　途：　　　　发料仓库：

| 材料类别 | 材料名称 | 规格型号 | 计量单位 | 数量 | | 单价 | 金额 | 备注 |
|---|---|---|---|---|---|---|---|---|
| | | | | 请领 | 实发 | | | |
| | | | | | | | | |
| | | | | | | | | |
| 合　计 | | | | | | | | |

领料单位负责人：　　审批：　　发料人：　　领料人：

**（六）力求原始凭证的种类、用途、格式达到标准化和通用化的要求**

在企事业单位内部，办理同类性质的经济业务所用的凭证必须统一，并保持稳定，不能经常变化，以方便使用，同时节约设计和印制费用。有些凭证应尽可能在部门、系统范围内通用，有条件的还应在地区或全国范围内统一使用，以方便上级集团、国资委、税务和审计等部门的审查。

## 三、原始凭证设计的步骤和方法

**（一）原始凭证设计的步骤**

明确原始凭证的设计步骤，有利于在设计时统筹规划，合理安排，有先后、有主次地进行，防止重复、遗漏等现象。

原始凭证的设计一般采取以下步骤：

1. 确定原始凭证的种类和内容

确定符合实际需要的原始凭证的种类，是设计原始凭证必须首先解决的问题，它可给原始凭证的设计工作界定范围，指明方向。因此，在设计原始凭证时，首先必须根据本单位的经济业务具体内容、经营管理要求和会计核算方式等，确定所需要的原始凭证种类，保证本单位发生的各种经济业务都有相应的原始凭证作为反映的载体。

2. 设计原始凭证的格式和联次

这是设计原始凭证的重要步骤和具体工作，是产生各种形式的原始凭证的基础。不同种类的原始凭证具有不同的用途，而用途不同，又使得各种原始凭证的具体内容不同。这就要求针对不同用途的原始凭证，按照设计原则，分别设计各种凭证的格式、联次，并规定各联具体用途。设计时，必须将凭证具备的全部内容做出合理安排。表格内外各列示哪些项目，有关项目之间的钩稽关系如何反映，上下左右怎样布局，规格尺寸如何确定，每一凭证需要一式几份，各联如何予以区分、归集和认定，以及采用什么纸质印刷、印成何

种颜色、印刷多少等，都应做出合理设计或明确说明，以保证设计和印制的质量。

3. 制定原始凭证的传递程序

传递程序指对原始凭证填制或取得后，应当经由哪些部门或个人进行必要的业务处理，直到最后归档为止的全部过程。原始凭证的传递程序一般可以通过原始凭证各联次的具体用途或有关单位和个人的签章表示。

根据原始凭证涉及的相关部门，为协调各部门的工作，要确定合理的原始凭证联数和传递程序，以保持部门间的联系与制约。

科学合理的原始凭证传递程序，是建立正常的会计业务处理秩序、加强会计工作内部控制、提高会计工作效率的保证。

在设计中，应明确凭证由哪些部门填制，一式几联，凭证的传递途径与业务的流程如何保持同步和一致，如何归档等内容。

原始凭证设计好后，应试用一个阶段，在试用过程中，听取各方意见，并检查是否符合业务管理和核算要求，表式的设计是否有效、合理，根据试行情况做出修改、完善，最后定稿、付印或在网上使用，才能确定为正式的原始凭证。

**（二）原始凭证设计的方法**

在设计原始凭证时，应该考虑原始凭证的设计要符合经济业务的客观要求，并注意把握好以下关系：

1. 一般与特殊的区别

对于一般性的业务，在凭证设计时可以设置一些共同性的项目内容，对于一些特殊的业务，则应该增加一些特殊的内容。例如在处理收发料业务时，有关部门都应填制收料单或发料单。对于一般材料的收发业务，收、发凭证可以设置来源或用途、品名、数量、规格、单价、金额及责任人员等一般内容。而对于一些特殊材料的收发业务，在处理程序上要有别于一般材料的收发，需增加特别的内容以加强控制。例如，领用黄金、白银等贵重金属应设置特殊的审批内容，领用氰化物等剧毒材料，要有保卫部门审核批准，领料时，要有两人以上有权领料人共同签字办理等。原始凭证上应反映出这些业务的特殊要求。

2. 形式与内容的统一

自制原始凭证按其填制和制作的过程又可分为一次凭证、累计凭证和汇总凭证三种基本形式。在设置原始凭证时，可以根据不同的业务内容和特点分别选用不同的形式。

一次凭证是在业务处理过程中一次完成凭证填制手续的原始凭证。一次凭证只能使用一次，每一次进行业务处理都必须填制相应的凭证。在企业中，诸如收据、销售发票、领料单等，一般都采用一次凭证的形式。一次凭证适用于业务发生次数不是很多，或者业务发生次数虽然很多，但不同时发生在某一单位或部门的情况。对外开具的原始凭证如提货单、发票等，由于接收凭证单位不同，一般宜采用一次凭证的形式。

累计凭证是在一段时间内，经过多次填制完成编制过程的原始凭证。累计凭证可以在一定期限内多次反复使用，在一张凭证上多次记录相同性质的业务。采用累计凭证可以简化凭证编制的手续，减少凭证的数量。对于某些有定额、计划控制的业务采用累计凭证，还有利于控制和考核业务的执行情况。累计凭证适用于在某一部门经常大量重复发生的同类经济业务以及有定额控制的同类经济业务的情况。

例如，工业企业的限额领料单，即采用定额对领料业务加以控制的一种累计凭证。有些业务虽然亦可使用累计凭证，但由于业务发生量不多，采用累计凭证的意义就不大。例如，某些企业产品交库单，如果交库的次数并不很多，则不必采用累计凭证；相反，企业在生产过程中产品交库次数相当多，则可采用累计凭证的格式。

由于业务特点不同，累计凭证填制完毕有以下几个标志：

(1) 达到控制定额，凭证填制完毕。如限额领料单一旦达到领用限额，凭证便不再继续使用，累计凭证就填制完毕。

(2) 使用期满，凭证即填制完毕。即涉及货币资金的有关业务，要求日清日结，因此一旦营业日结束，凭证应填制完毕。有些业务发生的频率很高，当一张累计凭证填满后，凭证便不再使用，而启用新的凭证。累计凭证在使用范围上，商业企业比工业企业更为广泛。

汇总凭证是根据一次凭证和累计凭证进行汇总而编制的原始凭证，汇总凭证可以集中反映某一时期内同类业务的全面情况，从而简化核算的工作量。因此，汇总凭证适用于大量重复发生的业务。汇总凭证同累计凭证的区别在于它并不能简化原始凭证的编制手续和减少原始凭证的数量，同时，它并不是业务发生的原始依据，必须建立在其他原始凭证的基础之上。正因为如此，汇总凭证必须附有其他原始凭证，并在汇总凭证上注明汇总的日期、所附原始凭证的数量和起讫编号。例如，收料汇总表、发料汇总表、工资汇总表、销售汇总表等，都是同类业务加以汇总而编制的汇总凭证。

3. 合规与实用的和谐

在设计原始凭证时，除了要考虑凭证的内容、形式要符合规定外，还应考虑凭证使用的方便，综合起来有这几方面应该注意：

(1) 凭证格式及纸张的大小。凭证格式的大小应根据所记录的经济内容的多少来决定，记录的内容较多，凭证格式可以略大一些，反之则可以小一些。另外，还应考虑与记账凭证、打印机宽度的相互协调以及便于装订成册。根据已确定的原始凭证的种类、用途和内容，确定具体的格式和份数，在格式的设计中，确定凭证大小尺寸及四周空白的大小，确定哪些内容列于表内，哪些内容列于表外，哪些列于表上，哪些列于表下，列在表内部分如何适当安排，确定上下位置和先后顺序，设计行数与栏数及行距、栏宽等，使凭证设计得实用、得当、美观，且便于装订。

(2) 内容位置的安排。内容位置的安排主要是考虑凭证的内容要素如何合理分布在一张凭证上。在安排时要考虑凭证的传递程序，凭证要素排列的先后要体现出传递的要求。各个要素的安排应便于登记，例如项目名称列在左边，需要填制的内容列在右边。整个凭证要素的排列应突出重点，重要的项目应设计在显要位置上。

(3) 凭证的联数。凭证的联数主要是考虑凭证在制作时应一式几联。一般应视企业不同情况而确定，主要考虑企业的组织机构、管理要求及与企业外部的关系加以确定。例如，在处理一项业务时需要通知的业务部门很多，凭证的联数就应适当多些；如果企业规模较大，分工较细，凭证的联数亦可适当多些。在采用抽单法进行业务处理时，对于有关凭证均应增加一个联次，以满足抽单之需要。总之，每联凭证都应发挥凭证应起的作用，避免造成多余的凭证或凭证联数的不足。在设置一式多联的原始凭证时，每联凭证上应该注明该联凭证的用途和传递程序，各联凭证的名称应与该联凭证所起作用保持一致，注明用途的各联凭证不能互相替代。

(4) 凭证的用纸、颜色和字体。凭证用纸的优劣应根据凭证使用的频率、复写联数和

保存期限来确定。例如，累计凭证使用次数较多，纸质选用应比一次凭证优良一些；复写联数多的凭证，纸质应比复写联数少的凭证薄一些；保存期限较长的凭证比保存期限较短的凭证纸质应好些。凭证的颜色宜有比较柔和的浅色，不同联数的凭证用不同颜色加以区别，以避免差错，也便于凭证的归类和传递。在印刷字体上应采用比较规范和比较庄重的字体，一般常用的有仿宋体、印刷体和黑体。除了制作单位名称可选用手写体外，凭证印刷应尽量避免采用手写体。凭证上的线条应醒目，粗细应得当。

为方便原始凭证管理，应设计好原始凭证各联次及纸张的颜色，以便实务中辨认归类，具体如表 4—3 所示。

**表 4—3　　原始凭证各联张数及纸的颜色**

| 联别 | 两联 | 三联 | 四联 | 五联 |
|---|---|---|---|---|
| 第一联 | 白　色 | 白　色 | 白　色 | 白　色 |
| 第二联 | 白黄色 | 白黄色 | 白黄色 | 白黄色 |
| 第三联 | …… | 淡红色 | 淡红色 | 淡红色 |
| 第四联 | …… | …… | 黄　色 | 黄　色 |
| 第五联 | …… | …… | …… | 绿　色 |

## 四、原始凭证的具体设计

一个企业究竟应设计哪几种原始凭证，每一种原始凭证中应包括哪些内容，应根据企业的经营性质、经济业务的种类、经营管理的需要、内部控制的要求及会计核算的需要等因素确定。无论何种原始凭证，只要符合原始凭证的设计要求，包括了应具有的全部内容，适合本企业的特点，能满足本企业的需要即可。

不同的经济业务需要不同的原始凭证反映，按照经济业务的种类，原始凭证大体可以分为：反映货币资金业务的原始凭证；反映工资业务的原始凭证；反映固定资产业务的原始凭证；反映采购业务的原始凭证；反映存货业务的原始凭证；反映成本核算的原始凭证；反映销售业务的原始凭证；反映其他业务的原始凭证。现以工业企业为例，将各类经济业务所需要的主要原始凭证分别设计如下：

### （一）货币资金业务原始凭证的设计

货币资金业务主要指企业的现金、银行存款业务。反映此类业务的原始凭证具有下列特点：既有外来原始凭证，又有自制原始凭证；既有通用凭证，又有专用凭证；从填制手续看都是一次凭证。反映现金业务的原始凭证主要有借款单、收据、差旅费报销单、现金盘点报告表和医药费报销单等。银行存款业务的原始凭证有支票、付款委托书、商业汇票等。在我国，银行结算凭证实行通用化，不需要自行设计，而反映现金业务的各种原始凭证大多需要自己设计。因此，现金业务凭证是货币资金业务凭证的设计重点。

“出差借款单”一般只设计一联，由借款人填写，交其所在单位负责人审核签字，再送财会部门负责人审批后，出纳予以付款并送交会计进行账务处理。

“差旅费报销单”属汇总原始凭证，只设计一联，由报销人和会计主管人员共同填制，经有关人员签章后，会计据此及所附原始凭证进行账务处理。

**拓展区**

“出差借款单”和“差旅费报销单”格式请参看光盘对应内容。

**(二) 工资业务原始凭证的设计**

工资是以货币形式支付给职工的劳动报酬。工资业务主要包括工资的结算和工资费用的分配。为了保证工资计划的正确实施，防止在工资结算和发放过程中出现弄虚作假、贪污舞弊等行为，必须设计严密的控制程序和完善的凭证体系，建立健全考勤记录和产量记录。反映工资业务的原始凭证主要有“工资单”、“集体计时工资分配表”和“工资分配汇总表”等。

“集体计时工资分配表”是在按照生产小组的产量和计件单价计算出小组应得的工资后，分配小组成员应得计时工资的原始凭证，一般按小组内各成员工资等级和实际工作时间进行分配，其格式如表4—4所示。

**表4—4**

**(企业名称)**

**集体计时工资分配表**

小组名称：　　　　　　　　　　年　月

| 姓　名 | 工资等级 | 工资等级系　数 | 实际工作时　数 | 小时工资系　数 | 每一系数小时应得工资 | 应得工资 |
|---|---|---|---|---|---|---|
| ① | ② | ③ | ④ | ⑤=③×④ | ⑥ | ⑦=⑤×⑥ |
| | | | | | | |
| 合　计 | | | | | | |

会计主管：　　　　　　　　复核：　　　　　　　　制单：

“工资分配汇总表”是对各车间或部门的工资费用按用途进行归集和分配的原始凭证，其格式如表4—5所示。

**表4—5**

**(企业名称)**

**工资分配汇总表**

年　月

| 车间或部门 | 应贷科目应付工资 | 应借科目 | | | | | | | 合计 |
|---|---|---|---|---|---|---|---|---|---|
| | | 生产成本 | | 制造费用 | 管理费用 | 营业费用 | 在建工程 | 应付福利费 | |
| | | 基本生产 | 辅助生产 | | | | | | |
| | | | | | | | | | |
| | | | | | | | | | |
| 合　计 | | | | | | | | | |

会计主管：　　　　　　　　复核：　　　　　　　　制单：

### （三）固定资产业务原始凭证的设计

固定资产业务包括固定资产的购买、接受捐赠、工程完工验收、折旧、报废、盘盈和盘亏等，为了分别反映固定资产各项业务的发生或完成情况，需要分别设计“固定资产验收单”、“工程验收决算报告”、“接受捐赠固定资产情况表”、“固定资产报废单”、“固定资产折旧计算表”、“固定资产内部转移单”、“固定资产盘盈盘亏报告表”等。由于固定资产业务发生不太频繁，该类原始凭证也不经常使用，因此，大多没有固定格式，而多采用书面说明的办法或自行设计专用凭证。但固定资产业务比较复杂，需要在凭证上反映的内容较多，因此设计该类原始凭证又比较麻烦，经常需要与固定资产管理部门共同协商。现将几种主要凭证的格式、内容设计如下：

1. 固定资产验收单

用于投资者投入、企业购进不需要安装的固定资产业务通常二联或三联由固定资产验收小组填制后，交财会部门结合其他有关资料进行账务处理。

2. 固定资产报废单

通常设计一式两联，由固定资产管理部门或使用单位提出报销申请，按报废对象填制，详细说明固定资产的技术状况和报废原因，经有关部门审定批准后，送交财会部门一联，作为组织固定资产清理核算的依据。另一联留归固定资产管理部门或使用部门存查，并登记固定资产卡片。“处理意见”栏各部门审查后加注意见并签章，其格式如表4—6所示。

**表 4—6**

**（企业名称）**

**固定资产报废单**

固定资产名称：　　　　年　月　日　　　　字第　号

<table>
<tr><td>编号</td><td>规格型号</td><td>单位</td><td>数量</td><td>预用年限</td><td>已用年限</td><td>原始价值</td><td>已提折旧</td><td>残值</td><td>附属设备</td><td>备注</td></tr>
<tr><td></td><td></td><td></td><td></td><td></td><td></td><td></td><td></td><td></td><td></td><td></td></tr>
<tr><td></td><td></td><td></td><td></td><td></td><td></td><td></td><td></td><td></td><td></td><td></td></tr>
<tr><td colspan="11">固定资产状况<br>及报废原因</td></tr>
<tr><td rowspan="2">处理<br>意见</td><td colspan="2">使用部门</td><td colspan="3">技术鉴定小组</td><td colspan="2">设备管理部门</td><td colspan="3">主管部门审批</td></tr>
<tr><td colspan="2"></td><td colspan="3"></td><td colspan="2"></td><td colspan="3"></td></tr>
</table>

审批：　　　　　复核：　　　　　制单：

由于固定资产所有者性质不同，其管理要求和固定资产报废的审批程序也不同。一般公司固定资产的报废经管理者审批即可，但是对国有企业来讲，不论大小规模，都要经本公司上级领导审批，还要经设备所属行业管理协会审批，最后还得经所属国有资产监督管理委员会审批，两者的报废处理环节不一样，设计的格式与联数也就不一样。

固定资产报废单设计的一些特殊内容：

（1）固定资产的基本情况。包括：固定资产年限方面的情况，如固定资产的预计使用年限、开始使用日期、实际使用年限；固定资产价值方面的情况，如固定资产原值、累计折旧、账面净值；固定资产使用中发生的大修理情况。

（2）固定资产报废的原因。在原始凭证中要反映出报废原因，是自然寿命已到，还是经济寿命原因，或者是因为意外情况而引起的报废。

(3) 技术鉴定的结果。相对而言，固定资产是一种技术含量比较高的资产。为确保企业财产的安全，固定资产报废之前，必须经过技术部门的技术鉴定。因此，在固定资产报废的原始凭证中，要反映出技术部门鉴定后出具的技术鉴定意见。

上述所列的这些内容都必须在该原始凭证中得到恰当的反映。根据涉及的部门及管理核算的需要，该凭证可一式四联，分别由四个部门存用：一联为固定资产使用部门；一联为设备科；一联为财务科；一联为技术鉴定部门。

在国有企业固定资产报废的核算过程中，设备使用部门提出申请后，须经设备技术部门、财务部门、企业及公司相关部门的审批并报设备技术管理协会出具技术鉴定意见，最后报国有资产管理委员会进行审批，根据涉及的部门及流转程序，该项凭证可一式六联。

**(四) 采购业务原始凭证的设计**

采购业务发生后，必须首先取得供货单位的“发货票”、运输企业的“运单”、银行的结算凭证以及其他有关凭证，在此基础上进行会计核算。核算的任务一是计算材料的实际采购成本，二是反映材料入库的实际情况。由此决定需要设计的原始凭证：一是“材料采购成本计算单”；二是“材料入库单”。

**拓展区**

“固定资产验收单”和“材料采购成本计算单”请参看光盘对应内容。

需要指出，“材料采购成本计算单”在材料采购业务不多的企业里，可不必专门设计，在计算材料采购成本时，根据具体情况，由有关人员临时绘制即可。

**(五) 存货业务原始凭证的设计**

存货是指企业用于销售或生产消耗的各种物品。存货业务的主要内容有存货的收入、存储、发出和盘点等。为了正确反映各种存货的收、发、结存情况，加强存货的管理，应当设计“领料单”、“产品入库单”、“委托加工材料出库单”、“收发料汇总表”和“存货盘点报告表”等。现将几种主要的凭证格式、内容设计如下：

1. 领料单

用于车间或部门从仓库领用材料的业务，一般设计四联或三联。具体用途：一联由领料单位存查，一联由审批单位进行业务核算，一联送交财会部门报账，一联留归仓库登记材料卡片。实发数量栏由发料人填写，单价金额栏由会计确定，其余领料单位填写，其格式参见表 4—2。

2. 限额领料单

限额领料单是一种常见的累计领发料凭证，在有效期限（最多为 1 个月）内，只要领用不超过限额，就可以连续使用。它也称为累计凭证，即是在一定时期内连续记录若干项同类经济业务的凭证，它是随着经济业务的发生经过多次填制而完成编制过程的。采用累计凭证可以简化凭证的编制手续，减少凭证的数量，还便于同定额、计划和预算数进行比较，发挥控制费用定额和节约支出的作用。“限额领料单”一般设计一式两联，经供应部门审核签证后，一联送交仓库据以发料，一联送交领料单位据以领料。

领料单位领料时，应在单内注明领用数量，并由负责人签章后，持单去仓库领料。仓库应严格按照单内所列材料品种、用途、数量限额发放，并将累计领用数计算填入单内。领用期限结束时，根据限额与累计领用数计算出结余或超支数填入单内，交会计据以记账。

3. 产品入库单

产品入库单是用来记录已完工、经检验合格送交仓库准备销售的产品的原始凭证。入库单的内容应反映出生产或班组的名称、产品名称、产品质量等级、生产成本、入库数量等内容。通常设计一式三联，一联仓库盖章后生产车间留存，一联仓库登记存货账，一联送交财会部门进行账务处理。

**拓展区**

“限额领料单”和“产品入库单”的格式请参看光盘对应内容。

另有材料交库单与其类似，材料交库单的设计适用于两种情况：第一种是企业自制材料交送仓库；第二种为各部门交库的生产废料、固定资产清理中发生的废料也应缴送仓库。

材料交库单的设计中除原始凭证的基本要素外，还应考虑此项业务中的特殊内容，包括交库的部门、交库原因、交库数量、实际成本、计划成本等，若为自制材料的还应反映生产批号、完工通知单号等情况。

根据上述内容要求，设计的材料交库单如表 4—7 所示。

表 4—7

**（企业名称）**

**材料交库单**

年　月　日　　　　编号：

<table>
<tr><th rowspan="2">材料编号</th><th rowspan="2">品名</th><th rowspan="2">规格</th><th rowspan="2">计量单位</th><th colspan="2">交库数量</th><th colspan="2">实际成本</th><th colspan="2">计划成本</th></tr>
<tr><th>应收</th><th>应付</th><th>单价</th><th>金额</th><th>单价</th><th>金额</th></tr>
<tr><td></td><td></td><td></td><td></td><td></td><td></td><td></td><td></td><td></td><td></td></tr>
<tr><td></td><td></td><td></td><td></td><td></td><td></td><td></td><td></td><td></td><td></td></tr>
<tr><td colspan="10">交库部门</td></tr>
<tr><td colspan="10">交库原因</td></tr>
<tr><td colspan="2">生产批号</td><td colspan="2"></td><td colspan="2">完工通知单号</td><td colspan="2"></td><td>材料仓库</td><td></td></tr>
</table>

仓库负责人：　　　　记账：　　　　仓库保管：　　　　交料：

4. 存货盘点报告表

存货盘点有两种情况，一种是采用定期盘存制的企业在期末进行的盘点，另一种是采用永续盘存制的企业为了保证账实相符而进行的盘点，一般工业企业采用永续盘存制。两种盘存制的目的不同，所采用的盘点报告表也不相同。

采用定期盘存制时，进行盘点是为了通过确定结存数计算本期发出存货的数量和金额，即“以盘定销”。其盘点报告表的内容包括存货的名称、规格、期初数、本期收入数、期末结存数、本期发出数等。盘点报告表的格式如表 4—8 所示。

表 4—8　　　　　　　　　　　　　　　　**(企业名称)**

**存货盘点报告表**(实地盘存制)

年　月　日　　　　　　　　　　　　仓库:

| 名称 | 规格 | 计量单位 | 单价 | 期初结存 | | 本期收入 | | 期末结存 | | 本期发出 | |
|---|---|---|---|---|---|---|---|---|---|---|---|
| | | | | 数量 | 金额 | 数量 | 金额 | 数量 | 金额 | 数量 | 金额 |
| | | | | | | | | | | | |
| | | | | | | | | | | | |
| 合计 | | | | | | | | | | | |

盘点负责人:　　　　　　保管:　　　　　　　制单:　　　　　　　会计主管:

实行永续盘存制时，进行盘点是为了对那些账实不符、发生盘盈盘亏的存货随时进行反映。盘点报告表的内容包括存货的名称、规格、计量单位、单价、账面结存、实际结存、盘盈盘亏的数量、金额及原因等。盘点报告表的格式如表 4—9 所示。

表 4—9　　　　　　　　　　　　　　　　**(企业名称)**

**存货盘点报告表**(永续盘存制)

单位名称:　　　　　　　　　　　　年　月　日

财产类别:　　　　　　　　　　　　　　　　　　　　　　　　　　字第　号

| 编号 | 品名 | 规格与型号 | 计量单位 | 数量 | | 单价 | 盘盈 | | 盘亏 | | 盘盈盘亏原因 |
|---|---|---|---|---|---|---|---|---|---|---|---|
| | | | | 账存 | 实存 | | 数量 | 金额 | 数量 | 金额 | |
| | | | | | | | | | | | |
| | | | | | | | | | | | |
| | | | | | | | | | | | |

会计主管:　　　　　　盘点负责人:　　　　　　　保管人:　　　　　　　制单:

**(六) 成本核算原始凭证的设计**

会计进行成本核算时所使用的原始凭证包括材料发出、工资费用分配、折旧计提及分配等方面的原始凭证，这里重点介绍“产品成本计算单”、“材料费用分配表”和“制造费用分配表”。

1. 产品成本计算单

产品成本计算单是按照产品名称计算企业各种完工产品成本的原始凭证。在以会计期间作为成本计算期的企业，其格式一般如表 4—10 所示。

表 4—10　　　　　　　　　　　　　　　　**(企业名称)**

**产品成本计算单**

年　月　日

产品名称:　　　　　　　　　　　　计量单位:　　　　　　　　　　　　字第　号

| 成本项目 | 月初在产品成本 | 本月费用 | 生产费用合计 | 月末在产品成本 | 产品成本 | | | 备注 |
|---|---|---|---|---|---|---|---|---|
| | | | | | 数量 | 单位成本 | 总成本 | |
| | | | | | | | | |
| | | | | | | | | |
| 合　计 | | | | | | | | |

会计主管:　　　　　　　　　　　　　　　　制单:

2. 材料费用分配表

材料费用分配表是对月份内所耗材料按其用途进行分配的一种原始凭证，由会计人员根据领料凭证和仓库人员送交的领料登记表在月底编制。其格式从略。

3. 制造费用分配表

制造费用是车间管理部门为组织管理产品生产而发生的间接费用。为了保证产品成本计算的准确性，应将制造费用按照一定的标准分配计入各种产品成本。为此，必须设计“制造费用分配表”。

**（七）销售业务原始凭证的设计**

反映销售业务的原始凭证，最主要的是“销货单”（或称“发货票”）。由于产品销售方式不同，“销货单”的具体内容和名称也不一致，如采用分期收款销售方式与一次收款销售方式下销售凭证的设计就有很大的区别。此外，反映销售业务的凭证，如果代替购货单位垫付运费，还应设计“代垫运费清单”；如果销货退回的业务较多，还应设计“销货退回收货单”。

需要指出，销售凭证不同于材料采购业务和产品生产业务的凭证，它与外单位发生联系，既是本单位的自制原始凭证，又是购货单位的外来原始凭证。因此设计时，既要注重凭证的内容齐备，又要讲究形式的美观大方；既要满足本单位的需要，又要符合购货单位的要求。

 **拓展区**

“制造费用分配表”、工商企业日常用的“销货单”和“销售发票”的格式请参看光盘对应内容。

1. “销货单”的设计

“销货单”一般应设计一式五联：（1）存根联，由销售部门留存进行业务核算；（2）发票联，交购货人回单位报账；（3）收款联，由财会部门办理收款并进行会计核算；（4）发货联，由仓库保管凭以发货并登记仓库台账；（5）代出门证联，交门卫存查。

需要指出，“销货单”发票联必须加盖销货单位的财务专用章，否则无效。而出门证联可以取消，另行开具，办理出门手续。此外，该凭证是将“提货单”（办理产品出库手续）和“发货票”（办理产品销售业务）合并在一起设计的。这样做，有利于简化凭证填制和传递手续，方便会计核算。设计时，可以把二者分开，“提货单”一式两联，由销售单位填制，经办人员签章后，交还销售部门一联，另一联留存仓库记账；“发货票”一式三联，销售部门留一联作为存根备查，另两联会计部门审核后，留一联记账，交购货人一联回单位报账。为防止发票的丢失和伪造，方便查询，销售凭证必须连续编号，并设大写金额。

2. “一般发票”的设计

企业所用大部分发票是向税务局购买的已规范设计好的通用型发票。大型或特大型企业由于业务量大，也可报请税务局备案批准，自行设计符合自身特点、能满足管理需要的专用发票。

一般“专用发票”除原始凭证应具备的基本要素外，还应考虑如下一些特殊内容：合同号、购货单位的地址、开户银行、账号、核收的增值税、管理费等内容。这些特殊内容在设计时都应予以考虑。

3. 销货日报表

销货日报表主要应反映每日销售收入总额及其构成内容，包括收到的现金、支票、汇票、应收账款、可能发生的溢缺及原因，这些在设计时均应加以考虑。根据上述内容设计的销货日报表如表4—11所示。

表 4—11

（企业名称）销货日报表

年　月　日　　　　单位：元

| 项　　目 | 规格数量 | 金　额 | 备注 |
|---|---|---|---|
| 现金 | | | |
| 支票 | | | |
| 应收票据 | | | |
| 应收账款 | | | |
| 销售溢缺 | | | |
| 本日销售合计 | | | |

柜组长：　　　　制表人：

## 五、原始凭证设计需注意的事项

虽然原始凭证的种类繁多，内容各异，但只要对以上设计的各种原始凭证进行细致的观察和分析，就不难看出，原始凭证从内容设计方面大致可以归纳为三类：

第一类为反映财产实物增减变动情况的原始凭证，如“材料入库单”、“领料单”、“产品入库单”、“销货单”、“存货盘点报告表”等。

第二类为反映货币资金收支变化情况的原始凭证，如“现金收据”、“出差借款单”、“代垫运费清单”、“差旅费报销单”、“现金盘点报告表”等。

第三类为反映各项费用分配和成本计算情况的原始凭证，如“材料采购成本计算单”、“产品成本计算单”、“材料费用分配表”、“制造费用分配表”以及“工资分配汇总表”等。

我们将各类原始凭证设计应注意的事项分述如下：

### （一）反映财产物资增减变化的原始凭证

该类原始凭证用来反映和记载各种固定资产、材料、燃料、低值易耗品、产成品等的增减情况。由于对各种财产物资的核算不仅要进行价值核算，而且要进行实物核算，既提供详细的价值指标，又提供具体的实物数量指标，因此，设计时除符合前述原始凭证设计原则外，还应注意以下问题：

（1）在凭证中必须设计各种财产物资的品名、类别、规格型号、计量单位、数量、单价等内容，以方便对经济业务的检查、查对、保管、进行实物核算。

（2）由于财产物资的增减变化涉及的部门相对较多，因而设计的张数相应较多，如“销货单”设计五联。但不管几联，最好在设计时将各联用不同的颜色进行区分，使用时采用复写的方式。

（3）某些财产物资的变动牵涉外单位时，必须在有关联次里加盖公章才能对外，如“销货单”的发票，并设计金额大写栏，以防篡改。

**（二）反映货币资金收支变化的原始凭证**

该类原始凭证用来反映和记载现金、银行存款等的收支情况。由于银行存款结算的有关凭证实行专用，所以该类凭证的设计主要是有关现金的凭证。设计时应当注意以下问题：

(1) 为了保证货币资金的安全，防止涂改、伪造，凭证的金额除有小写外，还必须设计大写金额栏。

(2) 必须具备经济业务说明栏，摘要记录经济业务的内容，表明货币资金收支的原因。

(3) 有关责任人签章必须齐全，以明确责任。包括业务经办人、审核人，尤其是出纳员。付款原始凭证还应有相关领导签章。

(4) 付款业务的原始凭证一般应有外单位加盖的公章，对外收款的原始凭证应加盖本单位的公章。

**（三）反映费用成本分配计算的原始凭证**

该类原始凭证用来反映和记载费用的分配和成本的计算情况。这些凭证中要进行一些运算，因此它们的结构比较复杂，设计的质量影响费用分配和成本计算的准确性，进而影响财务成果。设计时应注意以下问题：

(1) 必须与本企业生产特点和管理需求紧密结合，适合本企业的具体情况，反映本企业的特殊要求。

(2) 正确划分各栏目的具体内容，明确各栏目之间的钩稽关系、计算依据和相应的方法，以保证计算的及时性和准确性。

(3) 费用分配表上应当设计费用的分配标准和分配率，并置于醒目的位置，以便进行运算。成本计算单则需列出数量等内容，以便计算各种产品的单位成本。

(4) 该类原始凭证属内部使用，可尽量简化，因此可只设计制证人签章，不必加盖公章。同时，金额只要求小写，不必设计大写金额。

## 第三节　记账凭证的设计

### 一、记账凭证的定义、要素和分类

**（一）记账凭证的定义**

记账凭证是由会计人员根据审核无误的原始凭证或原始凭证汇总表加以归类而填制的，是进行账簿登记的直接依据。记账凭证的作用在于根据经济业务的性质确定应借贷的会计科目，分门别类地在不同的账户中进行记录，避免登账的差错。由于一切业务的记录都应根据记账凭证进行，因此，记账凭证的编制应有利于对业务的审核和制约，并能保护原始凭证的安全，为日后的内部考核和审计提供方便。

**（二）记账凭证的要素**

记账凭证应具备以下八个要素，与原始凭证相同的要素有五项，这些要素均应妥当安排在一张凭证上，否则记账凭证将是不完备的：

(1) 记账凭证填制单位的名称（如某核算单位、车间或所属核算科组）。

(2) 记账凭证的名称。

(3) 凭证的编号和填制日期。

(4) 经济业务内容的摘要。

(5) 应借应贷的科目和金额。

(6) 记账的标记。

(7) 所附原始凭证的张数。

(8) 会计主管、审核、记账和编制人员的签章。

**(三) 记账凭证的分类**

记账凭证按不同的标准可进行不同的分类，如图 4—2 所示。

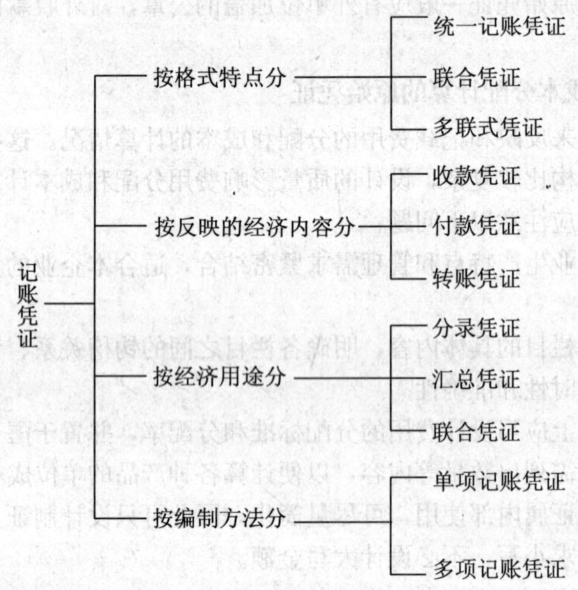


**图 4—2　记账凭证的分类**

下面分别说明各种记账凭证的基本格式及适用性：

1. 统一记账凭证

统一记账凭证即将所有业务编制统一的记账凭证，一般一笔业务编制一张，同类业务可适当合并起来加以编制。

上述格式也可改为科目栏分设“借方科目及子细目”和“贷方科目及子细目”两栏，而将借方和贷方两个金额栏合并为一个金额栏。但这种格式不便于借贷方的平衡。

统一记账凭证编制比较简单，业务反映比较明确，对应关系比较清楚，但是在记账时每一张记账凭证须逐笔过账，登记总账的工作量较大。对于业务比较简单、规模较小的企业，可以采用统一账凭证。

2. 收款凭证、付款凭证和转账凭证

按与货币资金收付有关的业务分别编制收款凭证和付款凭证，与货币资金收付无关的业务分别编制转账凭证。收款凭证可分为现金收款凭证和银行存款收款凭证，付款凭证可分为现金付款凭证和银行存款付款凭证。

**拓展区**

统一记账凭证和收款凭证的格式请参看光盘对应内容。

如果收款凭证分别采用现金收款凭证和银行存款收款凭证，可直接以“现金收款凭证”、“银行存款收款凭证”作为收款凭证的名称，并在收款凭证上省略借方科目的内容。

付款凭证的格式与收款凭证格式基本相同，只是调换借方科目和贷方科目的位置；转账凭证与统一记账凭证格式基本相同。

收款凭证和付款凭证在发生收付款业务时只需填制一栏金额，编制手续简单，业务对应关系清楚，同时也便于登记银行存款日记账和现金日记账，在进行科目汇总时比较方便。在收、付款业务比较多的企业可分别设置收款凭证、付款凭证和转账凭证。这些凭证可分别适用于业务比较简单、采用记账凭证核算形式的企业；也可分别适用于业务比较复杂、采用汇总记账凭证核算形式、科目汇总表核算形式和多栏式日记账核算形式的企业。

3. 单项记账凭证

单项记账凭证可将每一笔经济业务的应借应贷科目分别在几张凭证上加以记录，每一张单项凭证只反映一个科目的情况。一笔业务涉及几个科目时，应分别编制几张凭证。例如，生产领用材料，会计分录为“借：生产成本；贷：材料”，则应编制一张借方凭证和一张贷方凭证。如果发生一借多贷或一贷多借的业务，则应分别编制多张凭证。设置收、付凭证的企业可以对转账部分的业务采用单项凭证。

**拓展区**

“转账凭证”、“借项记账凭证”、“贷项记账凭证”、“借项转账凭证”的格式请参看光盘对应内容。

采用单项记账凭证，特别便于分科目汇总。例如，在编制科目汇总表时，只要把同一科目的借、贷方凭证归在一起，该科目的借贷方发生数就很容易地计算出来。但是，把一项业务分别在几张凭证上反映，以后对业务的查对就较为不便，为弥补这一缺点，在凭证过账以后，应把同一笔业务的凭证放在一起装订，同时在同一业务的凭证上采用合适的编号方法，以便日后查对。编号方法可以采用如“20－1/3、20－2/3、20－3/3”的方法，其中 20 表示第 20 号业务，编号相同是同一笔业务；1/3 表示该业务有 3 张凭证，这是 3 张中的第 1 张，以此类推。单项凭证适用于业务量繁多、需要编制科目汇总表的企业。

4. 汇总记账凭证

汇总记账凭证是分别根据收、付款凭证和转账凭证加以汇总而编制的记账凭证。根据汇总依据的不同分别有汇总收款凭证、汇总付款凭证和汇总转账凭证三种。汇总收款凭证按现金、银行存款分别设置汇总收款凭证，涉及现金、银行存款的业务分别以这些科目为主加以汇总。汇总记账凭证的格式如表 4—13 至表 4—15 所示。

表 4—13　　汇总收款凭证

借方科目：银行存款　　2005 年××月　　汇收字第　号

| 贷方科目 | 金　额 | | | 总账页数 | | |
|---|---|---|---|---|---|---|
| | 1 日—10 日<br>收款凭证<br>第 1 号～4 号 | 11 日—20 日<br>收款凭证<br>第 5 号～9 号 | 21 日—30 日<br>收款凭证<br>第 10 号～14 号 | 合计 | 借方 | 贷方 |
| 应收账款 | 15 000 | 10 000 | 50 000 | 75 000 | | 第　页 |
| 产品销售收入 | 90 400 | 100 000 | 50 000 | 240 400 | | 第　页 |
| 短期借款 | 60 000 | | 20 000 | 80 000 | | 第　页 |
| 合　计 | 165 400 | 110 000 | 120 000 | 395 400 | 第　页 | |

复核：　　记账：　　制证：

表 4—14　　汇总付款凭证

贷方科目：现金　　2005 年××月　　汇付字第　号

| 借方科目 | 金　额 | | | 总账页数 | | |
|---|---|---|---|---|---|---|
| | 1 日—10 日<br>付款凭证<br>第 1 号～4 号 | 11 日—20 日<br>付款凭证<br>第 5 号～9 号 | 21 日—30 日<br>付款凭证<br>第 10 号～14 号 | 合计 | 借方 | 贷方 |
| 其他应收款 | 1 000 | 10 000 | 5 000 | 16 000 | 第　页 | |
| 应付工资 | 36 700 | 3 000 | | 39 700 | 第　页 | |
| 产品销售费用 | 60 000 | | 3 500 | 63 500 | 第　页 | |
| 管理费用 | 305 | 2 780 | 1 670 | 4 755 | | |
| 合　计 | 98 005 | 15 780 | 10 170 | 123 955 | | 第　页 |

复核：　　记账：　　制证：

表 4—15　　汇总转账凭证

贷方科目：应付工资　　2005 年××月　　汇转字第　号

| 借方科目 | 金　额 | | | 总账页数 | | |
|---|---|---|---|---|---|---|
| | 1 日—10 日<br>转账凭证<br>第 1 号～4 号 | 11 日—20 日<br>转账凭证<br>第 5 号～9 号 | 21 日—30 日<br>转账凭证<br>第 10 号～20 号 | 合计 | 借方 | 贷方 |
| 生产成本 | | | 15 000 | 15 000 | 第　页 | |
| 制造费用 | | | 700 | 700 | 第　页 | |
| 产品销售费用 | | 600 | 3 500 | 4 100 | 第　页 | |
| 管理费用 | | 900 | 1 000 | 1 900 | 第　页 | |
| 其他业务支出 | | 1 200 | 800 | 2 000 | 第　页 | |
| 在建工程 | | | 8 000 | 8 000 | 第　页 | |
| 应付福利费 | | | 2 500 | 2 500 | 第　页 | |
| 合　计 | | 2 700 | 31 500 | 34 200 | | 第　页 |

复核：　　记账：　　制证：

汇总付款凭证和汇总转账凭证的格式与汇总收款凭证的格式类似。汇总付款凭证以现金、银行存款的贷方为主汇总，涉及现金和银行存款相互结转的业务，以贷方为主汇总；汇总转账凭证以贷方科目为主加以汇总。在汇总凭证上应注明收款凭证、付款凭证和转账凭证的起讫编号及张数，并把它们作为附件附在汇总记账凭证后。汇总记账凭证的汇总期限根据业务量大小来决定，5 天、10 天或 1 个月一汇总都可以。采用汇总记账凭证，账户的对应关系仍较清楚，便于进行业务分析，简化登记总账的工作。但汇总记账凭证的编制工作量大，它适用于业务比较繁多、采用汇总记账凭证核算的企业。

5. 记账凭证汇总表（科目汇总表）

记账凭证汇总表可根据统一记账凭证、收款凭证、付款凭证和转账凭证或者单项凭证编制而成。在采用记账凭证汇总表核算形式下，记账凭证汇总表要列示全部会计科目。在多栏式日记账核算形式下，记账凭证汇总表只需列示转账部分的科目。记账凭证汇总表的编制期限根据业务量大小来决定。在业务量较为繁多的企业，编制的间隔期可以短些，反之，编制的间隔期可以长些，记账凭证汇总表的格式如表 4—16 和表 4—17 所示。

**表 4—16**　　　　**记账凭证汇总表**

20××年××月××日—××月××日　　　　第　号

| 会计科目 | 总账页数 | 本期发生额 | |
|---|---|---|---|
| | | 借方 | 贷方 |
| | | | |
| 合计 | | | |
| 付款凭证 | 第　号至第　号共　张 | | |
| 收款凭证 | 第　号至第　号共　张 | | |
| 转账凭证 | 第　号至第　号共　张 | | |

会计主管：　　记账：　　复核：　　制单：

| 凭证号数 | 编号： | | | |
|---|---|---|---|---|
| | 现金 | 自第 | 号至 | 号止 |
| | 银行 | 自第 | 号至 | 号止 |
| | 转账 | 自第 | 号至 | 号止 |

**表 4—17**　　　　**科目汇总表**

年　月　日至　月　日

| 会计科目 | 总页 | 借方科目 | | | | | | | | | | 贷方科目 | | | | | | | | | | 会计科目 | 总页 | 借方科目 | | | | | | | | | | 贷方科目 | | | | | | | | | |
|---|---|---|---|---|---|---|---|---|---|---|---|---|---|---|---|---|---|---|---|---|---|---|---|---|---|---|---|---|---|---|---|---|---|---|---|---|---|---|---|---|---|---|---|
| | | 千 | 百 | 十 | 万 | 千 | 百 | 十 | 元 | 角 | 分 | 千 | 百 | 十 | 万 | 千 | 百 | 十 | 元 | 角 | 分 | | | 千 | 百 | 十 | 万 | 千 | 百 | 十 | 元 | 角 | 分 | 千 | 百 | 十 | 万 | 千 | 百 | 十 | 元 | 角 | 分 |
| | | | | | | | | | | | | | | | | | | | | | | | | | | | | | | | | | | | | | | | | | | | |
| | | | | | | | | | | | | | | | | | | | | | | | | | | | | | | | | | | | | | | | | | | | |
| | | | | | | | | | | | | | | | | | | | | | | | | | | | | | | | | | | | | | | | | | | | |
| | | | | | | | | | | | | | | | | | | | | | | | | | | | | | | | | | | | | | | | | | | | |
| | | | | | | | | | | | | | | | | | | | | | | | | | | | | | | | | | | | | | | | | | | | |
| 合计 | | | | | | | | | | | | | | | | | | | | | | 合计 | | | | | | | | | | | | | | | | | | | | | |
| | | | | | | | | | | | | | | | | | | | | | | | | | | | | | | | | | | | | | | | | | | | |

财会主管：　　记账：　　复核：　　制表：

采用记账凭证汇总表对业务汇总以后登账，可以大大减少登记总账的工作量，并且汇总记账凭证还可起到试算平衡的作用。但记账凭证汇总表只反映借贷方的总数，不能再反映账户的对应关系，这样就降低了总账的作用，无法很好地分析利用，总账只满足了编制报表的要求。记账凭证汇总表适用于规模较大、业务较多、采用科目汇总表核算形式以及多栏式日记账核算形式的企业。

6. 联合凭证

为了简化记账凭证的填制工作，可用自制原始凭证或原始凭证汇总表来代替记账凭证，作为记账的直接依据，这种凭证称为联合凭证。在采用联合凭证的情况下，设计原始凭证时可以预先在凭证上设置应借应贷的科目，或者在原始凭证上留有足够的空间，以便业务发生时加盖应借应贷的印戳。会计人员根据经济业务的内容填制应借应贷科目，作为记账的依据。采用联合凭证形式对保护原始凭证的安全不利，一般较少采用。它只适宜业务较简单、规模比较小的企业。

7. 多联式记账凭证

多联式记账凭证是在编制记账凭证时用复写的形式一次制作几联，它的格式与上述各种记账凭证基本相同。上述各种记账凭证都是单联式记账凭证。由于单联式记账凭证只有一份，且要装订成册，因此在登记有关明细账簿时，各有关人员只能轮流使用，特别到月底结账时，会发生抢凭证的现象，使工作出现忙乱，影响结账工作；同时，凭证在传递过程中易被损坏，所附原始凭证也易遗失。采用多联式记账凭证可以弥补这些缺点。多联式记账凭证优点在于：

（1）克服结账时抢凭证的现象，保证明细账登记和结账工作的及时性。

（2）克服凭证在传递过程中可能发生的凭证遗失、损坏现象。

（3）记账凭证副联还可代替某些明细账。

（4）各明细账经管人都持有记账凭证副联，在进行总账、明细账及日记账相互核对时，较为简捷。

在制作多联式记账凭证时，收付款凭证可以一式两联，正联附原始凭证交出纳记日记账，并作登记总账依据；副联交各对应科目记账员登记明细账。转账凭证可以一式三联，正联附原始凭证作为记总账的依据，副联分别交有关明细账记账员据以登记明细账。

在电算化会计状态下，不需要这种凭证。

## 二、记账凭证设计的要求

记账凭证与原始凭证虽有紧密的联系，但又存在明显的区别。因此，设计记账凭证，在符合内部控制和力求标准通用化的基础上，还应遵循以下原则：

### （一）记账凭证的要素不得遗漏

记账凭证将原始凭证提供的数据，运用账户与复式记账的方法，形成会计分录填写到凭证上，为进一步登记账簿、进行核算和最终形成会计信息打下基础。为此记账凭证必须具备前述的八个要素。

### （二）必须与采用的会计核算形式相适应

不同的会计核算形式要求有不同种类的记账凭证，如记账凭证核算形式，可以设计“收款”、“付款”和“转账”三种凭证，也可以设计统一的“记账凭证”。但在汇总记账凭

证核算形式下，则必须分设“收、付、转”三种，并相应设计“汇总收款凭证”、“汇总付款凭证”和“汇总转账凭证”，才能满足需要。

**(三) 满足账簿登记的需要**

记账凭证是登记账簿的主要依据，由于账簿有总分类账和明细分类账之别，为了能够使总账和明细账的登记都有依据，设计记账凭证时，会计科目必须分清总账科目、子目和细目，以便分别记载它们的增减变化。此外，为了使记账凭证与账簿之间的关系更加严密，清楚反映凭证中的每一项数字记入账簿的页码，应在记账凭证上设计“账页页码”一栏。

**(四) 满足会计监督的要求**

记账凭证是在对原始凭证复核的基础上归类整理而编制的，并将原始凭证作为记账凭证的附件附于记账凭证之后，这样通过记账凭证的编制，有利于发挥会计的监督作用，保证会计记录的正确，便于事后的查账。在记账凭证的设计中，要体现加强管理的要求，使分散的原始凭证通过记账凭证的形式，转化成为企业经济业务的分类信息，为进一步综合、连续、系统反映资金运动变化过程的信息资料生成创造前提条件并做好准备。

**(五) 满足内部审核的要求**

记账凭证是登记账簿的直接依据，为了确保账簿记录的准确，监督款项收付，必须严格按照要求填制记账凭证，同时要有专门的部门或专人对已经填制的记账凭证严格审核。只有经审核无误后的记账凭证，才能作为记账的依据。大中型企业有专门的内部稽核或内部审计部门，设计记账凭证时也必须考虑它们的要求。

## 三、记账凭证设计的步骤和方法

**(一) 记账凭证设计的步骤**

科学合理的设计步骤有利于减少设计工作量，提高设计工作的效率。记账凭证的设计一般应按下列步骤进行：

1. 择定记账凭证的种类

在各企事业单位里，使用何种记账凭证主要受单位规模大小、电算还是手工记账方式、经济业务量多少、财会机构内部分工粗细等因素的决定，同时还受会计核算形式的影响。一般情况下，小型企业设计单一的统一通用的记账凭证即可，无论现金、银行存款的收付业务，还是转账业务都可以统一使用。在大中型企业，一般应设计收款凭证、付款凭证、转账凭证三种，以便区分各类经济业务。

由于记账凭证的填制方式不同，有些是把同类经济业务所涉及的会计科目集中填列在一张凭证上，反映了经济业务的全部内容；有些是把同类经济业务所涉及的会计科目分别填列在几张记账凭证上，一张凭证只记一个会计科目，反映经济业务某一方面的内容。

2. 设计记账凭证的格式和尺寸

根据单位规模大小确定了使用的记账凭证种类后，就可以按照记账凭证设计原则进行各种记账凭证格式的设计。这一步骤是设计记账凭证的具体工作和重要环节。

3. 规定记账凭证的用途和管理制度

记账凭证格式设计完毕后，应当对各种记账凭证的用途、使用方法及注意事项等做出明确的规定，以保证各记账凭证的合理使用，使凭证自身的用途与经济业务的内容相符合，如通用的记账凭证适用于一切经济业务，而收款、付款、转账等专用的记账凭证则分别适用于现金、银行存款的收支业务和与现金、银行存款无关的转账业务。

此外，由于记账凭证对原始凭证内容的分类整理和会计加工，反映了经济业务发生后引起的资金变化情况，因此也是重要的会计资料，必须建立完善的管理制度，同原始凭证一起保管和销毁。这也是设计记账凭证应予注意的问题。

### （二）记账凭证设计的方法

记账凭证的设计概括起来有两方面的内容：一是在步骤一中采用分析比较法，做好记账凭证种类的选择；二是结合企业的实际情况和管理要求，确定能反映记账凭证基本内容的格式。

（1）选择记账凭证的种类主要应分析会计核算形式、账簿的格式以及业务量的大小。记账凭证种类同这三方面有密切的关系。一定的记账凭证适用于一定的会计核算形式，适用于一定格式的账簿，最终取决于业务数量的大小。

（2）记账凭证的基本内容和格式主要应考虑记账凭证的种类，不同种类的记账凭证其内容和格式都不相同，这是记账凭证格式最主要的依据。此外，记账凭证的格式还要考虑简化记账凭证的原则。例如，在考虑简化凭证编制时，可采用联合凭证的格式，在原始凭证或原始凭证汇总表上增加应借应贷项目，以满足记账工作的要求。

## 四、记账凭证的具体设计

### （一）通用复式记账凭证

通用格式的复式记账凭证在设计时也可将“借方金额”栏和“贷方金额”栏下的总账科目和子目、细目移至“会计科目”栏下。这样设计便于分清会计科目，但不利于借贷金额的试算平衡。

### （二）专用复式记账凭证

主要包括收款凭证、付款凭证、转账凭证和汇总记账凭证。

#### 1. 收款凭证

由于收款凭证专门用于记录现金、银行存款等货币资金收入业务，所以其贷方内容应详细列出。

#### 2. 付款凭证

由于付款凭证专门用于记录现金、银行存款等货币资金付出业务，所以其借方内容应详细列出。

#### 3. 转账凭证

由于转账凭证用于记录与货币资金无关的业务，所以转账凭证需要将所涉及的应借、应贷的科目详细列出。

#### 4. 汇总记账凭证

汇总记账凭证是分别根据收款凭证、付款凭证和转账凭证而编制的。在采用汇总记账凭证账务处理程序时，需要编制汇总记账凭证。例如，汇总收款凭证是根据一定时期的全部收款凭证，按月编制而成的，它按现金和银行存款借方发生额设置，按其相对应的贷方科目加以归类，定期汇总，月末时，结算出汇总收款凭证中各贷方科目的合计数，作为登记部分分类账的依据。收款凭证的借方科目只有现金和银行存款，如以借方为主体，按贷方科目归类编制汇总收款凭证的张数就减少了。按月编制汇总收款凭证时只需编制一张现

金汇总收款凭证和一张银行存款汇总收款凭证就可囊括全部收款凭证。

**（三）借项记账凭证的设计**

借项记账凭证是单式记账凭证之一，它反映借方科目及金额。凭证编号除按经济业务顺序编列总号外，还应按该项经济业务涉及凭证数量编列分号，如第八笔经济业务涉及单项凭证为三张，则分别编为 8－1/3.8－2/3.8－3/3，表示该项经济业务涉及三个会计科目。

**（四）贷项记账凭证的设计**

贷项记账凭证是单式记账凭证之一，它反映贷方科目及金额，其设计要求与借项记账凭证基本一致。

**（五）记账凭证汇总表（科目汇总表）的设计**

记账凭证汇总表又称科目汇总表。它定期将记账凭证按相同会计科目的借方金额和贷方金额分别加总编制，据以登记总分类账的记账凭证。它的主要内容为会计科目、借方金额、贷方金额和总账页数等。

**（六）外币记账凭证的设计**

外币记账凭证除一般记账凭证应具备的内容外，还需要反映和记录外币名称、外币金额、兑换率等内容。它的设计在其他记账凭证的基础上增加上述内容即可。外币收入凭证、外币付出凭证及外币转账凭证的格式如表 4—18 至表 4—20 所示。

**表 4—18** **收入凭证（外币）**

**RECEIPT VOUCHER（FOREIGN CURRENCY）**

| 外币：F. C. | 银现付第号 Voucher No. |
|---|---|
| | 总号第号 Grand No. |

日期： 年 月 日

借方科目：

Debit Account： Date：

| 摘要 Explanation | 贷方科目 Credit Account | | 外币数 Foreign Currency Amount | | | | | | | | | | | 兑换率 Exch. Rate | 过账 P. R | 金额 Amount | | | | | | | | | | |
|---|---|---|---|---|---|---|---|---|---|---|---|---|---|---|---|---|---|---|---|---|---|---|---|---|---|---|
| | 总账科目 Gen. Leg. A/C | 明细科目 Sub. Leg. A/C | 亿 | 千 | 百 | 十 | 万 | 千 | 百 | 十 | 元 | 角 | 分 | | | 亿 | 千 | 百 | 十 | 万 | 千 | 百 | 十 | 元 | 角 | 分 |
| | | | | | | | | | | | | | | | | | | | | | | | | | | |
| | | | | | | | | | | | | | | | | | | | | | | | | | | |
| | | | | | | | | | | | | | | | | | | | | | | | | | | |
| | | | | | | | | | | | | | | | | | | | | | | | | | | |
| | | | | | | | | | | | | | | | | | | | | | | | | | | |
| | | | | | | | | | | | | | | | | | | | | | | | | | | |
| | | | | | | | | | | | | | | | | | | | | | | | | | | |
| | | | | | | | | | | | | | | | | | | | | | | | | | | |
| 合 计 Total | | | | | | | | | | | | | | | | | | | | | | | | | | |

附件 张 Attachment：

核准：Approved　复核：Checked　记账：Entered　出纳：Cashier　制单：Prepared

表 4—19

付出凭证（外币）
PAYMENT VOUCHER（FOREIGN CURRENCY）

日期：　年　月　日

贷方科目：
Credit Account：　Date：

外币：
F. C.

银现付第号
Voucher No.

总号第号
Grand No.

| 摘要 Explanation | 借方科目 Debit Account | | 外币数 Foreign Currency Amount | | | | | | | | | | | 兑换率 Exch. Rate | 过账 P. R | 金　额 Amount | | | | | | | | | | |
|---|---|---|---|---|---|---|---|---|---|---|---|---|---|---|---|---|---|---|---|---|---|---|---|---|---|---|
| | 总账科目 Gen. Leg. A/C | 明细科目 Sub. Leg. A/C | 亿 | 千 | 百 | 十 | 万 | 千 | 百 | 十 | 元 | 角 | 分 | | | 亿 | 千 | 百 | 十 | 万 | 千 | 百 | 十 | 元 | 角 | 分 |
| | | | | | | | | | | | | | | | | | | | | | | | | | | |
| | | | | | | | | | | | | | | | | | | | | | | | | | | |
| | | | | | | | | | | | | | | | | | | | | | | | | | | |
| | | | | | | | | | | | | | | | | | | | | | | | | | | |
| | | | | | | | | | | | | | | | | | | | | | | | | | | |
| | | | | | | | | | | | | | | | | | | | | | | | | | | |
| | | | | | | | | | | | | | | | | | | | | | | | | | | |
| | | | | | | | | | | | | | | | | | | | | | | | | | | |
| | | | | | | | | | | | | | | | | | | | | | | | | | | |
| | | | | | | | | | | | | | | | | | | | | | | | | | | |
| 合　计 Total | | | | | | | | | | | | | | | | | | | | | | | | | | |

附件　张 Attachment：

核准：Approved　复核：Checked　记账：Entered　出纳：Cashier　制单：Prepared

表 4—20

转账凭证（外币）
TRANSFER VOUCHER（FOREIGN CURRENCY）

日期：　年　月　日

Date：

外币：
F. C.

银现付第号
Voucher No.

总号第号
Grand No.

| 摘要 Explanation | 总账科目 Gen. Leg. Account | 明细科目 Sub. Leg. Account | 外币数 Foreign Currency Amount | | | | | | | | | | | 兑换率 Exch. Rate | 过账 P. R | 金额 Amount | | | | | | | | | | | | | | | | | | | | | |
|---|---|---|---|---|---|---|---|---|---|---|---|---|---|---|---|---|---|---|---|---|---|---|---|---|---|---|---|---|---|---|---|---|---|---|---|---|---|
| | | | | | | | | | | | | | | | | 借 Debit 方 | | | | | | | | | | | 贷 Credit 方 | | | | | | | | | | |
| | | | 万 | 千 | 百 | 十 | 万 | 千 | 百 | 十 | 元 | 角 | 分 | | | 万 | 千 | 百 | 十 | 万 | 千 | 百 | 十 | 元 | 角 | 分 | 万 | 千 | 百 | 十 | 万 | 千 | 百 | 十 | 元 | 角 | 分 |
| | | | | | | | | | | | | | | | | | | | | | | | | | | | | | | | | | | | | | |
| | | | | | | | | | | | | | | | | | | | | | | | | | | | | | | | | | | | | | |
| | | | | | | | | | | | | | | | | | | | | | | | | | | | | | | | | | | | | | |
| | | | | | | | | | | | | | | | | | | | | | | | | | | | | | | | | | | | | | |
| | | | | | | | | | | | | | | | | | | | | | | | | | | | | | | | | | | | | | |
| | | | | | | | | | | | | | | | | | | | | | | | | | | | | | | | | | | | | | |
| | | | | | | | | | | | | | | | | | | | | | | | | | | | | | | | | | | | | | |
| | | | | | | | | | | | | | | | | | | | | | | | | | | | | | | | | | | | | | |
| | | | | | | | | | | | | | | | | | | | | | | | | | | | | | | | | | | | | | |
| | | | | | | | | | | | | | | | | | | | | | | | | | | | | | | | | | | | | | |
| | | | | | | | | | | | | | | | | | | | | | | | | | | | | | | | | | | | | | |
| 合　计 Total | | | | | | | | | | | | | | | | | | | | | | | | | | | | | | | | | | | | | |

附件　张 Attachment：

核准：Approved　复核：Checked　记账：Entered　出纳：Cashier　制单：Prepared

## 第四节　会计凭证传递程序和内部控制要点的设计

会计凭证的传递程序是指从取得或填制原始凭证开始到最终将原始凭证和会计凭证归档为止，在企业内部各有关部门和人员之间传递、停留的全过程。原始凭证的传递一般会涉及企业的业务部门、管理部门和会计部门，传递程序相对较为复杂。而记账凭证一般只在会计部门内部传递，传递程序较为简单。无论原始凭证的传递程序还是记账凭证的传递程序，在设计时都应本着执行内部控制制度、加强岗位责任制、明确分工、互相协作和提高工作效率的原则，充分考虑企业机构的设置、人员的分工、业务的特点等因素，做到需要经过的部门和人员不能绕过，不需要经过的坚决不过。各个岗位环节都要相互协调和配合，使凭证传递程序成为高效、准确的信息捷径。

### 一、会计凭证传递程序设计的要点

(1) 会计凭证传递程序应根据各项经济业务的特点，结合本单位各部门和人员的分工情况加以制定，满足内部控制的要求。

(2) 会计凭证传递程序应结合业务处理的程序绘制成流程图，使有关人员能够按照流程图准确地传递凭证，同时便于分析、追踪和监督业务处理的过程。

(3) 会计凭证在传递过程中既要有利于各有关部门充分利用会计凭证所提供的信息，满足经济管理的需要，又应避免不必要的多余传递环节，以免造成传递时间上的浪费。

(4) 在传递过程中，后一个环节的经办人员要仔细复核前一个环节的手续及内容，确认无误后，再继续传递。

(5) 会计凭证在各个环节上停留的时间应根据各部门和人员办理各项业务手续需要的时间来确定，既要防止停留时间过短，影响必要的业务手续的完成，又要防止停留时间过长，影响凭证的及时传递。

(6) 会计凭证传递程序要根据业务情况变动而及时加以修订。

### 二、会计凭证内部控制要点的设计

会计凭证控制是指经济业务发生时，通过审核有关人员填制的凭证内容和传递过程，以便在任何时候、任何问题发生时都有据可查。为此，设计足够的凭证联次和合理的凭证传递程序，将业务发生所涉及的各职能部门或个人联系起来，是强化内部控制的有效方式。

会计凭证控制是会计核算系统控制中最重要的一环，尤其在实行电算化后，控制的重点已从手工记账方式下的月末对账控制，转变为电脑的凭证录入控制。因为它是控制的基础和前提。

凭证控制程序应能保证所属各部门经办人员在执行交易时及时编制有关凭证，并将编妥的凭证及时送交会计部门或下一个执行部门，以便审核交易。还应把已登账的凭证依序汇总归档备查。尤其是职工工资记录、永续存货记录、费用支出凭证、销售发票存根等的每日汇总。这种汇总资料可用来同相应的每日分录独立比较，以确定所有交易均已记录。在会计凭证传递程序中，设计一个标准处理程序表和会计凭证传递程序手册也很重要。这本手册应提供对每种会计凭证的处理程序和手续的标准化模式，规定出哪些会计凭证应由哪些部门和哪些人员处理；处理的方法和手续；各环节的传递手续和滞留时间以及分头把关、各负其责的审核内容，并规定出各个环节和各道手续之间的关系。其主要内容是：

（1）每发生一笔经济业务，都必须填制或取得合法的、真实的、正确的原始凭证，作为各项业务的证明材料和控制依据。

（2）根据需要用复写方式填制凭证，即一式几联。

（3）重要的凭证如收款收据、销货发票等应当事先编号，以防短缺，一般凭证可在使用时按顺序统一编号。

（4）凭证上必须有业务经办人员的签名或盖章，以明确其应负责任，强化制约关系。

（5）建立复查和核对制度，包括对凭证本身的复查和其他有关凭证的核对。如购货发票，既要审查其是否符合原始凭证填制要求，又要与订货合同、收料单等进行核对。

（6）建立科学合理的凭证传递程序，与业务的标准处理程序结合起来，使各种凭证在业务经办部门和人员之间合理的流转。既要经过每一个必要的环节，防止遗漏，又要尽可能地减少传递环节，提高工作效率。

（7）建立严格的印刷、购买、保管、使用、注销和存档等管理制度。

各项业务的会计凭证传递程序及控制要点将在本书第九章至第十五章有关各类业务会计处理程序章节中分别介绍。领料单传递程序如图 4—3 所示。

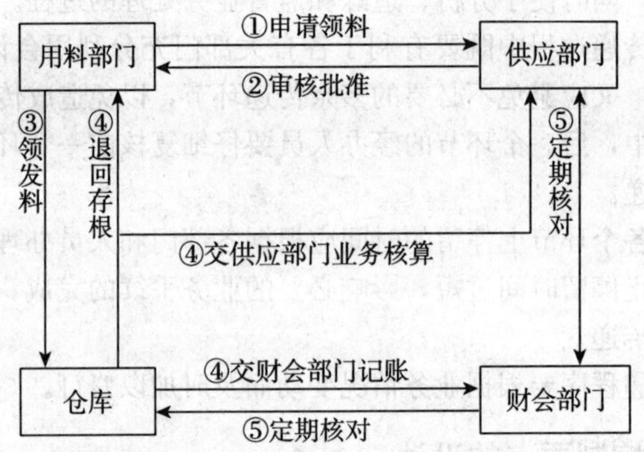


**图 4—3 “领料单”传递程序图**

注：1. 领料单一式四联（小型企业可一式三联），由仓库填入实发材料数量后，将其中三联分别传递给用料、供应和财会三个部门，自留一联登记材料卡片。

2. 图中①～⑤为凭证传递顺序。

## 第五节 会计凭证保管制度的设计

会计凭证保管制度的设计主要考虑凭证的保管措施和办法，便于本单位随时检查和利用，也便于上级机关和审计机关检查评价工作。

凭证保管制度设计主要包括以下内容：

（1）会计凭证在登记入账以后，应将各种记账凭证连同所附原始凭证按照凭证编号顺序定期装订成册，以防失散。装订时间间隔的长短视业务量多少而定。

（2）装订成册的凭证应加装封面和封底，载明单位名称、凭证名称、凭证张数、凭证起讫号数、凭证所属年度、月份或起讫时间等内容。

（3）装订成册的凭证应加贴封条，并由会计主管人员签章，以防抽换凭证。

（4）原始凭证（如收发料单等）较多时，可将原始凭证单独装订成册，但必须在记账凭证封面上注明原始凭证另存。

（5）如果所附原始凭证属于十分重要的业务单据（如评估报告、合同等），则应单独予以保管，但必须在有关记账凭证上加注说明，以便日后查考。

（6）确定会计凭证的保管期限，凭证保管期满才能销毁。会计凭证的保管期限一般为15年。会计档案销毁时应编制"会计档案销毁清册"。

（7）确定会计凭证的保管人员，非保管人员不得私自接触归档的凭证等会计档案。

## 拓展区

"记账凭单（证）封面"、"会计档案保管期限表"的格式请参看光盘对应内容；阅读光盘"背景资料"中的《中华人民共和国会计法》和《会计基础工作规范》，了解与本章内容相关的知识。

## 【本章小结】

本章介绍的是会计核算系统的最基础的部分——会计凭证的设计，它是本书的重要部分，因此应熟练掌握。

## 【复习思考题】

1. 简述会计凭证设计的意义。
2. 简述会计原始凭证设计的一般要求。
3. 反映费用成本分配计算的原始凭证，其设计时需注意哪些主要问题？
4. 多联式记账凭证的主要优点有哪些？
5. 简述会计凭证控制的主要内容。

☞阅读光盘"例题分析"中的本章内容，掌握解题技巧。在40分钟内完成光盘"即时练习"中的本章练习。光盘的"关键概念"提供了相关概念的检索。

# 第五章

# 会计科目、会计账户和会计账簿的设计

**学习导航**

用2学时学习本章内容。

⊙ **了解：** 会计科目设计的意义、原则及注意事项，会计科目设计的步骤；会计账户设计的意义和方法，会计账户设计的要求；其他账簿及相应事项的设计。

⊙ **识记：** 会计科目和会计科目设计的相关概念；会计账簿设计的概念、意义和原则。

⊙ **掌握：** 总分类科目的设计、明细分类科目（二级及以下科目）的设计和会计科目使用说明的编写；会计账簿设计的内容、步骤和方法，序时账簿的设计，总分类账簿的设计，明细分类账簿的设计。

## 第一节　会计科目的设计

根据我国财政部2006年10月30日颁布的《企业会计准则——应用指南》（财会[2006] 18号文）的规定："会计科目和主要账务处理依据企业会计准则中确认和计量的规定制定，涵盖了各类企业的交易或者事项。企业在不违反会计准则中确认、计量和报告规定的前提下，可以根据本单位的实际情况自行增设、分拆、合并会计科目。企业不存在的交易或者事项，可不设置相关会计科目。对于明细科目，企业可以比照本附录中的规定自行设置。会计科目编号供企业填制会计凭证、登记会计账簿、查阅会计账目、采用会计软件系统参考，企业可结合实际情况自行确定会计科目编号。"所以本章对于在上述文件中已作了详尽说明，并要求统一执行的会计科目不再赘述。本章仅遵照文件规定和允许的范围，结合企业普遍存在的实际情况，主要侧重于对以下三方面的设计任务进行深入探讨和阐述：

第一，如何增设、分拆或合并一级会计科目。

第二，如何设置二级及其下属的明细科目。

第三，如何确定符合本企业情况和需要的各级会计科目和明细科目的名称。

## 一、会计科目和会计科目设计的相关概念

### （一）会计科目的定义

会计科目是对会计对象的具体内容进行分类而形成的项目，是填制会计凭证、设置账户和编制会计报表的基础。

会计科目与会计账户和会计账簿的关系：会计科目是会计账户的名称，会计账户是会计科目的表现形式，会计账簿是会计科目的具体内容和载体。

### （二）会计科目设计的定义和实质

会计科目按其反映经济内容的详尽程度不同，可分为总分类会计科目和明细分类会计科目。前者是对会计核算的全部内容进行的分类，提供的是会计核算的总括价值指标；后者是对总分类科目所反映的内容所作的进一步分类，提供的是详细、具体的价值指标和数量指标，前者统驭后者。两类科目的有机结合和合理利用，方能为经营管理提供完整的系统的会计指标。

会计科目设计实质上是对企业会计核算内容进行的总括分类和具体分类，是在国家会计法规和统一会计制度的指导下，对每一会计科目的核算内容、经济用途、使用方法及编号等所做的规定。

### （三）会计科目编号的作用、原则和编号方法

1. 会计科目编号的作用

会计科目的编号就是对全部会计科目按其反映的经济内容及其在会计科目体系中的地位，分别确定一个号码，作为科目的代号。代号一经确定，不得随意变更。会计科目编号的目的是便于开展会计核算，具体作用表现在以下几个方面：

（1）便于确定科目的类别和位置。编号可以确定各科目所属类别及其在该类中的位置，使会计科目表的设计工作更加科学、系统和具有逻辑性，以便于会计人员理解、记忆和使用。

（2）便于账簿设置、记账和编制会计报表。按照会计科目的编号开设账簿，可以避免重建账和漏建账，有利于建账、记账和报表编制工作的有序开展。

（3）便于开展会计电算化。在会计核算中使用计算机的目的就是提高工作效率和效果，对于内容固定且使用频繁的会计科目，可设计科目代码，通过计算机操作可尽量简化，节约时间。科目代码在计算机制证、记账和编制会计报表中将起到简化作用。

2. 会计科目编号的原则

为使会计科目编号发挥以上作用，应当遵循下列原则：

（1）专一性原则。即一个号码只能代表一个会计科目，不能同时代表别的科目，以免在使用时发生混乱。

（2）规律性原则。即会计科目的编号应当按照一定的规律进行，做到排列有序，层次分明，使人们根据科目号码就能够判断出各个会计科目所属的类别及其所反映的经济内容，并方便记忆和查阅，切忌杂乱无章，随意拼凑。

（3）简明性原则。即代表会计科目的数字不宜过长，也不宜过短，要起到以简代繁的作用。

（4）预见性原则。为保证会计科目的代码具有专一性，并保持其稳定性，在设计科目代码时，应具有一定的预见性，为将来可能增加的会计科目预留空号，以便在增设会计科目时不影响编号的基本顺序。

3. 会计科目的编号方法

会计科目的编号方法一般是以总账科目的编号方法为典范，明细科目的编号方法借鉴总账科目编号方法进行。在我国，总账科目的编号方法及属于特殊要求的明细科目的编号由国家统一规定，但企业可以增减或合并。理论上有关科目的编号方法很多，有数字顺序法、数字分组法、汉语拼音法、字母组合法等。常用的编号方法主要是数字顺序法和数字分组法。我国目前即采用这两种方法。

（1）数字顺序法。数字顺序法是依据科目编号原则，对按照一定顺序排列的全部总账会计科目或某一总账科目所属全部明细科目，从第一号开始，编到最后一个科目为止的编号方法。这种编号方法的优点是简单、直观，从最后一个科目编号可以知道企业大概设置了多少个总账科目，或某一总账科目共设置了多少个明细科目。其缺点是由于将全部总账科目并排，不能从编号上确认科目所属的类别及其所反映的经济内容。因此，该方法主要适用于明细科目编号和一些经济业务简单、总账科目数量较少的单位的总账科目编号。我国明细科目编号即采用此方法。

（2）数字分组法。数字分组法即将代表科目的数字从左向右按照一定的规律分成若干组，每一组代表一定的含义，科目代码分为几组，每组包含的数字量有几个，由该组所代表的含义所决定。我国所使用的分组方法主要有三位数分组法和四位数分组法两种，原行业会计制度规定的编号方法是三位数分组法，现行会计制度规定使用的分组法是四位数分组法，四位数字的具体分组如下：

1）首位数字。首位数字为第一组，表示会计科目的大类，是对全部总账科目按其所反映的经济内容所作的分组，该组只需要一个数字。我国将全部总账科目分为6组，所选数字从“1”开始，依次为：“1”代表资产；“2”代表负债；“3”代表共同类；“4”代表所有者权益；“5”代表成本；“6”代表损益。

2）第二位数字。第二位数字为第二组，表示会计科目的小类，是对某类会计科目按其所反映的经济内容所作的进一步分组，该组同第一组一样也只需一个数字，从0到9。资产类科目共分为10小类，为保证代码数字不超过4位，所选数字从“0”开始，依次递升至数字“9”，例如，“10”表示资产中的货币资金，“11”表示资产中的短期投资及应收款项，“14”表示存货。负债类科目共分为9小类，例如，“21”表示交易性负债，“22”表示流动负债，“27”表示长期负债。所有者权益类科目分为三小类，数字为“0”、“1”、“2”。成本类科目分为5小类。损益类科目共分为10小类，数字从“0”开始，依次递升至“9”，例如，“60”表示业务收入，“61”表示投资收益，“63”表示营业外收入，等等。

3）第三位数字。第三位数字为第三组，表示会计科目在小类基础上进一步的类别划分，可以称其为小小类，该组同前两组一样，也只需一位数字。虽然各类总账科目所划分的小小类数量不同，但它们的数字选用是一样的，即都是从“0”开始，依次递升至最后一小小类，例如，“100”表示货币资金，“102”表示结算备付金，等等。

4）第四位数字。第四位数字代表第四组，表示会计科目在所属小小类中按某一种排

列标准进行排序时所处的位置。各小小类科目虽然包含的科目数量不同，但都在 10 个以下，因此，只需一位数字，从“1”开始，依据科目编号原则进行编排，例如，“1001”表示“现金”，“1012”表示其他货币资金，“2001”表示“短期借款”，“4001”表示“实收资本（或股本）”，“5001”表示“生产成本”，“6001”表示“主营业务收入”。

**（四）会计科目的名称、分类及其编号**

企业资产负债表和损益表所反映的内容分为资产、负债、所有者权益、收入、费用、利润 6 大会计要素。我国财政部根据这 6 大会计要素，采用数字分组法相应的将会计科目分为资产、负债、所有者权益、成本和损益，另根据金融形势，新增一“共同类”，计 6 大类和 51 小类，同时，确定了总分类科目和部分明细分类科目的名称，并于 2007 年 1 月在上市公司正式颁布执行。具体如表 5—1 和表 5—2 所示。

**表 5—1　　企业会计科目名称和编号**

| 序号 | 编号 | 会计科目名称 | 会计科目适用范围说明 | 常用及明细科目设计 |
|---|---|---|---|---|
| | | 一、资产类 | | |
| 1 | 1001 | 库存现金 | 企业通用 | 按外币种类：人民币、美元、英镑等 |
| 2 | 1002 | 银行存款 | 企业通用 | 按银行行号、存款类别等 |
| 3 | 1003 | 存放中央银行款项 | 银行专用 | 按存放款项性质 |
| 4 | 1011 | 存放同业 | 银行专用 | 按存放款项性质和存放的金融机构 |
| 5 | 1012 | 其他货币资金 | 企业通用 | 按资金类别和银行行号：按银行汇票、银行本票、信用卡、信用证保证金、外埠等存款、存出投资款 |
| 6 | 1021 | 结算备付金 | 证券专用 | 按清算代理机构，分别“自有”、“客户” |
| 7 | 1031 | 存出保证金 | 金融共用 | 按保证金类别、存放单位或交易场所 |
| 8 | 1101 | 交易性金融资产 | 企业通用 | 按品种和类别设置：成本、公允价值变动 |
| 9 | 1111 | 买入返售金融资产 | 金融共用 | 按买入返售金融资产类别和融资方 |
| 10 | 1121 | 应收票据 | 企业通用 | 按开出、承兑汇票单位设置 |
| 11 | 1122 | 应收账款 | 企业通用 | 按债务人设置 |
| 12 | 1123 | 预付账款 | 企业通用 | 按供货单位设置 |
| 13 | 1131 | 应收股利 | 企业通用 | 按投资单位设置 |
| 14 | 1132 | 应收利息 | 企业通用 | 按借款人及被投资单位设置 |
| 15 | 1201 | 应收代位追偿款 | 保险专用 | 按被追偿单位或个人设置 |
| 16 | 1211 | 应收分保账款 | 保险专用 | 按再保险分出人或接受人和合同设置 |
| 17 | 1212 | 应收分保合同准备金 | 保险专用 | 按再保险接受人和合同设置 |
| 18 | 1221 | 其他应收款 | 企业通用 | 按对方单位或个人设置 |
| 19 | 1231 | 坏账准备 | 企业通用 | 按应收款项类别设置 |
| 20 | 1301 | 贴现资产 | 银行专用 | 按贴现类别和申请人设置 |
| 21 | 1302 | 拆出资金 | 金融共用 | 按拆放的金融单位设置 |

续前表

| 序号 | 编号 | 会计科目名称 | 会计科目适用范围说明 | 常用及明细科目设计 |
|---|---|---|---|---|
| 22 | 1303 | 贷款 | 银行与保险共用 | 按贷款“类别、客户”，分别“本金、利息调整、已减值”设置 |
| 23 | 1304 | 贷款损失准备 | 银行与保险共用 | 按贷款损失准备的资产类别设置 |
| 24 | 1311 | 代理兑付证券 | 银行与证券共用 | 按委托单位和证券种类设置 |
| 25 | 1321 | 代理业务资产 | 银行与证券共用 | 按委托单位、资产管理类别、证券种类、贷款对象设置 |
| 26 | 1401 | 材料采购 | 企业通用 | 按供货单位和材料品种设置 |
| 27 | 1402 | 在途物资 | 企业通用 | 按供货单位和物资品种设置 |
| 28 | 1403 | 原材料 | 企业通用 | 按保管地点、材料类别、品种和规格设置 |
| 29 | 1404 | 材料成本差异 | 企业通用 | 分别原材料、周转材料按类别或品种设置 |
| 30 | 1405 | 库存商品 | 企业通用 | 按库存商品种类、品种和规格设置 |
| 31 | 1406 | 发出商品 | 企业通用 | 按购货单位、商品类别和品种设置 |
| 32 | 1407 | 商品进销差价 | 企业通用 | 按商品类别或管理负责人设置 |
| 33 | 1408 | 委托加工物资 | 企业通用 | 按加工合同、受托加工单位、加工物资品种设置 |
| 34 | 1411 | 周转材料 | 企业通用 | 按周转材料种类，分别“在库、在用、摊销”设置 |
| 35 | 1421 | 消耗性生物资产 | 农业专用 | 按消耗性生物资产的种类、群别等设置 |
| 36 | 1431 | 贵金属 | 金融专用 | 按贵金属的类别设置 |
| 37 | 1441 | 抵债资产 | 金融共用 | 按抵债资产类别及借款人设置 |
| 38 | 1451 | 损余物资 | 保险专用 | 按损余物资种类设置 |
| 39 | 1461 | 融资租赁资产 | 租赁专用 | 按承租人、租赁资产类别和项目设置 |
| 40 | 1471 | 存货跌价准备 | 企业通用 | 按存货项目或类别设置 |
| 41 | 1501 | 持有至到期投资 | 企业通用 | 按投资的类别、品种，分别“成本、利息调整、应计利息”设置 |
| 42 | 1502 | 持有至到期投资减值准备 | 企业通用 | 按持有至到期投资类别、品种设置 |
| 43 | 1503 | 可供出售金融资产 | 企业通用 | 按可供出售金融资产类别、品种，分别“成本、利息调整、应计利息、公允价值变动”等设置 |
| 44 | 1511 | 长期股权投资 | 企业通用 | 按投资单位，分别“成本、损益调整、其他利益变动”设置 |
| 45 | 1512 | 长期股权投资减值准备 | 企业通用 | 按被投资单位设置 |
| 46 | 1521 | 投资性房地产 | 企业通用 | 按项目或类别设置 |
| 47 | 1531 | 长期应收款 | 企业通用 | 按债务人设置 |
| 48 | 1532 | 未实现融资收益 | 企业通用 | 按未实现融资收益项目设置 |

续前表

| 序号 | 编号 | 会计科目名称 | 会计科目适用范围说明 | 常用及明细科目设计 |
|---|---|---|---|---|
| 49 | 1541 | 存出资本保证金 | 保险专用 | |
| 50 | 1601 | 固定资产 | 企业通用 | 按固定资产类别及项目设置 |
| 51 | 1602 | 累计折旧 | 企业通用 | 按固定资产类别及项目设置 |
| 52 | 1603 | 固定资产 | 减值准备 | 企业通用 |
| 53 | 1604 | 在建工程 | 企业通用 | 按“建筑工程、安装工程、在安装设备、待摊支出”及单项工程设置 |
| 54 | 1605 | 工程物资 | 企业通用 | 按“专用材料、专用设备、工器具”设置 |
| 55 | 1606 | 固定资产清理 | 企业通用 | 按被清理固定资产项目设置 |
| 56 | 1611 | 未担保余值 | 租赁专用 | 按承租人、租赁资产类别及项目设置 |
| 57 | 1621 | 生产性生物资产 | 农业专用 | 按未成熟生产性生物资产、成熟生产性生物资产，分别生物资产的种类、群别、所属部门等设置 |
| 58 | 1622 | 生产性生物资产累计折旧 | 农业专用 | 按生产性生物资产的种类、群别、所属部门等设置 |
| 59 | 1623 | 公益性生物资产 | 农业专用 | 按公益性生物资产种类或项目设置 |
| 60 | 1631 | 油气资产 | 石油天然气开采专用 | 按油气资产类别、不同矿区或油田等设置 |
| 61 | 1632 | 累计折耗 | 石油天然气开采专用 | 按油气资产类别、不同矿区或油田等设置 |
| 62 | 1701 | 无形资产 | 企业通用 | 按无形资产项目设置 |
| 63 | 1702 | 累计摊销 | 企业通用 | 按无形资产项目设置 |
| 64 | 1703 | 无形资产减值准备 | 企业通用 | 按无形资产项目设置 |
| 65 | 1711 | 商誉 | 企业通用 | |
| 66 | 1801 | 长期待摊费用 | 企业通用 | 按费用项目设置 |
| 67 | 1811 | 递延所得税资产 | 企业通用 | 按可抵扣暂时性差异等项目设置 |
| 68 | 1821 | 独立账户资产 | 保险专用 | 按资产类别设置 |
| 69 | 1901 | 待处理财产损益 | 企业通用 | 按盘盈、盘亏资产的种类和项目设置 |
| | | 二、负债类 | | |
| 70 | 2001 | 短期借款 | 企业通用 | 按借款种类、贷款人和币种设置 |
| 71 | 2002 | 存入保证金 | 金融共用 | 按客户设置 |
| 72 | 2003 | 拆入资金 | 金融共用 | 按拆入资金的金融机构设置 |
| 73 | 2004 | 向中央银行借款 | 银行专用 | 按借款性质设置 |
| 74 | 2011 | 吸收存款 | 银行专用 | 按存款类别及存款单位，分别“本金、利息调整”设置 |
| 75 | 2012 | 同业存放 | 银行专用 | 按存放金融机构设置 |

续前表

| 序号 | 编号 | 会计科目名称 | 会计科目适用范围说明 | 常用及明细科目设计 |
|---|---|---|---|---|
| 76 | 2021 | 贴现负债 | 银行专用 | 按贴现类别和贴现金融机构，分别“面值、利息调整”设置 |
| 77 | 2101 | 交易性金融负债 | 企业通用 | 按交易性金融负债类别，分别“本金、公允价值变动”设置 |
| 78 | 2111 | 卖出回购金融资产款 | 金融共用 | 按类别和融资方设置 |
| 79 | 2201 | 应付票据 | 企业通用 | 按债权人设置 |
| 80 | 2202 | 应付账款 | 企业通用 | 按债权人设置 |
| 81 | 2203 | 预收账款 | 企业通用 | 按购货单位设置 |
| 82 | 2211 | 应付职工薪酬 | 企业通用 | 按“工资、职工福利、社会保险费、住房公积金、工会经费、职工教育经费、非货币性福利、辞退福利、股份支付”等设置 |
| 83 | 2221 | 应缴税费 | 企业通用 | 按应缴税费项目设置，如“应缴增值税、应缴消费税”等 |
| 84 | 2231 | 应付利息 | 企业通用 | 按存款人或债权人设置 |
| 85 | 2232 | 应付股利 | 企业通用 | 按投资者设置 |
| 86 | 2241 | 其他应付款 | 企业通用 | 按项目和对方单位或个人设置 |
| 87 | 2251 | 应付保单红利 | 保险专用 | 按投保人设置 |
| 88 | 2261 | 应付分保账款 | 保险专用 | 按再保险分出人或再保险接受人和再保险合同设置 |
| 89 | 2311 | 代理买卖证券款 | 证券专用 | 按客户类别设置 |
| 90 | 2312 | 代理承销证券款 | 金融共用 | 按委托单位和证券种类设置 |
| 91 | 2313 | 代理兑付证券款 | 证券和银行共用 | 按委托单位和证券种类设置 |
| 92 | 2314 | 代理业务负债 | 企业通用 | 按委托单位和资产管理类别设置 |
| 93 | 2401 | 递延收益 | 企业通用 | 按政府补助项目设置 |
| 94 | 2501 | 长期借款 | 企业通用 | 按贷款单位和贷款种类，分别“本金、利息调整”设置 |
| 95 | 2502 | 应付债券 | 企业通用 | 按“面值、利息调整”等设置 |
| 96 | 2601 | 未到期责任准备金 | 保险专用 | 按保险合同设置 |
| 97 | 2602 | 保险责任准备金 | 保险专用 | 按保险责任准备金类别、保险合同设置 |
| 98 | 2611 | 保户储金 | 保险专用 | 按投保人设置 |
| 99 | 2621 | 独立账户负债 | 保险专用 | 按负债类别设置 |
| 100 | 2701 | 长期应付款 | 企业通用 | 按长期应付款种类和债权人设置 |
| 101 | 2702 | 未确认融资费用 | 企业通用 | 按长期应付款项目和债权人设置 |
| 102 | 2711 | 专项应付款 | 企业通用 | 按资本性投资项目设置 |

续前表

| 序号 | 编号 | 会计科目名称 | 会计科目适用范围说明 | 常用及明细科目设计 |
|---|---|---|---|---|
| 103 | 2801 | 预计负债 | 企业通用 | 按形成预计负债的交易或事项设置 |
| 104 | 2901 | 递延所得税负债 | 企业通用 | 按应纳税暂时性差异的项目设置 |
| 三、共同类 | | | | |
| 105 | 3001 | 清算资金往来 | 银行专用 | 按资金往来单位，分别“同城票据清算、信用卡清算”等设置 |
| 106 | 3002 | 货币兑换 | 金融共用 | 按币种设置 |
| 107 | 3101 | 衍生工具 | 企业通用 | 按衍生工具类别设置 |
| 108 | 3201 | 套期工具 | 企业通用 | 按套期工具类别设置 |
| 109 | 3202 | 被套期项目 | 企业通用 | 按被套期项目类别设置 |
| 四、所有者权益类 | | | | |
| 110 | 4001 | 实收资本 | 企业通用 | 按投资者设置 |
| 111 | 4002 | 资本公积 | 企业通用 | 按项目，分别“资本溢价（股本溢价）、其他资本公积”等设置 |
| 112 | 4101 | 盈余公积 | 企业通用 | 按“法定盈余公积、任意盈余公积”设置 |
| 113 | 4102 | 一般风险准备 | 金融共用 | 核算从净利润中提取的一般风险准备 |
| 114 | 4103 | 本年利润 | 企业通用 | |
| 115 | 4104 | 利润分配 | 企业通用 | 按“提取法定盈余公积、提取任意盈余公积、应付现金股利或利润、转做股本的股利、盈余公积补亏、未分配利润”设置 |
| 116 | 4201 | 库存股 | 企业通用 | |
| 五、成本类 | | | | |
| 117 | 5001 | 生产成本 | 企业通用 | 按基本生产成本和辅助生产成本设置 |
| 118 | 5101 | 制造费用 | 企业通用 | 按生产车间、部门和费用项目设置 |
| 119 | 5201 | 劳务成本 | 企业通用 | 按提供劳务种类设置 |
| 120 | 5301 | 研发支出 | 企业通用 | 按研发项目，分别“费用化支出、资本化支出”设置 |
| 121 | 5401 | 工程施工 | 建筑承包商专用 | 按建造合同，分别“合同成本、间接费用合同毛利”设置 |
| 122 | 5402 | 工程结算 | 建筑承包商专用 | 按建造合同设置 |
| 123 | 5403 | 机械作业 | 建筑承包商专用 | 按施工机械或运输设备的种类设置 |
| 六、损益类 | | | | |
| 124 | 6001 | 主营业务收入 | 企业通用 | 按主营业务的种类设置 |
| 125 | 6011 | 利息收入 | 金融共用 | 按业务类别设置 |

续前表

| 序号 | 编号 | 会计科目名称 | 会计科目适用范围说明 | 常用及明细科目设计 |
|---|---|---|---|---|
| 126 | 6021 | 手续费及佣金收入 | 金融共用 | 按手续费及佣金收入类别设置 |
| 127 | 6031 | 保费收入 | 保险专用 | 按保险合同和险种设置 |
| 128 | 6041 | 租赁收入 | 租赁专用 | 租赁资产类别设置 |
| 129 | 6051 | 其他业务收入 | 企业通用 | 按其他业务收入种类设置 |
| 130 | 6061 | 汇兑损益 | 金融共用 | |
| 131 | 6101 | 公允价值变动损益 | 企业通用 | 按交易性金融资产、交易性金融负债、投资性房地产设置 |
| 132 | 6111 | 投资收益 | 企业通用 | 按投资项目设置 |
| 133 | 6201 | 摊回保险责任准备金 | 保险专用 | 按保险责任准备金类别和险种设置 |
| 134 | 6202 | 摊回赔付支出 | 保险专用 | 按险种设置 |
| 135 | 6203 | 摊回分保费用 | 保险专用 | 按险种设置 |
| 136 | 6301 | 营业外收入 | 企业通用 | 按营业外收入项目设置 |
| 137 | 6401 | 主营业务成本 | 企业通用 | 按主营业务的种类设置 |
| 138 | 6402 | 其他业务成本 | 企业通用 | 按其他业务成本的种类设置 |
| 139 | 6403 | 营业税金及附加 | 企业通用 | 按项目设置 |
| 140 | 6411 | 利息支出 | 金融共用 | 按利息支出项目设置 |
| 141 | 6421 | 手续费及佣金支出 | 金融共用 | 按支出类别设置 |
| 142 | 6501 | 提取未到期责任准备金 | 保险专用 | 按保险合同和险种设置 |
| 143 | 6502 | 提取保险责任准备金 | 保险专用 | 按保险责任准备金类别、险种和保险合同设置 |
| 144 | 6511 | 赔付支出 | 保险专用 | 按保险合同和险种设置 |
| 145 | 6521 | 保单红利支出 | 保险专用 | 按保单红利来源设置 |
| 146 | 6531 | 退保金 | 保险专用 | 按险种设置 |
| 147 | 6541 | 分出保费 | 保险专用 | 按险种设置 |
| 148 | 6542 | 分保费用 | 保险专用 | 按险种设置 |
| 149 | 6601 | 销售费用 | 企业通用 | 按费用项目设置 |
| 150 | 6602 | 管理费用 | 企业通用 | 按费用项目设置 |
| 151 | 6603 | 财务费用 | 企业通用 | 按费用项目设置 |
| 152 | 6604 | 勘探费用 | 石油天然气开采 | 按勘探项目设置 |
| 153 | 6701 | 资产减值损失 | 企业通用 | 按资产减值损失的项目设置 |
| 154 | 6711 | 营业外支出 | 企业通用 | 按支出项目设置 |
| 155 | 6801 | 所得税费用 | 企业通用 | 按“当期所得税费用、递延所得税费用”设置 |
| 156 | 6901 | 以前年度损益调整 | 企业通用 | |

表 5—2　　　　会计科目按用途和结构的分类

| 类别 | | 名称 |
|---|---|---|
| 盘存类科目 | 货币资产类 | 现金、银行存款、其他货币资金 |
| | 存货类 | 原材料、包装物、低值易耗品、自制半成品、库存商品、工程物资、委托加工物资、委托代销商品、受托代销商品、分期收款发出商品 |
| | 其他资产 | 固定资产 |
| 投资类科目 | | 短期投资、长期股权投资、长期债权投资 |
| 权益类科目 | 资本类 | 实收资本（或股本）、已归还投资、资本公积 |
| | 留存收益类 | 盈余公积 |
| 结算类科目 | 债权结算类 | 应收票据、应收股利、应收利息、应收账款、其他应收款、预付账款、应收补贴款、委托贷款 |
| | 债务结算类 | 短期借款、应付票据、应付账款、预收账款、代销商品款、应付工资、应付福利费、应付股利、应缴税金、其他应缴款、其他应付款、预计负债、长期借款、应付债券、长期应付款、专项应付款、递延税款 |
| 调整类科目 | 备抵调整类 | 坏账准备、短期投资跌价准备、存货跌价准备、长期投资跌价准备、委托贷款减值准备、接受捐赠非现金资产准备、累计折旧、固定资产减值准备、在建工程减值准备、无形资产减值准备、商品进销差价、利润分配 |
| | 备抵附加类 | 材料成本差异、产品成本差异 |
| 过渡类科目 | 跨期摊配类 | 待摊费用、预提费用、长期待摊费用 |
| | 集合分配类 | 制造费用 |
| | 成本计算类 | 生产成本、物资采购、劳务成本、在建工程 |
| | 收入类 | 主营业务收入、其他业务收入、投资收益、补贴收入、营业外收入 |
| | 费用类 | 主营业务成本、主营业务税金及附加、其他业务成本、销售费用、管理费用、财务费用、所得税费用、营业外支出 |
| | 财务成果计算类 | 本年利润 |
| 共同类科目 | | 清算资金往来、货币兑换、衍生工具、套期工具、被套期项目 |
| 待处理类科目 | | 待处理财产损益 |
| 无形资产科目 | | 无形资产 |

共同类科目是核算金融企业间业务往来，采用分账制核算外币交易产生的不同币种间兑换、企业衍生工具的公允价值及其变动形成的衍生资产或衍生负债、企业开展套期保值业务套期工具或被套期项目公允价值变动形成的资产或负债的会计科目。

## 二、会计科目设计的意义

设计会计科目，实质上就是如何对会计要素的具体内容，或者说经济业务的具体内容做出科学的分类，以确定每类经济业务的名称及其相互之间的关系，使之形成完整的会计科目体系。

会计科目设计是企业会计制度设计的一个重要环节，是会计凭证、会计账簿、会计报表等设计的前提和基础，因此，在设计会计科目时，既要明确规定每一会计科目反映的经济内容及其所属类别，又要具体确定各个会计科目之间的关系。会计科目分类后，要求既能够反映资金运动的全部过程和结果，又能反映会计科目各个组成部分的特殊情况。

搞好会计科目设计对保证企业会计制度设计的质量、完成企业会计工作的任务具有以下几方面的意义：

**（一）有利于提高会计信息质量**

通过会计科目的设计，对会计核算的具体内容进行系统的分类，并形成完整的会计科目体系，使经济业务发生后引起的各项会计要素的增减变动情况得到系统、分类的反映，有利于准确确定并提供与企业相关的各利害关系方所需要的会计信息。

**（二）为建立科学完善的会计核算方法体系奠定基础**

会计核算方法作为一个完整的体系，除设置会计科目外，还包括复式记账、填制和审核会计凭证、登记账簿、成本计算、财产清查和编制会计报表，其中会计科目是有效应用其他各种方法的基础和依据，会计科目设计得科学合理，就能较好地设计会计凭证、会计账簿和会计报表，否则，就会造成账目混乱、家底不清、核算不便、编表困难等现象，影响会计核算工作的顺利进行和会计核算的质量。具体来讲包括以下几点：

1. 会计科目的设计保证了复式记账法的广泛应用

复式记账法的特点就是对发生的每一笔经济业务都要在该业务所涉及的两个或两个以上的方面进行全面反映，以完整地记录经济业务的全貌，揭示经济业务的来龙去脉。会计科目的设置使得每一笔经济业务所涉及的各方面都有相应的会计科目加以反映，是复式记账法得以应用的必备条件。

2. 会计科目的设计为顺利编制记账凭证提供了依据

全面、连续、系统地反映经济业务是会计核算的任务和特点，会计科目的设计使得会计人员在取得并审核原始凭证后，可以根据原始凭证所涉及的经济内容，确定所使用的会计科目，按照复式记账法的原理编制会计分录或记账凭证。

3. 会计科目的设计为开设账户、建立账簿提供了依据

账户是按会计科目在账簿中开设的户头，会计科目是账户的名称，而账户是会计科目所反映的经济内容的动态表现形式。如果没有会计科目，账户和账簿就无从谈起，会计科目体系的设计是账户体系和账簿体系设置的基础和依据。

4. 会计科目的设计为编制会计报表奠定了基础

会计报表是对信息使用者提供会计信息的书面报告，企业在一定会计期间的经营成果和特定日期的财务状况等会计信息必须通过会计报表这一会计载体予以报告。通过对会计科目的设计，就可以在会计报表上反映企业财务状况和经营成果。事实上，报表项目的金额基本来源于有关账户的期末余额或当期发生额。

**（三）有利于会计工作的合理分工和会计工作的顺利开展**

严密完善的会计科目体系为财会部门的内部分工提供了方便，便于准确划分会计核算小组并正确确定各小组的工作任务，使会计工作有序进行。

## 三、会计科目设计的原则及注意事项

### （一）会计科目设计的原则

1. 合法性原则，即会计科目设计应符合国家现行会计法规制度的要求

国家的会计法规制度体现了国家管理经济和对财会工作的总体要求，设计会计科目时，首先最主要和最直接的依据是财政部颁发的《企业会计准则》。

2. 适应性原则，即满足宏观经济管理和微观经济管理的需要

经济管理包括国家的宏观经济管理和企业的微观经济管理两个层次，而会计是经济管理的重要组成部分，通过为国家宏观管理和企业的微观管理提供重要的信息来发挥其控制作用，履行其管理职能。会计科目的设计要满足经济管理的需要，必须符合以下具体要求：

（1）统一性与灵活性相结合。会计科目提供的信息既要能满足国家宏观经济管理的需要，又要能满足企业微观经济管理的需要，所以，会计科目的设计既要坚持统一性，又要注意微观经济管理需要的灵活性。例如，《企业会计准则》规定，企业对外赊销商品应设置“应收账款”会计科目，而当企业采取预收款方式销售且业务不多时，可以将其并入“应收账款”科目，不需单独开设“预收账款”科目。

（2）适应本单位的具体情况。会计科目的设计除符合国家相关财经法规制度和会计法规外，还必须考虑单位规模大小、业务繁简和对经济管理的具体要求。由于各核算单位的具体情况不完全相同，因此，会计科目设计也会有所差别。

3. 单一性原则，即会计科目所反映的经济业务应当具有单一性

设计会计科目时，原则上一个会计科目只反映一种类型的经济业务，不能把不同类型的经济业务合并在一个科目中反映，以免造成核算困难、账目混乱、资金运动的来龙去脉不清、经办责任不明、会计信息失真等现象的发生。如采购业务的核算，如果既不设置“材料采购”科目，也不设置“在途物资”科目，而是将未入库的材料与库存材料混在一起，在“原材料”中核算，势必难以分清采购员与保管员之间的经济责任，也不便于对材料采购业务的控制和管理。但是，对于某些反映债权债务的结算类会计科目，当业务量较小或同一单位既是本单位的债权人又是本单位的债务人时，可以将债权债务科目合并为一个往来科目，同时反映债权和债务。

4. 逻辑性原则，即总分类科目之间以及总分类科目与明细分类科目之间应具有一定的逻辑性

会计科目是对会计核算的具体内容进行分类核算的项目的名称，也是会计报表项目的主要名称，为使会计报表项目既不至于过多过细，又不影响报表信息的准确提供，会计科目需要进行级别的划分。会计科目按照级别分为总分类科目和明细分科目，总分类科目对明细分类科目起统驭和控制作用，明细分类科目对总分类科目起补充说明的作用。从逻辑学的角度讲，设计会计科目实质上是对会计核算的个项内容确定概念，因此，在设计会计科目时，应符合逻辑性原则。具体要求为：

（1）会计科目应使用肯定性、明确性的概念，不能使用否定性或模棱两可的概念。

（2）全部总分类科目的外延之和必须能够全面反映单位资金运动的全过程，即具有全面覆盖性。

（3）总分类科目外延应当与其所属的明细科目的外延之和相等。

（4）各个同级会计科目之间在外延上必须保持全异关系，即总分类科目之间、明细分类科目之间不能出现包含关系、交叉关系或全同关系。

5. 明晰性和发展性原则

会计科目的名称、文字必须简单明了，其名称与核算内容要相一致，做到通俗易懂，便于理解和记忆。对每个科目要科学编号，便于电子计算机操作。设置会计科目还要考虑本单位经济业务的发展，预留适当的空间，以便扩充时采用。例如，会计科目编号要预留适当的空号，就是为了将来增添新科目而用的。

6. 合理性原则，即设置总分类科目和明细分类科目的层次要适度

为了满足对外报告和对单位内部经营管理提供会计信息的需要，就要根据提供会计信息的详细程度，设置总分类科目和明细分类科目。总分类科目是对会计要素具体内容进行总括分类核算的科目，提供的是总括性的指标，基本上能满足对外部提供会计信息的需要。明细分类科目是对总分类科目的进一步分类，它提供的是比较详细的核算资料，主要是为企业内部经营管理提供会计信息。一般来说，会计科目设置越细，相应的核算成本也就越高，因此，会计科目设置并非越细越好，应该根据管理的要求和单位内部、外部对会计信息的要求来决定合理地设置总分类科目和明细分类科目。

7. 其他原则

会计科目的设计对会计账簿、会计报表的设计有直接影响，是会计制度中最重要的部分之一，在设计时要高度重视。为把会计科目设计好，设计时应掌握以下原则：

（1）要根据企业经营过程的特点和资金运动的规律来设计。经营过程的特点就是会计对象的具体特点。例如工业企业中，要根据它在供应、生产、销售三个过程中资金循环的特点来设计，商业企业要根据购进、销售两个过程资金循环的特点来设计，行政事业单位则根据预算资金收支的特点来设计。

（2）根据经营管理的要求来设计。经营管理的要求与国家经济政策是有密切联系的，经济政策变了或股东变了，经营管理的要求也就不同了，会计科目的设计要求也要相应增删。

（3）根据企业实际情况来设计。在考虑企业经营过程特点的前提下，还要考虑企业实际情况，因为即使是同类企业，因为生产经营对象不同，各企业具体的经济活动也有可能有较大差异，故还应根据企业实际情况来设计其科目体系。

### （二）会计科目设计的注意事项

设计会计科目时，除遵循上述基本原则外，还应注意以下各点：

1. 科目名称要简明扼要、含义确切

科目名称是日后编制记账凭证的依据，也是资产负债表和利润表中各个项目的依据，这两大报表中许多项目是直接利用科目名称的，因此为便于编制记账凭证和会计报表，科目名称应简明扼要，含义确切。

2. 科目设计力求做到标准化

这包括两个方面的意思：其一是设计者为某基层单位设计会计科目时，其有关名称要尽量与统一会计制度中规定的名称或本行业其他单位通用的名称一致，避免自己生造；其二是国家有关部门在制定统一会计制度时，不同行业但经济内容相同的会计科目名称要力

求一致。

3. 注意对称科目的设计

许多会计科目的运用是对称的，反映在资金上也是如此，有资金运用必有其来源，有应收款也会有应付款，所以，在科目设计上要考虑这种对称关系。

4. 要编制科目使用说明

会计科目设计完后，还必须编制科目使用说明。科目使用说明是对每个科目的经济含义和使用方法做出的解释。

## 四、会计科目设计的步骤

### （一）明确与会计科目设计直接相关的会计法规制度

在现行法规体系中，直接与会计科目设计相关的会计法规主要是《企业会计准则》及应用指南。它重新在全国范围内统一了除小企业外各企业应使用的会计科目。所以，属于上述文件适用范围内的各单位在设计会计科目时，就应首先对上述文件的内容进行全面了解，以此来选择确定本单位应使用的会计科目。

### （二）全面了解本单位的经济业务内容

会计科目所反映的内容应与企业现有经济业务和潜在经济业务内容一致，即有什么类型的经济业务，就应有反映该业务内容的会计科目，会计科目既不能过剩，也不能缺少，要做到这一点，必须详细调查企业情况，全面了解本单位的经济业务。

### （三）对经济业务进行科学分类，并据此确定会计科目的名称

在全面了解企业所有经济业务的基础上，按照经济管理和会计核算的要求对其进行科学合理的分类，以确定各业务应该归入的会计科目名称。对经济业务进行分类的方法有多种，如可以按照资金运动的过程将经济业务分为资金进入企业的业务（筹资业务）、采购业务、生产业务、销售业务、利润计算与分配业务以及投资业务；也可以按照经济业务的性质，将经济业务分为涉及企业财务状况的经济业务和涉及企业经营成果的经济业务两类。但不论采用哪种分类标准都应当有利于确定会计科目的名称和数量。

### （四）为会计科目编号，建立会计科目体系

为会计科目编号实际上就是对会计科目设置代码。其目的是便于使用者对会计科目的掌握和运用，便于登记账簿、查阅账目和推广电算化会计。设计会计科目不仅应确定会计科目的名称，还应对每一会计科目设计代码，以便形成完整的会计科目体系。

### （五）编写会计科目的使用说明

会计科目的使用说明是对每一会计科目的核算内容、经济用途、使用方法、主要会计事项的处理方法及特殊事项的会计处理等进行文字性介绍。编写会计科目的使用说明是设计会计科目最为重要和最为复杂的工作步骤，其作用在于全面介绍会计科目，帮助会计人员正确理解、使用会计科目。因此，会计科目使用说明的编写质量，是会计科目设计乃至整个会计制度设计成功与否的标志。

### （六）示范主要会计事项的账务处理办法

为便于会计人员在较短的时间内正确掌握和运用本单位所设置的各会计科目，在上述设计工作完成以后，还应对本单位可能发生的各项经济业务编制会计分录范例，作为会计

科目使用说明的附录，它是对如何正确应用会计科目所作的示范。

## 五、总分类科目的设计

在我国现行会计法规体系下，总分类会计科目的设计实际上只是各单位根据本单位可能发生的各项经济业务，参照国家现行会计准则应用指南中的《会计科目表》去选择适用的会计科目。凡是国家会计制度中已明确规定的会计科目，企业只有用名的选择权，而没有重新冠名权；现行会计制度中没有涉及而企业确实已经发生了的经济业务，方允许企业自行冠名和增设会计科目。

**拓展区**

阅读光盘相关内容，掌握筹资业务会计科目的设计、采购业务会计科目的设计、生产业务会计科目的设计、销售业务会计科目的设计等。

## 六、明细分类科目（二级及以下科目）的设计

### （一）明细分类科目与总分类科目的关系

如前所述，设计会计科目，不仅要求设计总分类科目，还应设计明细分类科目，包括二级、三级明细科目，如有特殊需要还可以设置四级明细科目，以便形成完整的科目级别体系，为企业经营管理提供总括的和详细的数据资料。

基于总分类科目和明细科目之间的控制与被控制、统驭与被统驭、补充与被补充的关系，明细科目的内容和使用方法应与总账科目保持一致。所以，设计明细科目应首先考虑总分类科目所反映的内容和特点，总分类科目所反映的内容和特点不同，需要设计的明细科目也必然不同。例如，反映企业债权债务关系的总分类科目，其明细科目就应明确债权方或债务方的名称；又如，反映企业财产物资的总分类科目，其明细科目就应明确财产物资的具体类别和名称等。其次，由于我国特定的会计管理体制，在设计明细科目时，还应结合财政部对明细科目设计的要求和规定。

### （二）明细科目的具体设计

1. 特殊要求的明细科目的设计

（1）有总账科目必须有相应的明细科目。这类明细科目指国家会计制度中规定必须设置明细科目，并且给定了明细科目名称，如应缴税金中应缴增值税，应设置“进项税额”、“销项税额”、“出口退税”等。

（2）根据所采用的核算方法确定明细科目的名称。属于这种要求的总账科目主要是“包装物”、“低值易耗品”和“长期股权投资”三个科目。如果企业对出租、出借包装物采用五五摊销法进行会计核算，在“包装物”总账科目下应设置“库存未用包装物”、“库存已用包装物”、“出租包装物”、“出借包装物”、“包装物摊销”五个明细科目；当低值易耗品采用五五摊销法核算时，在“低值易耗品”总账科目下应设置“在库低值易耗品”、“在用低值易耗品”和“低值易耗品摊销”三个明细科目；当长期股权投资采用权益法进行会计核算时，在“长期股权投资”总账科目下，应设置“投资成本”、“股权投资差额”、“股权投资准备”和“损益调整”四个明细科目。

(3) 根据具体情况确定明细科目的名称。某一肉联厂将利用从猪头到猪尾的生肉研制成的熟肉食品，存放到冷库；将研制过程中发生的原料费、人工费等，设“全猪宴”二级科目，在“制造费用”一级科目下核算，显然不妥。

若正在研制中，可列入“存货——科技在产品”；若未研制成功，可转入“管理费用——科研经费”中列销；若已研制成功，其技术可申报专利，经过评估，列入“无形资产”，其批量成品可列入新增设明细科目“存货—库存商品——全猪宴系列食品”。像这样混在“制造费用”中，且科目名称含糊，让人分不清是费用，还是财产物资。这就是会计科目设计有误。

2. 一般要求的明细科目设计

这类明细科目是指国家会计制度中只规定应设置明细科目，至于明细科目的名称则由企业根据自身情况自行确定。属于这种情况的明细科目设计方法可分为以下六种：

(1) 按财产物资的种类、品名设置明细科目。按这种方法设置明细科目的总账科目主要包括反映存货的总账科目和反映固定资产的总账科目，因为企业的存货和固定资产包括的具体内容较多，而反映存货和固定资产的总账科目只是反映了资产的某一类别，并未反映出存货和固定资产的具体内容，也不能提供企业详细的存货和固定资产的数据资料。因此，必须按照存货和固定资产的种类、品名设置明细科目，以便加强管理，明确经济责任。

属于这种情况的总账科目有“原材料”、“包装物”、“低值易耗品”、“自制半成品”、“库存商品”、“工程物资”和“固定资产”等。

(2) 按单位和个人名称设置明细科目。按这种方法设置明细科目的总账科目主要指反映企业债权和债务的总账科目，包括“应收账款”、“应付账款”、“预收账款”、“预付账款”、“其他应收款”、“其他应付款”和“应付工资”等科目。因此，企业的每一笔债权都有相应的债务负担者，而每一笔债务也相应有债权享有者，作为反映债权和债务的总账科目只能提供各种债权和债务的总额，而不能提供对每一债务方或债权方的债务金额或债权金额。因此，为准确反映企业的债权和债务，加强债权和债务的管理，及时索取债权偿还债务，企业应按单位户名或人名设置明细科目。

(3) 按费用项目的名称设置明细科目。属于这种情况的总账科目主要指成本费用类科目，包括“制造费用”、“销售费用”、“管理费用”、“财务费用”等。这些总账科目是按照费用发生的用途设置的，所核算的费用项目较多，为加强经济管理、节省费用开支、提高经济效益，企业应按核算的费用项目名称设置明细科目。

(4) 按成本计算对象设置明细科目。成本计算对象是指费用的物质承担者，按成本计算对象设置明细科目，有利于客观反映各对象应负担的费用，准确计算各对象的实际成本。因此，属于这种情况的总账科目主要指成本计算类科目，包括“物资采购”、“生产成本”、“在建工程”等。对于“生产成本”科目，如果企业同时设置基本生产车间和辅助生产车间，应首先设置“基本生产”和“辅助生产”两个二级明细科目，然后再按照成本计算对象设置三级明细科目。为简便科目设置，还可以取消“生产成本”科目，直接将“基本生产”和“辅助生产”科目上升为一级科目，从而按成本计算对象设置二级科目。

(5) 按业务种类设置明细科目。属于这种情况的总账科目主要包括“主营业务收入”、“其他业务收入”、“投资收益”、“主营业务成本”、“其他业务支出”等。由于这些科目所反映的业务种类较多，为准确反映各类业务所实现的收入和所发生的支出，企业应按各科目所核算的业务种类设置明细科目，进行明细核算。例如，“劳务成本”科目应按照接受劳务种类设置明细科目；“主营业务收入”和“主营业务成本”应按照主营业务种类设置明细科目；“其他业务收入”和“其他业务支出”科目应按照其他业务种类设置明细科目；“投资收益”科目应按照投资收益种类设置明细科目。

(6) 按收支项目设置明细科目。属于这种情况的总账科目主要是“营业外收入”和“营业外支出”。

此外，对于“现金”和“银行存款”两个总账科目是否需要设置明细科目，取决于企业是否有信用证存款、外币业务等。如果有，为准确反映各币种现金和银行存款的增减变动和余额情况，则应根据币种设置明细科目，进行明细分类核算。

3. 不需要设置明细科目

属于这种要求的总账科目主要包括各调整类科目以及“应收票据”、“应付福利费”、“固定资产清理”和“本年利润”等科目，因其内容单纯，不需细化。

## 七、会计科目使用说明的编写

### (一) 会计科目使用说明的编写要点

结合企业经济业务，按照会计科目所反映的经济业务的内容或账户的用途和结构设置会计科目，并按照国家规定的方法对科目予以编号后，并没有完成科目设计的任务。因为从会计科目的名称上看，虽然能概括说明所反映的经济内容，但很难准确表明它的核算范围、使用方法等。例如“长期待摊”科目，是用来反映企业所发生的支付在先而受益负担在后，且受益负担期内的各项费用的实际支付、分摊和摊余情况的科目，但在本单位待摊费用的项目有哪些，费用及业务如何进行账务处理，分摊期有多长，由谁负责等，从科目名称上是看不出来的。因此，为便于会计人员正确理解和规范使用会计科目，还必须依据一定的规律编写会计科目的使用说明，将每一会计科目的核算内容和所反映的业务范围、核算方法、所使用的计价方法、所涉及的对应科目、所开设的明细科目和明细科目的核算要求以及特殊事项会计处理等内容予以说明和陈述。

1. 会计科目的核算内容和范围

会计科目的核算内容和范围是某一科目区别于其他科目的主要标志。每一会计科目核算什么经济业务、包括的业务范围有哪些在使用说明中必须首先明确规定。例如，“待摊费用”科目的使用说明中首先应说明该科目核算的内容是企业已经支付，但应在本期和以后各期分别负担的各项费用，其范围包括：包装物、低值易耗品摊销；预付保险费；固定资产修理费用以及一次性购买印花税票和一次缴纳印花税税额较大需分摊的数额等。又如“应收账款”科目的使用说明中首先应说明该科目的核算内容和范围是企业因销售商品、产品、提供劳务等，应向购买单位或接受劳务单位收取的款项。

2. 会计科目的核算方法

会计科目的核算方法是指如何运用记账方法对会计事项进行账务处理。在使用说明中应当说明财产物资的记价方法、会计科目借贷方各登记什么内容、期末有无余额以及余额的含义等。例如，“长期待摊”科目应说明对于预付待摊费用项目，当实际支出时，应按实际支出数记入该科目借方；分摊时，借记“管理费用”、“制造费用”等科目，贷记本科目。

3. 特殊会计事项的账务处理说明

特殊会计事项是指会计科目正常核算范围之外所发生的业务事项，如资产清查和物资运输途中发生的短缺或溢余、自然灾害造成的资产损失等。例如，“现金”科目，在每日终了结算现金收支或财产清查中发生的有待查明原因的短缺或溢余，应通过“待处理财产损益”科目核算。属于现金短缺，应按实际短缺的金额，贷记本科目，借记“待处理财产损益——待处理流动资产损益”科目；属于现金溢余，按实际溢余的金额，借记本科目，贷记“待处理财产损益——待处理流动资产损益”科目。

4. 明细科目的设置方法

使用说明中要求说明各会计科目应当设置的明细科目名称或指出明细科目的设置方法。例如，“生产成本”科目首先应当设置“基本生产”和“辅助生产”两个明细科目，其次应按成本核算对象进行明细核算。又如“固定资产”科目在使用说明中应当说明该科目应按固定资产的类别设置二级明细科目，并按“固定资产登记簿”和“固定资产卡片”进行明细核算。

5. 期末余额及其含义

这部分内容主要说明会计科目期末是否有余额，如有余额，其方向及经济含义是什么。例如，“原材料”科目应说明本科目期末余额在借方，反映企业期末库存原材料的实际成本或计划成本。又如“固定资产”科目，应说明本科目期末余额在借方，反映企业期末固定资产的账面原值。

### （二）会计科目使用说明编写举例

企业设置的会计科目较多，限于篇幅，本书仅以“现金”（1001）科目为例予以说明。

**拓展区**

举例请参看光盘相关内容。

# 第二节　会计账户的设计

## 一、会计账户设计的意义

会计账户是资金运动的轨迹记录，账户是账簿的存在形式，账簿是账户的载体，是具体的内容。

为了分类、连续地记录和反映企业各项经济业务所引起的变动情况，需要设置账户。

设置账户是对会计对象的具体内容进行归类反映和监督的一种会计核算方法。由于企业的经济业务特点不同，会计对象的具体内容也不一样，所以在设计企业的会计制度时，首先要根据企业的实际情况确定合适的账户。账户设计的作用主要有：

### （一）为设计会计账簿提供依据

账簿的登记要落实到有关账户，所以，设置账户也就成为设计账簿的依据。如根据总分类账户和明细分类账户设计日记账簿，根据总分类账户设计总分类账簿，根据明细分类账户设计明细分类账簿等。

### （二）便于通过会计账户记录进行分析和比较

设计分类账户一般先规定总分类账户，再在总分类账户之下规定明细分类账户。至于具体的账户分类，则应根据企业经济业务的特点和繁简程度来制定。例如，对于工业企业发生的生产费用，如果生产业务比较简单，可以只规定一个“生产成本”总分类账户，并在这个总分类账户之下按照不同的费用规定明细分类账户，如果生产业务比较繁杂，则可规定几个总分类账户，如“生产成本”、“辅助生产成本”、“制造费用”、“管理费用”等，并在这些总分类账户下按照产品、车间、费用项目等分别规定明细分类账户。这样就可便于通过账户记录对各项费用支出和生产成本进行分析和比较。又如，对于百货商店的销售收入和费用支出，可以按照各个商品部门分别规定明细账户。这样就可便于通过账户记录来分析和比较各个商品部门的销售收入和费用支出，从而确定它们的经营成果和经济责任。由上可见，制定账户分类可以便于通过账户记录进行分析和比较。

### （三）便于编制会计报表

由于在账户分类中规定了一系列反映财务状况和经营成果的账户，而总分类账簿是按照总分类账户进行登记的，所以在期末就可根据总分类账簿中各个总分类账户的本期发生额和余额编制试算表，并据以编制资产负债表和损益表。同时，根据各种明细分类账簿中明细分类账户的本期发生额和余额，可以分别编制各种成本报表和财务明细报表。由此可见，确定账户分类便于编制会计报表。

## 二、会计账户设计的要求

设计账户时应当遵循下面一些基本要求：

（1）为了适应国家宏观管理和行业管理的需要，账户分类口径必须符合会计准则中有关资产、负债、所有者权益、收入、费用和利润的规定，并满足总分类账户的核算要求。在此基础上设计适应企业实际情况的账户体系。

（2）为了清楚地反映和有效地监督企业的经济活动情况，账户分类必须力求简明实用，既要避免过繁过细，又要防止过简过粗。

（3）为了正确地反映经济业务内容，原则上一个账户只反映一种经济业务内容。如果一个账户反映两种以上的业务内容，则容易模糊信息内容，造成后期取得某项经济业务内容的指标时，必须通过账户内容的分析才能求得。

（4）为了便于记忆和记账，账户的名称应简明扼要，核算内容要明确，界限清楚，以避免引起混乱和误解。

（5）为了适应核算资料连续性和一致性的要求，账户分类必须保持相对稳定。

（6）为了便于编制会计报表，账户分类的名称应尽可能与会计报表项目的名称一致；它的排列顺序也要从方便编制报表出发，尽量与会计报表项目的排列顺序一致。

## 三、会计账户设计的方法

### （一）会计账户的基本结构

账户是用来反映会计对象的，而会计核算对象是一个单位的资金运动过程，它包括资金的动态和静态两个方面。对资金运动的动态和静态情况都要在账户中加以反映。所以，账户是资金运动的轨迹记录。所谓动态，是指资金的运动状态包括资金的投入、资金的退

出、资金的循环周转和来源运用之间的互相转换等几种类型。所谓静态，是指运动过程中的相对静止状态，包括资金的各种占用状况和各种来源状况等。它的基本结构就是资金运动的动态和静态记录。在采用借贷记账法下账户的基本结构为：它的借方和贷方栏就是用来记录某一资金或来源项目的增减变化动态情况的；它的余额栏则是用来记录该项目变化结果的相对静态状况的，如表 5—3 所示。

**表 5—3 账户名称**

| 日期摘要等<br>（略） | 借 方<br>动态记录 | 贷 方<br>动态记录 | 余 额<br>静态记录 |
|---|---|---|---|
| | （增减变动情况） | | （变动结果） |

### （二）会计账户设计的方法

一个单位要设置哪些账户，取决于该单位的业务特点和管理上的要求。不同行业具有不同的业务经营特点，其资金运动过程也有所区别，因此，账户设置也不同。此外，由于各企业的内部管理体制不同，要求核算上提供的指标有所差别，自然也影响其内部的账户设置。因此，这里所讲的账户设计方法只能就它的基本方法而言。

账户设计方法与账户分类密切相关。它的基本方法是由粗到细将账户逐步分类。账户的设计方法主要有按经济内容分类设计和按管理要求分类设计两种。

1. 按经济内容分类设计

这是会计账户设计的基本方法。根据《企业会计准则》中规定的资产、负债、所有者权益、收入、费用、利润六大会计要素，考虑到金融企业的特点，将会计账户分为资产、负债、共同、所有者权益、损益、成本六大类。其中前四类账户是反映财务状况和编制资产负债表的依据，后两类账户是反映经营成果和编制损益表的依据。每类账户又划分为若干小类，然后确定其科目的设置。通过这种分类，基本可以清晰地把所需的账户确定下来，如图 5—1 所示。

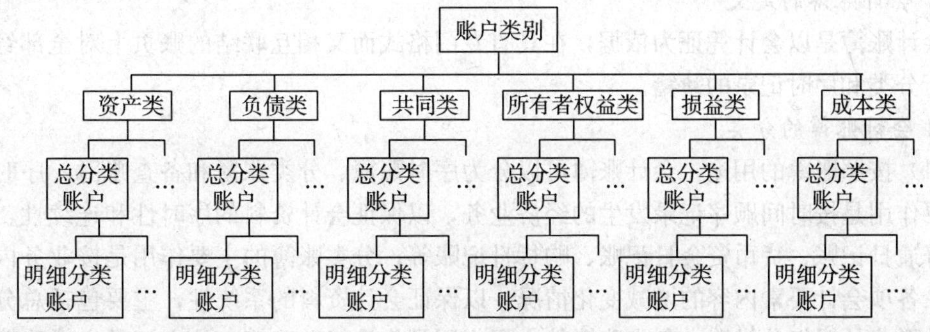


**图 5—1 按经济内容分类设计**

上述五大类账户只是对经济内容的基本分类，它本身不能作为会计核算的账户，只有总分类账户和明细分类账户才是具有核算意义的账户。同时，总分类账户与明细分类账户的关系是总括与详尽的关系。总分类账户与明细分类账户从理论上讲是可以双向流动的，即明细分类账户可升格为总分类账户，总分类账户亦可降格为明细分类账户。明细分类账户亦可根据需要再细分为二级、三级、四级，甚至更详细的分类账户。

根据我国《企业会计准则》的规定，各行业的类别账户是基本一致的，但总分类账户和明细分类账户因各行业经济内容的特点不同，设置方式也有所不同，金融、保险企业有一些特殊账户，小企业账户简单一些。

2. 按管理要求分类设计

由于管理要求不同，会计账户设置方式也有所不同。例如，为了保留利润的全年累计数，对利润分配就须另设“利润分配”账户核算；又如，为了考核企业各部门的经济效果，常将收益账户按部门或车间设置明细分类账，以此来考核各部门或车间的经济效益。

按管理要求分类设计是账户在按经济内容分类设计的基础上，根据管理的特殊要求而进行的。

3. 账户使用说明书的编写

会计账户确定以后，为了便于日后使用，应编写会计账户使用说明书。说明书的内容应包括：

(1) 会计账户核算的内容。

(2) 会计账户的性质。

(3) 会计账户所设的明细账及其核算范围。

(4) 有关业务的会计分录范例。

(5) 其他应说明的事项等。

## 第三节　会计账簿的设计

### 一、会计账簿设计的概念、意义和原则

#### (一) 会计账簿的定义及分类

1. 会计账簿的定义

会计账簿是以会计凭证为依据，在具有专门格式而又相互联结的账页上对全部经济业务进行分类和序时记录的簿籍。

2. 会计账簿的分类

(1) 按照账簿的用途，会计账簿可以分为序时账簿、分类账簿和备查账簿。序时账簿的主要作用是按时间顺序记录发生的经济业务，以保证会计资料的序时性和连续性，主要包括普通日记账、货币资金日记账、购货日记账等；分类账簿的主要作用是按业务内容分类记录各项会计要素内容的增减变化情况，以保证会计资料的系统性，主要包括总分类账和各种形式的明细分类账；备查账簿的主要作用是作为辅助账簿，补充记录主体账簿（序时账和分类账）未能或无法反映的经济事项，使会计资料更加全面。

(2) 按照账簿的外表形式，会计账簿可分为订本账、活页账和卡片账三种。订本式账簿的特点是在启用前将若干账页固定，装订成册；活页式账簿的特点是用账夹将零散的若干账页夹在一起，可以随意添减；卡片式账簿则是活页账簿的一种特殊形式。

(3) 按照账簿中账页格式的不同，会计账簿可以分为三栏式账簿、多栏式账簿和数量金额式账簿三种。三栏式账簿是将“金额”分成三个栏目，分别登记资金的增加、减少和

结存；多栏式账簿是根据实际需要，在增加、减少栏目下划分若干栏次；数量金额式账簿是在增加、减少和结存栏目下分别设计三个栏次，用来登记财产实物的数量、单价、金额。

掌握了账簿的分类，就可以根据单位的经济业务类型、经营管理要求以及财会机构内部分工情况，确定所使用的账簿种类，并在此基础上设计各种账簿的数量、格式和内容。

**（二）会计账簿设计的意义**

设计会计账簿是企业会计制度设计的一项重要工作，其主要表现如下：

1. 会计账簿可连续、系统、全面地反映和监督经济业务的发生

连续、系统、全面是账簿记录经济业务的特点。“连续”体现于账簿的序时记录，“系统”体现于账簿的分类记录，“全面”体现于账簿对经济业务的详尽记录。通过账簿记录，既可提供总括核算资料，又可提供明细核算资料。这样就能反映企业的资产、负债和所有者权益的增减变动情况以及各种收入、费用的发生、利润的实现、分配等情况。会计报表的数字是否真实、编制报表是否及时，都同账簿登记有密切的关系。

所以，只有通过设置账簿，将大量、分散的经济业务经过归类整理体现在账簿上，才能实现全面核算，监督和分析经济业务的会计职能。

2. 账簿是编制会计报表的资料来源

会计报表为使用者提供的各种数据和指标，其资料主要来源于账簿。“资产负债表”的数据主要来自分类账簿的期末余额，“利润表”的数据主要来自某些分类账簿的发生额，“成本报表”数据主要来自成本费用类明细账。

3. 建立账簿有利于加强会计监督

会计账簿是汇集、整理和加工会计信息的工具及积累储存信息的数据库。企业的财务状况和经营成果都在账簿中得到体现。因此，建立健全账簿体系，有利于利用账簿的功能对企业的经济活动实施会计监督。如利用账簿记录可以对财产增减变动进行控制与监督，保证企业财产的安全、完整及合理使用。

会计账簿的设计，就是确定应设计哪些账簿；如何建立合理的账簿体系；如何制定出反映不同业务内容及采用不同记账工具的账面格式；如何设计合理、科学的登账方法，使账簿既能为会计核算与管理提供充分的信息资料，又能简化会计核算工作，提高工作效率。

**（三）会计账簿设计的原则**

账簿设计的好坏与提供管理所需信息、简化核算工作、加速编制会计报表等都有密切关系。它的设计内容主要涉及两个方面的问题：一是账簿本身的设计，包括要设置哪些种类和数量的账簿、各种账簿之间的关系、账簿的设置地点、采用的形式等；二是账页格式的设计，包括一张账页要提供哪些信息、信息的时间性、采用的登记方法、信息的版式安排等。

账簿设计应遵循以下具体要求：

1. 账簿的种类和数量要与企业的经济业务数量和管理要求相适应

一般经济业务量大、管理要求细的，可以设置单独的账簿进行登记。其中经济业务数量是决定因素。因为业务量多，核算工作量大，就要考虑会计分工，进行账簿的合理分割。

2. 账簿和账簿之间的关系应结合账务处理程序作通盘考虑

例如，日记账与分类账、总账与明细账之间的信息关系如何安排，是逐笔登记还是汇

总登记，如何保证账簿记录的正确性和一致性等，这些问题都要考虑。

3. 账簿的设置地点要考虑与信息使用者的关系，以便充分发挥会计信息的作用

账簿不一定都设在会计部门。有些账簿提供的信息如与某些使用部门关系特别密切，可考虑设置在有关的使用部门。例如，材料的总分类核算由会计部门进行核算，材料的明细分类账则可在会计部门的控制下设置在物资管理部门、仓库或供销部门，并由该部门进行登记。

4. 账簿设计应考虑到简化核算问题

有些账簿信息，如可通过凭证或其他途径取得，这类账簿就可考虑简化。例如，应收、应付款如采用抽单法控制，其明细账就可考虑简化；会计的材料明细账与仓库的保管账往往存在重复劳动，也可考虑一繁一简或合二为一，或利用网络版会计软件，设计一个完整、准确、详尽的共同账簿，数据共享。

5. 账页格式的设计要根据信息的多少来决定

账页提供的最基本信息是记账日期、凭证号、摘要和借、贷、余情况。但由于经济业务的多样性，有些账页需要提供的信息内容较多（如材料明细账要提供材料的数量、单价和金额；产品成本明细账要分别成本项目反映成本数，并要反映在产成品成本和产成品的单位成本和总成本中等），需要设计一些专门格式来提供不同的信息。

6. 账页设计还要考虑到信息的时限

有些信息的时间性特别强，设计时就要考虑它的及时性问题，应收、应付票据账可另设到期日期栏以解决及时结算问题等；相反，有些信息只是作为定期分析参考用的，即可按照一般方法设计，而不必都设计到账页中去。

7. 账页格式的设计要考虑操作的手段

操作手段有手工、记账机、打表机、电子计算机等。在使用机械化、电算化操作的情况下，账页格式的大小、位置安排等都要根据具体情况来决定。

8. 账页格式的设计还要考虑到记账方便和记账时间的节约

信息顺序和位置安排要服从于记账方便和节约人力。一般账页不宜过长，专栏不宜过多，画线要简单清晰，有些账卡或分类账的首页可以采用不同的颜色来表示不同的分类等。

## 二、会计账簿设计的内容、步骤

### （一）会计账簿设计的内容

会计账簿设计的内容主要包括两个方面：一是种类和格式；二是会计账簿可提供的基本信息。前者，我们在后面结合实际工作予以介绍，这里只介绍后者。账簿的作用决定了账页需要提供的基本信息包括记账日期、凭证号、经济业务内容摘要、借方各项发生额与发生额合计数、贷方各项发生额与发生额合计数、余额等。经济业务的多样性和管理的要求决定了某些账页提供的信息较为概括，某些账页提供的信息应较为详细与具体。所以，账页反映的内容因种类的不同而异。

1. 序时账

序时账又称日记账，是按照经济业务发生时间的先后顺序逐日登记的账簿。由于日记账是将全部经济业务按照所发生的时间顺序逐日逐笔进行登记，所以，其基本内容应包括以下几项：

（1）日期：一般是指经济业务的发生日期，而不是账簿的登记日期。有时经济业务的发生日期与账簿的登记日期可能是同一天。

（2）凭证种类与编号：一般是就某一项经济业务所编制的记账凭证的种类与编号，而不是就若干经济业务汇总编制的记账凭证的种类与编号。

（3）经济业务摘要：一般是对某一项经济业务的简要说明，如“付物流中心赵竞宇2008年2月从北京石化公司购120吨汽油款”（简称4W要点，即who、when、where、what），而不是若干经济业务的概括说明。

（4）发生额：无论每项借方发生额还是贷方发生额，一般均是各项经济业务的发生额，而不是若干项经济业务发生额的合计数，定期结出借方发生额合计数和贷方发生额合计数。

（5）余额：余额可能是随时结出，也可能是定期结出，如每天结出余额。

（6）账户名称与对应账户：即所涉及的有关账户的名称。

（7）记账符号：即登记总分类账的符号。

（8）账页页次。

2. 分类账

分类账是对全部经济业务按照总分类科目和明细分类科目进行分类登记的账簿，包括总分类账簿和明细账簿。

（1）总分类账。由于总分类账户是要按照总分类科目开设账页，对企业全部经济业务进行总分类登记，进行总分类核算，所以，其基本内容应包括以下几项：

1）日期：可以是经济业务的发生日期，也可以是账簿的登记日期，有时经济业务的发生日期与账簿的登记日期可能是同一天。

2）凭证种类与编号：可以是就某一项经济业务所编制的记账凭证的种类与编号，也可以是就若干经济业务汇总编制的记账凭证的种类与编号。

3）经济业务内容摘要：可以是对某一项经济业务的简要说明，也可以是对若干经济业务的概括说明。

4）发生额：每项借方发生额或贷方发生额，可以是各项经济业务的发生额，也可以是若干项经济业务发生额的合计数，定期结出借方发生额合计数和贷方发生额合计数。

5）余额：余额一般是定期结出，如每月结出余额。

6）对应账户：即所设计的有关账户名称。

7）账页页次。

8）账户名称。

（2）明细分类账。由于明细分类账是要根据总分类科目，按所属明细科目开设账页，对某一类经济业务进行分类登记，提供明细核算资料，所以，明细分类账户可以包括以下一些内容：

1）账户名称：包括总分类账户与明细分类账户名称，要同时写全。

2）日期：可以是经济业务的发生日期，也可以是账簿的登记日期，有时经济业务的发生日期与账簿的登记日期可能是同一天。

3）凭证种类与编号：可以是就某一项经济业务所编制的记账凭证的种类与编号，也可以是就若干经济业务的简要说明，也可以是对若干经济业务的概括说明。

4）经济业务内容摘要：可以是对某一项经济业务的简要说明，也可以是对若干同类经济业务的概括说明。

5）发生额：每项借方发生额或贷方发生额，可以是各项经济业务的发生额，也可以是若干同类项经济业务发生额的合计数，定期结出借方发生额合计数和贷方发生额合计数。

6）余额：余额可能是随时结出，也可能是定期结出，如每月结出余额。

7）单位、数量与单价：某些明细分类账需登记财产物资的单位、数量与单价。

8）账页页次。

### （二）会计账簿设计的步骤

账簿的设计，就是根据企业的经营特点和管理要求对账簿的种类、数量、格式、内容、各种账簿之间的关系等进行的规定。为了保证账簿组织的严密性和有效性，设计账簿时应当按照下列步骤进行：

1. 确定所使用的账簿的种类

这是设计账簿必须首先解决的问题。但要确定所使用的账簿种类，就必须先了解账簿的种类。账簿的种类可以采用不同的标准来划分，具体见本节前面的讲述。

2. 设计各种账簿的格式和内容

这是账簿设计的主要工作和关键步骤。在确定所用账簿的种类后，每一种账簿应采用何种形式、账页格式如何、包括哪些具体内容等，都是需要解决的问题。

3. 规定各种账簿之间的关系

设计出的各种会计账簿，虽有其各自的特点和不同的用途，但它们并不是完全孤立的，相互之间存在客观的联系。如总分类账对其所属的明细分类账起着控制作用，而明细分类账对总分类账起着补充和详细说明的作用，二者是制约与被制约的关系。为此，设计账簿时，应明确规定各种账簿之间的钩稽关系，保证各种账簿的相互制约、相互补充。

4. 建立会计账簿的保管制度

会计账簿与会计凭证一样，也是重要的会计档案，是企业经济活动情况的数据库。为此，企业必须妥善保管会计账簿，建立健全账簿管理制度。年终，应将用完的账簿装订成册，交专人负责管理。保管期限及其销毁办法按国家颁布的《会计档案管理办法》执行，到期经上级审批后方可销毁。严密账簿管理制度，有利于堵塞漏洞，防止舞弊行为，保护财产安全。

## 三、序时账簿的设计

从序时账簿具体用途来看，有两种情况：一种是既作为记录日常经济业务发生情况的账簿，又作为登记总分类账的依据，起汇总记账凭证的作用；另一种是只起备查簿或明细账的作用。由于其具体用途不同，设计的要求和方法也不相同。因此，设计序时账簿，首先需要解决的问题是序时账簿是否用来登记总分类账。如果采用记账凭证和汇总凭证登记总分类账的形式，有关日记账只是作为备查账或明细账，那么，序时账簿的设计比较简单；如果用日记账登记总账，因日记账兼有记录经济业务详细内容和确定编制会计分录、登记总账的双重作用，设计起来则比较复杂。无论账簿的种类、格式、内容，还是各种账簿之间的关系，均复杂得多、严格得多。

### （一）不作为登记总账的普通序时账簿的设计

普通序时账簿不作为登记总账的依据，其作用类似于明细账。在企业里，主要有反映货币资金收支业务的"现金日记账"和"银行存款日记账"。对于一些经常发生、又需加强专门管理的业务，也可设置专门的日记账予以反映，如商品流通企业的进货、销货业务比较频繁，就可以设计"购货日记账"和"销货日记账"，分别反映购销业务的详细情况。工业企业的购销业务相对较少，可以不专门设计。

"现金日记账"和"银行存款日记账"分别反映企业的现金收支业务和银行存款收付业务，为了保证货币资金的安全完整，必须对其严加管理、有效控制。因此，这两种账簿在任何企业都必须设置。其外形必须设计成"订本式"，格式一般采用"三栏式"，如表5—4所示。

**表 5—4**　　**现金日记账**

第　　页

| 年 | | 凭证 | | 结算方式 | | 摘　要 | 对方科目 | 借　方 | | | | | | | | | | 贷　方 | | | | | | | | | | 余　额 | | | | | | | | | |
|---|---|---|---|---|---|---|---|---|---|---|---|---|---|---|---|---|---|---|---|---|---|---|---|---|---|---|---|---|---|---|---|---|---|---|---|---|---|
| 月 | 日 | 字 | 号 | 类 | 号码 | | | 千 | 百 | 十 | 万 | 千 | 百 | 十 | 元 | 角 | 分 | 千 | 百 | 十 | 万 | 千 | 百 | 十 | 元 | 角 | 分 | 千 | 百 | 十 | 万 | 千 | 百 | 十 | 元 | 角 | 分 |
| | | | | | | 承前页 | | | | | | | | | | | | | | | | | | | | | | | | | | | | | | | |
| | | | | | | | | | | | | | | | | | | | | | | | | | | | | | | | | | | | | | |
| | | | | | | | | | | | | | | | | | | | | | | | | | | | | | | | | | | | | | |
| | | | | | | | | | | | | | | | | | | | | | | | | | | | | | | | | | | | | | |

现金、银行存款日记账采用三栏式，便于在实际使用时进行收入和支出的直观对比，结算余额，随时了解货币资金收支变化和结余情况，监督货币资金的使用。同时，便于按照现金和银行存款收支业务的发生顺序逐日逐笔的登记，序时性强。但在货币资金收支业务频繁时不便于分工记账，进而影响登记账簿的速度。因此，它适用于中小型企事业单位。

如果单位的出纳业务（货币资金收支）较多，需要由两名出纳人员分管现金和银行存款的收支业务时，可将上述三栏式现金日记账和银行存款日记账分别分为"现金（银行存款）收入日记账"和"现金（银行存款）支出日记账"一栏式账簿，分别登记现金、银行存款的收入和支出业务。现以"现金收入日记账"和"银行存款支出日记账"为例介绍其格式，如表5—5和表5—6所示。

**表 5—5**　　**现金收入日记账**

借方：现金　　第　　页

| 年 | | 凭　证 | | 摘　要 | 贷方会计科目 | 金　额 |
|---|---|---|---|---|---|---|
| 月 | 日 | 字 | 号 | | | |
| | | | | | | |
| | | | | | | |
| | | | | | | |
| | | | | | | |

表 5—6　　　　　　　　　　银行存款支出日记账

贷方：银行存款　　　　　　　　　　　　　　　　　　　　　　　　　　第　页

| 年 | | 凭证 | | 摘要 | 结算凭证 | | 借方会计科目 | 金额 |
|---|---|---|---|---|---|---|---|---|
| 月 | 日 | 字 | 号 | | 种类 | 编号 | | |
| | | | | | | | | |
| | | | | | | | | |
| | | | | | | | | |
| | | | | | | | | |
| | | | | | | | | |

“现金支出日记账”和“银行存款收入日记账”只要将上述格式中的“借方”改为“贷方”、“贷方”改为“借方”即可。

这种账簿适用于现金、银行存款收付业务繁多、出纳分工较细并使用单式记账凭证的大型企事业单位。其使用方法是：根据收、付款凭证分别登记收入、支出日记账，每日将各种账簿登记的总额报告出纳负责人，以结出现金的余额，编制出纳报告单，向财务负责人提供，以便统筹安排使用货币资金，加强资金管理。

在货币资金收支业务不多的小型事业单位，为了简化账簿设置、方便记账、总括了解现金和银行存款增减变化及结存情况，也可以将现金日记账和银行存款日记账合并设置为“出纳日记簿”，其格式如表 5—7 所示。

表 5—7　　　　　　　　　　出纳日记簿

第　页

| 年 | | 凭证 | | 摘要 | 对方科目 | 现金 | | | 银行存款 | | | 结余合计 |
|---|---|---|---|---|---|---|---|---|---|---|---|---|
| 月 | 日 | 字 | 号 | | | 收入 | 支出 | 结余 | 收入 | 支出 | 结余 | |
| | | | | | | | | | | | | |
| | | | | | | | | | | | | |
| | | | | | | | | | | | | |

当一个单位同时在两个以上的银行开户或在同一银行开设若干户时，为了便于集中反映各银行存款或各种存款的收、支、结存情况，也可将三栏式银行存款日记账改为表 5—7 所示的格式。按每一开户银行或每一种存款分设栏目，并在其下分设“收入”、“支出”和“结余”三栏。

### （二）登记总账的序时账簿的设计

在以序时账簿作为登记总账的依据时，通常需要设置完整的序时账簿体系。包括普通日记账和特种日记账（包括现金日记账、银行存款日记账、购货日记账和销货日记账）等，分述如下：

1. 普通日记账

从账簿组织的演变过程来看，普通日记账是最基本的序时账簿，其他日记账则是在此基础上演变而来的特殊形式，即特种日记账。在只设置现金和银行存款两种特种日记账时，普通日记账专门记录转账业务；在不设置特种日记账时，普通日记账记录全部经济业务；而在多种特种日记账存在的条件下，普通日记账只记录各种特种日记账记录内容之外的经济业务。鉴于此，普通日记账的设计应当区别不同情况，设计出适合需要的账页格式和内容。

（1）账户式普通日记账。这是账簿家族中最古老、最基本的复式记账法下的账页格式，其他格式都是在此基础上演变发展而来的，具体格式如表 5—8 所示。

**表 5—8**　　**普通日记账**（账户式）

借方　　　　　　　　　　第　页　贷方

| 年 | | 凭证 | | 摘　要 | 会计科目 | 账页 | 金额 | 年 | | 凭证 | | 摘　要 | 会计科目 | 账页 | 金额 |
|---|---|---|---|---|---|---|---|---|---|---|---|---|---|---|---|
| 月 | 日 | 字 | 号 | | | | | 月 | 日 | 字 | 号 | | | | |
| | | | | | | | | | | | | | | | |
| | | | | | | | | | | | | | | | |
| | | | | | | | | | | | | | | | |
| | | | | | | | | | | | | | | | |
| | | | | | | | | | | | | | | | |

这种账簿虽然具有结构严谨、借方贷方对比明显、反映业务全面等优点，但由于逐笔登记日记账和总账，一项业务要登记两笔或两笔以上，因而工作量大，且存在重复劳动，目前已很少有单位使用。

（2）顺序式普通日记账。这种日记账是将账户式普通日记账借、贷两方相同的内容——记账日期、凭证号、摘要、会计科目、账页等分别合并设置，并将“金额”分为借、贷方两栏。这样做简化了账页格式，并能按照经济业务发生的时间顺序编制会计分录，登记账簿，其格式如表 5—9 所示。

**表 5—9**　　**普通日记账**（顺序式）

第　页

| 年 | | 凭证 | | 摘　要 | 会计科目 | 账页 | 借方金额 | 贷方金额 |
|---|---|---|---|---|---|---|---|---|
| 月 | 日 | 字 | 号 | | | | | |
| | | | | | | | | |
| | | | | | | | | |
| | | | | | | | | |
| | | | | | | | | |
| | | | | | | | | |

（3）多栏式普通日记账。上述介绍的两种普通日记账，只能序时地记录各项经济业务的会计分录，且据此过总账时必须逐项进行，难以反映各类经济业务的发生情况。为此，

可以为某些常用的业务频繁的会计科目设置专栏，集中记录各类经济业务，月末根据各会计科目专栏的合计数登记总账。其他不常使用的会计科目，即业务较少的会计科目，限于账页篇幅，可合并在一起由“其他”栏登记，方法如同前两种普通日记账。月末，“其他”栏内的金额仍需逐项过入总账。

这种账簿的账户对应关系明确，可减少主要业务的会计分录过总账的工作量，同时因设置会计科目专栏而简化了记账劳动。但是，在会计科目数量多、主要经济业务种类多的情况下，因账页尺寸的限制而不便于实行。因此，这种账簿适用于业务种类较少但主要业务突出的单位，其格式如表5—10所示。

**表5—10** 普通日记账（多栏式）

第　页

| 年 | | 凭证 | | 摘要 | 原材料 | | 应付账款 | | 应收账款 | | 主营业务收入 | |
|---|---|---|---|---|---|---|---|---|---|---|---|---|
| 月 | 日 | 字 | 号 | | 借方 | 贷方 | 借方 | 贷方 | 借方 | 贷方 | 借方 | 贷方 |
| | | | | | | | | | | | | |
| | | | | | | | | | | | | |
| | | | | | | | | | | | | |
| | | | | | | | | | | | | |
| | | | | | | | | | | | | |

以上介绍了三种格式的普通日记账，但从实际工作来看，目前使用的单位不太多。如果从加强审计监督、方便查找资料等方面考虑，设计普通日记账是一种行之有效的方式。各单位可以结合具体情况，确定是否需要及选用何种格式。

2. 特种日记账

特种日记账是为了专门反映某些重要的经常发生的业务，从普通日记账中逐步分离出来的序时账簿。它既是专门用于记录某种业务的日记账，同时又是登记总账的依据。因此，设计时应尽可能地应用专栏和多栏的形式，使具有特殊目的的指标可以单独登记，并将会计分录在日记账上直接按会计科目做出明细分类。这样做可以在一本账上既取得序时记录的资料，又有分类的指标。同时，各专栏的金额合计数还可据以登账，从而简化登记总账的工作量。

特种日记账一般应包括现金日记账、银行存款日记账、购货日记账和销货日记账等，分别记录现金收支业务、银行存款收支业务、材料（商品）采购业务和产品（商品）销售业务。现分别介绍如下：

(1) 现金日记账。根据现金收支业务的复杂程度不同，可以设置单一多栏式“现金日记账”（如表5—11所示），也可以将现金的收入业务与支出业务分开，设置多栏式“现金收入日记账”和多栏式“现金支出日记账”（如表5—12和表5—13所示）。在这种方式下，按现金收支业务的发生顺序分别登记，每日将现金支出合计数从“支出账”转入“收入账”中的“支出合计栏”，以便与现金收入数对比，计算出现金结余数。登记总账的工作可以定期（5天、10天或一个月）进行。登记时，将各会计科目的合计数分别过入总分类账，并将它们的总计数（现金收入合计与现金支出合计）过入“现金”总分类账户。经济业务不多时，也可根据各会计科目的发生数逐笔过账。

**表 5—11**　　　　**现金日记账**（多栏式）

第　页

| 年 | | 凭证 | | 摘要 | 收入 | | | | | | 支出 | | | | | | 结余 |
|---|---|---|---|---|---|---|---|---|---|---|---|---|---|---|---|---|---|
| 月 | 日 | 字 | 号 | | 贷方科目 | | | | 收入合计 | 账页 | 借方科目 | | | | 支出合计 | 账页 | |
| | | | | | | | | | | | | | | | | | |
| | | | | | | | | | | | | | | | | | |
| | | | | | | | | | | | | | | | | | |
| | | | | | | | | | | | | | | | | | |

**表 5—12**　　　　**现金收入日记账**（多栏式）

第　页

| 年 | | 凭证 | | 摘要 | 贷方科目 | | | | | | 收入合计 | 账页 | 支出合计 | 结余 |
|---|---|---|---|---|---|---|---|---|---|---|---|---|---|---|
| 月 | 日 | 字 | 号 | | | | | | | | | | | |
| | | | | | | | | | | | | | | |
| | | | | | | | | | | | | | | |
| | | | | | | | | | | | | | | |
| | | | | | | | | | | | | | | |

**表 5—13**　　　　**现金支出日记账**（多栏式）

第　页

| 年 | | 凭证 | | 摘要 | 借方科目 | | | | | | 支出合计 | 账页 | 转出数 |
|---|---|---|---|---|---|---|---|---|---|---|---|---|---|
| 月 | 日 | 字 | 号 | | | | | | | | | | |
| | | | | | | | | | | | | | |
| | | | | | | | | | | | | | |
| | | | | | | | | | | | | | |
| | | | | | | | | | | | | | |

（2）银行存款日记账。如同现金日记账，可以设置单一多栏式“银行存款日记账”，记录全部的银行存款收支业务，也可分设多栏式“银行存款收入日记账”、多栏式“银行存款支出日记账”，分别记录银行存款的收入业务和支出业务。使用方法也大致相同。但为了加强银行存款的管理，可在“摘要”后面增设“结算凭证”栏目，下设“种类”、“编号”两小栏。

如果单位经常有外汇收支业务，为了加强外汇的管理，银行存款日记账除上述登记总账的日记账簿外，还应专设“外币式”（或称“双币式”）银行存款日记账，分别用人民币和外币进行登记。在中外合资企业里，这种账簿必须设置，其格式如表 5—14 所示。

表 5—14　　外币银行存款日记账

第　页

| 年 | | 凭证 | | 摘要 | 借方 | | | 贷方 | | | 余额 | | |
|---|---|---|---|---|---|---|---|---|---|---|---|---|---|
| 月 | 日 | 字 | 号 | | 外币 | 兑换率 | 人民币 | 外币 | 兑换率 | 人民币 | 外币 | 兑换率 | 人民币 |
| | | | | | | | | | | | | | |
| | | | | | | | | | | | | | |
| | | | | | | | | | | | | | |
| | | | | | | | | | | | | | |

(3) 购货日记账。用来序时登记材料（商品）采购业务的发生和完成情况。赊购业务多的企业一般需要设置这种日记账。根据实际需要不同，购货日记账可分设为“一栏式”(如表 5—15 所示)，也可以设计为“多栏式”，以便分析各类材料的采购情况，加强材料采购业务的管理和核算。购货业务少的企业可将购货业务并入普通日记账登记，而不专设“购货日记账”。

表 5—15　　购货日记账（一栏式）

第　页

| 年 | | 凭证 | | 摘要 | 应付账款明细科目 | 材料 | | 借：原材料<br>贷：应付账款 | 账页 |
|---|---|---|---|---|---|---|---|---|---|
| 月 | 日 | 字 | 号 | | | 数量 | 单价 | | |
| | | | | | | | | | |
| | | | | | | | | | |
| | | | | | | | | | |
| | | | | | | | | | |

(4) 销货日记账。用来序时登记产品（商品）销售业务的发生情况。赊销业务多的企业最好设置。如同购货日记账，既可设计“一栏式”(如表 5—16 所示)，又可设计成“多栏式”，按产品类别或销售区域分别记录，以便分析考核各类产品或各销售区域的销售情况，及时发现销售中存在的问题，采取措施，改进销售工作，扩大销售量和市场范围。多栏式销货日记账只要把购货日记账中的“应付账款”改为“应收账款”即可，并将材料类别改为产品类别或销售区域。

表 5—16　　销货日记账（一栏式）

第　页

| 年 | | 凭证 | | 摘要 | 应收账款明细科目 | 产成品 | | 借：应收账款<br>贷：主营业务收入 | 账页 |
|---|---|---|---|---|---|---|---|---|---|
| 月 | 日 | 字 | 号 | | | 数量 | 单价 | | |
| | | | | | | | | | |
| | | | | | | | | | |
| | | | | | | | | | |

如果销售中既有赊销，又有现销的情况，为提供完整的销售额指标，方便销售业务的分析和考核，可以设置多栏式销货日记账（格式从略），分类反映现销和赊销业务。

**（三）两种序时账簿的主要区别**

综上所述，登记总账的序时账簿与不登记总账的序时账簿，即普通序时账，在设计时应当注意以下几方面的区别：

1. 是否需要设计“账页”一栏

登记总账的序时账，要将各日记账反映的全部内容逐项或定期汇总后过入总账，为了建立序时账与总账间的联系，反映序时账上有关数字的去向，方便账账核对、资料的查找，必须设计“账页”一栏，表明序时账上数字过入总账后的所在账页；而不过入总账的序时账只起备查簿或明细账作用，不需要设计“账页”栏。

2. 是否必须反映科目之间的对应关系

登记总账的序时账，是联系原始凭证和分类账簿的“桥梁”，必须对原始凭证所反映的经济内容，运用账户和复式记账法做成会计分录，并据此登记分类账簿。而要想编制会计分录，必须在序时账簿上将经济业务可能涉及的会计科目列示出来，并形成一定的对应关系；不登记总分类账的序时账，会计分录在记账凭证中编制，记账凭证起着“桥梁”的作用，因而可以不反映科目之间的对应关系。但为了对账的方便，也可以设计“对方科目”栏。

3. 是否需要完整的序时账簿体系

代替记账凭证的序时账簿必须具备完整的体系，既要避免重复过账，又要防止遗漏；代替汇总记账凭证的序时账簿不强求完整，根据实际情况决定；而不过入总账的序时账簿，一般只设置反映货币资金收支业务的日记账，即现金日记账和银行存款日记账，目的是加强货币资金管理。其他日记账则不一定设置，因而形不成，也不要求有完整的序时账簿体系。

## 四、总分类账簿的设计

分类账簿是对全部经济业务按照总分类账户和明细分类账户进行分类登记的账簿。由总分类账（根据总账科目设置）组成的，用来分类登记全部经济业务，提供各种资产、负债、所有者权益、费用、成本和收入、利润等总括核算资料的分类账簿，称为总分类账簿（简称总账）；由明细分类账户（根据明细分类科目设计）组成的，用来分类登记某类经济业务，提供某种资产、负债或所有者权益等明细核算资料的分类账簿，称为明细分类账簿（简称明细账），总账和明细账是控制和被控制的关系。总分类账户对其所属的明细分类账户起控制作用，明细分类账户对总分类账户起着补充和详细说明的作用。一个总分类账户的借、贷方发生额和余额，必须等于该总分类账户所属的各明细分类账户的借、贷发生额和余额的合计数。因此，总账和明细账必须按照“同时登记、方向相同、金额相等”的原则平行登记。但是，由于总账和明细账的具体作用、登记依据和方式不同，因此，设计的要求和方法也不尽相同。

总分类账簿的作用可以概括为：记录全部经济业务，控制所属的明细分类账，为编制会计报表提供总括价值核算资料。总分类账的登记依据可以是记账凭证和汇总记账凭证，也可以是序时账簿；登记的方式可以是逐笔登记，也可以采取一定的汇总方式登记。总分类账的设计应当有利于其作用的发挥，并与登记总账的依据和方式相适应。

总分类账是各企业、行政事业单位的重要账簿，在整个账簿组织体系中处于中心地位。为了保证其安全完整，一般使用订本式账簿，但账页格式具有不同的种类。

**拓展区**

总分类账的常用格式参看光盘相关内容。

## 五、明细分类账簿的设计

明细分类账为经营管理提供详细的价值核算指标和实物核算指标。其登记的依据可以是记账凭证和原始凭证，也可以是序时账簿和原始凭证，登记的方式一般为逐笔登记。明细分类账的设计无疑应当满足其登记依据和方式的需要，并有利于明细账作用的充分发挥。

明细分类账由于各企事业单位的经营特点和管理要求不同，即使某一单位，也因其各类经济业务的核算和管理方式不同，而对明细账的设计有不同的要求。加之明细账户具有灵活多变、账页数量难以固定，随时可能增删取舍的特点，因此，明细分类账一般使用活页式或卡片式（多用于固定资产）账簿。其账页格式根据管理需要和记录的具体业务内容而定，一般有以下三种情况：

### （一）三栏式明细分类账

此种明细账簿的格式如同“三栏式总分类账”。主要特征是在账页上分设三个金额栏，分别记录经济业务引起的资金增减变化和结存情况，单纯提供详细、具体的价值核算指标、资本金明细账、待摊费用、预提费用明细账、各种债权债务（应收款、应付款、预收款、预付款等）明细账，大多采用三栏式。这是明细账中最基本的格式，其他格式的明细账一般都是在此基础上结合所要记录的特殊内容加以演变而来的。

**拓展区**

“应收账款明细账”的格式请参看光盘对应内容。

### （二）数量金额式明细分类账

这种账簿是在三栏金额的基础上增设“数量”和“单价”栏而形成的。它适用于既需要提供详细价值指标，又需要提供实物数量指标的材料、燃料、包装物、低值易耗品、库存商品、自制半成品、固定资产等明细核算。这些明细账一般按品种规格分别设置，分别记录各种材料、产成品的入库、出库和结存的情况。

**拓展区**

“明细分类账”的格式请参看光盘相关内容。

### （三）多栏式明细分类账

与三栏式明细账和数量金额式明细账比较，此种账簿的格式不固定，栏目变化较多。一般以明细科目在借方或贷方栏下设置若干金额栏，栏次的数量多少取决于明细科目的数量及其所包含的具体经济内容，以及经营管理对这些内容了解和掌握的详细程度。为了适应经济内容的变化，在设计栏次时，除满足现行需要外，还应设置一些空栏，以备后用。这种格式一般适用于成本（生产成本、材料采购等）、费用（制造费用、管理费用、营业费用等）明细核算。现择其代表性的格式介绍如下，供设计时参考：

1. 生产成本明细账

该账按成本计算对象（按产品品种或批别等）设置明细账户。为了考核成本计划完成情况，分析成本升降的原因，寻求降低成本的途径，需要提供各种产品的成本构成指标。为此，该账必须按产品的成本项目在“借方”栏下分设“栏次”，以便分别记录各种费用的发生情况，提供经营管理所需要的指标，其格式如表5—17所示。

**表5—17　　　　生产成本明细账**

产品品种或类别　　　　　　　　　　　　　　　　第　　页

| 年 | | 凭证 | | 摘要 | 借方 | | | | | | | 贷方 | 余额 |
|---|---|---|---|---|---|---|---|---|---|---|---|---|---|
| 月 | 日 | 字 | 号 | | 原材料 | 燃料及动力 | 工资 | 福利费 | 废品损失 | 制造费用 | 合计 | | |
| | | | | | | | | | | | | | |
| | | | | | | | | | | | | | |
| | | | | | | | | | | | | | |

注：①借方栏下的成本项目是按一般企业的情况设计的，实际工作中可根据具体情况取舍。如“工资”和“福利费”可合并为“工资及福利费”等。

②如果采用“分批法”计算成本，明细账户按“产品批别”设置。

该账的使用方法：发生各种费用时，记入相应的栏次，它们的合计数即为产品负担的全部费用。结转完工产品的成本时记入“贷方”栏下，如果“借方”合计数等于“贷方”数额，说明产品全部完工，没有余额。否则，说明尚有在产品存在。

表5—17所列示的格式，基本生产和辅助生产的明细核算都可使用，只不过由于它们的成本计算对象不同，成本项目也不相同，借方以下各栏的具体内容也不完全相同。因此，在设计时，只需将各栏的内容适当调整变更，就能满足两种核算的需要。

2. 材料采购明细账

材料的计价方式不同，材料采购所使用的账页格式也不相同。采用计划成本计价时，账页设计应考虑材料成本差异的结转，而采用实际成本计价则不必考虑。由于支付材料买价及采购费用与材料成本确定、结转入库的时间一般不会太长，且按每一批购进的材料予以结清，因此，可采用横线登记法予以登记。

现对材料采用计划成本计价时的材料采购明细账进行设计，格式如表5—18所示。值得指出的是材料一次付款，分次到达，即贷方需要登记若干次才能与借方发生额结平时，则借方可设计一行，贷方与此对应分设若干小行，以保证材料采购的横线登记，结清每一批材料。

**表 5—18** **材料采购明细账**

材料类别 第 页

| 记账凭证 | | 发票账单名称 | 供货单位名称 | 材料品名及规格 | 借方 | | | | | 收料凭证 | | | 贷方 | | | 备注 |
|---|---|---|---|---|---|---|---|---|---|---|---|---|---|---|---|---|
| 日期 | 编号 | | | | 买价 | 运杂费 | 其他 | 成本差异 | 合计 | 日期 | 编号 | 数量 | 计划成本 | 成本差异 | 合计 | |
| | | | | | | | | | | | | | | | | |
| | | | | | | | | | | | | | | | | |
| | | | | | | | | | | | | | | | | |
| | | | | | | | | | | | | | | | | |

注：月底，借方金额合计等于贷方金额合计时，表明该批材料货到款付；当借方大于贷方，或有借方无贷方时，表明款付货未到（或未完全到达）；当借方小于贷方，或只有贷方而无借方时，表明货到款未付（或未全部付清）。

3. 制造费用明细账

一般按车间名称设置明细账户，以反映各车间为组织和管理生产而发生的费用。为了加强费用管理，控制车间范围内各项费用的开支，需要按费用的具体项目在借方分设栏次，记录各项费用的发生情况，以便提供费用核算的详细指标。由于制造费用是为管理产品生产而发生的全部制造费用，在月底必须全部分配计入产品成本，因此，制造费用明细账的账页可以不设计“余额”栏，其格式如表 5—19 所示。

**表 5—19** **制造费用**

车间名称： 第 页

| 年 | | 凭证 | | 摘要 | 借方 | | | | | | | 贷方 |
|---|---|---|---|---|---|---|---|---|---|---|---|---|
| 月 | 日 | 字 | 号 | | 工资 | 福利费 | 机物料消耗 | 水电费 | 修理费 | 劳动保护费 | 合计 | |
| | | | | | | | | | | | | |
| | | | | | | | | | | | | |
| | | | | | | | | | | | | |

管理费用、财务费用、营业费用是分别为行政管理、筹集资金、推销产品而发生的期间费用，月底必须转入“本年利润”账户，不保留余额。因此，它们的明细账账页均可比照“制造费用明细账”设计。

如果对以上几种多栏式明细账进行观察比较，不难看出多栏式明细账的特点：

第一，一般没有统一的账页格式，设计时需根据经济业务的具体内容确定。

第二，每一栏目都为经营管理提供一个具体的经济指标，如成本的组成项目、费用的构成内容等，因此，栏目设计多少取决于管理需要的经济指标的详细程度。

第三，有关金额栏的数字相加后，可为经营管理提供一个总括的价值指标，如某种产品的生产总费用、某个车间或某个部门发生的总制造费用或全部管理费用等。

需要指出的，明细分类账的三种形式并不是完全孤立的，各种具体的明细分类账账页格式也不是绝对固定的，在实际工作中，可以根据企业的具体情况，单用、变通使用、组合使用或变通联合使用。例如，库存商品明细账采用数量金额式，主营业务成本明细账采用三栏式，结转已售产品销售成本反映了产成品的出库（减少），而它们的明细账户设置

方式一样，都按产品品种设置，因此可以考虑合二为一，设计一本联合账簿。在这种账页里，既反映产品的入库、出库（结转已售产品成本及盘亏），又反映产品的结存情况。这样做，可以简化登记明细账的工作量，加快核算速度。

## 六、其他账簿及相应事项的设计

序时账簿和分类账簿是账簿组织体系中的主体账簿，对它们的设计也是账簿设计的主要内容。为此，我们在本书前两节作了比较详细的说明。但是，完整的账簿组织设计除主体账簿外，还应包括备查账等辅助性账簿的设计以及账簿使用、保管等方面的特殊性内容的设计。

### （一）备查账簿的设计

备查账簿的主要用途是记录序时账簿和分类账簿未能或无法反映的特殊经济事项。它的种类和格式一般没有固定的模式，完全取决于特殊经济事项的种类、内容以及对此实施管理的具体要求。为此，在设计备查账簿时，必须从实际情况出发，讲求实用性、简单化。现对工业企业常用的几种备查账的格式设计如下：

1. 委托加工材料登记簿

委托加工材料登记簿是加工企业为了对受托加工的材料加强实物管理，用来登记加工材料增、减、结存情况的备查账簿。该账簿登记的内容主要是材料实物数量的增减变化，由于受托的材料不办理款项结算，即不进行价值核算，因而该账簿中可不进行材料金额的记载，其格式如表 5—20 所示。

**表 5—20**　　　　委托加工材料登记簿

来料单位：　　　　　　　　　　　　　　　　　　　　第　　页

| 收料凭证 | | 材料名称及规格 | 计量数量 | 数量 | 送料人 | 加工后材料 | | | | 余额 | 退料凭证 | | 领料人 |
|---|---|---|---|---|---|---|---|---|---|---|---|---|---|
| 日期 | 编号 | | | | | 名称及规格 | 计量单位 | 数量 | 收取加工费 | | 日期 | 编号 | |
| | | | | | | | | | | | | | |
| | | | | | | | | | | | | | |

2. 租入固定资产登记簿

租入固定资产登记簿是为了加强对经营租入固定资产的实物管理，保证其正常使用而用来登记固定资产的租入、使用和归还情况的备查账簿。如同委托加工材料登记簿，该账簿主要进行实物核算，其格式如表 5—21 所示。

**表 5—21**　　　　租入固定资产登记簿

出租单位　　　　资产名称　　　　规格型号　　　　计量单位

第　　页

| 租入凭证 | | 租入数量 | 原始价值 | 净值 | 租期 | 月租金 | | 使用部门 | 负责人签字 | 修理费 | | 归还期限 | 经手人签字 |
|---|---|---|---|---|---|---|---|---|---|---|---|---|---|
| 日期 | 编号 | | | | | 单位租金 | 总租金 | | | 各次 | 累计 | | |
| | | | | | | | | | | | | | |
| | | | | | | | | | | | | | |

(二) 账簿启用表的设计

账簿是储存会计数据的重要档案，登记账簿必须要有专人负责。为了保证账簿记录的合法性和账簿资料的完整性，明确岗位责任，考核记账人员的工作情况，应当设计“账簿启用与经管人员一览表”，作为各本账的扉页，在账簿启用时填列（活页账和卡片账在装订成册后填列)。表中详细载明单位名称、账簿名称、账簿编号、账簿册数、账簿共计页数、启用日期，并加盖单位公章及会计主管和记账人员章。更换记账人员时，需办理交接手续。因此，还应在表中设计交接日期、交接人员姓名以及监交人员姓名，以分清经济责任。

拓展区

“账簿启用与经管人员一览表”请参看光盘对应内容。

为了保证账簿的规范性、适用性，便于账簿的登记和保管，节约账簿的设计工作量和印刷费用，在设计账页格式时，除会计软件公司配套账页外，自行设计的应当注意以下事项：

(1) 账簿应尽可能地采用现成的通用格式，以便从商店直接购买，减少绘制、印刷等工作，节省开支。同时，可以尽快满足单位开展会计工作的需要。

(2) 账页的规格尺寸一般以 16 开本为宜，横式绘制、装订。多览式明细账需要的栏目较多时（如制造费用、管理费用明细账)，可采用两张账页对接的方式，绘制出全部栏目，以便全面反映明细核算的具体内容。

(3) 账页中金额栏的各位数应当以文字表明，以便记账和看账，设置几位数字栏，应以业务可能发生的最高数额为限，既要满足记账需要，又不设置用不着的栏目。

(4) 印制账簿所用的纸张既要经久耐用，又要经济实惠。活页账账页的穿孔要位置适当，大小适宜，便于装订。

(5) 账页各行次之间的距离既要保证和改正错账的需要，又要避免过宽造成浪费。画线最好使用蓝色或绿色，一般不使用黑色，以保证画线和记账内容（数字和文字）之间具有明显的区别。各栏次之间的区分线颜色最好深一些，线条粗一些。

此外，账页中的文字字体、字号、各栏之间的准确尺寸等都应予以详细说明，以保证账簿印制的质量，进而保证账簿设计的清晰性和美观性。

拓展区

阅读光盘“背景资料”中的《会计基础工作规范》和《中华人民共和国会计法》，了解与本章内容相关的知识。

## 【本章小结】

本章是基础会计制度设计中较为重要的一个章节，相关的概念较多，也较为重要。

## 【复习思考题】

1. 简述会计科目编号的作用。
2. 在设计会计科目时，符合逻辑性原则的具体要求是什么？
3. 简述会计科目设计的注意事项。
4. 简述会计账户设计的注意事项。
5. 简述会计账簿设计的步骤。
6. 搞好会计科目设计对保证企业会计制度设计的质量、完成企业会计工作的任务具有哪些意义？

**☞阅读光盘“例题分析”中的本章内容，掌握解题技巧。在40分钟内完成光盘“即时练习”中的本章练习。光盘的“关键概念”提供了相关概念的检索。**

# 第六章

# 账务处理程序的设计

**学习导航**

用3学时学习本章内容。

⊙ **了解**：账务处理程序设计的要求；多栏式特种日记账账务处理程序设计、凭单日记账账务处理程序设计；多栏式日记账账务处理程序设计。

⊙ **识记**：账务处理程序设计的意义和账务处理程序的种类。

⊙ **掌握**：专栏日记账账务处理程序设计、普通日记账账务处理程序设计和特种日记账账务处理程序设计。

⊙ **理解**：记账凭证账务处理程序设计、科目汇总表账务处理程序和汇总记账凭证账务处理程序设计。

## 第一节　账务处理程序设计的意义

账务处理程序又称会计核算形式或会计核算组织，是指从填制会计凭证、登记会计账簿到编制会计报表的整个过程。在这一过程中，由于各个部分的组织和结合方式不同，产生了不同的账务处理程序。科学合理的账务处理程序对于保证会计核算质量、简化会计核算工作、提高工作效率等具有重要的作用。因此，设计科学合理的账务处理程序，是企业会计制度设计的重要内容之一。

### 一、账务处理程序设计的意义

在前几章我们分别介绍了会计凭证、会计科目、会计账簿的设计，但在会计实际工作中，它们不是孤立存在的，必须采用一定的方式，按照一定的顺序进行科学合理的组织，

形成规范的核算程序，才能完成会计核算的任务。账务处理程序的设计不同于凭证、账簿、报表的设计，它是一种组织的艺术，目的是将各部分独立分散的内容结合起来，使之成为一个严密的系统和有机的整体。

账务处理程序设计要解决的问题是：如何以账簿组织为核心，将会计凭证、会计账簿、记账方法和记账程序有机地结合起来处理账务。具体包括：在会计制度中选用哪些账簿，各个账簿之间如何建立联系，会计账簿如何登记；进而组成记录全部经济业务的信息体系；使用哪些种类和格式的原始凭证和记账凭证，会计凭证如何填制和传递；凭证之间以及凭证和账簿之间怎样进行联系；各种会计报表产生的程序和根据；怎样根据账簿的记录编制会计报表等方面的工作顺序的规定。

可见，账务处理程序的设计是整个会计制度设计的一项要求水准比较高的工作，依据企业的具体情况，设计好一个科学合理的账务处理程序具有以下几方面的意义：

**（一）可体现会计制度中的系统性和完整性**

前已述及，会计制度中的许多内容不是孤立存在的，不能以独立的方式各行其是，而必须通过一定的账务处理程序高屋建瓴地将其结合起来，如会计制度中的会计科目体系包括总账科目和明细科目，都要通过账簿组织来安排相应的总账账户和明细账户进行记录和核算；各种业务的核算要通过安排各种凭证、表格、账簿以及它们之间的关系来具体实施；各种会计报表，包括外送报表和内部报表，需要通过合理的账务程序产生和形成。可以说，账务处理程序的设计是对经济业务的记录、处理和汇集手段的协调、组织和综合，使之成为一个系统，从而体现会计制度的系统性和完整性。

**（二）可保证会计工作的有序运行**

会计工作的基础可以概括为三项：填制会计凭证、登记会计账簿、编制会计报表。良好的账务处理程序可以促使会计的各项基础工作有条不紊、相互协调地运行。

**（三）提高会计工作效率，节省核算费用**

按照既定的账务处理程序工作，能使会计工作有条不紊地进行，减少信息处理重复、迂回的活动，加快核算速度。对凭证、账簿等各项核算工作进行合理的组织与协调，可减少不必要的环节和重复劳动，节约人力和物力，降低核算费用。

**（四）保证会计核算质量**

在账务处理程序中，通过对会计信息正确的加工、整理、记录、汇总与核对，不仅能迅速及时地提供管理所需的信息，而且能保证信息更正确、真实。

**（五）改进会计人员工作**

严格、有效、合理的账务处理程序可以帮助会计人员发现问题，找出差距，促进和提高他们的工作水平。

## 二、账务处理程序的种类

将不同的账簿组织和记账程序组合起来，就构成了不同的账务处理程序。各企业可根据自己的特点设计适合本单位的账务处理程序。在实际工作中，常用的账务处理程序主要有以日记账为基础的账务处理程序和以记账凭证为基础的账务处理程序两大类。

（1）在以日记账为基础的账务处理程序中，按照其发展情况又可分为普通日记账账务处理程序、专栏（或多栏式）日记账账务处理程序、特种日记账账务处理程序、多栏式特种日记账账务处理程序和凭单日记账账务处理程序等几种。

（2）在以记账凭证为基础的账务处理程序中，按照凭证的整理和登记总分类账的方式可分为记账凭证账务处理程序、汇总记账凭证账务处理程序等几种，如图6—1所示。

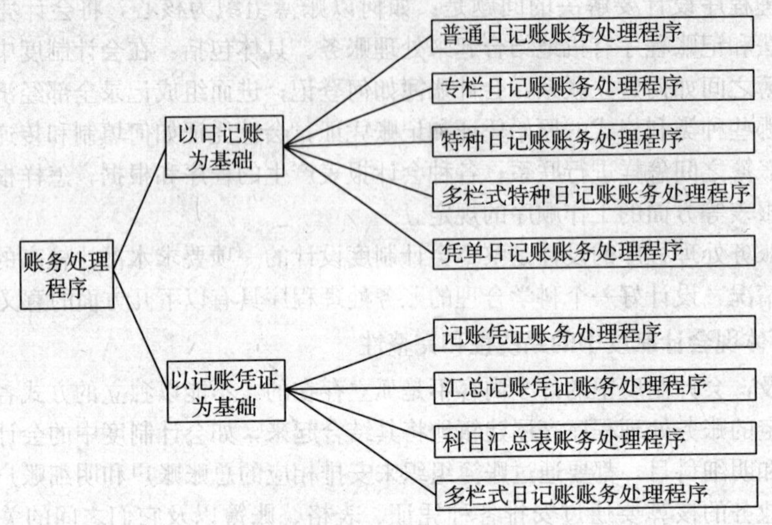


**图6—1　账务处理程序**

以上各种账务处理程序均可以调整变动或相互结合运用。其具体内容将在本章以后的各节中阐明。

## 三、账务处理程序设计的要求

账务处理程序有多种，但各企业在设计本单位的账务处理程序时，主要应考虑下列几点要求：

（1）要根据财政部的有关规定，以《企业会计准则》为指导，结合企业的特点，如业务繁简、规模大小、内部控制特点、管理要求等设计适合本单位情况的账务处理程序。合理适用的账务处理程序应有利于会计工作的分工协作，加强岗位责任制和实现内部控制。

（2）要能保证正确、及时、完整地提供会计信息，提高信息的质量和及时性，以满足本企业经营管理和国家综合平衡的需要。

（3）要考虑适当地均衡会计工作，避免将大量工作集中在月末进行。减少影响结账工作进度和会计报表编制的不利因素。

（4）要在保证账务处理程序正常有序进行的前提下，尽量简化核算手续，减少重复环节和劳动，提高工作效率，节约核算费用。

# 第二节　以日记账为基础的账务处理程序设计

以日记账为基础的账务处理程序设计，就是以日记账为序时记录，据以过入分类账的一种记账程序。现分别说明上述各种日记账账务处理程序的设计：

## 一、普通日记账账务处理程序设计

这是一种最基本的账务处理程序设计。它设置一本普通日记账作为序时记录，根据原始凭证或原始凭证汇总表在普通日记账中编制会计分录，然后据以逐笔过入总分类账（日记账的格式可参考表 6—1）。其账务处理程序如图 6—2 所示。

**表 6—1　　普通日记账**

| 日期 | 凭证号数 | 摘要 | 会计科目 | 借　方 | 贷　方 | 过账"√" |
|---|---|---|---|---|---|---|
| 8/1 | 1 | 采购原材料 | 存货<br>银行存款 | ×× | <br>×× | √<br>√ |

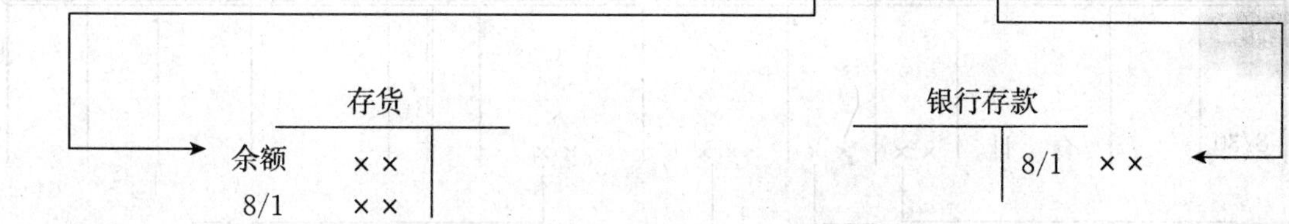

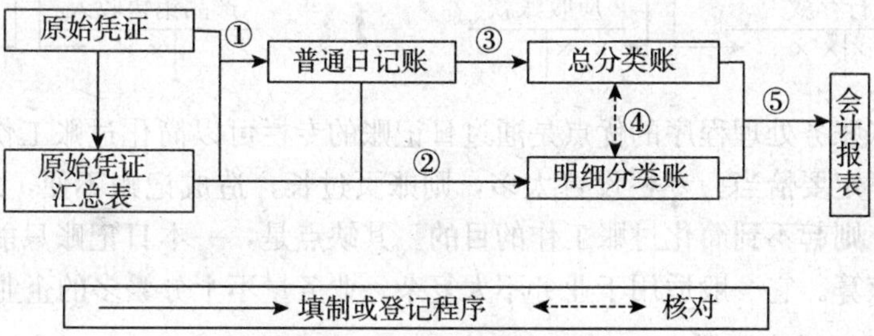

**图 6—2　日记账账务处理程序**

说明：
①根据原始凭证或原始凭证汇总表登记普通日记账。
②根据原始凭证、原始凭证汇总表或普通日记账登记明细分类账。
③根据普通日记账登记总分类账。
④月底，总分类账与有关明细分类账进行核对。
⑤根据总分类账与有关明细分类账编制会计报表。

普通日记账一般可根据原始凭证直接登记。

普通日记账账务处理程序的优点是一本账就可以全面系统地记录一个单位的经济业务。缺点是要逐笔过入明细分类账和总分类账，工作量大。一般适用于业务比较简单的企业。

## 二、专栏日记账账务处理程序设计

为解决普通日记账逐笔过账工作量大的缺点，可用专栏日记账代替普通日记账。专栏日记账的特点是对经常重复出现的账户在日记账中设置专栏，对于不经常出现的账户，则另设“其他”栏登记。对设有专栏的账户，其金额可定期汇总一次过入总分类账，对于“其他”栏中的账户，其金额必须逐笔过入总分类账。专栏日记账账务处理程序与普通日记账账务处理程序大体相同。

根据专栏日记账登记总分类账，举例如表6—2所示。

表6—2　　专栏日记账

| 日期 | 凭证号数 | 摘　要 | 银行存款 | | 应收账款（借方） | 产品销售收入（贷方） | | 贷　方 | | | |
|---|---|---|---|---|---|---|---|---|---|---|---|
| | | | 借方 | 贷方 | | | | 会计科目 | 借方 | 贷方 | 记账 |
| 8/1 | 1 | 销售产品 | ×× | | | ×× | | | | | |
| 8/2 | 2 | 销售产品 | | | ×× | ×× | | | | | |
| | 3 | 付水电费 | | ×× | | | | 管理费用 | ×× | | |
| 8/30 | | 合　计 | ×× | ×× | ×× | ×× | | | | | |

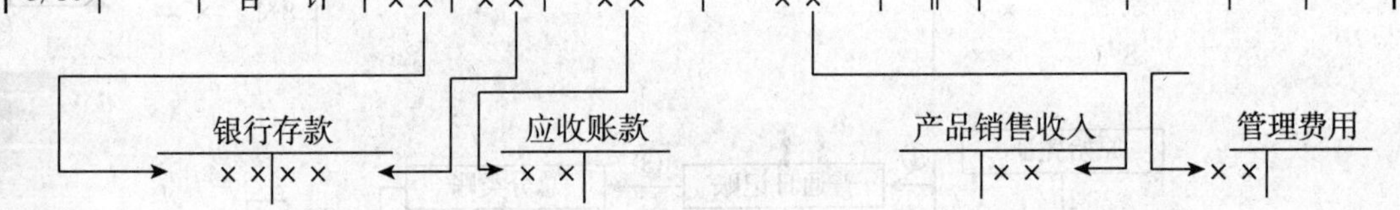

专栏日记账账务处理程序的优点是通过日记账的专栏可以简化过账工作。但是，必须注意专栏设置一定要恰当。专栏设置太多，则账页过长，造成记账不便，纸张亦有浪费。专栏设置过少，则起不到简化过账工作的目的。其缺点是，一本日记账只能一人记账，不便于会计分工核算。它一般适用于业务不太复杂、业务量不十分繁多的企业。

## 三、特种日记账账务处理程序设计

如果经济业务量大，由一人登记日记账来不及，这时就要解决核算的分工问题。特种日记账就是在这种情况下产生的。特种日记账是从普通日记账中分离出来单独设置的日记账。它把大量重复发生的某一类经济业务集中在一本日记账登记，如现金日记账、银行存款日记账、购货日记账、销货日记账等。同时要设置一本普通日记账，用来登记特种日记账中未能登记的经济业务。其账务处理程序如图6—3所示。

根据特种日记账登记总分类账，举例如表6—3和表6—4所示。

上述银行存款特种日记账的过账方法如下：

“银行存款”总分类账可根据该日记账的借方、贷方合计数一次过入，不需逐笔过账。

对应账户如“产品销售收入”、“制造费用”等应按相反方向逐笔过账，即日记账的借方数应过入对应账户的贷方，日记账的贷方数应过入对应账户的借方。

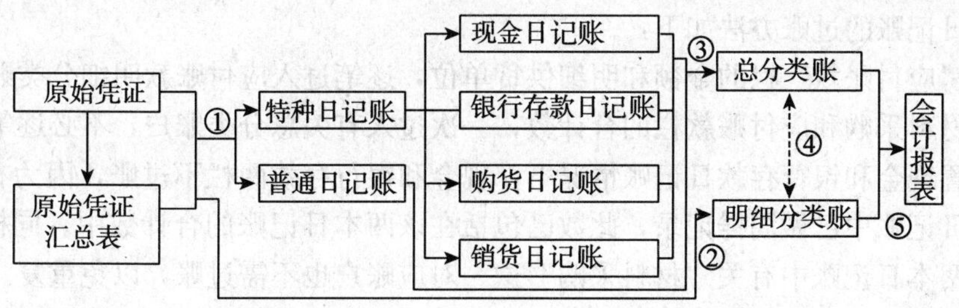


**图 6—3 特种日记账账务处理程序**

说明：

①根据原始凭证或原始凭证汇总表登记特种日记账或普通日记账。

②根据原始凭证、原始凭证汇总表或日记账登记明细分类账。

③根据特种日记账和普通日记账登记总分类账。

④期末，总分类账与有关明细分类账进行核对。

⑤根据总分类账与有关明细分类账编制会计报表。

**表 6—3 银行存款日记账**

| 日期 | 凭证号数 | 摘要 | 对应账户 | 借　方 | 贷　方 | 余额 |
|---|---|---|---|---|---|---|
| 8/1 | | 期初余额 | | | | ×× |
| 8/1 | 1 | 销售产品 | 产品销售收入 | ×× | | |
| 8/2 | 3 | 付水电费 | 制造费用 | | ×× | |
| 8/30 | | 合　计 | | ×× | ×× | ×× |

银行存款：期初 ××；×× | ××

产品销售收入：| ××

制造费用：×× |

**表 6—4 购货日记账**

| 日期 | 凭证号数 | 摘　要 | 供货单位 | 过账"√" | 材料采购（借方） | | | 现金（贷方） | 银行存款（贷方） | 应付账款（贷方） |
|---|---|---|---|---|---|---|---|---|---|---|
| | | | | | 买价 | 采购费 | 合计 | | | |
| 8/3 | 4 | 应付购料款 | 甲公司 | | ×× | | ×× | | | ×× |
| 8/6 | 8 | 付采购费 | | | | ×× | ×× | | ×× | ×× |
| 8/7 | 10 | 购料、付采购费 | 乙公司 | | ×× | ×× | ×× | ×× | | |
| 8/30 | | 合计 | | | ×× | ×× | ×× | ×× | ×× | ×× |

材料采购：×× |

应付账款：| ××

应付账款—甲公司：| ××

应付账款—乙公司：| ××

购货日记账的过账方法如下：

根据“应付账款”栏的金额和明细供货单位，逐笔过入应付账款明细分类账。

根据材料采购和应付账款栏的合计数，一次过入有关总分类账户，不必逐笔过账。

在设置现金和银行存款日记账情况下，现金和银行存款两栏不过账，因为在特种日记账和普通日记账中已做同样记录，此数已包括在该两本日记账的合计数中。同样，现金和银行存款两本日记账中有关“材料采购”这一对应账户也不需过账，以免重复。

这种账务处理程序的优点是可以解决核算分工的问题。同时，对某些账户根据合计数过入有关总分类账，可以减少过账工作。缺点是对现金和银行存款日记账中的对应账户仍需逐笔过账，工作量仍较大。它一般适用于业务量适中的企业。

## 四、多栏式特种日记账账务处理程序设计

在特种日记账中进一步设置一些专栏，就成为多栏式特种日记账。设置专栏的作用，一是进一步减少过账工作，二是提供某些管理所需的分析或报告资料。其账务处理程序基本上与特种日记账相同。

根据多栏式特种日记账登记总分类账，举例如表 6—5 和表 6—6 所示。

**表 6—5　　多栏式银行存款收入日记账**

| 日期 | 凭证号数 | 摘要 | 对应科目 | | | | 借方合计 | 贷方合计 | 余额 |
|---|---|---|---|---|---|---|---|---|---|
| | | | 产品销售收入 | 应收账款 | 现金 | （其他） | | | |
| 8/1 | | 期初余额 | | | | | | | ×× |
| 8/1 | 1 | 销售产品 | ×× | | | | ×× | | |
| 8/6 | 6 | 收回欠款 | | ×× | | | ×× | | |
| 8/8 | 9 | 解入现金 | | | ×× | | | | |
| | | 由贷方日记账转入 | | | | | | ×× | ×× |
| 8/30 | | 合　计 | ×× | ×× | ×× | …… | ×× | ×× | ×× |

产品销售收入：××　←

应收账款：××　←

银行存款：期初 ××，××；×× ←

**表 6—6　　购货日记账**

| 日期 | 凭证号数 | 摘　要 | 供货单位 | 借：材料采购 | 贷：现金 | 贷：银行存款 | 贷：应付账款 | 购料分析 | | | |
|---|---|---|---|---|---|---|---|---|---|---|---|
| | | | | | | | | 一组 | 二组 | 三组 | …… |
| 8/3 | 4 | 应付购料款 | 甲公司 | | | | | | | | |
| 8/6 | 8 | 付采购费 | | | | | | | | | |
| 8/7 | 10 | 购料 | 乙公司 | | | | | | | | |
| | | 合　计 | | | | | | | | | |

上述银行存款收入日记账仅按银行存款的借方设置，按与其相对应的贷方账户分设专栏。另外还要设置银行存款支出日记账，按与其相对应的借方账户分设专栏。月底（定期）将银行存款支出日记账中的贷方合计数转记至收入日记账中，并结出余额。

过账时，可以定期根据收入和支出日记账中各专栏的合计数一次过入有关总分类账，不必逐笔过账。在同时设有多栏式现金日记账时，银行存款日记账中的“现金”栏不需过账，理由同前。

上述购货日记账的过账方法如表 6—4 所示，定期根据各栏的合计数过入有关总分类账，不必逐笔过账。购料分析专栏的设置可按采购小组、材料类别、采购地区等分设，以提供材料采购情况的分析资料。在材料采购栏可增设买价、运费、装卸费、包装费等专栏，以提供材料价格的构成分析资料。

多栏式特种日记账账务处理程序既可解决核算分工问题，又可大量减少过账工作，同时可按管理要求提供某些明细分析资料。一般适用于业务复杂的大中型企业。

## 五、凭单日记账账务处理程序设计

凭单日记账账务处理程序是多栏式特种日记账账务处理程序的进一步发展。在这种账务处理程序下，账簿设置主要有凭单日记账、辅助记录和总分类账三种，同时保留少量的明细分类账，如图 6—4 所示。

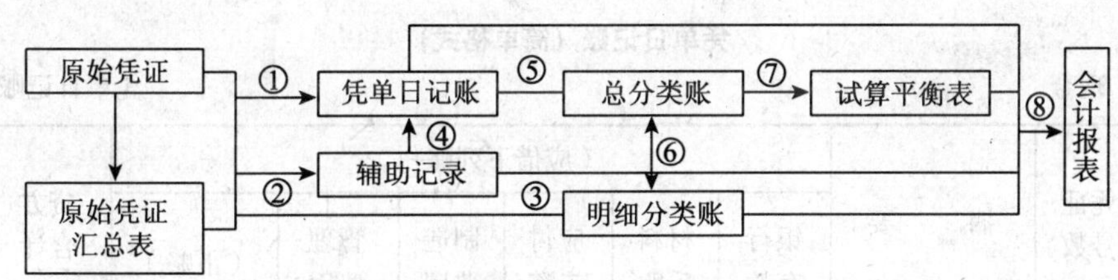


**图 6—4　凭单日记账账务设计处理程序**

说明：

①根据原始凭证或原始凭证汇总表登记凭单日记账。

②根据原始凭证、原始凭证汇总表登记辅助记录。

③根据原始凭证、原始凭证汇总表登记某些明细分类账。

④根据某些辅助记录登记凭单日记账。

⑤根据凭单日记账登记总分类账。

⑥期末，总分类账与有关明细分类账进行核对。

⑦期末，根据总分类账编制试算平衡表。

⑧根据总分类账（或试算平衡表）、凭单日记账、辅助记录和明细分类账的有关资料编制会计报表。

### (一) 凭单日记账

凭单日记账是该种账务处理程序中的主要账簿。它是根据一个或几个总分类账户的贷方设置，按与其相对应的各个借方账户分设专栏，反映一个或几个账户的全月贷方发生额及与其相对应的各个借方账户的发生额。

凭单日记账按其包括的应贷账户的多少可分为专用式（或单户式）和合用式（或多户式）两类。

(1) 专用式凭单日记账是以一个贷方账户设置，并按与其相对应的借方账户分设专栏的日记账簿。这类日记账如现金、银行存款、应付账款、银行借款等凭单日记账。

(2) 合用式凭单日记账是以几个相互关联或性质相同的总分类账户设置的日记账簿。在这类日记账中，有两个或两个以上的应贷账户，并按与其相对应的借方账户分设专栏。这类日记账有材料和燃料、产成品和各种应收账款、固定资产、折旧等凭单日记账。

**(二) 辅助记录**

辅助记录又称辅助登记表，它是作为凭单日记账辅助记录性质的账簿。辅助记录的用途有多种，有的是起分类汇总作用，月底根据分类汇总数转记到有关凭单日记账中；有的是起核对控制作用，由于凭单日记账按账户的贷方设置，其借方发生额分散在其他各个凭单日记账中，为了便于核对，对账户的借方记录可另设辅助登记表登记，借以与各凭单日记账中的分散记录进行核对；有的是起明细分类核算作用，即将明细分类核算结合在辅助记录中进行；有的是起明细分析作用，以提供管理所需的某些分析资料等。

**(三) 总分类账**

总分类账是用来反映全部一级账户全月借、贷、方发生额及余额的账簿。在凭单日记账账务处理程序下，总分类账主要根据凭单日记账登记。它的借方可按对应账户设置专栏，以反映从各个凭单日记账中转记来的数额。它的贷方只登记一笔全月发生额，因与其相对应的各借方账户发生额已在凭单日记账中反映。这样，凭单日记账与总分类账相互配合，有关一个账户的借方对应账户和贷方对应账户就可得到清晰反映。两者的基本结构关系如表6—7所示。

**表6—7** **凭单日记账（简单格式）**

贷方科目：现金 凭单日记账号数：1

| 日期 | 凭证号数 | 摘　　要 | （应借下列账户） | | | | | | 贷方合计 |
|---|---|---|---|---|---|---|---|---|---|
| | | | 银行存款 | 材料采购 | 应付工资 | 制造费用 | 管理费用 | （下略） | |
| | | | ⋮ | ⋮ | ⋮ | ⋮ | ⋮ | ⋮ | ⋮ |
| | | 全月合计 | A | B | C | D | E | F | G |

**总分类账户**

会计科目：现金

| 日期 | 凭单日记账页数 | 摘　　要 | 借：现金 （应贷下列账户） | | | | | 现金贷方合计 | 余额 |
|---|---|---|---|---|---|---|---|---|---|
| | | | 产品销售收入 | 应收账款 | 银行存款 | （下略） | 合计 | | |
| 1/1 | | 期初余额 | | | | | | | ×× |
| | | | ⋮ | ⋮ | ⋮ | ⋮ | ⋮ | ⋮ | ⋮ |
| | | | | | | | | G | ×× |

根据有关凭单日记账中“借：现金”账户数记入

**（四）明细分类账**

在凭单日记账账务处理程序下，明细分类核算可采用多种形式。有的可结合在凭单日记账中进行；有的可结合在辅助记录中进行；有的明细分类账户较多，如固定资产、原材料、生产成本、产成品和某些结算业务等，则仍需单独设置明细卡片或账簿进行分户核算。

关于凭单日记账和辅助登记表的格式设计有多种，核算处理亦比较复杂，由于它在实际工作中历史较早、应用较少，故仅作上述简单介绍。

## 第三节　以记账凭证为基础的账务处理程序设计

以记账凭证为基础的账务处理程序是以记账凭证作为序时记录，根据原始凭证或原始凭证汇总表在记账凭证中编制会计分录，据以逐笔或分类汇总过入分类账的一种账务处理程序。以记账凭证代替日记账，在记账凭证中编制会计分录，一方面便于会计核算分工；另一方面有利于原始凭证和记账凭证的装订和保管，有利于原始凭证与记账凭证、记账凭证与账簿的核对，方便会计查账。如前所述，根据登记总分类账的依据和方法不同，以记账凭证为基础的账务处理程序可分为：（1）记账凭证账务处理程序；（2）汇总记账凭证账务处理程序；（3）科目汇总表账务处理程序；（4）多栏式日记账账务处理程序。现分别说明上述各种账务处理程序：

### 一、记账凭证账务处理程序设计

在记账凭证账务处理程序下，对一切经济业务根据原始凭证和原始凭证汇总表在记账凭证中编制会计分录，根据记账凭证逐笔登记总分类账。其账务处理程序如图 6—5 所示。

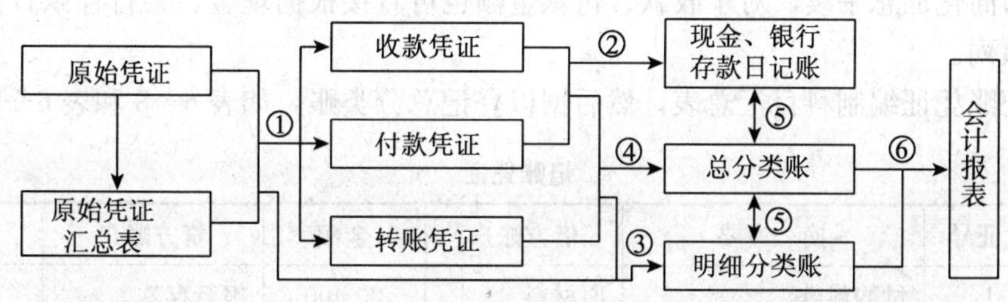


**图 6—5　记账凭证账务处理程序**

说明：

①根据原始凭证或原始凭证汇总表编制记账凭证。

②根据收款凭证、付款凭证逐笔登记现金、银行存款日记账。如果设转账日记账，还要根据转账凭证登记转账日记账。

③根据原始凭证、原始凭证汇总表或记账凭证逐笔登记明细分类账。

④根据记账凭证逐笔登记总分类账。

⑤期末，现金、银行存款日记账余额、各明细分类账余额合计数，分别与总分类账中有关账户金额进行核对。

⑥期末，根据总分类账及有关明细分类账编制会计报表。

在这种账务处理程序下，日记账的主要作用不再是编制会计分录和作为登记总分类账的依据，而是反映某一类经济业务发生情况的（如现金收支）明细记录，日记账可定期分析并与总分类账进行核对，作为内部控制的一种手段。

记账凭证可采用统一的通用格式，也可以分别按收款、付款及转账业务采用收款凭证、付款凭证和转账凭证等专用格式。

记账凭证账务处理程序的优点是总分类账能详细记录和反映经济业务的发生情况，核算过程简单，缺点是登记总分类账的工作量较大。

## 二、科目汇总表账务处理程序设计

科目汇总表账务处理程序是定期（天、周、旬）根据记账凭证编制科目汇总表，再根据科目汇总表登记总分类账。其账务处理程序如图 6—6 所示。

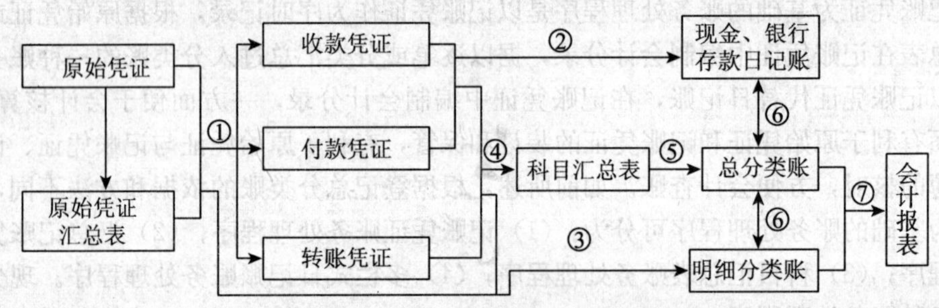


**图 6—6　科目汇总表账务处理程序**

可以看到，科目汇总表账务处理程序除了增加一步编制科目汇总表以外，其他账务处理程序都与记账凭证账务处理程序相同。所以，科目余额表账务处理程序是记账凭证账务处理程序的发展。

科目汇总表是根据记账凭证，按照相同的账户，分别借方和贷方加总，每天或定期编制一张。为简化汇总手续，对于收款、付款金额也可直接根据现金、银行存款日记账的收支合计数填列。

根据记账凭证编制科目汇总表，然后据以登记总分类账，如表 6—8 和表 6—9 所示。

**表 6—8　　　记账凭证**

| 日期 | 凭证号 | 摘　要 | 借方账户 | 金额 | 贷方账户 | 金额 |
|---|---|---|---|---|---|---|
| 8/2 | 1 | 付购料款 | 原材料 | 20 400 | 银行存款 | 20 400 |
| 8/4 | 2 | 购料，款未付 | 原材料 | 21 600 | 应付账款 | 21 600 |
| 8/8 | 3 | 收到客户欠款 | 银行存款 | 24 400 | 应收账款 | 24 400 |
| 8/8 | 4 | 以存款支付费用 | 管理费用 | 18 100 | 银行存款 | 18 100 |
| 8/9 | 5 | 收到客户欠款 | 银行存款 | 26 400 | 应收账款 | 26 400 |
| 8/10 | 6 | 销售产品，收到货款 | 银行存款 | 30 000 | 产品销售收入 | 30 000 |
| 8/10 | 7 | 向银行提取现金 | 现金 | 19 000 | 银行存款 | 19 000 |

**表 6—9**　　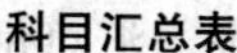**科目汇总表**

20××年 8 月 1 日—8 月 10 日　　　　#1

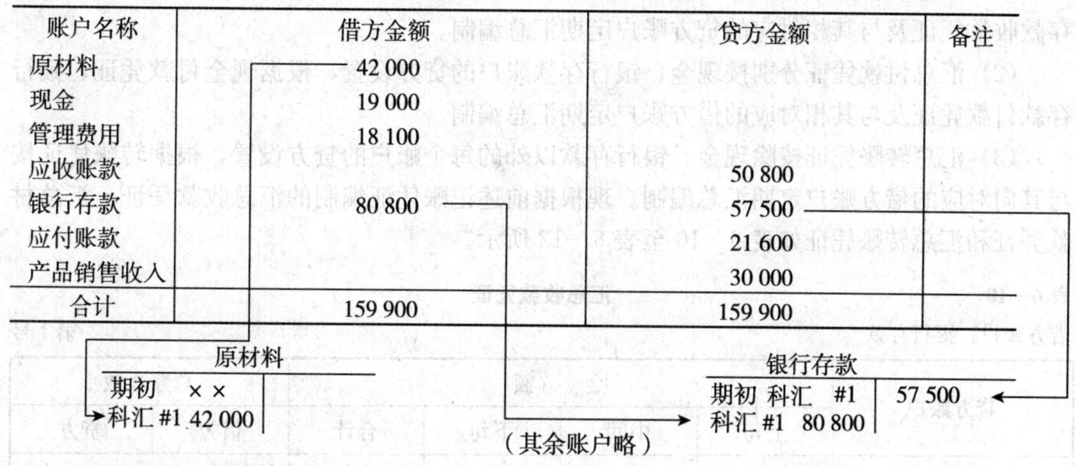

| 账户名称 | 借方金额 | 贷方金额 | 备注 |
|---|---|---|---|
| 原材料 | 42 000 | | |
| 现金 | 19 000 | | |
| 管理费用 | 18 100 | | |
| 应收账款 | | 50 800 | |
| 银行存款 | 80 800 | 57 500 | |
| 应付账款 | | 21 600 | |
| 产品销售收入 | | 30 000 | |
| 合计 | 159 900 | 159 900 | |



说明：

①科目汇总表根据记账凭证，按照相同账户分别借方、贷方汇总。如银行存款：借方 80 800(24 400＋26 400＋30 000)，贷方 57 500(20 400＋18 100＋19 000)。

②总分类账根据科目汇总表汇总数过入。

③总分类账根据科目汇总表的编制，所有记账凭证最好是一个借方账户与一个贷方账户相对应。

④科目汇总表的汇总时间不宜过长，业务量大的单位可每天汇总一次，间隔时间最长不超过 10 天。

科目汇总表账务处理程序的优点是可以简化总分类账的登记，还可对科目汇总表定期进行试算平衡，及时发现问题，减少会计核算中的差错。但是根据科目汇总表登记的总分类账，只能反映借、贷方发生的总金额，不能反映账户之间的对应关系。所以，不能通过总分类账户具体了解经济业务的详细内容。它适用于经济业务多、会计核算工作频繁的企业。

## 三、汇总记账凭证账务处理程序设计

汇总记账凭证账务处理程序同科目汇总表账务处理程序一样，也是以记账凭证账务处理程序为基础增加一步编制汇总记账凭证。为了简化总分类账的登记工作。在汇总记账凭证账务处理程序中，先根据记账凭证编制汇总记账凭证，然后根据汇总记账凭证登记总分类账。其账务处理程序如图 6—7 所示。

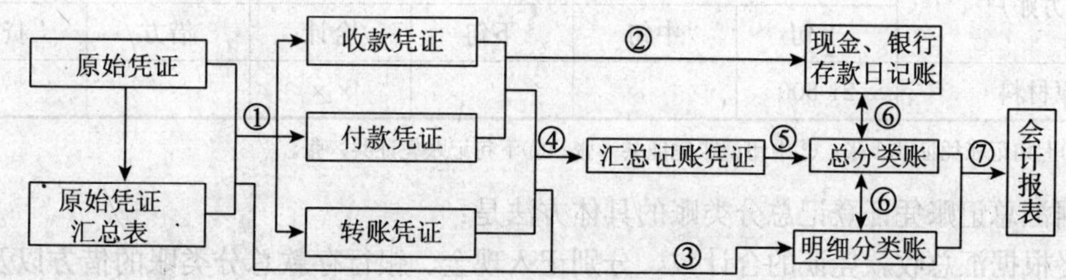



**图 6—7　汇总记账凭证账务处理程序**

比较图 6—6 和图 6—7，汇总记账凭证账务处理程序和科目汇总表账务处理程序，除了根据凭证编制汇总记账凭证外，其余部分均相同。

汇总记账凭证也可分为汇总收款凭证、汇总付款凭证及汇总转账凭证。

(1) 汇总收款凭证分别按现金、银行存款账户的借方设置，根据现金收款凭证、银行存款收款凭证及与其相对应的贷方账户定期汇总编制。

(2) 汇总付款凭证分别按现金、银行存款账户的贷方设置，根据现金付款凭证、银行存款付款凭证及与其相对应的借方账户定期汇总编制。

(3) 汇总转账凭证按除现金、银行存款以外的每个账户的贷方设置，根据转账凭证按与其向对应的借方账户定期汇总编制。现根据前述记账凭证编制的汇总收款凭证、汇总付款凭证和汇总转账凭证如表 6—10 至表 6—12 所示。

**表 6—10** **汇总收款凭证**

借方账户：银行存款 第 1 号

| 贷方账户 | 金额 | | | | 总账页数 | |
|---|---|---|---|---|---|---|
| | 上旬 | 中间 | 下旬 | 合计 | 借方 | 贷方 |
| 应收账款 | 50 800 | ×× | ×× | ×× | | |
| 产品销售收入 | 30 000 | ×× | ×× | ×× | | |
| ⋮ | ⋮ | ⋮ | ⋮ | ⋮ | | |

注：①上旬记账凭证共 3 张；②中旬记账凭证共×张；③下旬记账凭证共×张。

**表 6—11** **汇总付款凭证**

贷方账户：银行存款 第 1 号

| 借方账户 | 金额 | | | | 总账页数 | |
|---|---|---|---|---|---|---|
| | 上旬 | 中旬 | 下旬 | 合计 | 借方 | 贷方 |
| 原材料 | 20 400 | | | | | |
| 管理费用 | 18 100 | | | | | |
| 现金 | 19 000 | | | | | |
| ⋮ | ⋮ | | | | | |

注：①上旬记账凭证共 3 张；②中旬记账凭证共×张；③下旬记账凭证共×张。

**表 6—12** **汇总转账凭证**

贷方账户：应付账款 第 1 号

| 借方账户 | 金额 | | | | 总账页数 | |
|---|---|---|---|---|---|---|
| | 上旬 | 中旬 | 下旬 | 合计 | 借方 | 贷方 |
| 原材料 | 21 600 | | | ×× | | |

注：①上旬记账凭证共 1 张；②中旬记账凭证共×张；③下旬记账凭证共×张。

根据汇总记账凭证登记总分类账的具体方法是：

月终根据汇总收款凭证的合计数，分别记入现金、银行存款总分类账的借方以及与其相对应的各个账户的贷方。

根据汇总付款凭证的合计数分别记入现金、银行存款总分类账户的贷方以及与其相对应的各个账户的借方。

根据汇总转账凭证的合计数，分别记入各应借账户的借方和各应贷账户的贷方。

根据汇总记账凭证登记总分类账如表 6—13 所示。

**表 6—13　　汇总记账凭证业务登记总账示例**

汇总收款凭证

借方账户：银行存款

| 贷方账户 | 金额 | | 总账账页 | |
|---|---|---|---|---|
| | | 合计 | 借方 | 贷方 |
| 应收账款 | | ×× | ×× | ×× |
| 产品销售收入 | | ×× | ×× | ×× |
| ⋮ | | ⋮ | ⋮ | |

总分类账

应收账款：汇收 #1 ××

产品销售收入：汇收 #1 ××

银行存款：汇收 #1 ××；汇收 #1 ××

汇总记账凭证的编制方法除了上述几种以外，还可以采用另外一种，即不按收款、付款或转账的经济业务的性质编制，而在汇总时采用统一的汇总记账凭证格式。汇总记账凭证按每一个账户的贷方设置，按与其相对应的借方账户定期汇总。这种汇总记账凭证编制方法统一，容易掌握，可以避免重复汇总和遗漏汇总等现象的发生。

汇总记账凭证账务处理程序和科目汇总表账务处理程序一样，可以简化总分类账的登记工作。另外，由于汇总记账凭证按照账户的对应关系进行归类汇总，汇总记账凭证和总分类账均能通过账户的对应关系反映所发生的经济业务内容。因此，与科目汇总表账务处理程序相比，汇总记账凭证账务处理程序克服了不能反映账户对应关系的缺点，有更大的优越性。汇总记账凭证账务处理程序的主要缺点：一是编制汇总记账凭证的工作量比较大；二是大部分总分类账的登记工作集中在月末，会计工作量不易均衡。该法适用于规模较大、经济业务繁多的企业。在具体处理过程中，也可以适当变通。如某一贷方账户的记账凭证数量不多；有些汇总原始凭证已按贷方账户设置；有些记账凭证已反映多借贷的账户对应关系，就可不编制汇总记账凭证，直接根据记账凭证登记总分类账。

## 四、多栏式日记账账务处理程序设计

多栏式日记账账务处理程序是由多栏式特种日记账账务处理程序和科目汇总表账务处理程序相结合而形成的一种账务处理程序。其要点是，设置多栏式的现金日记账和银行存款日记账。平时，根据收付款凭证逐笔登记多栏式日记账。月末，根据转账凭证编制转账凭证科目汇总表，然后根据多栏式日记账和转账凭证科目汇总表所汇总的合计数，一次登记过入各总分类账户。其账务处理程序如图 6—8 所示。

由于多栏式日记账的登记和根据多栏式日记账登记总分类账在第二节中多栏式特种日记账账务处理程序设计中已经介绍；科目汇总表的编制和根据科目汇总表登记总分类账在本节科目汇总表账务处理程序设计中也已作介绍，所以此处不再赘述。

在多栏式日记账账务处理程序下，多栏式现金、银行存款日记账具有汇总收款凭证和汇总付款凭证的作用，既能反映货币资金的收入和支出合计数，又能反映与其相对应的各个账户发生额合计。同时，日记账的登记工作与数据的汇总工作同时进行，与汇总记账凭证账务处理程序相比，减少了汇总凭证的填制，进一步简化了会计核算工作。此法适用于

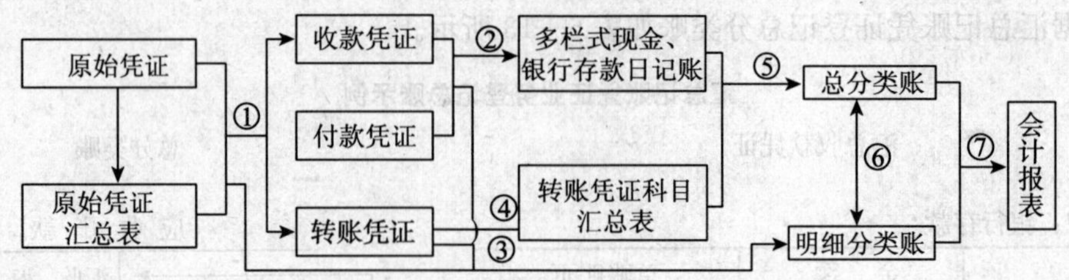


**图6—8　多栏式日记账账务处理程序**

说明：

①根据原始凭证或原始凭证汇总表填制记账凭证。

②根据收款凭证、付款凭证逐笔登记多栏式现金、银行存款日记账。

③根据原始凭证、原始凭证汇总表或记账凭证逐笔登记各有关明细分类账。

④根据转账凭证编制转账凭证科目汇总表。

⑤月末，根据多栏式的现金日记账、银行存款日记账以及转账凭证科目汇总表登记总分类账。

⑥月末，各明细分类账的余额合计数分别与有关的总分类账户余额核对相符。

⑦月末，根据总分类账户和明细分类账户的有关资料编制会计报表。

业务量较大的企业。此种账务处理程序的不足之处是，多栏式日记账栏数若设置太多，会影响日记账的登记，容易造成账页浪费，只能用于会计科目不多的企业。另外，转账凭证科目汇总表仍不能反映账户的对应关系。

上述一些账务处理方法加快了月末登记总账的速度，减轻了月末登记总账的工作量，但却放慢了登记日记账的速度，加重了登记日记账的工作量。有利有弊，且利大于弊。其优点如下：

（1）从工作总量、工作总时间、工作最终效果上看，还是经济可取的。

（2）方便和减轻了财会部门负责人的工作，增加了下级会计人员的工作量，使领导能腾出手去抓大事，如进行成本分析、内部控制和财务管理等工作。

（3）缓解了月底的紧张工作压力，使工作时间和劳动强度更加均衡。

难点：主要是对平时登记日记账和明细账的出纳等员工的工作能力和水平要求更高了。

## 【本章小结】

本章是对账务处理程序的一般介绍，了解即可，不需涉深。

## 【复习思考题】

1. 各企业在设计本单位的账务处理程序时主要考虑哪些要求？

2. 比较记账凭证账务处理程序、科目汇总表账务处理程序、汇总记账凭证账务处理程序、多栏式日记账账务处理程序设计的优缺点和使用情况。

☞阅读光盘“例题分析”中的本章内容，掌握解题技巧。在40分钟内完成光盘“即时练习”中的本章练习。光盘的“关键概念”提供了相关概念的检索。

# 第七章

# 定期汇总过账和结账工作的设计

**学习导航**

用2学时学习本章内容。

⊙ **了解**：记账凭证全部汇总账务处理程序的设计和记账凭证分类汇总账务处理程序的设计；经营账户结账的两种设计方法：月度结转和年度结转。

⊙ **识记**：会计期间的确定。

⊙ **理解**：汇总和结账工作的设计步骤。

有了合格的会计人员、合适的会计凭证和会计账簿，并采用了理想的账务处理程序之后，还要安排设计好每月具体的会计过账和结账工作，才能形成一个规范的核算体系，顺利地完成会计核算任务。

## 第一节　定期汇总过账工作的设计

汇总过账的账务处理程序，具有汇总登记总账的共同特点，但由于总分类账的登记，既可以根据汇总后的记账凭证，也可以根据各种日记账的汇总数据，因此可以设计成以下五种基本程序：记账凭证全部汇总账务处理程序、记账凭证分类汇总账务处理程序、科目汇总账务处理程序、多种日记账账务处理程序和凭单日记账账务处理程序。本章仅介绍前两种。

### 一、记账凭证全部汇总账务处理程序的设计

这种账务处理程序是在以记账凭证为基础，汇总登记总账时最常用的一种方式。其特点是将一定时期的记账凭证全部汇总在一张记账凭证汇总表上，然后据此登记总分类账，

又称“记账凭证汇总表账务处理程序”。

**(一) 记账凭证和账簿的设置**

1. 记账凭证的设置

记账凭证除了设置收款、付款、转账凭证外，还必须设计“记账凭证汇总表”如表7—1所示，以便定期对全部记账凭证的内容进行汇总。汇总时，将全部记账凭证所涉及的各会计科目的借方、贷方发生额定期（如5天、10天、1个月）分别加以合计，填入有关栏内，据此登记总账。登账后，将总账账页编号填入“总账页次”一栏内，以保证账证核对相符。

表7—1　　记账凭证汇总表

年　月　日至　日　　　　记汇字第　号

| 会计科目 | 总账页次 | 发生额 | |
|---|---|---|---|
| | | 借方 | 贷方 |
| | | | |
| | | | |
| | | | |
| 合计 | | | |

附记账凭证　张

会计主管：　　复核：　　记账：　　制证：

2. 账簿的设置

账簿组织及格式与记账凭证账务处理程序一致，包括总分类账、现金日记账、银行存款日记账和各种明细分类账。

**(二) 记账的基本程序设计**

记账的基本程序设计如图7—1所示。

需要指出，编制“记账凭证汇总表”的间隔时间不宜太长，一般以5天或10天为宜，业务不多的企业可以1个月汇总编制一次，以便及时发现和解决账务处理中的问题。

**(三) 优缺点及适用范围**

1. 优点

(1) 汇总手续简单，大大简化了登记总账的工作量。

(2) 记账凭证汇总表按借贷方分别合计本期各账户的借方发生额和贷方发生额，利用借贷方合计数可以起到试算平衡的作用，便于及时发现错误并予以更正。

(3) 总账记录成为综合性的数据，只反映各会计科目一定时期的增减发生额，因此，总账可以省略掉摘要栏，而采用多栏式总账格式，从而方便了记账和对账工作。

2. 缺点

(1) 在经济业务复杂、复合会计分录较多时，汇总工作比较麻烦。

(2) 记账凭证汇总表和总分类账中，不能明确反映账户之间的对应关系，不便于分析和检查经济业务的来龙去脉，不便于查对账目。

(3) 该程序适用范围仅限于经济业务较多的大中型企业。

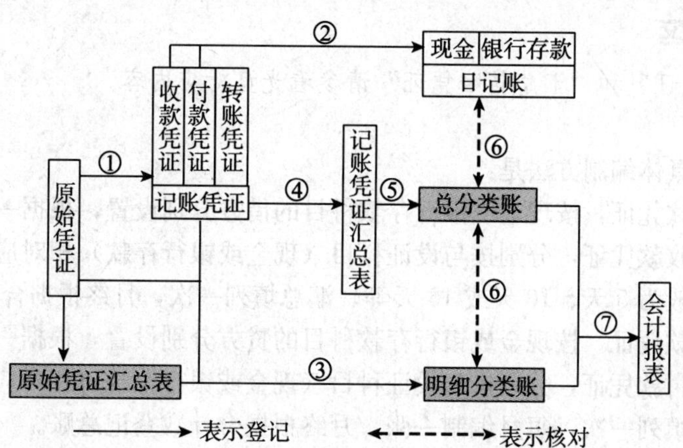


**图 7—1　记账凭证全部汇总账务处理程序**

说明：

①根据原始凭证或原始凭证汇总表编制记账凭证。

②根据收款凭证、付款凭证等记账凭证登记现金日记账和银行存款日记账。

③根据记账凭证，结合原始凭证或原始凭证汇总表登记各种明细分类账。

④根据记账凭证定期编制"记账凭证汇总表"。

⑤根据记账凭证汇总表登记总分类账。

⑥总账与明细账、日记账定期核对，保证账账相符。

⑦根据总账、明细账和其他有关资料编制会计报表。

## 二、记账凭证分类汇总账务处理程序的设计

这种账务处理程序的特点是：先定期将全部记账凭证按收款、付款、转账凭证分别归类编制汇总记账凭证，再根据汇总记账凭证登记总分类账。

### （一）相关记账凭证和账簿的设计

1. 记账凭证的设置

记账凭证除了设置收款、付款、转账凭证外，还应设置汇总收款凭证、汇总付款凭证和汇总转账凭证，作为登记总分类账的依据，汇总收款凭证的格式如表 7—2 所示。

**表 7—2**　　**汇总收款凭证**

借方科目：　　年　月　　汇收字第　号

| 贷方科目 | 金额 | | | | 总账页次 | |
|---|---|---|---|---|---|---|
| | 1 日—10 日<br>收款凭证<br>第 1 号～第×号 | 11 日—20 日<br>收款凭证<br>第×号～第×号 | 21 日—31 日<br>收款凭证<br>第×号～第×号 | 合计 | 借方 | 贷方 |
| | | | | | | |
| | | | | | | |
| | | | | | | |
| 合计 | | | | | | |

会计主管：　　复核：　　记账：　　制证：

**拓展区**

“汇总付款凭证”和“汇总转账凭证”请参看光盘对应内容。

汇总凭证的具体编制方法是：

(1) 汇总收款凭证，按现金或银行存款科目的借方分别设置，根据一定时期内的全部现金和银行存款收款凭证，分别按与设证科目（现金或银行存款）相对应的贷方科目加以归类，定期（一般为 5 天、10 天或 15 天等）汇总填列一次，月终根据合计数登记总账。

(2) 汇总付款凭证，按现金或银行存款科目的贷方分别设置，根据一定时期内的全部现金或银行存款付款凭证，分别按与设证科目（现金或银行存款）相对应的借方科目加以归类，定期汇总填列一次，每月编制一张，月终根据合计数登记总账。

(3) 汇总转账凭证，按每一贷方科目设置，根据一定时期内的全部转账凭证，按与设证科目相对应的借方科目加以归类，定期汇总填列一次，每月编制一张，每月终结算出合计数，据此登记总账中各有关账户的借方和设证账户的贷方。

2. 账簿的设置

账簿组织及格式与记账凭证账务处理程序一致，包括总分类账、现金日记账、银行存款日记账和各种明细分类账。

**(二) 记账的基本程序设计**

记账凭证分类汇总账务处理程序如图 7—2 所示。

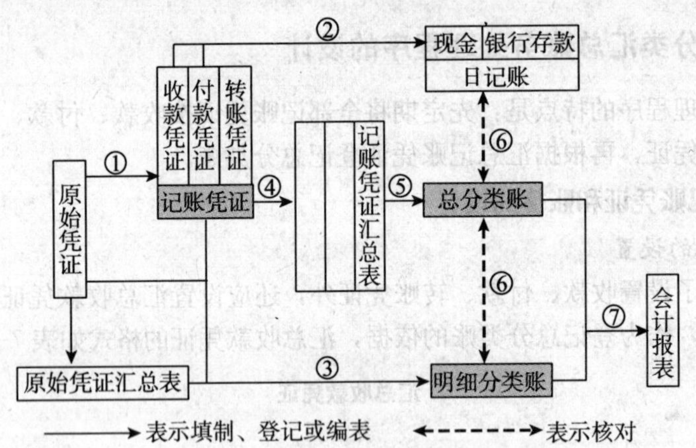


**图 7—2 记账凭证分类汇总账务处理程序**

说明：

①根据原始凭证或原始凭证汇总表编制记账凭证。

②根据收款、付款凭证等记账凭证，登记现金日记账和银行存款日记账。

③根据记账凭证，结合原始凭证或原始凭证汇总表登记各种明细分类账。

④根据收款凭证、付款凭证和转账凭证，定期编制汇总收款凭证、汇总付款凭证和汇总转账凭证。

⑤月终，根据汇总收款凭证、汇总付款凭证和汇总转账凭证，登记总分类账。

⑥总账与明细账、日记账定期核对，保证账账相符。

⑦根据总账、明细账和其他有关资料编制会计报表。

在填制汇总收款凭证、付款凭证时，对现金和银行存款之间相互划转的业务，应以付款凭证为依据，汇总到以贷方为主的付款凭证中去。此外，为了便于汇总转账凭证的填

制，日常编制转账凭证时应使各账户之间保持一借一贷或多借一贷的对应关系，而不宜采用一借多贷或多借多贷的对应关系。

需要指出，如果在月份内某一贷方科目的转账凭证为数不多，或者有些汇总原始凭证已按贷方科目设置，那么，可以不编制汇总转账凭证，而直接据以登记总分类账，以简化核算手续。

**（三）优缺点及适用范围**

1. 优点

（1）汇总记账凭证每月定期编制一次或数次，大大简化了总账的记账工作。

（2）汇总记账凭证和总账上仍然能够反映出科目之间的对应关系，不仅便于了解经济业务内容的来龙去脉，而且发生差额后也容易查找。

（3）分类汇总、分类平衡，便于财会人员分工，加快汇总的速度。

2. 缺点

汇总手续比全部汇总核算程序麻烦，如果单位经济业务较少，凭证数量不多，会增加汇总的工作量，起不到简化的作用。

3. 适用范围

汇总记账凭证适用于规模大、业务多的企业。

# 第二节　定期汇总结账工作的设计

## 一、会计期间的确定

定期汇总和结账就是定期将反映经营活动的会计账户记录按一定程序进行汇总结转，以便反映企业某一时期内取得的经营成果及某一定时点上的财务状况的过程。所以定期汇总和结账设计主要应考虑的基本问题是：怎样确定会计期间。为此，本节先论述会计期间的确定。

我国《企业会计准则》规定，企业会计核算应当划分会计期间，分期结算账目和编制财务会计报告。会计期间分为年度和中期。中期是指短于一个完整的会计年度的报告期间。一个企业的生产经营活动是连续进行的，在该企业没有破产倒闭之前，其业务经营活动也不会终止。会计为了提供管理上有用的信息，就需要将这种连续不断的过程人为地划分为若干较短的过程，以便定期总结账簿中的记录和编制会计报表，反映其财务状况和经营成果。这就要确定会计期间。

会计期间包括会计年度、季度和月份。这些会计期间的确定可以有不同的选择。现分述如下：

会计年度的确定一般可在日历年度和营业年度两者之间进行选择。日历年度亦称公历年度，是指从1月1日起至12月31日止的年度；营业年度则是指按业务经营周期所确定的年度。我国企业目前均采用日历年度。但对某些行业或企业来说，特别是业务具有季节性特点的企业，则采用经营年度比较适宜。营业年度的结束期一般应选择业务活动处于最低点的时候，即选择全年中存货、销售、生产、应收账款和流动负债等处于最低点的这个月末。例如，糖厂、榨油厂等可以6月30日作为会计年度的结束期，因为这时它的生产、销售季节已过，业务处于清闲时期，存货等处于各月的最低点。在以上考虑中，存货和销售是确定营业年度结束日的最重要因素。如果没有任何突出因素，则可用主要因素变动情况表来帮助判定营业年度的结束日，具体如表7—3所示。

**表7—3　　全年业务活动主要因素变动情况表**

<table>
<tr><th rowspan="3">××××年</th><th colspan="2" rowspan="2">生产</th><th colspan="6">月末存货</th><th colspan="2" rowspan="2">销售</th><th colspan="2" rowspan="2">应收账款</th><th colspan="2" rowspan="2">应付账款</th></tr>
<tr><th colspan="2">原材料</th><th colspan="2">在产品</th><th colspan="2">产成品</th></tr>
<tr><th>金额</th><th>%</th><th>金额</th><th>%</th><th>金额</th><th>%</th><th>金额</th><th>%</th><th>金额</th><th>%</th><th>金额</th><th>%</th><th>金额</th><th>%</th></tr>
<tr><td>1月</td><td></td><td></td><td></td><td></td><td></td><td></td><td></td><td></td><td></td><td></td><td></td><td></td><td></td><td></td></tr>
<tr><td>2月</td><td></td><td></td><td></td><td></td><td></td><td></td><td></td><td></td><td></td><td></td><td></td><td></td><td></td><td></td></tr>
<tr><td>⋮</td><td></td><td></td><td></td><td></td><td></td><td></td><td></td><td></td><td></td><td></td><td></td><td></td><td></td><td></td></tr>
<tr><td>⋮<br>12月</td><td></td><td></td><td></td><td></td><td></td><td></td><td></td><td></td><td></td><td></td><td></td><td></td><td></td><td></td></tr>
<tr><td>合计</td><td></td><td>100</td><td></td><td>100</td><td></td><td>100</td><td></td><td>100</td><td></td><td>100</td><td></td><td>100</td><td></td><td>100</td></tr>
</table>

采用营业年度主要有以下几项优点：

(1) 可比较容易地取得存货总数，较少地中断正常业务的活动。

(2) 花费较少而更准确地编制年度会计报表，因为所需要的调整事项较少，人力调配也容易。

(3) 会计报表更具有信息价值，因为它们完整地反映了一个营业周期的经营情况和结果。

(4) 企业家有更多的时间来考虑报表所提供的信息和确定新的发展计划。

(5) 便于审计机构和财政信贷部门分散均衡地安排全年工作，避免工作过分集中于年底或年初。

## 二、汇总和结账工作的设计步骤

为了及时提供会计资料，必须加速汇总和结账工作。其设计内容是：要建立一套控制时间的汇总和结账日程表；提前做好部分结束期工作；使用某些简捷方法优先编制急需报告等。

### (一) 建立汇总和结账日程表

控制期末结账进程的有效方法之一是制定结账日程表。日程表是将结账程序进行适当排列，并对每一程序制定一个切实可行的完成时间，以便控制。在结账程序的排列过程中，应找出“关键路线”，然后集中精力加以解决。所谓关键路线，是指整个汇总结账程序中费时最长的路线，在这条路线上，任何一个环节上的延迟都会影响整个作业的完成时间。把关键路线问题解决或提前，整个结账工作就有可能加速完成。找出关键路线的方法可以应用“协作图”这类有效工具。

例如，某企业会计结账工作分别在财务部、供销部、车间三个部门进行。车间进行车间成本计算工作，工作内容有4项；供销部进行材料收发结存核算工作，工作内容有3项；财务部进行有关核对、汇总、分配生产费用并编制会计报表工作，工作内容有8项。

由于分工不同，要求各个部门各工序都要相互配合、协调和衔接，使结账工作按期完成。为此先要编制一张结账工序关系明细表，如见表 7—4 所示。

**表 7—4　　汇总和结账工作关系明细表**

| 工序代号 | 工作内容 | 紧接前工序 | 所需时间（天） |
|---|---|---|---|
| A | 财务部宣布结账开始 | / | 0 |
| B | 财务部登记有关明细账 | A | 1 |
| C | 财务部编制收发料汇总表 | B | 2 |
| D | 供销部记完汇总账页 | A | 1 |
| E | 供销部盘点材料 | D | 2 |
| F | 供销部编库存月报表 | E | 1 |
| G | 财务部进行有关账户核对 | CF | 1 |
| H | 财务部编制调整分录 | G | 1 |
| I | 财务部分配费用 | B | 2 |
| J | 车间盘点在产品 | A | 3 |
| K | 车间统计工时 | J | 1 |
| L | 车间计算成本 | GIK | 2 |
| M | 车间编制成本报表 | L | 1 |
| N | 财务部完成总账试算平衡 | HM | 1 |
| O | 财务部编制会计报表 | N | 2 |

表 7—4 中的工序代号是指工作内容的代号；紧接前工序是指该项工作紧接前面那一道（或那几道）工序；所需时间是指完成该项工作所需的天数（或小时数），为了说明方便起见，这里都假定用整数。

根据上述明细表，可以绘制汇总和结账工作协作图，并计算其关键路线所需时间，如图 7—3 所示。

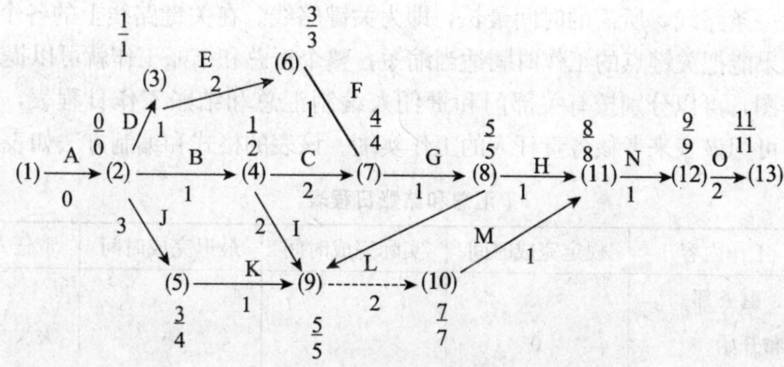


**图 7—3　汇总和结账工作协作图**

（1）图 7—3 中的（1）、（2）、（3）等符号，仅表示每一项汇总和结账工作的完成阶段，并不表示工作的先后顺序。例如，（3）、（4）、（5）各阶段的工作可以同时进行，而不是按数字顺序先后进行。

(2) 实线箭头表示工作的程序。虚线表示不占用时间的程序。

(3) A、B、C、D等为汇总和结账工作内容的代号（参见表7—4)。如不用代号，也可将工作内容直接写在程序线的上面。

(4) 程序线下面所列的1、2、3等数字，表示完成该项工作所需的时间（天数）。

(5) 每一阶段点上面的分数，表示最早和最迟完成该阶段工作的时间。其中分子数表示最早完成时间，它是从前面各阶段逐步往后推算求得。遇到这项工作受前面几道程序的影响时，应取其中的最长时间为准。以(7)为例，它受前面C和F两道程序的影响，从开始经A、B、C（或(1)、(2)、(4)至(7))，共需3天时间；经A、D、E、F（或(1)、(2)、(3)、(6)至(7))，共需4天时间；所以，完成(7)这项工作至少要4天，即为最早完成时间。分母数表示最迟完成时间，它是从后面往前逐步推算求得。如果该项工作影响到后面两道程序，应以其中的最短时间为准。以(8)为例，它影响到后面H和L两道程序，为了保证会计报表能在第11天完成（见(13))，如从O、N、H这一程序从后往前推算，则完成(8)这项工作只要不超过第7天，就不会影响到报表的及时编出。但如果从O、N、M、L这一程序推算，则完成(8)这项工作就不能超过第5天，否则就会影响到报表的编出。因此，这里应以第5天为最迟完成时间。分子和分母之间的差额，即最早和最迟完成的时间差，表示机动时间。以(4)为例，分子为1，分母为2，表示完成这项工作有1天的机动时间，即使延迟1天，也不会影响整个进度。如果分子和分母数字相同，则表示该项工作没有机动余地，必须按时完成，否则会影响整个进度。一般处在关键路线上的各点，都没有机动时间。

通过上述协作图，可以看出，汇总和结账工作从开始到结束，共经过好几条路线。每条路线及其所需的时间如下：

(1)→(2)→(3)→(6)→(7)→(8)→(11)→(12)→(13) 计10天

(1)→(2)→(4)→(7)→(8)→(11)→(12)→(13)计8天

(1)→(2)→(4)→(9)→(10)→(11)→(12)→(13) 计9天

(1)→(2)→(5)→(9)→(10)→(11)→(12)→(13) 计10天

(1)→(2)→(3)→(6)→(7)→(8)→(9)→(10)→(11)→(12)→(13) 计11天

以上最后一条路线，所需的时间最长，即为关键路线。在关键路线上的各个阶段点，都是关键点。如果能把关键点的工作时间适当缩短，整个汇总和结账工作就可以提前完成。

根据协作图，可以分别按有关部门和责任人编制汇总和结账工作日程表，作为执行依据。同时，还可用该表来考核各责任人的工作实绩。该表的格式和编制方法如表7—5所示。

**表7—5** **汇总和结账日程表**

| 工序代号 | 工作内容 | 规定完成时间 | 实际完成时间 | 最迟完成时间 | 责任人 | 备注 |
|---|---|---|---|---|---|---|
| | 一、财务部 | | | | | |
| A | 宣布开始 | 0 | | 0 | ××× | |
| B | 登记有关明细账 | 第1天下午 | 第1天上午 | 第2天 | (下略) | |
| C | 编收发料汇总表 | 第3天下午 | 第4天上午 | 第4天 | | |
| G | 核对 | 第5天下午 | 第5天上午 | 第5天 | | 关键点 |

续前表

| 工序代号 | 工作内容 | 规定完成时间 | 实际完成时间 | 最迟完成时间 | 责任人 | 备注 |
|---|---|---|---|---|---|---|
| H | 调整分录 | 第6天下午 | 第6天下午 | 第8天 | | |
| I | 费用分配 | 第3天下午 | 第4天下午 | 第5天 | | |
| N | 总账试算平衡 | 第9天下午 | 第9天上午 | 第9天 | | 关键点 |
| O | 编制报表 | 第11天下午 | 第11天上午 | 第11天 | | 关键点 |
| | 二、车间 | | | | | |
| J | 盘点在产品 | 第3天下午 | 第3天上午 | 第4天 | | |
| K | 统计工时 | 第4天下午 | 第4天上午 | 第5天 | | |
| L | 计算成本 | 第7天下午 | 第7天上午 | 第7天 | | 关键点 |
| M | 编成本表 | 第8天下午 | 第8天上午 | 第8天 | | 关键点 |
| | 三、供销部 | | | | | |
| D | 记完汇总账页 | 第1天下午 | 第1天上午 | 第1天 | | 关键点 |
| E | 盘点材料 | 第3天下午 | 第3天上午 | 第3天 | | 关键点 |
| F | 编库存月报表 | 第4天下午 | 第4天上午 | 第4天 | | 关键点 |

表中的规定完成时间，即为协作图中的最早完成时间。从该表的执行情况来看，由于关键点E和K这两项工作都提前了半天，使整个汇总编表工作也提前半天完成。

**（二）提前做好结账期的准备工作**

为了避免月底工作过于集中，尽量将以下能做的工作提前几天做。

（1）本期应负担的折旧、利息、社会保险金、无形资产摊销、预提费用、待摊费用的转账等，每月重复发生的“规律性”事项，可在月底前的空余时间提前编制分录和记账。

（2）对结账时采用的工作底稿、试算平衡表等，可以填列表首和上期数字等内容，月底只需填列本期数字。这一方法同样适用于月底的分析报表和正式编制的会计报表。

（3）日记账和分类账的本期发生额和余额，可以每隔5天、1周或10天汇总结算一次，不要全部都集中到月底做。

（4）总账账户的试算平衡和总账与明细账的核对工作，可在月底前几天进行。月底时仅在此基础上加以适当调整即可。

把以上一些准备工作做好，就可以大大减轻月底汇总、结账和编表工作的时间，从而加速月底工作的进度。但要注意，各部门业务截止期要一致，力避前后不一或提前结账。

**（三）优先编制急用报告**

为了解决信息的及时性问题，对某些突击性的或急用的报告，可以放在正式报表之前优先编制。这样，领导可以早日得到信息，尽早采取纠正措施，等待信息的紧张心情也可早日解除。对于这类报告的编制，可以采用一些简捷办法，数字也不要求十分正确，只要基本上接近实际就可以了。一般来说，公司高级管理人员对用什么方法编制报告、报告是否平衡等一类问题是不感兴趣的。它所关心的是上期的执行结果怎样，本期要相应采取哪些措施，以便及时安排下一阶段的工作。这种对信息需求的紧迫感主要是在期末和期初。因此，如能在此时及时提供会计信息，则信息的效用就最高。在急用报告中，可以允许对某些经济指标采用科学的估算或测算方法。例如，如果要在月后一天送出经营成果的快速报告，除销售额可以按实际数据提供外，销货成本可按计划成本或毛利率法进行测算；销售费用中的变动费用部分，可按销售额乘以历史实际的一定百分比计算，固定费用部分则按计划预算数计算等。对急需报告中的数字可采用整数，小数部分可以四舍五入。

必须指出，以上只是解决信息的急需问题，至于在以后的正式报表中，则必须列示经过账项调整后的各种准确数字。

此外，为了加快汇总过账和结账工作的进行，可指定每个会计人员都参加一两天结账工作，把日常记账工作暂时放一下，待结账后再做。根据汇总和结算工作日程表的执行情况，发现有落后环节时，会计主管应及时组织突击力量加以解决。

## 第三节　经营账户结账的设计

经营账户是成本和损益类账户的统称。经营账户的结账一般有两种设计方法：一种是月度结转一次（账结法）；另一种是年度结转一次（表结法）。

### 一、月度结转

月度结转一次是指把经营类账户的数字，每月一次结转到其他有关账户，对成本类账户一般都采用这种方法。例如，在工业企业中，间接费用平时通过“生产成本—辅助生产成本”、“制造费用”等账户归集，月底按一定标准分配后，要从上述账户结转至“生产成本—基本生产成本”账户；在算出完工产品实际成本后，再将完工产品成本从“生产成本—基本生产成本”账户结转至“产成品”账户；当产成品销售后，又要将算出的主营业务成本从“产成品”账户结转至“主营业务成本”账户；最后，将“主营业务收入”账户、“主营业务成本”账户等结转至“本年利润”账户。这类结转分录通常也叫结账分录。通过以上结转后，有些经营账户如“制造费用”、“主营业务收入”、“主营业务成本”等账户就每月结平，有些如“生产成本”等账户则仍保留一定的余额，表示在产品成本等。我国目前一般都采用这种结账方法。

### 二、年度结转

年度结转一次是指把经营账户的数字到年底一次结清或结转，而月度不进行结转。采取这种结转方法时，账户余额将反映年内的累计数。通常对生产过程的成本类账户，如“生产成本—辅助生产成本”、“制造费用”、“管理费用”、“生产成本—基本生产成本”等账户，都要采用按月分配计算和结转的办法；只有对销售过程的账户，如“主营业务收入”、“营业外收入”、“主营业务成本”、“期间费用”、“主营业务税金及附加”、“营业外支出”等账户，可以采用年度一次结转的办法，具体如图7—4所示。

采用年度一次结转办法时，由于各类经营账户只反映年初至本期止的累计数，因此，有关本期数就要用上期余额与本期余额的差额数求得。以3月份为例，该月的经营成果可用表结法计算，结果如表7—6所示。

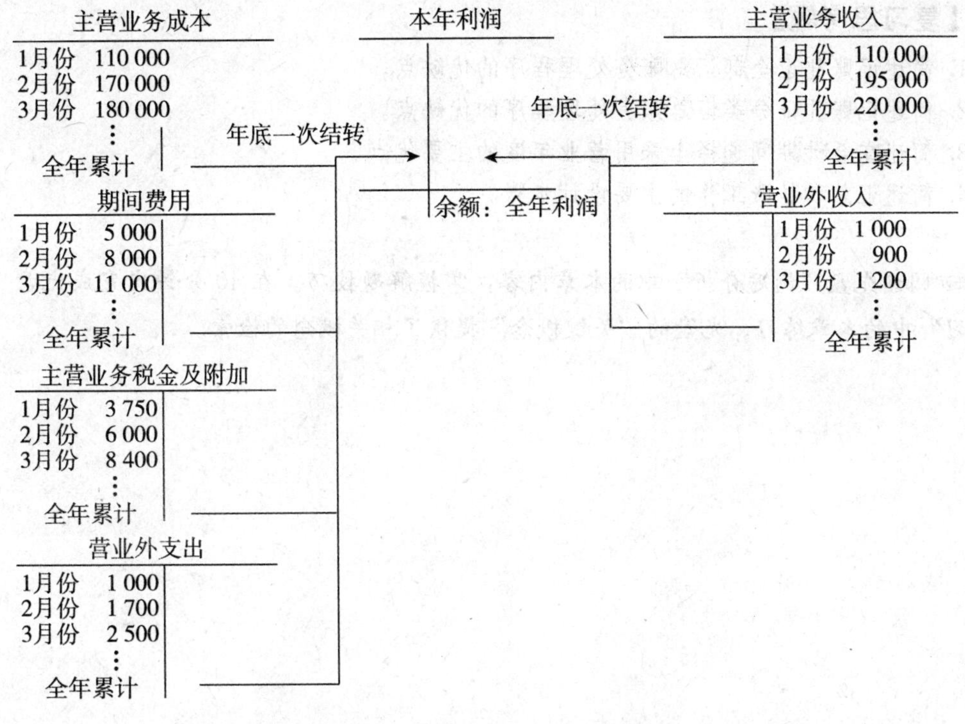


**图 7—4 经营账户年度一次结转流程**

说明：

①图中所列账户系假定将各种收入、成本费用、税金等业务分别设置账户反映。

②账户中列示的各月份数字均指年初至各月底止的累计数。

表 7—6 **汇总和结账日程表**

| 项目 | 2 月末累计余额 | 3 月末累计余额 | 3 月份数字 |
|---|---|---|---|
| 主营业务收入 | 195 000 | 220 000 | 25 000 |
| 主营业务成本 | 170 000 | 180 000 | 10 000 |
| 主营业务税金及附加 | 6 000 | 8 400 | 2 400 |
| 期间费用 | 8 000 | 11 000 | 3 000 |
| 营业利润 | 11 000 | 20 600 | 9 600 |
| 营业外收入 | 900 | 1 200 | 300 |
| 营业外支出 | 1 700 | 2 500 | 800 |
| 利润总额 | 10 200 | 19 300 | 9 100 |

以上两种方法，按月结转对反映月度数字比较清楚，便于编制月度报表。按年结转则可以反映年初至本期的累计情况，有利于和计划对比及检查进度，在实际工作中，大部分企业都采用按月结转方法，以及时提供和分析会计信息。

## 【本章小结】

定期地汇总过账、结账是一个规范的会计核算体系的最后一个环节，其操作过程相对较为简单，只要用心，很容易理解。

## 【复习思考题】

1. 简述记账凭证全部汇总账务处理程序的优缺点。
2. 简述记账凭证分类汇总账务处理程序的优缺点。
3. 简述在会计期间选择上采用营业年度的主要优点。
4. 简述汇总和结账工作的主要设计步骤。

☞阅读光盘“例题分析”中的本章内容，掌握解题技巧。在40分钟内完成光盘“即时练习”中的本章练习。光盘的“关键概念”提供了相关概念的检索。

# 第八章

# 财务会计报告的设计

**学习导航**

用 3 学时学习本章内容。

⊙ **掌握**：财务会计报告的基本内容：财务报表、财务报表附注和财务状况说明书；资产负债表、利润表、现金流量表和所有者权益变动表的设计原理和格式以及其项目排列顺序的设计和提供的数据资料；对内财务报表的特点、设计原则、具体设计，包括日常账务管理用报表、财务状况分析表、经营成果分析表和成本费用表。

⊙ **理解**：财务会计报告的设计意义和设计原则；资产减值准备明细表的设计、所有者权益（或股东权益）变动表的设计、应缴增值税明细表的设计、利润分配表的设计和分部报表的设计。

财务会计报告是一个单位依法向上级和国家有关部门提供或向社会公开披露的，反映该单位某一特定日期财务状况和某一会计期间经营成果、现金流量的文件。编制财务会计报告是对会计核算工作的全面总结，也是及时提供合法、真实、准确、完整会计信息的重要环节。

企业对外提供的财务会计报告应遵照 2000 年 6 月 21 日中华人民共和国国务院令第 287 号《企业财务会计报告条例》的规定进行编制和设计。

企业内部财务会计报告可根据企业实际情况和管理需要自行设计。

# 第一节　财务会计报告的基本内容、设计意义和设计原则

## 一、财务会计报告的基本内容

财务会计报告分为年度、半年度、季度和月度财务会计报告。年度、半年度财务会计报告包括财务报表、财务报表附注和财务情况说明书。

### (一) 财务报表

财务报表是财务会计报告的主要组成部分，它主要根据会计账簿记录，按照会计报表的固定格式和项目口径编制。企业财务报表包括资产负债表、利润表、现金流量表、所有者权益变动表及相关附表。它们分别从不同的侧面反映了某一企业的财务状况、经营成果和理财过程，它们之间存在着相互衔接、相互钩稽的关系。财政部制定的报表体系如表8—1所示。

表 8—1　　全年报表体系

| 编　号 | 会计报表名称 | 编报期 |
|---|---|---|
| 会企 01 表 | 资产负债表 | 月报、中期报告、年报 |
| 会企 02 表 | 利润表 | 月报、中期报告、年报 |
| 会企 03 表 | 现金流量表 | 中期报告、年报 |
| 会企 04 表 | 所有者权益变动表 | 年报 |
| 会企 01 表附表 2 | 应缴增值税明细表 | 月报、年报 |
| 会企 02 表附表 1 | 利润分配表 | 中期报告、年报 |
| 会股 02 表附表 2 | 分部营业利润和资产表 | 年报 |

### (二) 财务报表附注

财务报表中的内容具有一定的固定性和规定性，其所能反映的财务信息受到一定的限制。财务报表附注是为了帮助报表阅读者理解会计报表的内容而对报表的编制基础、编制依据、编制原则和方法及主要项目等做的解释，是对财务报表的补充，是对财务报表中不能包括的内容或者披露不详尽的内容做进一步的解释说明。其主要内容包括：不符合基本会计假设的说明；重要会计政策和会计估计及其变更情况、变更原因及其对财务状况和经营成果的影响；或有事项和资产表日后事项的说明；关联方关系及其交易的说明；重要资产转让及其出售情况；企业合并、分立；重大投资、融资活动；财务报表中重要项目的明细资料以及其他有助于理解和分析财务报表需要说明的事项。

### (三) 财务情况说明书

财务情况说明书主要说明企业生产经营的基本情况；利润实现和分配情况；资金增减和周转情况；税金缴纳情况；各项财产物资变动情况对本期或者下期财务状况发生重大影响的事项；对企业财务状况、经营成果和现金流量有重大影响的事项及其他事项。

### （四）财务报表的分类

1. 按照财务报表用途不同，可分为对外财务报表和对内财务报表两类

（1）对外财务报表。按照我国现行会计准则的规定，企业对外报送的财务报表包括“资产负债表”、“利润表”、“利润分配表”、“现金流量表”、“资产减值准备明细表”、“所有者权益增减变动表”、“分部报表”等。这些对外财务报表的具体格式、编制方法和报送时间均由财政部统一规定，任何单位不得随意增减。

（2）对内财务报表。企业对内财务报表的种类、格式、编制方法及其编制时间均由各企业根据自身的经营特点和管理要求自行规定、自行设计。工业企业对内财务报表一般包括反映企业收支情况的财务报表和反映企业成本、费用情况的财务报表。

2. 按照财务报表所包含的会计主体范围不同，可分为个别财务报表和合并财务报表两类

这种划分是在企业拥有对外投资的情况下，由于控股关系而形成的。

（1）个别财务报表。个别财务报表是指对外投资的单位所编制的只反映本单位财务状况及其经营成果的财务报表，包括对内和对外财务报表。

（2）合并财务报表。合并财务报表是指对外投资的企业，当其投资总额占被投资企业资本总额的50％以上及对被投资企业有控制权的情况下，将投资企业与被投资企业视为一个会计主体，将双方的有关经济指标合并在一起，由投资企业所编制的会计报表。合并财务报表所反映的是投资企业与被投资企业共同的财务状况和经营成果，一般只编制对外财务报表。

3. 按照财务报表所编制的时间不同，可分为定期报表和不定期报表两类

定期报表按照编制的具体时间不同可分为年度财务报表、半年度财务报表、季度财务报表和月度财务报表四种。

**拓展区**

阅读光盘相关内容，加深对上述四种财务报表的理解。

4. 按照财务报表编制单位不同，可分为单位财务报表和汇总财务报表两类

（1）单位财务报表。单位财务报表是指由独立核算的会计主体编制的，用以反映该会计主体的财务状况、经营成果及其收支和成本、费用情况的财务报表。

（2）汇总财务报表。汇总财务报表是由上级主管部门将其所属各基层单位的财务报表，与其本身的财务报表汇总编制而成的财务报表，用以反映一个部门或一个区域的经济情况。

通过财务报表的分类，不难看出财务报表从其反映的经济内容上应设计成一个完整的报表体系，但在具体设计时，则应掌握好重点：从报表编制的用途看，重点是内部报表，因为外部报表的名称、内容、格式、编制方法、编报时间等由财政部统一制定，企业并无自行设计的权利；从报表的编制单位看，主要是基层报表，因为汇总报表是对基层单位对外会计报表的汇总；从报表的编制时间看，主要是定期报表，因为不定期报表具有较大不确定性和偶然性；从报表包括的主体看，主要是个别财务报表，因为合并财务报表均为对外会计报表。

## 二、财务报告的设计意义

会计工作的基本目的和任务是对企业内外部信息使用者提供预决策所需要的会计信息。通过设置科目、填制和审核会计凭证、开设并登记会计账簿等日常核算工作所得到的是零星的、分散的会计信息，参考价值甚微。因此，必须设计财务报表，对日常会计信息进一步进行整理、归纳和汇总，按照一定顺序对会计指标加以排列和组合，形成完整的财务报告体系。设计科学合理的财务报表，对于加强企业经营管理，满足与企业相关的各利害团体的需要，充分发挥会计在国民经济发展中的作用，都具有十分重要的意义。

**（一）为企业经营管理者进行管理提供必要的信息资料**

企业的经营管理者需要经常不断地考核、分析本企业的财务状况和经营情况，总结经验，查明问题存在的原因，改进经营管理工作，提高管理水平，预测经济前景，进行经营决策。所有这些工作能否顺利、正确地进行，很大程度上取决于会计人员提供的会计信息质量，而财务报表是提供会计信息的主要方式。

**（二）为投资者进行投资决策提供必要的信息资料**

企业的投资者包括国家、法人、外商和社会公众等。在投资前需要了解企业的资金状况和经济活动情况，以便做出正确的投资决策；投资后需要了解企业的经营成果、资金使用状况以及资金支付报酬的能力等资料。财务报表是投资者了解如上信息的唯一渠道。

**（三）为债权人进行信贷和信用决策提供必要的信息资料**

在商品经济条件下，商业信贷和商业信用是商品经济发展的重要因素。由商业信贷所形成的债权人主要包括银行、非银行金融机构，它们需要反映企业按时支付利息和偿还债务的资料。由商业信用所形成的债权人是商品经济条件下的一种债权人，也是企业最主要和最普遍的债权人。他们通过供应材料、设备及劳务等交易成为企业的债权人。此外，还有因公司发行债券所形成的债权人（包括法人和社会公众），他们同样需要了解企业偿债能力的资料。财务报表是债权人了解这些信息的主要渠道。

**（四）为财政、工商、税务等行政管理部门提供对企业实施管理和监督的各种信息资料**

财政、工商、税务等行政管理部门履行国家管理企业的职能，负责检查企业的资本金到位情况、资金使用情况、成本计算情况、利润的形成和分配情况以及税金的计算和缴纳情况，检查企业财经法纪的遵守情况。财务报表作为集中、概括反映企业经济活动情况及其结果的会计载体，是财政、工商、税务各部门对企业实施管理和监督的重要资料。

**（五）为企业内部审计机构和外部审计部门检查、监督企业的生产经营活动提供必要的信息资料**

审计包括企业内部审计和外部审计。内部审计是指企业内部成立的审计机构对本单位的会计工作实施的审计。外部审计包括国家审计和社会审计。国家审计是指由国家财政、审计等部门依法对企业会计工作实施的审计。社会审计是指会计师事务所对企业会计工作实施的审计。审计工作一般是从财务报表审计开始的，财务报表不仅能够为审计工作提供详尽、全面的数据资料，而且可以为进一步审计会计凭证和会计账簿指明方向。

## 三、财务报表的设计原则

为了充分发挥财务报表的作用，便于报表使用者进行分析和决策，在设计财务报表

时，应遵循以下原则：

**（一）完整性与系统性原则**

即财务报表及其指标体系应当严密完整。任何一个企业要想全面、准确地反映一定时期的经营活动过程及其结果，提供信息使用者所需要的全部会计信息，必须建立一套完整的财务报表体系，并根据国家现行会计准则、企业的经营特点和管理要求设置各个层次、各个方面的指标，各种财务报表中的指标应当相互联系、相互补充、相互衔接，共同构成一个完整的、系统的财务指标体系，以便反映企业经济活动的全貌。

**（二）统一性与灵活性相结合原则**

即财务报表的设计既要对外满足国家统一规定，又要对内满足企业具体需要。

企业设计财务报表，首先，应遵照现行会计准则的规定，设计对外财务报表，其报送的各种财务报表的种类、名称、格式、内容、编制方法、报送时间和程序等必须与现行会计准则保持一致。其次，应结合企业自身管理的要求和业务的特点，设计适合于本单位需要的各种对内财务报表，其种类、名称、格式、内容、编制方法、报送时间和程序等由各单位自行确定。

**（三）稳定性原则**

即报表指标内容、名称应保持相对稳定性。会计报表不论是对外财务报表还是对内财务报表，都是由一系列的指标构成的，并且各报表内部指标之间以及不同报表指标之间都具有一定的联系，它们的有机结合方能更加准确地提供会计信息。设计财务报表的过程实质上也是设计报表指标体系的过程。因此，报表指标及指标体系一经确定，就不应随意改动，以保持不同时期报表指标的可比性，使信息使用者通过不同时期的同类和同种会计指标的对比，考查企业的成长性，评价企业的经济效益。

**（四）简易性原则**

即报表内容及指标要力求简明易懂，便于编制。会计工作是一项专业性极强的工作，财务报表作为会计工作的最终产品，也必然具有极强的专业性。但是，由于财务报表应用广泛，其所涉及的使用者并非全部为会计专业人士，而绝大多数为非会计专业人员，因此，为了保证会计人员及时编报会计报表，也为了广大会计信息使用者能够在较小的使用成本下准确理解会计信息，正确、及时地应用会计信息，财务报表的内容及指标应力求概括，简明易懂，并便于编制。

## 第二节　对外财务报表的设计

我国现行企业会计准则对该类对外财务报表，分别按一般企业、商业银行、保险公司、证券公司等企业类型予以规定，并对其名称、格式、内容、编制时间、编报方法、计量单位、编号、补充资料等也都作了明确的规定，企业没有设计的自主权，为便于读者了解我国对外财务报表的设计情况，本书对“资产负债表”、“利润表”、“所有者权益变动表”和“现金流量表”四大基本对外报表及“资产减值准备明细表”、“应缴增值税明细表”和“分部报表”三种新增加报表除介绍设计知识外，还将列示表格。

## 一、资产负债表的设计

### （一）设计原理和格式

资产负债表是反映企业某一特定日期的财务状况的报表，其设计原理是资产等于负债加所有者权益这一会计恒等式，是对企业一定日期的资产、负债和所有者权益项目，按照一定的分类标准和顺序进行的排列组合。

资产负债表有“账户式”和“报告式”两种格式。账户式又称平衡式，是根据会计恒等式设计的，把报表分为左、右两部分，左方为资产，右方为权益，左、右两方数字必然相等，权益又分为上下两部分，上部分列示负债，下部分列示所有者权益。报告式又称垂直式，是根据“资产－负债＝所有者权益”公式设计的。报表项目自上而下排列，依次为资产、负债和所有者权益。

账户式资产负债表的优点是对资产、负债和所有者权益的等式关系列示比较直观，能一目了然地看出企业的财务状况和资本结构，便于查阅、理解和应用，目前，我国企业会计制度中规定使用账户式资产负债表。

### （二）项目排列顺序的设计

资产负债表项目的排列方法一般有两种：其一，按照目的重要程度排列，即按各项目在总体中所占的比重在生产经营过程中的重要性排列，其目的是为满足国家宏观管理需要而设计。其二，按存在期的长短或形成的时间早晚排列，如资产和负债即按存在期的长短排列，资产按流动资产、长期投资、固定资产、无形资产和其他资产、递延税项排列；负债按流动负债、长期负债、递延税项排列，所有者权益则按形成时间的早晚排列，依次为实收资本、资本公积、盈余公积和未分配利润。这种设计的目的是便于信息使用者分析和评价企业偿债能力，我国资产负债表采用此种排列顺序。

### （三）提供的数据资料

为反映企业财务状况与前期相比的变动情况，资产负债表各项应提供期末余额和年初余额两个数据。具体如表 8—2 所示。

**表 8—2　　　　资产负债表（一般企业）**

会企 01 表

编制单位：　　　　年　月　日　　　　单位：元

| 资　产 | 期末余额 | 年初余额 | 负债和股东权益（或股东权益） | 期末余额 | 年初余额 |
|---|---|---|---|---|---|
| 流动资产： | | | 流动负债： | | |
| 货币资金 | | | 短期借款 | | |
| 交易性金融资产 | | | 交易性金融负债 | | |
| 应收票据 | | | 应付票据 | | |
| 应收账款 | | | 应付账款 | | |
| 预付账款 | | | 预收账款 | | |
| 应收利息 | | | 应付职工薪酬 | | |
| 应收股利 | | | 应缴税费 | | |

续前表

| 资　产 | 期末余额 | 年初余额 | 负债和股东权益（或股东权益） | 期末余额 | 年初余额 |
|---|---|---|---|---|---|
| 其他应收款 | | | 应付利息 | | |
| 存货 | | | 应付股利 | | |
| 一年内到期的非流动资产 | | | 其他应付款 | | |
| 其他流动资产 | | | 一年内到期的非流动负债 | | |
| 流动资产合计 | | | 其他流动负债 | | |
| 非流动资产： | | | 流动负债合计 | | |
| 可供出售金融资产 | | | 非流动负债： | | |
| 持有至到期投资 | | | 长期借款 | | |
| 长期应收款 | | | 应付债券 | | |
| 长期股权投资 | | | 长期应付款 | | |
| 投资性房地产 | | | 专项应付款 | | |
| 固定资产 | | | 预计负债 | | |
| 在建工程 | | | 递延所得税负债 | | |
| 工程物资 | | | 其他非流动负债 | | |
| 固定资产清理 | | | 非流动负债合计 | | |
| 生产性生物资产 | | | 负债合计 | | |
| 油气资产 | | | 所有者权益（或股东权益）： | | |
| 无形资产 | | | 实收资本（或股本） | | |
| 开发支出 | | | 资本公积 | | |
| 商誉 | | | 减：库存股 | | |
| 长期待摊费用 | | | 盈余公积 | | |
| 递延所得税资产 | | | 未分配利润 | | |
| 其他非流动资产 | | | 所有者权益（或股东权益）合计 | | |
| 非流动资产合计 | | | | | |
| 资产总计 | | | 负债和所有者权益（或股东权益）总计 | | |

## 二、利润表的设计

### （一）设计原理和格式

利润表又称损益表，是反映企业一定时期经营成果的财务报表，其设计原理是“收入－费用＝利润”这一会计计算公式，各项收入指标和费用指标的排列顺序不同，报表的格式也就不同，目前，利润表的格式主要是单步式和多步式两种。

单步式利润表是指在利润表中，将本期所有收入加在一起，再把所有费用加在一起，两者相减，一次性计算出净利润。多步式利润表是指在利润表中，净利润是通过多个连续的步骤逐步计算出来的，它反映企业在净利润形成过程中每一类业务所获得的业绩，多步式一般分为四个步骤：第一步是从营业收入中减去营业成本和营业税金及附加，再加投资收益减销售费用、管理费用、财务费用和资产减值损失后计算出营业利润；第二步是用营业利润加营业外收入，减去营业外支出后计算出利润总额；第三步是从利润总额中减去所得税费用计算出净利润；第四步是根据净利润计算出每股权益。

单步式利润表的优点是简单直观、易于编制和理解，缺点是不能反映净利润的形成过程及结构，不利于对企业经营成果进行分析和对未来盈利能力的预测，而多步式利润表虽编制烦琐，但却能够提供利润构成的形成情况，便于信息使用者对企业经营成果的分析和对未来盈利能力的预测，我国企业会计准则规定采用多步式利润表。

### （二）项目排列顺序的设计

在多步式利润中，项目是按重要性排列的，依次为营业收入、营业利润、利润总额、净利润和每股收益。

### （三）提供的数据资料

为反映企业各会计期间的经营业绩和全面累计经营业绩，利润表中各项应提供本期实际金额和上期金额两个数据资料。具体如表 8—3 所示。

**表 8—3** **利润表（一般企业）**

会企 02 表

编制单位： 年 月 单位：元

| 项　目 | 本期金额 | 上期金额 |
|---|---|---|
| 一、营业收入 | | |
| 减：营业成本 | | |
| 营业税金及附加 | | |
| 销售费用 | | |
| 管理费用 | | |
| 财务费用 | | |
| 资产减值损失 | | |
| 加：公允价值变动收益（损失以“—”号填列） | | |
| 投资收益（损失以“—”号填列） | | |
| 其中：对联营企业和合营企业的投资收益 | | |
| 二、营业利润（亏损以“—”号填列） | | |
| 加：营业外收入 | | |
| 减：营业外支出 | | |
| 其中：非流动资产处置损失 | | |
| 三、利润总额（亏损总额以“—”号填列） | | |
| 减：所得税费用 | | |
| 四、净利润（净亏损以“—”号填列） | | |
| 五、每股收益： | | |
| （一）基本每股收益 | | |
| （二）稀释每股收益 | | |

## 三、现金流量表的设计

### （一）设计的原理和结构

现金流量表是反映企业某一特定日期（通常是年末）现金及现金等价物的流入、流出及其净额的报表。其中，现金是指库存现金和可以随时用于支付的存款；现金等价物是指企业持有的期限短、流动性强、易于转化为现金、价值变化风险较小的投资；现金流量是指现金流入量和流出量的差。现金流量表的设计原理是“现金流入量－现金流出量＝现金净流量”，其设计意义在于正确评价企业的支付能力，分析企业收益质量及影响现金流量的因素，预测企业未来的现金流量。

现金流量表由经营活动现金流量、投资活动现金流量和筹资活动现金流量三个基本部分构成，每一部分现金净流量都是以上述计算公式设计的，三部分现金净流量之和即为企业总的现金流量。

### （二）现金流量表编制方法的设计

现金流量表中的经营活动现金流量可按现金的来源和运用直接填制，也可以以净利润为基础调整填制。因此，现金流量表有直接法和间接法两种编制方法，按直接法编制现金流量表的优点是可以分析企业经营活动现金流量的来源和用途，预测企业未来现金流量的前景，采用间接法编制现金流量的特点是便于对净利润与经营活动现金净流量进行比较，了解净利润与经营活动现金流量存在差异的原因，从现金流量的角度分析净利润的质量。考虑到两种编制方法各有优点，而且都对信息使用者的预决策有重要意义。因此，我国企业会计准则规定先按直接法编制三个基本部分，然后再考虑汇率变动影响，按间接法求出当期现金及现金等价物净增加额，加上期初数，计算出期末现金及现金等价物余额。

现行会计制度规定，现金流量表至少每年编制一次，表中各项目只需提供本年的数据资料。具体如表 8—4 所示。

**表 8—4**　　　　**现金流量表（一般企业）**

会企 03 表

编制单位：　　　　年　月　　　　单位：元

| 项　目 | 本期金额 | 上期金额 |
|---|---|---|
| 一、经营活动产生的现金流量： | | |
| 销售商品、提供劳务收到的现金 | | |
| 收到的税费返还 | | |
| 收到的其他与经营活动有关的现金 | | |
| 经营活动现金流入小计 | | |
| 购买商品、接受劳务支付的现金 | | |
| 支付给职工以及为职工支付的现金 | | |
| 支付的各项税费 | | |
| 支付的其他与经营活动有关的现金 | | |
| 经营活动现金流出小计 | | |
| 经营活动产生的现金流量净额 | | |

续前表

| 项　目 | 本期金额 | 上期金额 |
| --- | --- | --- |
| 二、投资活动产生的现金流量： | | |
| 收回投资收到的现金 | | |
| 取得投资收益收到的现金 | | |
| 处置固定资产、无形资产和其他长期资产收回的现金净额 | | |
| 处置子公司及其他营业单位收到的现金净额 | | |
| 收到的其他与投资有关的现金 | | |
| 投资活动现金流入小计 | | |
| 购建固定资产、无形资产和其他长期资产支付的现金 | | |
| 投资支付的现金 | | |
| 取得子公司及其他营业单位收到的现金净额 | | |
| 支付其他与投资有关的现金 | | |
| 投资活动现金流出小计 | | |
| 投资活动产生的现金流量净额 | | |
| 三、筹资活动产生的现金流量： | | |
| 吸收投资收到的现金 | | |
| 取得借款收到的现金 | | |
| 收到的其他与筹资活动有关的现金 | | |
| 筹资活动现金流入小计 | | |
| 偿还债务支付的现金 | | |
| 分配股利、利润或偿付利息支付的现金 | | |
| 支付其他与筹资活动有关的现金 | | |
| 筹资活动现金流出小计 | | |
| 筹资活动产生的现金流量净额 | | |
| 四、汇率变动对现金及现金等价物的影响额 | | |
| 五、现金及现金等价物净增加额 | | |
| 加：期初现金及现金等价物余额 | | |
| 六、期末现金及现金等价物余额 | | |

## 四、企业财务报表附注的设计

附注是财务报表的重要组成部分。企业应当按照规定披露附注信息，主要包括下列内容：

### (一) 企业的基本情况

(1) 企业注册地、组织形式和总部地址。

(2) 企业的业务性质和主要经营活动。

(3) 母公司以及集团最终母公司的名称。

（4）财务报告的批准报出者和财务报告批准报出日。

**（二）遵循企业会计准则的声明**

企业应当声明编制的财务报表符合企业会计准则的要求，真实、完整地反映了企业的财务状况、经营成果和现金流量等有关信息。

**（三）重要会计政策和会计估计**

企业应当披露采用的重要会计政策和会计估计，不重要的会计政策和会计估计可以不披露。在披露重要会计政策和会计估计时，应当披露重要会计政策的确定依据和财务报表项目的计量基础，以及会计估计中所采用的关键假设和不确定因素。

**（四）会计政策和会计估计变更以及差错更正的说明**

企业应当按照《企业会计准则第 28 号——会计政策、会计估计变更和差错更正》及其应用指南的规定，披露会计政策和会计估计变更以及差错更正的有关情况。

**（五）报表重要项目的说明**

企业对报表重要项目的说明，应当按照资产负债表、利润表、现金流量表、所有者权益变动表及其项目列示的顺序，采用文字和数字描述相结合的方式进行披露。报表重要项目的明细金额合计，应当与报表项目金额相衔接。

1. 交易性金融资产的披露格式如表 8—5 所示。

**表 8—5**

| 项　目 | 期末公允价值 | 年初公允价值 |
|---|---|---|
| 1. 交易性债券投资 | | |
| 2. 交易性权益工具投资 | | |
| 3. 指定为以公允价值计量且其变动计入当期损益的金融资产 | | |
| 4. 衍生金融资产 | | |
| 5. 其他 | | |
| 合　计 | | |

2. 应收款项

（1）应收账款按账龄结构披露的格式如表 8—6 所示。

**表 8—6**

| 账龄结构 | 期末账面余额 | 年初账面余额 |
|---|---|---|
| 1 年以内（含 1 年） | | |
| 1 年至 2 年（含 2 年） | | |
| 2 年至 3 年（含 3 年） | | |
| 3 年以上 | | |
| 合　计 | | |

注：有应收票据、预付账款、长期应收款的，比照应收账款进行披露。

（2）应收账款按客户类别披露的格式如表 8—7 所示。

**表 8—7**

| 客户类别 | 期末账面余额 | 年初账面余额 |
|---|---|---|
| 客户 1 | | |
| …… | | |
| 其他客户 | | |
| 合　计 | | |

注：有应收票据、预付账款、长期应收款的，比照应收账款进行披露。

（3）固定资产的披露格式如表 8—8 所示。

**表 8—8**

| 项　目 | 年初账面余额 | 本期增加额 | 本期减少额 | 期末账面余额 |
|---|---|---|---|---|
| 一、原价合计 | | | | |
| 其中：房屋、建筑物 | | | | |
| 机器设备 | | | | |
| 运输工具 | | | | |
| …… | | | | |
| 二、累计折旧合计 | | | | |
| 其中：房屋、建筑物 | | | | |
| 机器设备 | | | | |
| 运输工具 | | | | |
| …… | | | | |
| 三、固定资产减值准备累计金额合计 | | | | |
| 其中：房屋、建筑物 | | | | |
| 机器设备 | | | | |
| 运输工具 | | | | |
| …… | | | | |
| 四、固定资产账面价值合计 | | | | |
| 其中：房屋、建筑物 | | | | |
| 机器设备 | | | | |
| 运输工具 | | | | |
| …… | | | | |

（4）其他流动负债的披露格式如表 8—9 所示。

**表 8—9**

| 项　目 | 期末账面余额 | 年初账面余额 |
|---|---|---|
| 1. | | |
| …… | | |
| 合　计 | | |

有预计负债、其他非流动负债的，比照其他流动负债进行披露。

（5）营业收入的披露格式如表 8—10 所示。

**表 8—10**

| 项　目 | 本期发生额 | 本期发生额 |
|---|---|---|
| 1. 主营业务收入 | | |
| 2. 其他业务收入 | | |
| 合　计 | | |

**（六）或有事项**

按照《企业会计准则第 13 号——或有事项》第十四条和第十五条的相关规定进行披露。

**（七）资产负债表日后事项**

（1）每项重要的资产负债表日后非调整事项的性质、内容，及其对财务状况和经营成果的影响。无法作出估计的，应当说明原因。

（2）资产负债表日后，企业利润分配方案中拟分配的以及经审议批准宣告发放的股利或利润。

**（八）关联方关系及其交易**

（1）本企业的母公司有关信息披露格式如表 8—11 所示。

**表 8—11**

| 母公司名称 | 注册地 | 业务性质 | 注册资本 |
|---|---|---|---|
| | | | |
| | | | |

母公司不是本企业最终控制方的，说明最终控制方名称。

母公司和最终控制方均不对外提供财务报表的，说明母公司之上与其最相近的对外提供财务报表的母公司名称。

（2）母公司对本企业的持股比例和表决权比例。

（3）本企业的子公司有关信息披露格式如表 8—12 所示。

**表 8—12**

| 子公司名称 | 注册地 | 业务性质 | 注册资本 | 本企业合计持股比例 | 本企业合计享有的表决权比例 |
|---|---|---|---|---|---|
| | | | | | |
| | | | | | |

（4）本企业的合营企业有关信息披露格式如表 8—13 所示。

**表 8—13**

| 被投资单位名称 | 注册地 | 业务性质 | 本企业持股比例 | 本企业在被投资单位表决权比例 | 期末资产总额 | 期末负债总额 | 本期营业收入总额 | 本期净利润 |
|---|---|---|---|---|---|---|---|---|
| | | | | | | | | |
| | | | | | | | | |

（5）本企业与关联方发生交易的，分别说明各关联方关系的性质、交易类型及交易要素。交易要素至少应当包括：

1）交易的金额。

2）未结算项目的金额、条款和条件，以及有关提供或取得担保的信息。

3）未结算应收项目的坏账准备金额。

4）定价政策。

## 五、资产减值准备明细表的设计

按照现行企业会计制度规定的实质重于形式原则和谨慎性原则，企业应当定期或至少于每年年度终了对各项资产进行全面检查，合理地预计各项资产可能发生的损失，对可能发生的各项资产损失计提资产减值准备，并于每年年末编制“资产减值准备明细表”，以提供当年各项资产减值损失的计提、转回、转销和余额情况的信息，该表的具体格式和内容如表 8—14 所示。

**表 8—14　　资产减值准备明细表**

会企 01 表附表 1

编制单位：　　××××年　　单位：元

| 项　目 | 年初账面余额 | 本年计提额 | 本年减少额 | | 期末账面余额 |
|---|---|---|---|---|---|
| | | | 转回 | 转销 | |
| 一、坏账准备合计 | | | | | |
| 其中：应收账款 | | | | | |
| 其他应收款 | | | | | |
| 二、存货跌价准备 | | | | | |
| 三、可供出售金融资产减值准备 | | | | | |
| 四、持有至到期投资减值准备 | | | | | |
| 五、长期股权投资减值准备 | | | | | |
| 六、投资性房地产减值准备 | | | | | |
| 七、固定资产减值准备 | | | | | |
| 八、工程物资减值准备 | | | | | |
| 九、在建工程减值准备 | | | | | |
| 十、生产性生物资产减值准备 | | | | | |
| 其中：成熟生产性生物资产减值准备 | | | | | |
| 十一、油气资产减值准备 | | | | | |
| 十二、无形资产减值准备 | | | | | |
| 其中：专利权 | | | | | |
| 商标权 | | | | | |
| 十三、商誉减值准备 | | | | | |
| 十四、其他 | | | | | |

单位负责人：　　会计主管：　　会计：

## 六、所有者权益（或股东权益）变动表的设计

所有者权益（或股东权益）变动表是资产负债表的附表，反映一定会计期末股东权益的增减变动情况和结果，属于年报，主要内容应包括实收资本、资本公积、盈余公积和未分配利润的年初和本年增减变动数额。

## 七、分部报表的设计

分部报表是反映企业各业务分部、各地区经营业务的营业收入、营业费用、营业利润、资产总额和负债总额情况的报表，是利润表的附表。下面以业务分部（以地区分部为报告形式的，比照业务分部格式进行披露）报表为例说明报表的内容和格式，如表 8—15 所示。

表 8—15　　　　分部报表（业务分部）

会企 02 表附表 1

编制单位：　　　　××××年　　　　单位：元

| 项　目 | 业务 | | 业务 | | …… | | 其他业务 | | 抵消 | | 合计 | |
|---|---|---|---|---|---|---|---|---|---|---|---|---|
| | 本期 | 上期 | 本期 | 上期 | | | 本期 | 上期 | 本期 | 上期 | 本期 | 上期 |
| 一、营业收入合计 | | | | | | | | | | | | |
| 其中：对外交易收入 | | | | | | | | | | | | |
| 分部间交易收入 | | | | | | | | | | | | |
| 二、营业费用 | | | | | | | | | | | | |
| 其中：对外交易费用 | | | | | | | | | | | | |
| 分部间交易费用 | | | | | | | | | | | | |
| 三、营业利润（亏损） | | | | | | | | | | | | |
| 四、资产总额 | | | | | | | | | | | | |
| 五、负债总额 | | | | | | | | | | | | |
| 六、补充信息 | | | | | | | | | | | | |
| 1. 折旧和摊销费用 | | | | | | | | | | | | |
| 2. 资本性支出 | | | | | | | | | | | | |
| 3. 折旧和摊销以外的非现金费用 | | | | | | | | | | | | |

单位负责人：　　　　会计主管：　　　　会计：

# 第三节　对内财务报表的设计

对内财务报表是为企业各管理部门提供的报表，其作用在于为管理部门及时提供必要的预测、决策所需要的会计信息，是财务报表体系的重要组成部分。

## 一、对内财务报表的特点和设计原则

### （一）对内财务报表的特点

与对外财务报表相比，对内报表的设计权完全归属于企业，没有统一性，因此在报表的种类、内容、格式及编报时间上都不同。其特点表现如下：

1. 报表内容有较强的针对性

对外财务报表的报送对象是外界信息使用者，为了满足不同信息使用者的需要，会计报表的内容具有普遍性，而内部报表是为了满足本单位管理部门或管理人员的特定管理要求设计的，其内容具有较强的针对性。

2. 报表指标的多样性

在对外报表中，为了综合反映企业财务状况和经营成果，便于信息使用者对指标的分析和评价，采用的指标都是价值指标，而对内报表是为企业的经营管理服务的，其使用重点是通过对报表指标的分析、比较和评价，检查计划和预算执行情况和结果，分析计划和预算执行中存在的问题和不足，总结计划和预算执行过程中的经验，以便提高企业的管理水平，因此，采用的指标不仅有价值指标，还应有实物指标；不仅有绝对指标，还应有相对指标；不仅有定量指标，还应有定性指标。

3. 编报期限的灵活性

对外报表都是要求定期编报的报表，具有报表报送的最后限制期间，而对内报表根据报表的使用要求和报送对象，应具有一定的灵活性，既可按年、季、月定期编报，也可根据企业经营和内部管理的需要不定期编报。

4. 报表种类的不固定性

对内报表由于是根据企业经营和管理需要而设计的，因此，不同时期因管理需要不同，报表的种类也有所不同。

### （二）对内报表的设计要求

对内报表是企业进行经营预测和决策、考核评价经营业绩的重要依据，内部报表设计是否适宜将直接关系到企业的经营决策，因此，设计对内报表时应符合以下要求：

1. 适用性

设计对内报表时，在指标内容上应力求具有专题性、前瞻性和实用性，不要求全面系统，而要求按使用者的需要设计，做到针对性强、实用价值高、要点突出、易于编制。

2. 简明性

对内报表是直接为企业生产、经营、管理服务的，在适用的基础上，其格式和指标名称应尽量简单明了，便于理解。

3. 及时性

企业管理层做出的预测决策具有极强的时效性，而报表信息是企业预测决策的主要依据，因此，报表的编报必须及时，不得拖延。

## 二、对内财务报表的具体设计

对内财务报表是企业内部经营管理者进行预测决策的重要依据，由于企业的经营规模

和管理要求不同，需要设计的内部报表种类也不一致，大中型工业和商品流通企业一般可以考虑设计以下几种报表：

## （一）日常财务管理用报表

企业日常管理主要是指货币资金管理、存货管理和销售管理。为了适应日常管理的需要，通常需要编制反映当日货币资金增减变动和结余情况、当日或一段时间的存货增减变动和结存情况以及当日和一段时间商品销售情况的财务报表，这类报表可以按日编制，也可以视业务量按周、按旬或按月编制。

1. 货币资金增减变动情况表

货币资金增减变动情况表是反映企业现金及银行存款每日增减变动及其余额情况的财务报表，由出纳员在每日业务终了后，根据现金、银行存款日记账及其他有关资料编制，报送会计负责人和企业主要领导，以便及时掌握企业现金和银行存款的变动情况，合理调配资金，并准确做出货币资金的使用决策。

为全面反映企业各项货币资金的变动、结余和存放情况，便于资金调度，设计该表时应突出三方面内容：一是当日实际资金余额，它是昨日账面余额，加上本日增加金额，再减去本日减少金额计算得出；二是本日货币资金增加的渠道和减少的去向；三是资金的存放地点和账户。

2. 银行借款报告单

银行借款报告单是对企业各种银行借款的借入、偿还和结欠情况进行详细反映的报表。一般由主管银行借款的会计人员在每月底编制并报送会计负责人和企业主要负责人，使其及时了解和掌握银行借款的增减变动和余额情况，以便加强银行借款管理，按期归还借款。

设计该表，应按银行借款的种类（短期借款、长期借款）划分档次，分别反映它们每月的借入、归还和欠款数，备注栏可填借款行和到期日等。

3. 进货日报表

进货日报表是对企业每日材料或商品购进的详细情况进行反映的一张业务报表，一般由主管材料和应付账款业务的会计人员在每日工作结束时编制并报送采购部门和其他有关部门，以便他们及时了解物资采购计划的执行情况，加强对采购业务的管理。为了反映材料采购资金的结算情况，应按现购和赊购分别列示。其参考格式如表 8—16 所示。

表 8—16

进货日报表

年 月 日

单位：元

| 品名 | 规格及型号 | 计量单位 | 数量 | 单价 | 金额 | | | 本月累计购进 | | 备注 |
|---|---|---|---|---|---|---|---|---|---|---|
| | | | | | 现购 | 赊购 | 合计 | 数量 | 金额 | |
| | | | | | | | | | | |
| | | | | | | | | | | |
| 合计 | | | | | | | | | | |

会计主管： 制表： 审核：

4. 销货日报表

销货日报表是对每日商品销售的详细情况进行反映的一张业务报表，一般由主管销售和应收账款业务的会计人员在每日工作结束时编制并报送企业主要负责人及其他有关部门，以便他们及时了解和掌握企业销售计划的执行情况，及时发现问题，调整销售方式，改进销售策略，增加销售收入，减少销售风险。为了反映销货的结算情况，也应按现销和赊销分开列示。其参考格式如表8—17所示。

表8—17 销货日报表

年 月 日 单位：元

| 品名 | 规格及型号 | 计量单位 | 数量 | 单价 | 金额 | | | 本月累计销售 | | 备注 |
|---|---|---|---|---|---|---|---|---|---|---|
| | | | | | 现购 | 赊购 | 合计 | 数量 | 金额 | |
| | | | | | | | | | | |
| 合计 | | | | | | | | | | |

会计主管： 制表： 审核：

### （二）财务状况分析表

财务状况分析表是指根据资产负债表的有关资料，对各项资产、负债和所有者权益在各自总额中所占比重及报告期和基期比较的变化情况进行分析的报表，也称资产负债分析表。通过分析表，可以考察资产、负债的构成是否合理，便于了解企业的偿债能力，预测企业未来的财务状况。其参考格式如表8—18所示。

表8—18 资产负债分析表

年 月 日 单位：元

| 资产项目 | 上期数 | 本期数 | | | 负债及所有者权益 | 上期数 | 本期数 | | |
|---|---|---|---|---|---|---|---|---|---|
| | | 金额 | 增减额 | 增减百分比 | | | 金额 | 增减额 | 增减百分比 |
| 一、流动资产 | | | | | 一、流动负债 | | | | |
| 1. 货币资金 | | | | | 1. 短期借款 | | | | |
| 2. 短期投资 | | | | | 2. 应付款项 | | | | |
| 3. 应收款项 | | | | | 二、长期负债 | | | | |
| 4. 存货 | | | | | 1. 长期借款 | | | | |
| 二、非流动资产 | | | | | 2. 应付债券 | | | | |
| 1. 长期投资 | | | | | 3. 长期应付款 | | | | |
| 2. 固定资产 | | | | | 三、所有者权益 | | | | |
| 3. 无形资产 | | | | | 1. 投入资金 | | | | |
| 4. 其他资产 | | | | | 2. 留存收益 | | | | |
| 合计 | | | | | 合计 | | | | |

### （三）经营成果分析表

经营成果分析表主要是对企业一定时期构成经营成果的各项目本期实际数与计划数或上期数或上年同期实际数等进行比较和分析的报表。利用此表，可以反映出本期利润与对比数之间的关系，确定增减变动情况以及各项目对利润总额变化的影响程度，以便据此查明利润升降的原因，总结经验，发现问题，提出措施，改进工作。

经营成果分析表一般包括利润分析表、主营业务利润明细表（主营业务收支明细表）、营业外收支明细表、管理费用明细表、营业费用明细表等。

1. 利润分析表

为了反映利润计划的本期和本年累计执行情况，设计损益分析表时应按本期数和本年累计数分设栏目，并按利润的构成项目反映它们的实际数、计划数（或其他对比数）、差异数和增减百分比。对比数字可以选择一个，也可以选多个。本书以计划数为对比数，其参考格式如表 8—19 所示。

**表 8—19**

**利润分析表**

年　　月

单位：元

| 项目 | 本期数 | | | | 本年累计数 | | | |
|---|---|---|---|---|---|---|---|---|
| | 实际数 | 计划数 | 差异额 | 完成计划百分比 | 实际数 | 计划数 | 差异额 | 完成计划百分比 |
| 一、主营业务利润 | | | | | | | | |
| 加：其他业务利润 | | | | | | | | |
| 减：管理费用 | | | | | | | | |
| 营业费用 | | | | | | | | |
| 财务费用 | | | | | | | | |
| 二、营业利润 | | | | | | | | |
| 加：投资收益 | | | | | | | | |
| 补贴收入 | | | | | | | | |
| 营业外收入 | | | | | | | | |
| 减：营业外支出 | | | | | | | | |
| 三、利润总额 | | | | | | | | |
| 减：所得税 | | | | | | | | |
| 四、净利润 | | | | | | | | |

会计主管：　　　　制表：　　　　审核：

2. 主营业务利润分析表

主营业务利润分析表可分别按主营业务利润结构和采用因素分析法进行编制。按主营业务利润结构编制主营业务利润分析表是指按主营业务种类或者是所售商品品种分栏设计，反映每类主营业务或每一商品营业收入、营业成本、营业税金及附加的本期实际数与计划数（或上期数、上年同期数、上年平均数等），通过比较，分析和考核各主营业务或所售商品营业情况的报表。其一般格式如表8—20所示。

表8—20

主营业务利润分析表

年　月

单位：元

| 项目／商品名称 | 主营业务收入 | | | | 主营业务成本 | | | | 主营业务税金及附加 | | | | 主营业务利润 | | | |
|---|---|---|---|---|---|---|---|---|---|---|---|---|---|---|---|---|
| | 实际数 | 计划数 | 差异额 | 完成计划百分比 | 实际数 | 计划数 | 差异额 | 完成计划百分比 | 实际数 | 计划数 | 差异额 | 完成计划百分比 | 实际数 | 计划数 | 差异额 | 完成计划百分比 |
| | | | | | | | | | | | | | | | | |
| | | | | | | | | | | | | | | | | |
| | | | | | | | | | | | | | | | | |
| | | | | | | | | | | | | | | | | |
| 合　计 | | | | | | | | | | | | | | | | |

会计主管：　　　　制表：　　　　审核：

利用因素分析法编制主营业务利润分析表，是对主营业务利润计划执行情况进行重点分析所使用的报表。该表与“其他业务利润分析表”、“营业外收支明细表”一起，共同反映利润计划执行情况和升降原因。设计该表时，应把影响主营业务利润的各个因素及其影响程度反映出来。其一般格式如表8—21所示。

表8—21

主营业务利润明细表

年　月

单位：元

| 影响主营业务利润变动的因素 | 影响利润变动金额 | 各影响因素占总变动额的百分比 |
|---|---|---|
| 商品销售价格变动影响 | | |
| 商品销售税金变动影响 | | |
| 商品销售数量变动影响 | | |
| 商品销售成本变动影响 | | |
| 商品销售结构变动影响 | | |
| 合　计 | | |

会计主管：　　　　制表：　　　　审核：

3. 其他业务利润分析表

其他业务利润分析表是按其他业务种类分栏设计，将各种其他业务收入、支出实际数

与上年实际平均数或本年计划数比较（本书选用上年实际平均数为对比数），用以分析其他业务利润增减变动情况的报表。其一般格式如表8—22所示。

表8—22

**其他业务利润分析表**

年 月

单位：元

| 项目 / 业务类型 | 其他业务收入 | | | | 其他业务支出 | | | | 其他业务利润 | | | |
|---|---|---|---|---|---|---|---|---|---|---|---|---|
| | 实际数 | 上年实际平均数 | 增减额 | 同比增减百分比 | 实际数 | 上年实际平均数 | 增减额 | 同比增减百分比 | 实际数 | 上年实际平均数 | 增减额 | 同比增减百分比 |
| 转让无形资产 | | | | | | | | | | | | |
| 销售多余或不需用材料 | | | | | | | | | | | | |
| 出租包装物 | | | | | | | | | | | | |
| 合　计 | | | | | | | | | | | | |

会计主管：　　　　制表：　　　　审核：

4. 营业外收支明细表

营业外收支明细表是根据营业外收支明细账和营业外支出明细账的有关资料，对各项营业外收支的本期实际数加以反映，并与上年实际平均数进行对比分析的内部报表。编制营业外收支明细表，有利于了解营业外收支的构成内容，有针对性地采取措施，控制营业外支出，扩大盈利。

5. 投资收益明细表

投资收益明细表是根据投资收益明细账的有关资料，对各项投资收益和投资损失的本年实际数进行反映，并与上年实际数进行对比的内部报表。该表一般由负责投资收益明细账的会计人员于每年年末编制，报送企业主要负责人及投资管理部门，以利于企业优化投资结构，做出正确的投资决策，取得最佳投资收益。投资收益明细表的一般格式如表8—23所示。

表8—23

**投资收益明细表**

年 月

单位：元

| 项　目 | 行次 | 本年实际 | 上年实际 | 增减额 | 同比增减百分比 |
|---|---|---|---|---|---|
| 一、投资收益 | | | | | |
| 1. 出售短期投资收益 | | | | | |
| 2. 长期股权投资收益 | | | | | |
| 3. 出售长期股权投资收益 | | | | | |
| 4. 收回长期股权投资收益 | | | | | |
| 5. 长期债权投资收益 | | | | | |
| 6. 出售长期债权投资收益 | | | | | |
| 7. 收回长期债权投资收益 | | | | | |
| 投资收益合计 | | | | | |

续前表

| 项　　目 | 行次 | 本年实际 | 上年实际 | 增减额 | 同比增减百分比 |
|---|---|---|---|---|---|
| 二、投资损失 | | | | | |
| 1. 出售短期投资损失 | | | | | |
| 2. 长期股权投资损失 | | | | | |
| 3. 长期股权减值损失 | | | | | |
| 4. 出售长期股权损失 | | | | | |
| 5. 收回长期股权损失 | | | | | |
| 6. 出售长期债权损失 | | | | | |
| 7. 收回长期债权损失 | | | | | |
| 投资损失合计 | | | | | |
| 三、投资净收益 | | | | | |

会计主管：　　　　　　　　制表：　　　　　　　　审核：

### 6. 营业费用明细表

营业费用明细表是由负责登记营业费用明细账的会计人员于每月月末根据营业费用明细账编制的，用于反映企业每月营业费用的实际发生情况，并与本期预算数和上期实际数进行对比的会计报表。编制此表有助于了解和掌握营业费用预算的执行情况，分析营业费用变化发展趋势，控制营业费用的开支，提高产品的营利水平。其一般格式如表8—24所示。

**表8—24　　营业费用明细表**

年　月　　　　单位：元

| 项　　目 | 行次 | 本期实际 | 本期预算 | 超支（或节约）额 | 完成计划百分比 | 上期实际 | 增减额 | 同比增减百分比 |
|---|---|---|---|---|---|---|---|---|
| 1. 工资 | | | | | | | | |
| 2. 职工福利费 | | | | | | | | |
| 3. 业务费 | | | | | | | | |
| 4. 运输费 | | | | | | | | |
| 5. 装卸费 | | | | | | | | |
| 6. 包装费 | | | | | | | | |
| 7. 保险费 | | | | | | | | |
| 8. 展览费 | | | | | | | | |
| 9. 广告费 | | | | | | | | |
| 10. 其他 | | | | | | | | |
| 合　　计 | | | | | | | | |

会计主管：　　　　　　　　制表：　　　　　　　　审核：

7. 管理费用明细表

管理费用明细表是由负责登记管理费用明细账的会计人员于每月结束后根据管理费用明细账编制的，用于反映企业每月管理费用实际支出情况，并与本年预算数和上年实际数进行比较的一张会计报表。其报送对象一般为企业主要负责人和费用预算管理部门及其他有关部门。由于管理费用直接计入当期损益，其实际支出水平如何直接关系到企业的营利水平，因此，编制此表有利于管理当局及时了解和掌握企业各月份管理费用实际支出情况和预算执行情况，便于及时采取控制费用支出的措施，提高管理水平和企业的营利水平。管理费用明细表的一般格式如表 8—25 所示。

**表 8—25** **管理费用明细表**

年 月

单位：元

| 项　　目 | 行次 | 本期实际 | 本期预算 | 超支（或节约）额 | 完成计划百分比 | 上期实际 | 增减额 | 增减百分比 |
|---|---|---|---|---|---|---|---|---|
| 1. 工资 | | | | | | | | |
| 2. 职工福利费 | | | | | | | | |
| 3. 修理费 | | | | | | | | |
| 4. 折旧费 | | | | | | | | |
| 5. 办公费 | | | | | | | | |
| 6. 水电费 | | | | | | | | |
| 7. 物料消耗 | | | | | | | | |
| 8. 低值易耗品摊销 | | | | | | | | |
| 9. 差旅费 | | | | | | | | |
| 10. 工会经费 | | | | | | | | |
| 11. 待业保险费 | | | | | | | | |
| 12. 劳动保险费 | | | | | | | | |
| 13. 董事会费 | | | | | | | | |
| 14. 聘请中介机构费 | | | | | | | | |
| 15. 咨询费 | | | | | | | | |
| 16. 诉讼费 | | | | | | | | |
| 17. 业务招待费 | | | | | | | | |
| 18. 房产税 | | | | | | | | |
| 19. 车船使用税 | | | | | | | | |
| 20. 土地使用税 | | | | | | | | |
| 21. 印花税 | | | | | | | | |

续前表

| 项　　目 | 行次 | 本期实际 | 本期预算 | 超支（或节约）额 | 完成计划百分比 | 上期实际 | 增减额 | 增减百分比 |
|---|---|---|---|---|---|---|---|---|
| 22. 技术转让费 | | | | | | | | |
| 23. 矿产资源补偿费 | | | | | | | | |
| 24. 无形资产摊销 | | | | | | | | |
| 25. 职工教育经费 | | | | | | | | |
| 26. 存货盘亏与盘盈 | | | | | | | | |
| 27. 计提的坏账准备 | | | | | | | | |
| 28. 计提的存货跌价准备 | | | | | | | | |
| 其他 | | | | | | | | |
| 合　　计 | | | | | | | | |

会计主管：　　　　　　　　　　制表：　　　　　　　　　　审核：

### （四）成本费用报表的设计

反映企业成本费用的报表均属于内部管理用财务报表，因为在市场经济体制下，企业成本费用管理是企业内部管理问题，其管理方法有哪些，是计划管理，还是预算管理或定额管理或标准管理，其管理成效怎样，均为企业的商业秘密，不得外露。另外，从企业信息使用者来看，他们所关心的是企业的财务状况和经营成果如何，而对企业成本费用管理方法等不必过多了解。受企业经营特点决定，不同行业的成本费用报表也不相同。这里主要介绍工业企业和商品流通企业的报表。

1. 工业企业成本费用报表的设计

在工业企业里，常用的成本费用报表有制造费用明细表、生产成本明细表、主要产品单位成本表、材料、人工消耗报告等。

（1）制造费用明细表。制造费用明细表是由负责登记制造费用明细账的会计人员于每月末根据制造费用明细账编制，反映企业一定时期制造费用的实际发生情况，并与本期计划数和上年实际数进行对比的财务报表，它一般报送给生产成本管理部门及其他有关成本费用管理部门。通过编制制造费用明细表，可以及时了解企业制造费用计划的完成情况，掌握其发展变化趋势，以便及时采取对策，提高费用管理水平，降低制造费用，从而降低生产成本。制造费用明细表的一般格式如表8—26所示。

**表8—26**　　　　　　　　**制造费用明细表**

年　　月　　　　　　　　　　单位：元

| 项　　目 | 行次 | 本期实际 | 本期计划 | 差异额 | 完成计划百分比 | 上期实际 | 增减百分比 | 同比增减百分比 |
|---|---|---|---|---|---|---|---|---|
| 1. 工资 | | | | | | | | |
| 2. 职工福利费 | | | | | | | | |
| 3. 折旧费 | | | | | | | | |

续前表

| 项　　目 | 行次 | 本期实际 | 本期计划 | 差异额 | 完成计划百分比 | 上期实际 | 增减百分比 | 同比增减百分比 |
|---|---|---|---|---|---|---|---|---|
| 4. 修理费 | | | | | | | | |
| 5. 办公费 | | | | | | | | |
| 6. 水电费 | | | | | | | | |
| 7. 物料消耗 | | | | | | | | |
| 8. 劳动保护费 | | | | | | | | |
| 9. 季节性和修理期间的停工损失 | | | | | | | | |
| 10. 其他 | | | | | | | | |
| 合　　计 | | | | | | | | |

会计主管：　　　　　　　　　　　制表：　　　　　　　　　　　审核：

（2）主要产品单位成本表。主要产品单位成本表是对企业的各种主要产品，按成本项目反映其实际成本结构情况，并与本年计划或标准成本进行比较的财务报表。编制此表，有利于了解主要产品的单位成本变化情况，分析成本升降原因，寻求降低成本的途径，加强成本管理。主要产品单位成本表的一般格式如表 8—27 所示。

**表 8—27**　　　　　　　　　　**主要产品单位成本表**

年　　月

产品名称：　　　　　　　规格及型号：　　　　　　　计量单位：　　　　　　　售价：

本月实际产量：　　　　　　　　　　　　　　　　　本年累计产量：　　　　　　　单位：元

| 成本项目 | 行次 | 本期实际 | 本期计划 | 完成计划百分比 | 上期实际平均 | 增减额 | 同比增减百分比 |
|---|---|---|---|---|---|---|---|
| 直接材料 | | | | | | | |
| 直接人工 | | | | | | | |
| 制造费用 | | | | | | | |
| 产品生产成本 | | | | | | | |

会计主管：　　　　　　　　　　　制表：　　　　　　　　　　　审核：

（3）产品生产成本表。产品生产成本表是由负责登记生产成本明细账的会计人员于每月末根据生产成本明细账编制的，用来反映企业一定时期内产品生产总成本的财务报表。其报送对象主要是本单位主要负责人和有关成本管理部门。产品生产成本表通常按照成本项目分别列示本月实际、本年累计实际和上年实际平均等有关指标，以便对比分析，了解企业产品生产成本发展趋势，强化成本管理。其一般格式如表 8—28 所示。

（4）材料消耗报告。材料消耗报告是详细反映产品生产中物化劳动耗费情况的财务报表，该表一般由负责登记材料明细账的会计人员于每月月末根据材料明细账和有关材料定额管理资料编制，主要报送对象为企业主要负责人、生产部门和有关成本管理部门。通过编制本表，可以及时发现材料消耗中存在的问题和不足，便于生产部门和管理部门及时采取降低材料消耗的对策，以便降低材料费用和产品生产成本，提高企业管理水平和经济效益。该表一般分生产车间或班组编制，其格式从略。

表 8—28　　　　　　　　　　　产品生产成本表

年　　月　　　　　　　　　　　　　　　单位：元

| 项　目 | 行次 | 本年计划 | 本月实际 | 本年累计实际 |
|---|---|---|---|---|
| 本月生产费用 | | | | |
| 其中：直接材料 | | | | |
| 　　　直接人工 | | | | |
| 　　　制造费用 | | | | |
| 加：在产品、自制半成品月初余额 | | | | |
| 减：在产品、自制半成品月末余额 | | | | |
| 完工产品总成本 | | | | |

会计主管：　　　　　　　　　制表：　　　　　　　　　审核：

(5) 人工消耗报告。人工消耗报告是详细反映企业一定时期内产品生产过程中活劳动消耗情况的财务报表，一般由负责工资核算的会计人员于每月结束后根据工资核算凭证进行编制，同时反映人工定额消耗和实际消耗指标。其报送对象是本单位负责人、有关生产管理部门，以便及时发现生产管理中存在的问题和不足，改进管理方案，提高人工利用效率，降低成本，提高经济效益。人工消耗报告一般分车间或班组编制，其格式从略。

2. 商品流通企业费用报表的设计

商品流通企业与工业企业相比，只需编制费用报表，且费用报表种类也较少，一般只有“营业费用明细表”一种。

商品流通企业的营业费用指商品在进、销、存过程中所发生的一切费用。营业费用明细表是反映商品流通企业一定时期营业费用发生情况的会计报表，由负责营业费用明细账登记的会计人员于每月末根据营业费用明细账编制，报送对象是单位主要负责人和有关管理部门，为发现管理工作中的问题和不足，提高企业经营管理水平和经济效益，本表应同时提供本月实际指标和本月预算指标。

**拓展区**

阅读光盘“商品流通企业营业费用明细表”的格式和“背景资料”中的《企业会计准则》和《会计基础工作规范》，了解与本章内容相关的知识。

## 【本章小结】

本章是对企业财务报告的介绍，编制财务会计报告是对会计核算工作的全面总结，也是及时提供合法、真实、准确、完整会计信息的重要环节。因此，本章是会计制度设计的一个较为重要的组成部分。

## 【复习思考题】

1. 简述财务报表的设计原则。
2. 简述对内财务报表的特点及设计要求。
3. 简述财务报告的设计意义。

# 第九章

# 货币资金业务处理程序的设计

**学习导航**

用3学时学习本章内容。

⊙ **识记**：货币资金的概念及其业务特点。

⊙ **了解**：货币资金的内部控制设计：内部控制的一般要求，货币资金收入业务的内部控制和货币资金支出业务的内部控制；货币资金收入业务的凭证设计：收据的设计和代垫费用结算清单的设计；货币资金支出凭证的设计：现金支出凭证设计，支票结算登记簿的设计和应付凭单的设计。

⊙ **掌握**：门市部收现程序的设计，出纳部门收现程序的设计，零星费用报销付现程序的设计和支票付款签发程序的设计；货币资金业务记账程序：另设出纳簿的记账程序设计和不设出纳簿的记账程序设计。

## 第一节　货币资金业务的概念及内部控制要点的设计

### 一、货币资金的概念及货币资金业务的特点

#### （一）货币资金的概念

货币资金是以货币形态存在的资金，它的流动性最强。货币资金按其存放地点和用途的不同，可分为库存现金、银行存款和其他货币资金。

#### （二）货币资金业务的特点

1. 业务发生频繁，数量大

由于单位在资金筹集、材料采购、费用支付、工资发放、对外投资、产品销售、税金

上交、债权收回、负债偿还等经济活动中，都会发生货币资金收付业务，因此，货币资金收付业务在单位发生的各种业务中占有很大的比重，且内容复杂。

2. 发生范围广

货币资金收付业务的发生范围，不像其他业务一般发生在某个部门或供、产、销某个环节，它可以发生在单位内部的各个职能部门，还可以发生在本单位与其他单位或个人之间；既可以发生在供应环节，还可以发生在生产、销售环节。可以说，有经济活动的地方，就有发生货币资金收付业务的可能。其范围之广，是其他任何种类的业务所不能相比的。

## 二、货币资金业务会计处理程序设计的要求

由于货币资金是任何单位所必需的，且又是流动性最强、风险最大的资金，所处地位特殊，因而货币资金管理至为重要。其管理制度的设计应符合以下要求：

### (一) 合法性

严格执行国家有关货币资金管理的法规，如《中华人民共和国人民币管理条例》、《中华人民共和国票据法》、《银行账户管理办法》及其他法规等，根据法规设计货币资金收支业务的手续、程序、制度及核算。

### (二) 规范性

根据《会计基础工作规范》的要求，制定货币资金收支业务上的内部牵制制度，从制度上的组织、岗位职责的分工、权限的划分及限制条件堵塞可能发生的一切漏洞。

### (三) 便捷性

制度及程序的设计要有利于提高工作效率，便于业务的正常进行。

### (四) 及时性

制度及程序的设计要能及时反映货币资金的收入、支出、结存及来源、去向等情况，便于货币资金的合理使用、调度和企业管理层对经营及其投资的决策。

## 三、货币资金业务内部控制要点的设计

由于以上特点，货币资金收付业务是最容易发生差错和弊端的业务。加之货币作为流通手段，可以与任何财产物资和商品交换，尤其是现金，既便于携带，又便于储存，因此就成了营私舞弊和贪污盗窃的最佳猎取目标。哪里有货币资金收付业务，哪里就可能发生舞弊行为。可见，货币资金的管理是整个资产管理的重点，货币资金收付业务的内部控制是整个内部控制制度设计的关键。如何堵塞漏洞，避免差错，防止弊端，保护货币资金的安全完整，是设计货币资金业务内部控制制度必须解决好的问题。

### (一) 货币资金业务的内部控制的一般要求

在设计货币资金收付业务的内部控制制度时，必须符合以下要求：

1. 正确使用分权、授权和稽核控制等方式

(1) 坚持钱账分管，将货币资金业务的实际处理与记录工作分离，出纳管银钱收付，会计管账务记录。出纳员只能根据会计主管人员审核后的原始凭证和收款、付款记账凭证办理收款和付款，不得擅自收付现款。

(2) 由业务经办部门和财会部门分管货币资金收付业务的不同环节，使各种收入能够

及时足额地流归财会部门，各种支出能够从财会部门准确、有效、合法、合理地支付出去，使各种业务的具体处理在有关部门，而货币资金的收支集中到财会部门这一专门机构。

(3) 一切货币资金的收支，除发生在外地或因特殊情况由财会负责人授权有关人员代收、代付外，一律由出纳员集中办理。

(4) 稽核、出纳职务分离，稽核员负责一切收付款业务及原始凭证的审核，发现问题，及时终止收付款，出纳员根据审核无误的凭证办理款项收付，如发现不符合制度的情况，有权拒绝，并退给稽核员重新处理。任何单位的出纳员都不得兼管稽核、会计档案保管和收入、费用、债权债务账目的登记工作。

(5) 支票和印鉴必须由两人分管；银行备案印鉴章也应由两人分管，备案印鉴一般指单位的“财务专用章”与财会主管的印鉴章。其他各种财务专用章的保管原则与现金相同，负责保管的人员不得擅自将印章随意托付、存放或带出工作单位。

(6) 有条件的单位最好实行“双出纳”制度，由两个出纳员分别负责货币资金的收入支出，分别登记现金（银行存款）收入日记账和支出日记账，强化牵制作用。

2. 实行永续盘存制，强化对现金的清查盘点和对银行存款的账项核对

(1) 出纳人员对库存现金必须日清月结，保证账实相符。

(2) 会计部门应当不定期地派人对库存现金进行盘点，检查其实有数与现金日记账余额和总账中的“现金”账户的余额是否相符。如果发现盈亏，应及时查明原因，公正处理。

(3) 定期与开户银行核对账目，至少每月一次，保证银行存款日记账余额与“银行对账单”中的余额相符，如有未达账项，应通过编制“银行存款余额调节表”加以验证。必须强调，与银行对账应当由非出纳人员进行，而不能让出纳人员核对，以防掩盖真相，隐匿作弊行为。“银行存款余额调节表”的编制也应由非出纳人员进行。

3. 健全收付款凭证的管理制度

(1) 各种收据、发票等办理货币资金收支业务的凭证，应由财会部门统一管理，按顺序编号，领用时办理领用手续，用后的存根及作废的凭证一律收回，按编号顺序核查后统一归档保管，以防私收、私支款项等弊端的发生。

(2) 各种支付款项的凭证应当由会计部门的有关人员审核签章后，出纳员再行付款。

(3) 支票的签发除财务专用章外，还必须有财务主管或出纳员的印章。签发空白支票时必须注明收款单位、款项用途、签发日期以及最高限额内容，并严格控制数量、不得滥用。此外，为了强化货币资金收支业务内部控制制度，还应当定期地调换出纳员职务，不要让一人长期从事出纳工作，以防积久生弊。

### （二）货币资金收入业务的内部控制

收入货币资金的途径，一是通过银行，二是直接收取现金。由于通过银行收款的业务受到了银行的直接监督，起到了外部控制的作用，客观上能够有效地减少和堵塞货币资金收入业务中的漏洞，是保护货币资金安全的一个有力措施。因此，货币资金收入业务的内部控制制度设计，应主要针对直接收取现金的收入业务。

现金收入业务的控制，除严格按照前述货币资金内部控制基本要求设计外，应当重点加强收入业务的记录工作。因为现金收入业务在未被记录下来之前最容易出现漏洞，给舞弊行为造成可乘之机，且在作弊行为发生后无证据、无线索可查。为此，保护现金收入的关键是在现金进入单位时立即记录下来。及时准确的记录既可以防止不规范行为发生，又

能作为查找错弊的线索。应当针对收入现金的渠道和方式，建立合理的记录方式，并掌握好记录的时间和内容。

企业的收入主要有销售货物取得的现金和回收欠款取得的现金。下面介绍它们的控制方式：

1. 销售货物收入现金的内部控制

企业销售产品或商品应尽可能采用银行转账结算方式收取货款，以强化银行对企业货币资金收入业务的控制作用，但对于小额销售、与个人交易等业务，只能收取现金。随着商品经济的发展、资金市场竞争的加剧、交易方式的多样化，现金收支业务将越来越多，对其控制的要求也就越来越高。为销售货物收取现金实施内部控制，可区别不同情况采用不同的方式。

(1) 在工业、商品流通等企业，主要采用填制“销货单”的方式。它是“凭证控制方式”在现金收入业务中的具体应用。要求在顾客购货时，由销售部门开具销售单，注明所销物品的名称、规格、数量、单价、金额等内容。顾客持销货单向财会部门交付现金，然后持出纳员盖“收讫”章后的销货单向保管员提货。由于填制了销货单，使销售业务在未收取现金、发出货物之前，就在销售部门留下了一个完整的记录，起到了事前控制的作用，也就保证了现金收入的严密性、合理性。

(2) 在专设“收款台”的商品零售企业，控制方式可按工业或批发企业类型处理。即营业员开具“销货票”，顾客持票向收款台交付现金，收款员收款后将盖有“收讫”章的销货票交给顾客办理取货。此时，营业员与收款员各持现金收入的记录，一日营业终了，营业员将销货票据汇总上交会计部门，收款员登记现金收入日记簿后，也将汇总单送交会计部门。会计部门将两方面的数据核对无误后，编制记账凭证并登记入账。

以上两种情况都是将开票、收款、核对工作进行了分离，分别由业务员、出纳员和会计负责，使它们三者之间形成牵制关系，达到了内部控制的效果。

(3) 在无法集中收款的商品零售企业，可考虑采用“售价金额核算法”控制现金收入业务。这种情况下，虽然由营业员直接收取现金，但由于库存商品明细账反映的是各柜组(实物负责人)持有各种商品的总售价，因此，通过定期盘点确定结存商品的总售价后，即可倒挤出各柜组实际收取的也是应当交回的现金总额，通过统一售价、仓库与柜台的相互牵制关系起到内部控制的作用。

2. 回收欠款收入现金的内部控制

单位在办理回收各种应收及暂付款项的业务时，应尽可能通过开户银行。如果采用收取现金的方式，通常有两种情况，一是由出纳人员直接收取现金，二是通过邮局汇款方式收取现金。下面分别介绍它们的控制办法：

(1) 在出纳员直接向交款人收取现金时，必须由出纳员开具事先由财会负责人直接控制、制作和发放的印有连续编号的“现金收据”，采用复写方式，一式三联。在加盖财务专用章和出纳章以及交款人签章后，将其中一张给交款人作为交款凭证，一张送交会计部门作为记账依据，一张留作存根。为保证现金收据的真实性和完整性，会计部门应当对出纳交来的收据逐一核对，除核实有关内容是否真实、完整外，应重点检查其编号是否连续，如有短缺，应及时查明原因，即使是作废的收据，也应将三张收据加盖“作废”字样后一并送交会计部门检查后归档保管。

应当指出，“现金收据”最好由会计员开具，然后交给出纳员加盖公章和出纳章，同

时收取现金。在这种方式下，由于票据、印章两人分管，使开票和收款工作分离，可以进一步强化现金收入业务的内部控制。

（2）在通过邮局汇款方式收取现金时，由于不开具“现金收据”，容易发生截留挪用现金等舞弊行为，也容易遗失，因此，在单位之间最好不采用这种方式，非用不可时必须设计严密的防范措施。较好的方法是抓住两个关键点，一是采用填制“汇款清单”，即收到汇款时，由收件单位的收发室采用复写方式填制一式三联汇款收入清单，注明汇款单位、汇款详细地址、汇款数额及原因等内容，一份收发室存档备查，一份送交会计部门，一份连同“汇款单”送交出纳员；二是会计部门要与邮局商定好取款有效印章，最好是两枚，由会计和出纳分别保管和用印，由出纳员办理取款。会计部门根据“清单”所列内容核查出纳员应收入的现金数额，并与有关现金收入原始凭证相核对，检查无误后，编制收款凭证，登记账簿。

需要指出，不论什么情况、采用什么方式收取现金，除前述重点加强记录工作，即强调原始凭证的作用外，还必须充分利用账簿的功能，按规定分别由出纳员和会计及时登记现金日记账和“现金”总分类账户，并加强二者之间的核对工作。

**（三）货币资金支出业务的内部控制**

货币资金支出业务与收入业务相比，其相同之处在于支出途径也有两条，即通过银行转账支付和由出纳人员直接支付现金，不同之处在于支出用途多样，业务内容繁杂，牵涉范围广，涉及人员多。加之货币资金的支出表示资金离开单位，发生损失不易挽回，现金支出业务又是一切不法分子作弊的主要目标，因此，在设计会计制度时，对货币资金支出业务的内部控制制度更应当高度重视。

当通过银行支出货币资金时，要求采用银行规定的结算办法，填制银行统一的结算凭证，客观上受到银行的外部控制，很大程度上起到了防错消弊的作用。因此，对这种业务实施内部控制，重点应放在结算凭证的管理上。基本要求是：建立完善的结算凭证管理制度，妥善保管各种凭证，尤其是现金支票和转账支票；严把各种凭证的使用关，出纳员开具支票时财务主管应当审查批准，而不能让出纳员独自办理；对已用或未用凭证应当由非保管人员定期检查；严格限制签发空白支票；随时与开户银行对账等。

现金支出业务是货币资金支出业务内部控制的重点。该类业务按支出用途不同，大致可分为采购物品支出现金、发放工资劳务费支付现金和支付各种借款使用现金等，下面分别介绍这些业务的内部控制要点：

1. 采购物品支出现金的内部控制

对采购材料、商品等支出现金的业务实施内部控制，关键是在付出现金之前，先取得相应的原始凭证，如支付购货款须取得购货单位的发货票，支付货物运费应取得运输单位的收费单据等，并及时送交财会部门，由财会主管审核批准后，交出纳人员支付现金。这样，可使现金付出之前，就先经过业务部门、财会部门知晓及审查，以防止出纳人员独自处理支付现金业务可能发生的弊端。

为了进一步强化内部控制，还应当提倡根据付款凭证而不是原始凭证支付现金的方式。即会计部门在接到发票等原始凭证后，先由财会负责人审核批准，再由会计人员据其编制付款凭证，注明会计科目、款项用途及金额等，交给出纳员由其根据付款凭证列示的金额支付现金，并登记现金日记账。然后将付款凭证退交会计部门，以便每周或月末核对并登记总账。这样，出纳人员应当付出多少现金，会计部门已经审核记录在案，更有利于形成控制关系。

2. 发放工资劳务费支出现金的内部控制

发放工资是单位支出现金数额最大的一项业务，特别是在企业里，随着经营机制的转换，劳动用工制度的改革，财务自主权的放开，工资及各种劳务费的构成内容越来越复杂，发放范围越来越大，发出的数额越来越多，发生作弊的概率也就随之增大。因此，必须设计完善的内部控制制度，保证工资劳务费业务的合法合理性。

对发放工资劳务费支出现金的业务实施内部控制，主要应采取下列措施：

(1) 严格划分劳资部门、财会部门和内部稽核部门的职责，使工资劳务费发放业务由劳资管理员、工资计算员、现金出纳员和内部稽核员分工协作完成。具体要求是：劳资部门负责审查并提供职工名单和考勤记录、工资标准等；财会部门负责计算工资额，编制工资发放表，提取现金发放工资并分配工资费用等；内部稽核部门负责重新审核各种资料。

(2) 建立健全劳动用工和考勤制度。要求：

1) 工资表上的人名须经劳资部门审查，临时工须有合同和身份证，以防虚报冒领；

2) 调动工作和变更工资标准须有劳资部门的正式批准文件，以防多计工资总额，侵吞余额；

3) 考勤记录和产量或工时记录须有车间负责人签章，以防多计工时、产量等现象；

4) 离退职人员应及时从工资表中剥离，以防发生重复计算等错误。

(3) 强化审查复核手续。由于工资劳务费的构成内容复杂，包括基本工资、职务工资、各种津贴、奖金以及浮动工资等，而计算手续又相当烦琐，不仅要计算应发工资，还要计算代扣款项、实发工资等。所以，即使不发生作弊行为，差错也在所难免。为此，必须强化审查复核工作。这要求：两人以上计算每一张工资表，至少计算两遍，内部稽核人员应当经常性地审查其他人员的工作；每一张工资表都应经过劳资部门、财会部门和内部稽核部门的复查等。

(4) 借助电脑，委托金融机构代发工资。具体做法是：为单位的全体职工在同一地点储蓄所内开设活期存款账户，每月计算出工资总额及每个职工的实发工资后，经劳资部门、财会部门和内部稽核部门审核无误后，将工资结算单交给职工，而资金则一并交存储蓄所分别划入每个职工的存款户内。这样，既可简化工资发放手续，减少现金流通，保证现金安全，又可将工资发放业务改变为“集体整存、个人零取”的储蓄业务，将内部控制和外部控制紧密结合起来，有效地防止工资业务中的差错和弊端。

(5) 劳务费等要严格依据合同支付，审批手续要健全。

3. 借款支出现金的内部控制

一般情况下，发生出差借款和其他公务性借款业务时，需要支付现金。该类业务相对较简单，对其实施内部控制应符合三个方面的要求：

(1) 借款人需要预支现金时，首先应填写“借款单”，并由部门负责人签字，大额借款要由更高一级领导签批，然后交财务主管审核批准，再由出纳员据以支付现金。

(2) 会计部门应当根据“借款单”编制付款凭证，登记“其他应收款”明细账，发挥账簿控制的作用。待借款人出差归来或完成业务后，根据实际用款数长退短补，并在明细账上冲销有关记录。

(3) 严格禁止非公务性借款行为，不得以白条作为借款手续，更不能空口无凭，没有

任何书面审批手续，仅凭口头承诺，违规借款。

# 第二节　货币资金收付业务的凭证设计

有关货币资金收付业务的凭证，如发票、收据等我们已在本书第四章会计凭证的设计中做了介绍，在这里，我们仅就该章没有提到的其他专用凭证分别加以说明。

## 一、货币收入业务的凭证设计

企业发生的货币资金收入主要有产品销售收入、材料、废旧物资销售和对外提供劳务的收入、预收款项的收入以及预付款项的收回等。下面分别说明这类业务收入凭证的设计如下：

### （一）收据的设计

略。

### （二）代垫费用结算清单的设计

如果代购货单位垫付包装、保险、运杂等费用，属于预付款项的收回，这些代垫费用的原始凭证一般已作为本企业记账凭证的附件，那么还应设计收款结算时用的“代垫费用结算清单”。

代垫费用结算清单的一般内容如下：

（1）本企业的名称、银行账号及发票编号。

（2）购货单位名称及应付代垫费用的名称和金额。

（3）运输单位名称、托运日期和提货单编号。

（4）如果把代垫费用的原始凭证一并附上，应注明凭证的张数，如果不附原始凭证应在“备注”栏内予以说明。

代垫费用结算清单的格式如表 9—1 所示。一般由会计部门填制，至少两份，一份与发票一并交开户银行向购货单位收款；一份留存会计部门归档保管，一旦开户银行通知账款已经入账时，把它抽出来连同销货款一起记入银行存款科目的借方及产品销售收入（货

表 9—1

**代垫费用结算清单**

付款单位：　　　　　　20××年××月××日　　　　　　字第　　号

| 托收单位<br>银行账号<br>发票编号<br>运输单位<br>托运日期<br>提货单号数 | | 代垫费项目<br>包装费<br>装卸费<br>保险费<br>运输费<br>其　他 | 金　额 |
|---|---|---|---|
| 备注：上述代垫费用的原始凭证留存本公司，本清单作为单位付款凭证附件。 | | 人民币合计(大写)　佰　拾　元　角　分<br>(小写) | |

会计部门负责人：　　　　制单：　　　　复核：

款）和其他应收款科目（代垫费用）的贷方。

## 二、货币资金支出凭证的设计

企业中的货币支出主要是采购材料物资、发放工资奖金、支付日常费用等，此外也可能发生一些预付款项和归还预收款的支出。

### （一）现金支出凭证的设计

按现行会计制度规定，企业的现金支出包括职工的工资、奖金、津贴、差旅费、市内交通费、职工死亡的丧葬费、抚恤金、退休职工的退休费、医药费、补助费，以及在现金管理办法规定金额内的购置和劳务费支付等。除对外支付取得外来原始凭证，如发票、收据、账单等外，发生在企业内部的支出应按不同要求设计各种支出凭证，作为支出的依据。由于工资业务现金支出凭证的设计在本书第四章已阐述，这里列举其他业务支出凭证的设计。

1. 医药费报销单的设计

医药费报销涉及职工本人和家属两种情况，因此报销单的设计应兼顾两者。一般应列出职工姓名、家属姓名、与职工的关系、报销医药费的内容及金额、医务室和劳保部门的审核意见以及报销日期、报销人所在部门领导的签核和有关人员的证明，具体如表9—2所示。

**表9—2** ××公司医疗费报销单

职工姓名：　所在部门：　编号：
家属姓名：　联系电话：
与职工的关系：　20××年××月××日　附单据　张

| 费用项目 | 支付金额 | 报销金额 | 医务或劳保部门审核意见 |
|---|---|---|---|
| | | | |
| | | | |
| 报销金额<br>人民币合计<br>（大写） | 元　角　分 | | |

车间或部门负责人：　会计部门审核：　出纳：　报销人：

2. 定额备用金制和报销单的设计

在规模较大的企业，由于其下属各车间部门的日常支出频繁且数额大，如医药费、市内出差车膳费、零星购置、办公杂费等，所以一般采用定额预付制或称备用金制。会计部门根据各车间部门日常开支的平均数额，共同商定一个备用金标准额度，从出纳部门的库存现金中拨付，由各车间部门的经济核算员掌握使用，按周或按旬编制"备用金报销单"，连同支出原始凭证送会计部门核销。会计部门审核无误后，编制支出凭证，通知出纳部门补足，报销多少，补足多少。这种备用金报销单按费用发生时序登记，复写两份，一份送会计部门，一份留存代替备用金日记簿。表首表明核准的车间或部门备

用金定额数，下面分日期、凭证编号、会计科目及摘要、支出金额等专栏。送会计部门报销的一份，应注明所附原始凭证张数以及车间或部门领导的签章。“备用金报销清单”格式如表 9—3 所示。

**表 9—3**　　**备用金报销清单**

报销部门：

备用金定额：　　20××年××月××日　　第　号

| 日期 | | 科目及摘要 | 金额 | 日期 | | 科目及摘要 | 金额 |
|---|---|---|---|---|---|---|---|
| 月 | 日 | | | 月 | 日 | | |
| | | 上月结存 | | | | | |
| | | 报销补足数 | | | | | |
| | | 本旬支出 | | | | | |
| | | | | | | | |
| | | | | | | | |
| | | | | | | | |
| | | | | | | | |

附原始凭证　张

车间或部门负责人：　　车间或部门核算员：　　会计部门复核：　　出纳：

### （二）支票结算登记簿的设计

企业采购材料物资或取得的外部劳务供应，除了在规定范围内可以支付现金外，其他超过现金管理办法规定限额的支出必须通过银行办理结算。所以企业的支出以银行的支出为主。至少各种结算方式和结算凭证银行有具体规定，企业不必另行设计。在采用支票计算方式时，为了便于检查，可以设计一种“支票结算登记簿”，它的内容可分为支票的签发日期、支票的编号、支出凭证的编号、支票的提现或转账、金额及受领人签收等栏，具体格式如表 9—4 所示。

**表 9—4**　　**支票结算登记簿**　　第　页

| 签发日期 | | 申请单位 | 收款单位 | 用途 | 支票号码 | 预计金额 | 预报日期 | | 领用人 | 支票实际金额 | 报销日期 | | 备注 |
|---|---|---|---|---|---|---|---|---|---|---|---|---|---|
| 月 | 日 | | | | | | 月 | 日 | | | 月 | 日 | |
| | | | | | | | | | | | | | |

### （三）应付凭单的设计

在大型企业里每天发生的货币资金的支出数量很大，且名目繁多。在西方企业里，由于商业信用盛行，购销业务频繁，往往采用应付凭单制，以有效地控制货币资金的事前审核和支出。在这种制度下，凡是涉及支出的业务，一律填制应付凭单，经有关负责人批准签字。这种凭单就是授权付款的凭证，出纳员按应付凭单主要列明应付款项的内容（如发票编号、发票日期、收款人及其地址、应付金额等）和批准付款人的签章付款，其一般格式如表 9—5 所示。

表 9—5　　　　　　　　　　××企业

应付凭单

发票号码：

收款单位：　　　　　　　　凭单号码：　　　　　　　　支票号码：

地址：　　　　　　　　　　订单号码：　　　　　　　　支付号码：

| 日　期 | 账户号码 | 名称规格 | 数　量 | 单　价 | 金　额 |
|---|---|---|---|---|---|
| | | | | | |
| 情况说明 | | | | | |
| 复核人 | | 批准付款人 | | 过入应付凭单登记簿日期 | |

应付凭单往往做成封套形，内装发票和其他证明文件，然后送各有关方面审查，经过批准签字后说明负债已经成立，并已正式授权出纳部门付款，这时会计部门就将它逐笔顺次记入应付凭单登记簿左边各栏。应付凭单登记簿一般格式如表 9—6 所示。

表 9—6　　　　　　　　　应付凭单登记簿

20××年××月××日　　　　　　　　第　　页

| 凭单日期 | 凭单号码 | 收款人 | 摘要 | 应付款项 | 付款情况 | | | 借方科目 | | | | | | |
|---|---|---|---|---|---|---|---|---|---|---|---|---|---|---|
| | | | | | 日期 | 付款方式 | 金额 | 材料采购 | 工资 | 管理费用 | | | 其他 | |
| | | | | | | | | | | 办公费 | ×× | 合计 | 科目 | 金额 |
| | | | | | | | | | | | | | | |
| | | | | | | | | | | | | | | |

会计部门登完左边各栏以后，即将凭单归入“未付凭单”档案箱。到了付款期限的时候，将凭单从“未付凭单”箱内取出送出纳部门付款，出纳部门付款以后在凭单上加盖“付讫”章送回会计部门，会计部门将它登入凭单登记簿右边各栏，并将凭单归入“已付凭单”档案箱。当月，未能付款的业务，应付款项右边各栏为空白，负责会计则将应付凭单登记簿中“应付款项”一栏在月末加总过入应付款总分类账户的贷方，月末“未付凭单”可以代替应付款明细分类账。

## 第三节　货币资金业务处理程序的设计

企业单位因经营特点、方式不同，货币资金业务处理流程也不同，这里介绍几种常见的货币资金业务处理流程：

## 一、门市部收现程序的设计

门市部销售商品、集中收款的业务处理流程如图 9—1 所示。

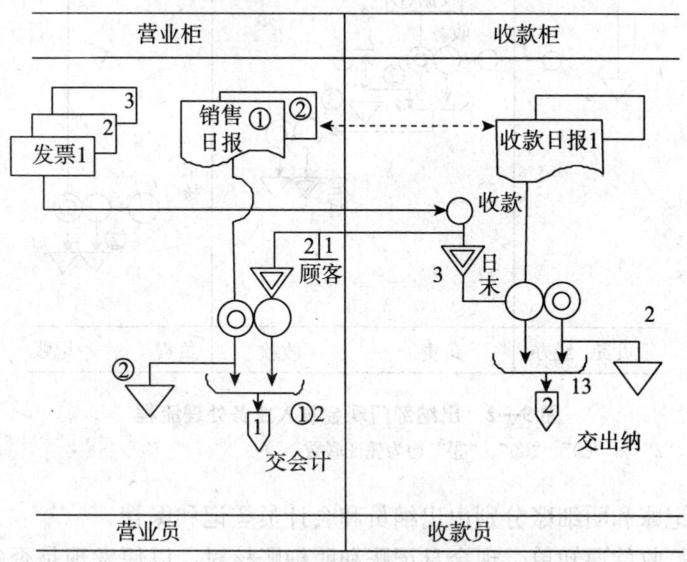


**图 9—1　日记账账务处理程序**

注：图中“1”、“2”、“3”和“①”、“②”均为凭单联数。

该流程反映企业自设门市部销售商品，集中收款的业务处理过程。先由营业员开出一式三联发票，随收取的货款送交收款员；收款员收款并加盖戳记后，将第三联留下，其余两联送回营业员；营业员将发票第一联随商品送交顾客，第二联暂存。然后每日营业结束时，营业员根据第二联编制销售日报一式两份，并将第二联和销售日报一份送交会计部门进行销售收入核算，收款员根据第三联和货款编制收款日报一式两份，并将第三联、货款和收款日报送交出纳部门，最后将销售日报和收款日报进行核对。

该流程的控制要点有：

(1) 开票人和收款人相分离。

(2) 根据不同的发票联数分别编制销售日报和收款日报，并进行相互核对，从而保证销售金额和实际收款金额相符。

## 二、出纳部门收现程序的设计

出纳部门零星项目的现金收入业务处理流程如图 9—2 所示。

该流程反映企业因收取租金、押金、罚金、赔款等在出纳部门直接收取现金的业务处理过程。首先由业务部门开出一式两联收款通知，经本部门负责人审核后交出纳部门。然后出纳员根据收款通知收取现金，并编制收据一式三联，其中一联给客户，一联留存，另一联随同收款通知在登记现金日记账后送交会计部门登账，定期进行账账核对。

该流程的控制要点主要有：

(1) 开票人和收款人相分离，出纳员只有凭审核过的收款通知才可办理收款，出具收款收据。

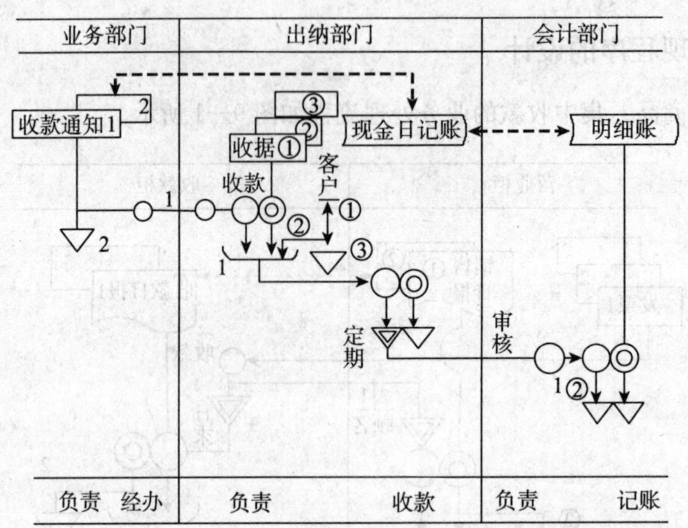


**图 9—2 出纳部门现金收入业务处理流程**

注：图中“1”、“2”和“①”、“②”、“③”均为凭证联数。

(2) 现金日记账和明细账分别由出纳员和会计员登记和保管。

(3) 定期进行收款通知单、现金日记账和明细账核对，以便发现是否多收、少收以及登账错误等。

## 三、零星费用报销付现程序的设计

零星费用报销付现业务处理流程如图 9—3 所示。

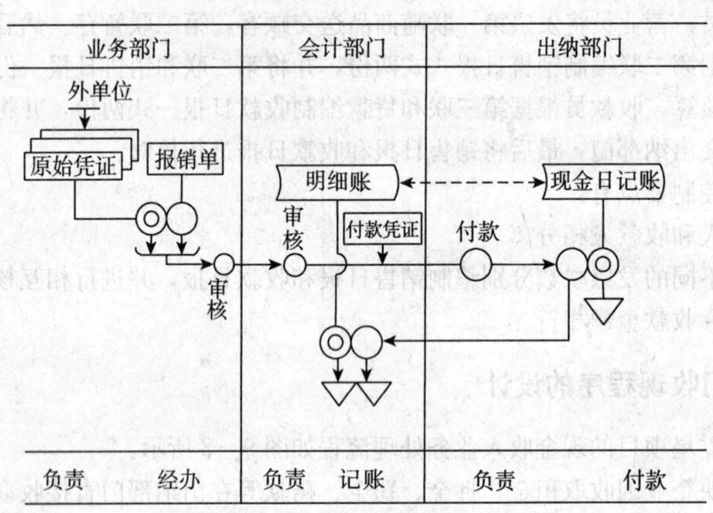


**图 9—3 零星费用报销付现程序**

该流程反映企业因出差、医疗等费用报销而支付现金的业务处理程序。一般先由支出费用的业务部门有关人员根据原始凭证（如车船票、住宿费收据、就餐发票等）编制报销凭证，经本部门主管审核后，送交会计部门，经会计主管审核同意后编制付款凭证交出纳员付款，然后送交会计登账。

该流程的控制要点有：

(1) 费用报销必须要有原始凭证，以保证报销费用数额的真实和正确。

(2) 费用报销前，必须由业务部门主管和会计部门主管审核批准，通过编制付款凭证才授权出纳办理费用支付。如果由于报销业务频繁或其他特殊原因使会计主管不能对每笔报销业务都进行事前审核，那么也必须做到事后审核，以保证费用报销合规。

(3) 定期进行账账核对。

## 四、支票付款签发程序的设计

支票付款签发业务处理流程如图 9—4 所示。该流程反映企业采用支票付款结算的业务处理过程。

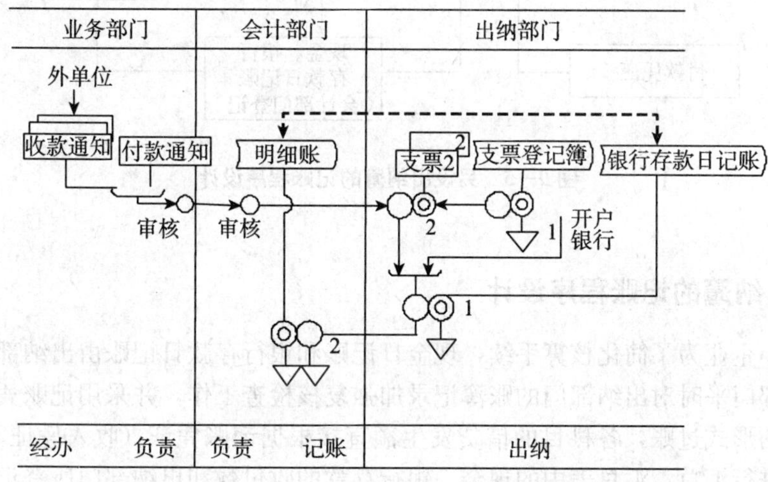


**图 9—4 支票付款签发业务处理流程**

注：图中“1”、“2”均为凭证联数。

(1) 业务部门将外单位收款通知或自制付款凭证经本部门审核后，送会计部门。

(2) 会计部门经审核后交出纳部门支付。

(3) 出纳员签发支票并在支票登记簿上做好记录。

(4) 出纳部门和会计部门根据支票回执分别登记银行存款日记账和其他有关账簿。

该流程的控制要点主要有：

(1) 付款前由业务部门和会计部门主管审核。

(2) 签发的支票作备查记录。

(3) 签发支票的印鉴由会计主管保管。

# 第四节 货币资金业务记账程序的设计

货币资金的收支业务是通过现金日记账和银行存款日记账进行核算的。这些账簿应该具备记账的年、月、日，记账凭证的编号、摘要及科目、收入、支出、结存金额等栏。如何利用这些账簿进行核算，目前我国会计实务中有两种不同的方法：另设出纳簿的核算和不设出纳簿的核算。

## 一、另设出纳簿的记账程序设计

出纳簿分别按现金和银行存款设置，一般采用收、付、存三栏式，这是出纳部门对现金和银行存款进行序时登记的备查簿，不是常说的明细分类账。会计部门所设现金日记账和银行存款日记账一般采用多栏式，以简化过入总分类账手续。总分类账的库存现金和银行存款的余额应与出纳簿进行核对，以起到互相监督的作用。具体如图 9—5 所示。

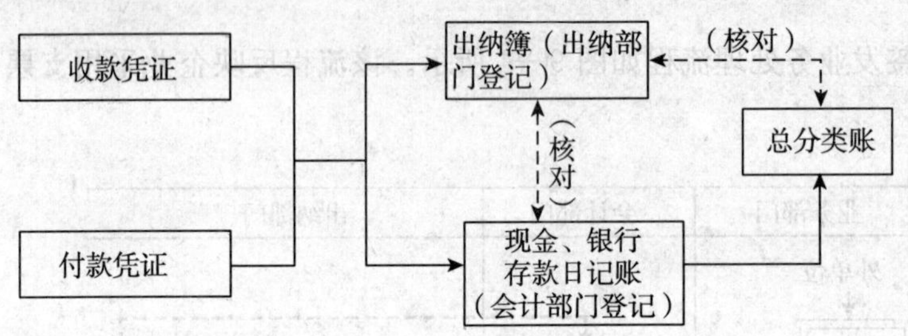


图 9—5　另设出纳簿的记账程序设计

## 二、不设出纳簿的记账程序设计

有些中小企业为了简化核算手续，现金日记账和银行存款日记账由出纳部门逐笔进行登记，会计部门平时对出纳部门的账簿记录加强复核检查工作，并采用记账凭证汇总表或科目汇总表的形式过账，各科目的借贷发生额直接根据记账凭证（收入凭证、支出凭证、转账凭证）进行汇总，汇总表中的现金、银行存款的收付数和出纳部门所登记的现金日记账和银行存款日记账相互进行核对。这种方法如图 9—6 所示。

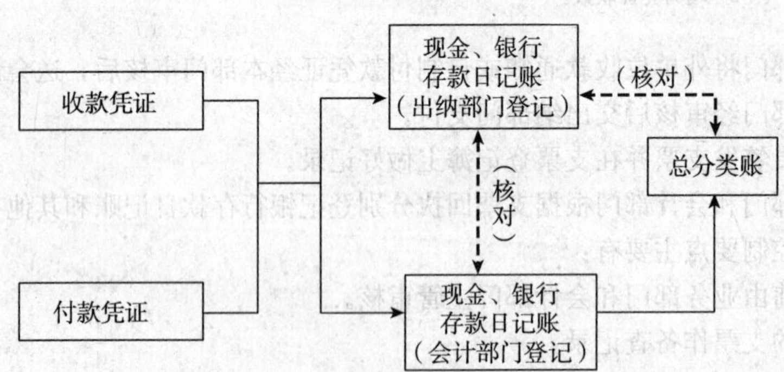


图 9—6　不设出纳簿的记账程序设计

**拓展区**

阅读光盘“背景资料”中的《银行账户管理办法》和《中华人民共和国票据法》，了解与本章内容相关的知识。

## 【本章小结】

货币资金业务是企业会计实务中最重要、设计范围最广且流动性最强的一个部分，总体来说是企业会计核算的一个核心部分。

## 【复习思考题】

1. 在设计货币资金收付业务的内部控制制度时必须符合什么要求?
2. 建立健全劳动用工和考勤制度的要求是什么?
3. 给某个工业企业的销售门市部设计收现程序，并说明此流程的控制内容。
4. 简述发放工资劳务费支出现金的内部控制内容。

☞阅读光盘“例题分析”中的本章内容，掌握解题技巧。在 40 分钟内完成光盘“即时练习”中的本章练习。光盘的“关键概念”提供了相关概念的检索。

# 第十章 工资业务处理程序的设计

**学习导航**

用 2 学时学习本章内容。

⊙ **了解**：工资业务的概念；工资业务的内部控制设计：分权控制、基础资料控制、稽核控制和手续控制；考勤记录设计、产量和实际劳动工时记录设计、代扣款通知单设计、工资业务支付凭证的设计；工资业务处理的基本操作程序。

## 第一节 工资业务的概念及内部控制要点的设计

### 一、工资业务的概念

工资是企业根据按劳分配的原则，以货币形式支付给员工的劳动报酬。

工资业务会计处理程序设计的要求是：保证国家工资政策的实行；保证企业的正常运转；保证员工的切身利益；保证货币资金的安全；保证真实反映劳动价值，合理支付员工工资；保证正确核算产品成本及人力资源消耗。

### 二、工资业务的内部控制要点的设计

工资业务处理程序的设计，首先要考虑企业内部控制的要求。概括地讲有如下四条：

**（一）分权控制**

平时负责考勤、工资结算、提现、记账等工作的人员，在职务上应分离。

**（二）基础资料控制**

（1）建立健全车间、部门的考勤制度，职工病事假等缺勤要有有关方面开具的证明。

（2）建立健全车间、部门的工时记录和产量记录，加强产品质量检验，正确计算完工产品数量，制定正确合理的定额工时。

**（三）稽核控制**

（1）按有关扣款规定，及时办理和复核职工的各种代扣款项，避免挤占生产资金。

（2）对按车间、科室编制的工资单，其总数和细数要由内部稽核人员进行复核检查，所有工资单的合计数和加计总额应与工资汇总表的数额核对相符。

**（四）手续控制**

（1）必须按批准的年度工资预算总额发放工资，如遇职工调入、调离或退休，应根据有关部门授权证明凭证及时办理工资增减手续。

（2）职工转正、定级和升级等增加的工资，必须以企业有关工资政策规定和人力资源部门审核批准的文件为准。

（3）出纳部门的工资提现凭证必须由会计部门主管审核批准。提取的现金在工资发放前应妥善加以保管。

（4）工资发放必须由收款人签收。签收的工资单副本应缴回会计部门妥善保管，对超过工资发放期限而尚未领取工资的现金应立即存入银行，不得挪用。

由企业工资会计通过银行汇入员工储蓄卡中的工资结算凭证，也应有专人编制和存档，以供稽核人员复查。

# 第二节　工资业务基础资料和支付凭证的设计

工资业务基础资料和支付凭证是进行工资结算、工资分配的依据。基础资料和支付凭证的设计是否合理，对于提高记录质量、保证工资结算和工资分配的正确性有着重要的作用。工资业务的基础资料主要包括考勤记录、劳动工时记录、产量记录、小组产量记录以及与工资结算有关的其他原始记录，现分述如下：

## 一、考勤记录的设计

**（一）考勤记录的内容**

考勤记录是计时工资制下反映职工出勤、缺勤和工作时间的记录，并可用来分析职工工作时间的利用情况和计算职工应得工资。

考勤记录包括的内容主要有：

（1）职工姓名和工号。

（2）职工工种。

（3）出勤和缺勤统计。

（4）出勤时间的分析。

（5）缺勤时间的分析。

**（二）考勤记录的形式**

考勤记录按外形可以分为考勤簿、考勤卡片和专用考勤卡形式。

1. 考勤簿的设计

考勤簿一般按车间部门或班组设置，每月一页或若干页。考勤人员每月初按上月考勤簿所列职工重新开设，如遇人员变动，例如职工调离或调入，应根据人事劳动工资部门的通知进行更改。

考勤簿一般采用订本形式，一年一本，不易散失；也可用散页形式，一个班组一页，月末收集装订，全车间成一本。它们均能全面反映车间、部门或班组职工的出勤情况，便于出勤时间的汇总。但缺少灵活性，遇有人员在企业内部调动时，不能将调离前的考勤记录随人转入新单位。

2. 考勤卡片的设计

考勤卡是按职工个人设置，每年一张，在每年年初或职工由外单位调入时开设。年内职工人员变动时，如果是调离、退休，根据劳动工资部门的有关通知将卡片抽出予以注销，如果是内部调动则应移交调入单位。

考勤卡用活页本形式能够全面清晰地反映和考核某一员工全年的出勤情况，且有较大的灵活性，便于完整地保存职工出、缺勤的历史资料。遇到职工在企业内部调动时，就可把该职工的考勤卡抽出，移交调入单位继续考勤。其缺点是卡片容易散失，不便于对全车间、部门或班组的出勤、缺勤情况加以汇总分析，所以平时要注意考勤卡的妥善保管。

**拓展区**

“考勤簿”和“考勤卡”格式请参看光盘相关内容。

3. 专用考勤卡的设计

专用考勤卡是用电子考勤器进行考勤记录，按职工设置，每月一卡。在使用考勤器的单位，职工上下班时都必须持考勤卡塞入考勤器，由考勤器打印上下班时间，作为出勤的依据。使用专用考勤卡能客观正确地记录职工上下班时间，节省人工考勤时间。但在使用中，应加强机器考勤现场的检查和管理，防止发生代人打卡等不正当的考勤行为。

## 二、产量和劳动工时记录的设计

为了反映职工在出勤时间内做了哪些工作，在每项工作中花费了多少时间，完成了多少产量；提供按用途分配工资支出，计算产品产量和计算计件工资的资料，需要设计产量和劳动工时记录。

产量和劳动工时记录的主要内容包括：工人的姓名和工号；有关产品或订单的名称和编号；工作进行的地点、车间、工段、生产小组或机器设备的名称和编号；下发并交付加工的材料、毛坯、零件等名称、编号和数量；完成产品的数量和质量，即合格品和废品的数量；定额工时和实际工时；在计件工资制下，产品的计价单价和合格产品的计件工资以及非由于职工过失而产生的废品工资。

在实际工作中，因各个企业生产类型、劳动组织等形式不同，所以产量和工时记录的格式以及登记程序也不尽相同。这里介绍常用的几种格式及其应用：

### （一）工作通知单的设计

工作通知单又称为施工票、短票或单一工票。它是对每一个工人或生产班组按每道工

序签发，用于分配生产任务并记录工时和产量的原始凭证。适用于单件和小批生产的企业、车间以及个别的一次性生产加工的单位。

工作通知单通常由车间的计划调度员根据生产计划、工艺过程卡片、定额等资料填列，并注明工作的名称、数量、工时定额等，发给生产小组作为执行工作的通知。工作完成后，工人在单内注明工作的起讫时间和实际工时，连同完成的零件交生产组长查点，然后交由检验员验收，检验员验收后将检验结果填入工作通知单内，并且由生产班组长签署后交送统计部门，作为统计产量工时和计算产品成本之用。

在计件工资制下，工作通知单还应转交工资核算员，以便据以计算每个工人的应得工资。如果生产任务交由生产小组集体完成，则还应将小组成员的姓名和每一个工人的实际工时在单内分别加以记录，以便将全小组应得工资在各组员之间进行分配。

**（二）工序进程单和工作产量报表的设计**

工序进程单又称工序单、进程单、长票、多工序工票、加工路线单。它是按投入生产的每一批零件的整个工艺过程签发，用以分配生产任务，并记录其加工进程的原始凭证。它适用于成批生产的企业或车间。工序进程单格式如表 10—1 所示。

**表 10—1**　　　　　　　　　　　　**工序进程单**

<table>
<tr><td colspan="2">车　间</td><td colspan="3"></td><td colspan="4">工序进程单</td><td colspan="5">编　号</td><td colspan="3"></td></tr>
<tr><td colspan="2">工　段</td><td colspan="3"></td><td colspan="4">部件或零件编号及名称</td><td colspan="5">开出日期</td><td colspan="3"></td></tr>
<tr><td colspan="2">产品型号</td><td colspan="3"></td><td colspan="4"></td><td colspan="5">投入数量</td><td colspan="3"></td></tr>
<tr><td rowspan="3">机床号</td><td rowspan="3">工人姓名</td><td colspan="3">任务</td><td colspan="3">工作时间</td><td rowspan="3">实动工时</td><td colspan="7">检查结果</td><td rowspan="3">工作班产量记录编号</td></tr>
<tr><td rowspan="2">工序</td><td rowspan="2">派制件数</td><td rowspan="2">单位时间定额</td><td colspan="2">开工</td><td>完工</td><td rowspan="2">交验数</td><td rowspan="2">合格数</td><td rowspan="2">返修数</td><td rowspan="2">工废数</td><td rowspan="2">料废数</td><td rowspan="2">短缺</td><td rowspan="2">检验员</td></tr>
<tr><td>日期</td><td>时间</td><td>日期时间</td></tr>
<tr><td></td><td></td><td></td><td></td><td></td><td></td><td></td><td></td><td></td><td></td><td></td><td></td><td></td><td></td><td></td><td></td><td></td></tr>
<tr><td colspan="6">附注：</td><td colspan="11">组长：</td></tr>
</table>

为了集中反映一个班组的产量，便于全面了解其生产任务的完成情况和计算工资，工序进程单常与工作班产量报表结合起来使用。工作班产量报表又称检验员值班报告、各班组报表，它是记载一个工作班工人的生产任务和实际产量的一种凭证。

工序进程单通常由车间计划调度员根据车间生产计划、工艺卡片和定额等资料，分别填制事先算定合适的各批同种零件以及按照工艺过程每一批零件的全部工序。工作班产量报表通常按每一个班组、每一个生产小组由检验员分别填制。工作开始时，工序进程单交第一道工序的工人，并随加工工序过程逐步移动，工作班产量报表则交给检验员保存。每道工序完工后，该道工序的工人将工序进程单和完工零件交给生产组长查点，然后转由检验员验收，并将检验结果在工序进程单和工作班产量报表中加以记录。工作班产量报表在工作班结束后，由生产组长注明实际工时，经有关人员签署后，作为统计产量、工时和计算成本之用。在计件工资制下，工作班产量报表是计算计件工资的主要依据。工序进程单在全部工序完成后，则应缴还车间计划调度员，作为计算和分析作业计划完成情况之用。

**(三) 产量通知单的设计**

产量通知单适用于简单生产或连续加工或复杂生产的企业或车间，它是记录每一个工作班内全组每一个工人的产量和工时的一种原始凭证，是统计产量、工时和计算产品成本的依据。在计件工资下，它是计算每一个工人应得工资的依据。产量通知单格式如表 10—2 所示。

**表 10—2** **产量通知单**

<table>
<tr><td>车间</td><td colspan="5"></td><td colspan="4" rowspan="2">产量通知单</td><td colspan="2">编号</td><td></td></tr>
<tr><td>班组</td><td colspan="5"></td><td colspan="2">开发日期</td><td></td></tr>
<tr><td colspan="3">工人</td><td colspan="2">工作时间</td><td rowspan="2">每件定额</td><td colspan="7">实际产量</td></tr>
<tr><td>机器编号</td><td>工号</td><td>姓名</td><td>工作开始时间</td><td>工作结束时间</td><td>交验数量</td><td>合格数量</td><td>废品数量</td><td>废品通知单号</td><td>完成通知单号</td><td>实际工时</td><td>检验员</td></tr>
<tr><td></td><td></td><td></td><td></td><td></td><td></td><td></td><td></td><td></td><td></td><td></td><td></td><td></td></tr>
</table>

产量通知单每日按每一班组开设，由组长负责填列本班组工作人员姓名及其工作开始时间。工作结束时，由班组长填写工作结束时间，并随产品送交检验员验收。检验员根据送交产品质量情况在单内填制，并交有关人员作为统计产量、工时和计算产品成本的依据。在计件工资制下，它是计算工人应得工资的依据。

**(四) 产量明细表设计**

产量明细表是记录流水线上各道工序、各个工人的产量和工时的一种原始凭证。在流水线上的各个工人的工作内容虽各不相同，但每个工人每天工作的时间是相同的，所以它适用于平行加工式且又是大量复杂生产的企业和车间。产量明细表格式如表 10—3 所示。

产量明细表由车间计划调度员在工作班加工开始时，按工序先后填写每个工人在每道工序开始时的零部件余额数；同时由流水线上车间材料员、零件车间仓库管理员登记第一道工序所交发的材料或零件的件数。每道工序加工完毕的零件由检验员验收，验收时只需将发现的废品加以记录。工作班结束时，工人应查点和计算每道工序结束时的零件余额，由计划调度员加以记录，同时应计算和注明每道工序每个工人完工的合格品数量。在计件工资制下，还要由工资员计算和填明每个工人应得的计件工资。

采用产量明细表时，工作班的产量是按流水线上最后一道工序加工完成的零件数来确定的。

**表 10—3** **产量明细表**

| 车间 | | | | | | | | 产量明细表 | | | | | | 零件编号 | | | | | | |
|---|---|---|---|---|---|---|---|---|---|---|---|---|---|---|---|---|---|---|---|---|
| 班组 | | | | | | | | | | | | | | 日期 | | | | | | |
| 顺序号 | 设备编号 | 操作号数 | 工人 | | | 计划（件） | | 全班作业 | | | 工作等级 | 每件定额工时（分） | 检验科验收按工作结束时的产量计算 | | | | | | 完成的定额数工时数 | 备注 |
| | | | 工号 | 姓名 | 工资率（日） | 每班定额 | 实际数量 | 实际所发数余量 | 交发数量 | 工作班结束时余额 | | | 合格品（件） | 不合格品 | | | 短缺（件） | 废品通知单号 | | |
| | | | | | | | | | | | | | | 工废 | 料废 | 退修 | | | | |
| | | | | | | | | | | | | | | | | | | | | |
| ①开始余额　件 | | | | | | | | | | | ④结束时余额（一）　件 | | | | | | | | | |
| ②收　入（＋）　件 | | | | | | | | | | | ⑤损　失（一）　件 | | | | | | | | | |
| ③废　品（一）　件 | | | | | | | | | | | ⑥合　格　品　件 | | | | | | | | | |

计划调度组长：　生产组长：　定额制定员：　检验员：　会计员：

## 三、委托代扣款通知单设计

考勤记录、产量和工时记录是计算工资的原始记录。此外还有一些与工资业务有关的其他原始记录，如停工报告单、废品通知单、委托代扣款通知单和奖金、津贴发放通知单等。停工单等的格式和应用见第 14 章“成本核算制度的设计”，这里介绍委托代扣款通知单和奖金、津贴发放通知单的设计。

企业在支付职工工资时，经常发生在应付工资中代扣某些款项，例如，代扣水电费、房租、个人所得税等。委托代扣款通知单格式如表 10—4 所示。

**表 10—4** **委托代扣款通知单**

委托扣款部门：　日期：

| 姓　名 | 扣款原因 | 金　额 | 起扣月份 | 每月扣款数 | 工资单汇总项目 |
|---|---|---|---|---|---|
| | | | | | |
| 合　计 | | | | | |

委托代扣款通知单由各有关委托扣款部门填制，写明扣款人姓名、扣款原因、金额以及每月扣款金额和扣款起止时间等，一式两份，一份由委托扣款部门留存，另一份送交会计部门作为工资中代扣款依据。为了正确反映职工代扣款项的详细情况，还可以设计一种

职工欠款、扣款明细表作为职工扣款的明细账册。其格式如表10—5所示。

**表10—5　　　　　　　　　　　　职工欠款、扣款明细表**

部门：　　　　　　　　　　　　　　　　　　　　　　　　　　　　单位：元

| 编号 | 姓名 | 上期结欠 | 月　日 | | | 月　日 | | |
|---|---|---|---|---|---|---|---|---|
| | | | 借款 | 扣款 | 结余 | 借款 | 扣款 | 结余 |
| | | | | | | | | |
| 合计 | | | | | | | | |

## 四、工资业务支付凭证的设计

### (一) 工资结算凭证的设计

1. 工资结算凭证的内容

工资结算凭证是企业同职工办理工资结算手续、支付工资的依据。具体内容主要包括以下三个部分：

(1) 应发工资，包括：计件工资、计时工资、工龄工资、职务工资、加班工资以及奖金和各种津贴，并为每种工资分设专栏和应发工资总额栏。

(2) 应扣项目，包括：工会经费、借支款、个人所得税、房租、住房公积金、社会保障基金以及储蓄款等分设的专栏和应扣总计栏。

(3) 实发工资，将应发工资减去应扣款后得出。另外，应设工资受领人签收一栏。

2. 工资结算凭证的格式

(1) 工资单。工资单（如表10—6所示）是由劳动工资部门和会计部门按车间、工段、小组每月编制。通常一式三份，其中两份由劳动工资部门和会计部门分别存查，另外一份按每一职工裁成单条，连同工资现金一并发给职工。

**表10—6　　　　　　　　　　　　工资单**

车间或部门：　　　　　　20××年××月

| 工号 | 姓名 | 应发工资 | | | | | | | | 应扣项目 | | | | | | | | 实发工资 | 领取人签名 |
|---|---|---|---|---|---|---|---|---|---|---|---|---|---|---|---|---|---|---|---|
| | | 计件工资 | 计时工资 | 加班工资 | 奖金 | 伙食补助 | 其他津贴 | | 合计 | 房租 | 工会费 | 借款 | 住房公积金 | 社会保障基金 | 个人所得税 | 储蓄款 | 合计 | | |
| | | | | | | | | | | | | | | | | | | | |
| 合计 | | | | | | | | | | | | | | | | | | | |

制单：　　　　　　复核：　　　　　　审核：　　　　　　出纳：

采用工资单的优点是因为工资单的合计数就是该车间、工段、小组职工工资的总数，从而在编制全厂工资结算汇总表时就比较方便，其缺点是不能集中反映每个职工全年的工资结算和支付情况。

（2）工资卡。工资卡（如表 10—7 所示）按每个职工每年设置一张，有劳动工资部门保存在卡片箱内。每月抽出，计算并写明工资应发数和实发数。会计部门在发放时交工资受领人签收。发放完毕，及时收回集中存放。

**表 10—7** **工资卡片**

工号： 姓名： 年度： 编号：

<table>
<tr><td colspan="2">车间</td><td colspan="3">工段</td><td colspan="4">小组</td><td colspan="3">职务工种</td><td colspan="3">等级</td><td colspan="2">工资标准</td></tr>
<tr><td colspan="2"></td><td colspan="3"></td><td colspan="4"></td><td colspan="3"></td><td colspan="3"></td><td colspan="2"></td></tr>
<tr><td rowspan="2">月份</td><td rowspan="2">出勤</td><td colspan="4">时间</td><td colspan="4">应付工资</td><td colspan="5">代扣款项</td><td rowspan="2">本期实发工资</td><td rowspan="2">领款人签章</td></tr>
<tr><td></td><td></td><td></td><td></td><td></td><td></td><td></td><td>合计</td><td></td><td></td><td></td><td></td><td>合计</td></tr>
<tr><td></td><td></td><td></td><td></td><td></td><td></td><td></td><td></td><td></td><td></td><td></td><td></td><td></td><td></td><td></td><td></td><td></td></tr>
<tr><td colspan="2">合 计</td><td></td><td></td><td></td><td></td><td></td><td></td><td></td><td></td><td></td><td></td><td></td><td></td><td></td><td></td><td></td></tr>
</table>

采用工资卡片的优点是易于了解每名职工全年的工资结算情况，缺点是根据工资卡片编制“工资汇总表”的工作量比使用工资单要多些。另外，由于工资卡流动性大，易于散失，为此要加强对工资卡片的管理，通常可设计一本工资卡登记簿，登记工资卡片的发出和回收情况。

（3）工资袋。工资袋是工资卡的变形。它是把工资卡片设计成袋子形式，以便将工资放在里面一起交职工签收，上面印有员工姓名、工资数额及领取人签章处，使用方便。

（4）银行储蓄卡。目前，企业大量采用的是银行储蓄卡。银行储蓄卡是单位为员工集体办理的汇入和支取工资的银行专用活期存折。每月由会计部门工资核算员定期将工资按电脑计算结果一次存入银行，再由银行按详细名录转入储蓄卡。同时，会计部门将文字打印的工资应付和代扣代缴明细情况通过电脑网络或书面通知员工本人，以便核对。

### （二）工资结算汇总表的设计

为了总括反映整个企业及其各车间科室部门的工资支出数额，考核和分析工资基金的使用情况，并据以进行工资结算的总分类核算，会计部门还应根据工资单或工资卡片归类汇总，编制工资结算汇总表，并根据该表应发金额总计开具提现支票，向开户银行提取现金以备发放。

工资结算汇总表的格式如表 10—8 所示。

表 10—8　　　　　　　　月份工资结算汇总表

| 序号 | 车间或部门 | 工作人员类别 | 应付工资 | | | | 代扣款项 | | | | 实发工资 |
|---|---|---|---|---|---|---|---|---|---|---|---|
| | | | | | | 合计 | | | | 合计 | |
| | | | | | | | | | | | |
| | 合计 | | | | | | | | | | |

该表在编制时要加强审核，表中的实发工资合计栏的总额要与工资单、银行储蓄卡或工资卡片的实发工资合计数核对一致。

**（三）工资其他结算凭证的设计**

在工资结算时，有时因工资结算方式不同，或因工资结算有误，或因工资发放时间等问题，需要相应的结算处理。为此，需要设计与工资结算有关的辅助凭证。这些辅助凭证主要有下列几种：

1. 集体计件工资分配表的设计

在计件工资制下，如果产品由班组共同生产，那么班组计件工资总额还须按班组内各工人的工作时数和工资等级进行分配。因此，需要编制集体计件工资分配表。集体计件工资分配表格式如表 10—9 所示。

表 10—9　　　　　　　　月份集体计件工资分配表

| 集体内成员姓名 | 工资等级 | 工资等级系数 | 实际工作时数 | 系数小时 | 每一系数小时应得工资 | 各成员应得的工资 |
|---|---|---|---|---|---|---|
| ① | ② | ③ | ④ | ⑤ | ⑥ | ⑦=⑤×⑥ |
| | | | | | | |
| 合　计 | | | | | | |

根据该分配表，可以计算出集体内每个职工的应得工资。计算公式如下：

$$\text{集体内某一工人应得的工资}=\frac{\text{该工人的工作时数}\times\text{该工人的工资等级系数}\times\text{集体计件工资总额}}{\sum\left(\text{集体内每一工人的工作时数}\times\text{集体内各工人的工资等级}\right)}$$

上列公式中的工资等级系数是指各级工人工资率与某一级工人工资率的比例，也就是以一级工人的工资率作为 1，其余各级工人的工资率与其相比的倍数。

2. 待领工资明细表的设计

对于超过工资发放期限而尚未领取的工资，为保护工资款安全，防止占用或挪用，应查明未领原因，编制待领工资明细表，并及时将未领工资款交存银行或专款专存。

3. 奖金、津贴发放单的设计

除了工资外，企业根据有关规定可发放奖金、津贴，这些奖金、津贴既可以放在工资单中结算，也可单独结算。如属后者，要设计出相应的奖金、津贴发放单的格式，以便记录每个职工的应得金额。该发放单通常一式两份，一份交由劳动工资部门按照每个职工的工种和出勤、缺勤情况计算津贴和奖金，一份送交财务部门作为工资支付依据。

 **拓展区**

"待领工资明细表"、"奖金、津贴发放单"的格式请参看光盘相关内容。

# 第三节　工资业务处理程序

在企业中，工资业务处理涉及车间、(科室)、劳动人事部门和财会部门。其流程如图10—1所示。

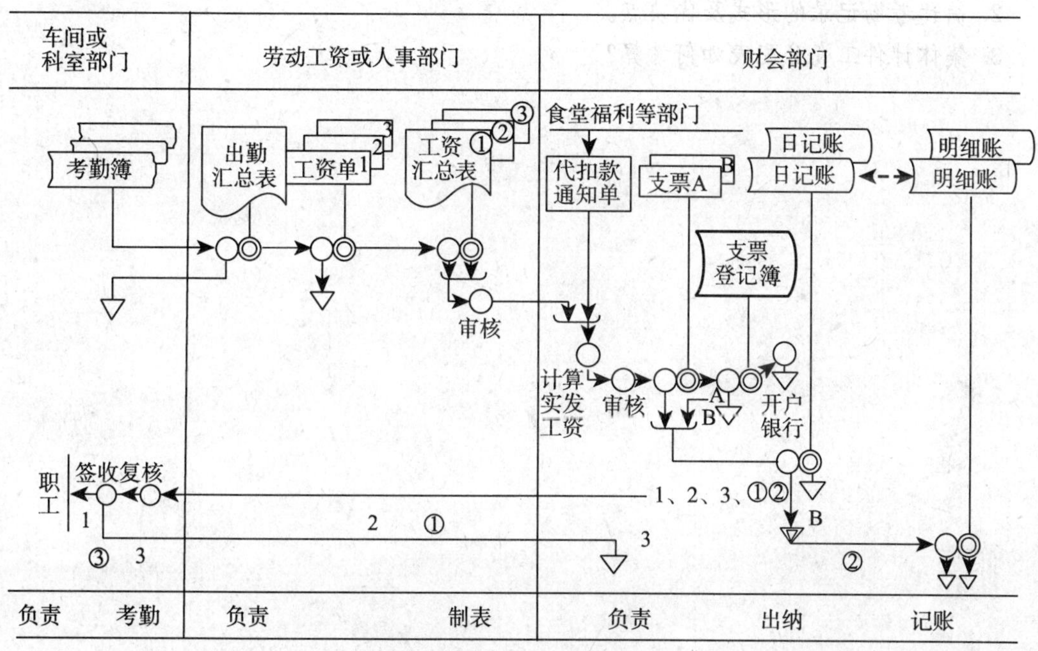


**图 10—1　工资业务处理程序**

注：图中"1"、"2"、"3"和"①"、"②"、"③"均为凭单联数。

该流程图反映了企业工资结算业务处理过程。

(1) 每月车间或科室的考勤员将考勤簿送交劳动工资或人事部门。

(2) 劳动部门或人事部门据此编制出勤汇总表，并计算职工的应发工资，编制工资单一式三份和工资汇总表一式两份；工资单和工资汇总表经审核后送财会部门。

(3) 财会部门根据有关部门扣款通知，在工资单和工资汇总表上计算实发工资，经审核后签发提现支票并登记支票登记簿，工资单一份随现金送交职工，另两份工资单经职工签名后分别返回劳动工资或人事部门和财会部门留存，工资汇总表一份记入有关账户，另一份交劳动工资或人事部门留存。

该流程控制的内容主要有：

(1) 劳动工资或人事部门严格审核考勤记录是否真实。

(2) 工资单和工资汇总表编制后，是否已严加审核，尤其要审核工资汇总表实发数是否正确，防止多计工资多提现金、从中贪污的情况。

(3) 工资领取必须由职工签名，并将签过名的工资单分别存档。

(4) 定期进行账账核对。

## 【本章小结】

本章主要讲的是工资业务的处理程序设计，这只是会计日常实务中很小的一部分，相对来说不是很重要。

## 【复习思考题】

1. 试说明各种工资结算凭证的格式，并比较它们的优缺点。
2. 简述考勤记录的形式及优缺点。
3. 集体计件工资分配表如何计算?

# 第十一章

# 固定资产和无形资产业务处理程序的设计

**学习导航**

用2学时学习本章内容。

⊙ **了解：** 固定资产的概念；固定资产的分类、计价和修理费用处理方法；固定资产原价增减变动表设计、盘点明细表和盘盈盘亏表设计和折旧计算分配表设计；设备更新申请批准程序的设计和设备报废清理程序的设计。

⊙ **理解：** 固定资产的内部控制制度：固定资产的预算制度、授权批准制度、账簿记录制度、职责分工制度和在建工程的专控制度等；固定资产业务的内部控制要点；固定资产交接证设计、卡片设计、报废单设计和登记簿设计等。

⊙ **掌握：** 固定资产的构成条件和折旧方法；设备采购、验收、付款程序的设计。

## 第一节　固定资产的概念及内部控制要点的设计

### 一、固定资产的概念

固定资产是指使用寿命超过一个会计年度，为生产商品、提供劳务、出租或经营管理而持有的单位价值较高，并在使用中保持原来物质形态的资产，包括房屋及建筑物、机器设备、运输设备、工具器具等。

固定资产业务处理涉及取得、增减、记录、保管、使用、维修、折旧和处置等。根据固定资产特点和管理要求，固定资产业务会计处理程序设计的要求是能保证固定资产实物的安全和完整，能准确反映固定资产的增减、处置、修理、更新和使用情况，能有利于正确计算固定资产折旧和修理费用。

## 二、固定资产内部控制要点的设计

### (一) 固定资产的内部控制制度

存货与固定资产同属一个交易循环，在内部控制问题上有许多共性的地方，但固定资产还存在不少特殊性，有必要对其单独加以说明。

制造业的固定资产在其资产总额中占有很大的比重，大额固定资产的购建会影响现金流量，而固定资产的折旧、维修等费用则是影响其损益的重要因素。固定资产管理一旦失控，所造成的损失将远远超过一般的商品存货等流动资产。所以，为了确保固定资产的安全、真实、完整和有效利用，公司应当搞好下列固定资产内部控制要点的设计：

1. 固定资产的预算制度

预算制度是固定资产内部控制中最重要的部分。通常，大企业应编制旨在预测与控制固定资产增减和合理运用资金的年度预算；小企业即使没有正规的预算，对固定资产的购建也要事先加以计划。设计时应注意保证固定资产的取得和处置均依据预算，对实际支出与预算之间的差异以及未列入预算的特殊事项，应检查其是否履行特别的审批手续，使固定资产增减均能处于良好的经批准的预算控制之下。

2. 授权批准制度

完善的授权批准制度包括：企业的资本性预算只有经过董事会等高层管理机构批准方可生效；所有固定资产的取得和处置均需经企业管理当局书面认可。设计时要保证固定资产授权批准制度尽量完善，授权审批制度能得到有效执行。

3. 账簿记录制度

除固定资产总账外，还需设计固定资产明细分类账和固定资产登记卡，按固定资产类别、使用部门和每项固定资产进行明细分类核算。固定资产的增减变化均应有充分的原始凭证。一套设置完善的固定资产明细分类账和登记卡，可帮助管理者分析固定资产的取得和处置、复核折旧费用和修理支出。

4. 职责分工制度

对固定资产的取得、记录、保管、使用、维修、处置等，均应明确划分责任，由专门部门和专人负责。明确的职责分工制度有利于防止舞弊，降低企业资产损失风险。

5. 资本性支出和收益性支出的区别制度

企业应制定区分资本性支出和收益性支出的书面标准。通常需明确资本性支出的范围和最低金额，凡不属于资本性支出的范围、金额低于下限的任何支出，均应列作费用计入当期收益。

6. 固定资产的处置制度

固定资产的处置包括投资转出、报废、出售等，均要制定一定的审批程序。

7. 固定资产的定期盘点制度

对固定资产的定期盘点，是验证账面各项固定资产是否真实存在、了解固定资产放置地点和使用状况以及发现是否存在未入账固定资产的必要手段。企业应建立固定资产盘点制度，并应重点设计好盘盈、盘亏固定资产的处理程序。

8. 固定资产的维护保养制度

固定资产应有严密的维护保养制度，以防止其因各种自然和人为的因素而遭受损失，

并建立日常维护和定期检修制度，以延长其使用寿命。

9. 固定资产的保险制度

严格来讲，固定资产保险不属于企业固定资产的内部控制范围，但它对企业非常重要。因此，企业也应制定办理固定资产保险的制度和程序，以减少意外事故带来的损失。

10. 在建工程的专控制度

作为固定资产的一个组成项目，在建工程项目有其特殊性和易失控性。因此，需设计好在建工程的专门控制制度。

（1）岗位分工与授权批准。

1）单位应当建立工程项目业务的岗位责任制，明确相关部门和岗位的职责、权限，确保办理工程项目业务的不相容岗位相互分离、制约和监督。工程项目业务不相容岗位一般包括：项目建议、可行性研究与项目决策；概预算编制与审核；项目实施与价款支付；竣工决算与竣工审计。

2）单位应当对工程项目相关业务建立严格的授权审批制度，明确审批人的授权批准方式、权限、程序、责任及相关控制措施，规定经办人的职责范围和工作要求。审批人应当根据工程项目相关业务授权批准制度的规定，在授权范围内进行审批，不得超越审批权限。

3）单位应当制定工程项目业务流程，明确项目决策、概预算编制、价款支付、竣工决算等环节的控制要求，并设置相应的记录或凭证，如实记载各环节业务的开展情况，确保工程项目全过程得到有效控制。

（2）项目决策控制。

单位应当建立工程项目决策环节的控制制度，对项目建议书和可行性研究报告的编制、项目决策程序等做出明确规定，确保项目决策科学、合理。

（3）概预算控制。

单位应当建立工程项目概预算环节的控制制度，对概预算的编制、审核等做出明确规定，确保概预算编制科学、合理。

（4）价款支付控制。

单位应当建立工程进度价款支付环节的控制制度，对价款支付的条件、方式以及会计核算程序做出明确规定，确保价款支付及时、正确。

（5）竣工决算控制。

单位应当建立竣工决算环节的控制制度，对竣工清理、竣工决算、竣工审计、竣工验收等做出明确规定，确保竣工决算真实、完整、及时。

（6）监督检查。

单位应当建立对工程项目内部控制制度的监督检查制度，明确监督检查机构或人员的职责权限，定期或不定期地进行检查。内容主要包括：

1）工程项目业务相关岗位及人员的设置情况。重点检查是否存在不相容职务混岗的现象。

2）工程项目业务授权批准制度的执行情况。重点检查重要业务的授权批准手续是否健全，是否存在越权审批行为。

3）工程项目决策责任制的建立及执行情况。重点检查责任制度是否健全，奖惩措施是否落实到位。

4）概预算控制制度的执行情况。重点检查概预算编制的依据是否真实，是否按规定对概预算进行审核。

5）各类款项支付制度的执行情况。重点检查工程款、材料设备款及其他费用的支付是否符合相关法规、制度和合同的要求。

6）竣工决算制度的执行情况。重点检查是否按规定办理竣工决算、实施决算审计。

**（二）固定资产业务的内部控制要点**

（1）固定资产采购、保管、记账、付款职务应由不同人员分管。

（2）固定资产验收投产、报废清理、内部转移、调拨出租要由董事会审核批准。

（3）固定资产增减变动要及时反映、记账。

（4）建立固定资产目录、明细账和卡片，做到账、卡、物相符。

（5）加强固定资产管理，对未使用、不需用固定资产及时办理封存和申报手续；发现多余、闲置或使用不当的固定资产，应及时反映汇报给有关部门。

（6）清理报废的固定资产残值应及时入账，实物要妥加保管和统一处理。

（7）定期进行固定资产盘点清查，对盘盈、盘亏、毁损等情况要查明原因，弄清责任。

（8）正确计提折旧，并按规定入账。

# 第二节　固定资产基本业务的设计

固定资产基本业务的设计包括：规定固定资产构成条件；固定资产的分类；固定资产计价、固定资产折旧、固定资产减值和修理费用处理方法等。

## 一、固定资产的构成条件

固定资产从理论上讲应是用于生产和劳务供应，或用于出租给他人，或用于企业经营管理使用，预定要继续使用和在正常的经营过程中不打算出售的资产。

实际工作中，固定资产构成标准常以使用年限及单位价值作为条件。一般规定，使用年限在一年以上，并且单位价值在规定限额以上的劳动资料，均属于固定资产。

为了明确固定资产的划分标准，首先应编制固定资产目录，作为以后划分的依据。固定资产目录格式如表 11—1 所示。

**表 11—1　　　　固定资产目录**

| 编号 | 名称 | 型号规格 | 单位 | 价值 | 估计使用年限 | 折旧率 | 备注 |
|---|---|---|---|---|---|---|---|
| | | | | | | | |

## 二、固定资产的分类

企业的固定资产非常繁多，它们有着不同的用途，在生产经营过程中起着各种不同的作用。为了便于管理和核算，必须对它们进行适当的分类。

阅读光盘相关内容，掌握固定资产的分类。

## 三、固定资产计价的处理

企业的固定资产应按正确的标准进行计价，以便真实反映固定资产的价值和正确计提固定资产折旧。固定资产的计价标准有下列三种：原始价值、公允价值和账面价值。

我国新颁布的《企业会计准则》规定，固定资产应按照成本进行初始计量。成本指：(1) 外购固定资产的成本，包括购价，相关税费、运输费、装卸费、安装费和专业人员服务费等；(2) 自行建造固定资产的成本，包括由建造该项资产达到预定可使用状态前所发生的必要支出构成。还包括在固定资产尚未交付使用、或者已投入使用但尚未办理该工程决算之前发生的固定资产的借款利息和有关费用以及外币借款的汇兑差额。固定资产的账面价值是固定资产成本扣减累计折旧和累计减值准备后的金额。

## 四、固定资产折旧方法的选择

固定资产由于损耗而转移到产品成本中去的那部分价值称为固定资产折旧。固定资产折旧应根据固定资产原值、预计净残值，预计使用寿命或预计工作量采用相应的折旧方法。

应计折旧额，是指应当计提折旧的固定资产的原价扣除其预计净残值后的金额。已计提减值准备的固定资产，还应当扣除已计提的固定资产减值准备累计金额。

固定资产的折旧方法有以下几种：

(1) 年限平均法（又称直线法）。

(2) 产量、工作量或使用量法。

(3) 定率递减法。

(4) 年数总和法。

(5) 双倍余额递减法。

## 五、固定资产减值准备的判断和处理方法

固定资产减值是指固定资产的可收回金额低于其账面价值。这里的可收回金额应当根据固定资产的公允价值减去处置费用后的净额与资产预计未来现金流量的现值两者之间的较高者确定。这里的处置费用包括与固定资产处置有关的法律费用、相关税费、搬运费以及为使固定资产达到可销售状态所发生的直接费用等。

### (一) 固定资产发生减值的判断方法

企业应在资产负债表日熟练判断固定资产是否存在可能发生减值的迹象，并进行相应处理。根据《企业会计准则第 8 号——资产减值》的规定，如存在下列迹象，表明固定资产可能发生了减值：

(1) 固定资产的市价当期大幅下跌，其跌幅明显高于因时间的推移或正常使用而预计的下跌。

(2) 企业经营所处的经济、技术或者法律等环境以及固定资产所处的市场在当期或者将在近期发生重大变化，从而对企业产生不利影响。

(3) 市场利率或者其他市场投资回报率在当期已经提高，从而影响企业计算固定资产预计未来现金流量现值的折现率，导致固定资产可收回金额大幅度降低。

(4) 有证据表明固定资产陈旧过时或者其实体已经损坏。

(5) 固定资产已经或者将被闲置、终止使用或者计划提前处置。

(6) 企业内部报告的证据表明固定资产的经济绩效已经低于或者将低于预期，如固定资产所创造的净现金流量或者实现的营业利润（或者损失）远远低于（或者高于）预计金额等。

(7) 其他表明固定资产可能已经发生减值的迹象。

如果由于该固定资产存在上述迹象，导致其可收回金额低于账面价值的，应当将固定资产的账面金额减记至可收回金额，将减记的金额确认为固定资产减值损失，计入当期损益，同时计提相应的固定资产减值准备。

**(二) 固定资产减值准备的正确处理**

固定资产减值准备的正确处理一般包括：

(1) 编制固定资产减值准备明细表，并与总账数和明细账合计数核对是否相符。

(2) 复核计提固定资产减值准备的依据是否充分，会计处理是否正确。

(3) 检查资产的认定是否恰当，计提固定资产减值准备的依据是否充分，会计处理是否正确。

(4) 计算本期末固定资产减值准备占期末固定资产原值的比率，并与期初该比率比较，分析固定资产的质量状况。

(5) 检查处置固定资产时原计提的减值准备是否同时结转，会计处理是否正确。

(6) 检查是否存在转回固定资产减值准备的情况。按照企业会计准则规定，固定资产减值损失一经确认，在以后会计期间不得转回。

(7) 确定固定资产减值准备的披露是否恰当。

如果企业计提了固定资产减值准备，根据《企业会计准则第 8 号——资产减值》的规定，企业应当在财务报表附注中披露以下内容：1）当期确认的固定资产减值损失金额。2）企业提取的固定资产减值准备累计金额。如果发生重大固定资产减值损失，还应当说明导致重大固定资产减值损失的原因，固定资产可回收金额的确定方法，以及当期确认的重大固定资产减值损失的金额。

如果是上市公司，其财务报表附注中通常还应分项列示计提的固定资产减值准备金额、增减变动情况以及计提的原因。

**拓展区**

阅读光盘相关内容，加深对上述内容的理解。

## 六、固定资产修理费用的处理方法

固定资产可以多次参加生产过程。为了维护固定资产的使用效能，使其经常处于良好的工作状况，就必须对固定资产及时进行修理维护。固定资产修理费用处理有以下两种方法：

(1) 固定资产修理费用在发生月份内直接进入产品成本。这种方法主要适用于各月份

修理费用较均衡的固定资产经常修理。

(2) 固定资产修理费用采用预提或待摊方式，分期进入产品成本。该方法主要适用于各月份修理费用不均衡的固定资产大中修理。

# 第三节　固定资产业务凭证和报表的设计

固定资产的购建、调拨、报废清理及折旧和修理等业务的有关凭证，主要有固定资产交接证、固定资产卡片、固定资产报废单、固定资产内部转移单、固定资产折旧计算分配表等，下面简要说明这些凭证的设计。

## 一、固定资产交接证的设计

企业固定资产的增加主要是通过基本建设或购入来实现。无论是自行购建或从其他单位拨入的固定资产，都必须在收入时填制凭证，办理验收交接手续。

从建设单位或从其他单位拨入的固定资产，应按每一固定资产项目填制“固定资产交接证”，办理验收交接手续。经过验收以后，应由交接双方在交接证上签字。企业自行购建的各项固定资产亦应填制固定资产交接证，在企业内部的购建部门与使用或保管部门之间办理验收交接手续。固定资产交接证格式如表 11—2 所示。

**表 11—2**

**固定资产交接证**

20××年××月××日　　　　第　　号

移交单位＿＿＿＿＿＿＿＿　接受单位＿＿＿＿＿＿＿＿

固定资产名称＿＿＿＿＿＿＿＿　规格＿＿＿＿＿＿＿＿

技术特征＿＿＿＿＿＿＿＿

附属物＿＿＿＿＿＿＿＿　说明书或图纸号数＿＿＿＿＿＿＿＿

制造工厂或建筑部门＿＿＿＿＿　出厂或建筑安装年月＿＿＿＿＿　出厂号码＿＿＿＿＿

安装部门＿＿＿＿＿＿＿＿　安装完成年月＿＿＿＿＿＿＿＿

原价＿＿＿＿＿　其中安装费用＿＿＿＿＿　已提折旧额＿＿＿＿＿

过去已经过大修理次数＿＿＿＿＿＿＿＿　重新安装费用＿＿＿＿＿＿＿＿

估计使用寿命＿＿＿＿＿　估计残余价值＿＿＿＿＿　预计处置费用＿＿＿＿＿

估计大修理次数＿＿＿＿＿＿＿＿　金额＿＿＿＿＿＿＿＿

验收意见：

验收人（签章）

移交单位负责人（签章）　　接受单位负责人（签 章）

财会部门对于交接凭证应认真审核，拨入或购建固定资产所应办的手续是否齐全，是否经过验收，凭证上各项资料是否填写齐全，交接双方的登记是否完备等。如果发现有违反国家财经纪律，非法取得固定资产的行为，或者收入固定资产而未办理验收手续或者凭证填制方面有不完备、不正确等情况，财会部门应及时向有关部门提出意见，或报请企业领导处理，经过财会部门审核、签证后的固定资产交接证，才能作为登记固定资产增加的依据。

## 二、固定资产卡片的设计

固定资产卡片是为了反映和监督每项固定资产而开设的专用式明细账。其内容包括固定资产的编号、名称、技术特征、使用部门名称、存放地点、建造或制造年份、开始使用日期、停用日期、原价及其变动情况、预计使用寿命、折旧额、进行大修理的次数和日期、拨出和清理情况等。

固定资产卡片应保存在卡片箱内，通常先按固定资产类别排列，在每一类别下按固定资产存放地点或部门排列；在每一存放地点之下再按固定资产编号顺序排列。对于本月增加的固定资产，应根据交接凭证开设新卡片，详细登记有关内容，然后排列在卡片箱有关区位内。对于扩建、改建的固定资产，应在扩建、改建开始时，根据有关通知，将有关固定资产卡片从卡片箱内原存放处取出，注明停用日期和原因，重新排列在卡片箱中未使用固定资产类内，待扩建、改建完成后，再从未使用固定资产类内将卡片取出，注明停用结算日期，并登记由于扩建、改建所增加固定资产的价值，重新放回卡片箱的原存放部位。由于固定资产卡片数量很多，为便于控制，防止散失，固定资产卡片应按开设先后顺序分类编号。

## 三、固定资产报废单的设计

固定资产报废时，应由固定资产的保管或使用部门填制固定资产报废单。

**拓展区**

"固定资产卡片"、"固定资产报废单"的格式请参看光盘相关内容。

固定资产报废单应按每一报废的固定资产项目填制一张，一式多份。在报废单上，应说明报废固定资产的现在技术状况和报废的原因等。经批准后的报废单，一份送负责清理部门，据以进行清理；一份送会计部门，据以进行固定资产报废的核算。

会计部门收到报废单后，应先将报废固定资产的卡片从卡片箱中取出，然后审查其项目内容填写是否正确，报废手续是否齐备。经过审查认为无问题后，计算该项固定资产已提折旧额。然后，将固定资产卡片和报废单放在一起另行保管，以便跟踪监督报废固定资产的清理情况。

## 四、固定资产登记簿的设计

为了正确反映企业中固定资产的原价，除了设置"固定资产"账户外，还要按每类固定资产开设"固定资产登记簿"，用以登记各类固定资产的增、减、结余数。

每年初，将各类固定资产年初余额按其使用保管部门汇总计入登记簿的"年初数"行；每月根据有关凭证按固定资产的类别和使用保管部门进行分类、汇总，将增加数和减少数计入有关栏内，并结出月末余额。登记簿内的增加数、减少数和结余数应分别与"固定资产"账户相核对。

另外，对于不属于固定资产登记簿登记范围的某些备查事项，要设置固定资产备查登记簿，便于日后对有关固定资产事项进行查核。

## 五、固定资产原价增减变动表的设计

为了反映企业固定资产原价的增减变动情况，可按月编制“固定资产原价增减变动表”，供有关部门分析控制固定资产的增减变动所用。

## 六、固定资产盘点明细表和盘盈盘亏表的设计

为了考核固定资产的账面数和实存数是否一致，企业应定期或不定期地对固定资产进行盘点。盘点固定资产时，要有主管、盘点人、保管员或使用者三者在场，并填制固定资产盘点明细表。

**拓展区**

“固定资产登记簿”、“固定资产原价增减变动表”、“固定资产盘点明细表”、“固定资产盘盈盘亏表”的格式请参看光盘相关内容。

固定资产盘点明细表的内容包括固定资产编号、名称、单位、保管地点、清点数量等。盘点时，根据盘点情况一一填列，盘点结束时，由主管、保管员、盘点人签字，并据以登记固定资产盘盈盘亏表。

## 七、固定资产折旧计算分配表的设计

按照各种折旧计提方法，在计算每月固定资产折旧额后，应按月编制固定资产折旧计算分配表，其格式如表 11—3 所示。

**表 11—3**　　固定资产折旧计算分配表

20××年××月

| 应借账户 | 车间 | 上月计提的折旧 | 上月增加固定资产应计提折旧额 | 上月减少固定资产应计提折旧额 | 本月应计提的折旧额 | 备　注 |
| --- | --- | --- | --- | --- | --- | --- |
| 制造费用 | 一车间 | | | | | |
| | 二车间 | | | | | |
| | …… | | | | | |
| | 小计 | | | | | |
| 辅助生产成本 | 机修车间 | | | | | |
| | 动力车间 | | | | | |
| | …… | | | | | |
| | 小计 | | | | | |
| 管理费用 | | | | | | |
| 合计 | | | | | | |

该表内容包括应借账户、上月计提的折旧额、上月增加固定资产，上月不计提折旧，

本月应计提折旧额、上月减少固定资产，上月应照常计提折旧额，本月不再计提；本月应计提的折旧额等。编制该表时，可以根据具体需要分车间或不分车间列示折旧数。

## 第四节 固定资产业务处理程序的设计

固定资产业务处理流程包括：固定资产更新申请批准；固定资产采购、验收、付款；固定资产报废清理等。

### 一、设备更新申请批准程序的设计

该流程反映固定资产更新申请批准实施的处理过程，如图 11—1 所示。首先由设备部门编制设备更新计划交总工程师审批，总工程师审批后，属外购设备，编制购买通知单一式三份；属自制设备，编制制造任务书交辅助生产部门安排制造。设备部门根据购买通知单与供货单位签订合同，并将合同副本、设备购买通知单和自制设备制造任务书交财会部门留存，以作购置设备付款结算和自制设备核算的依据。

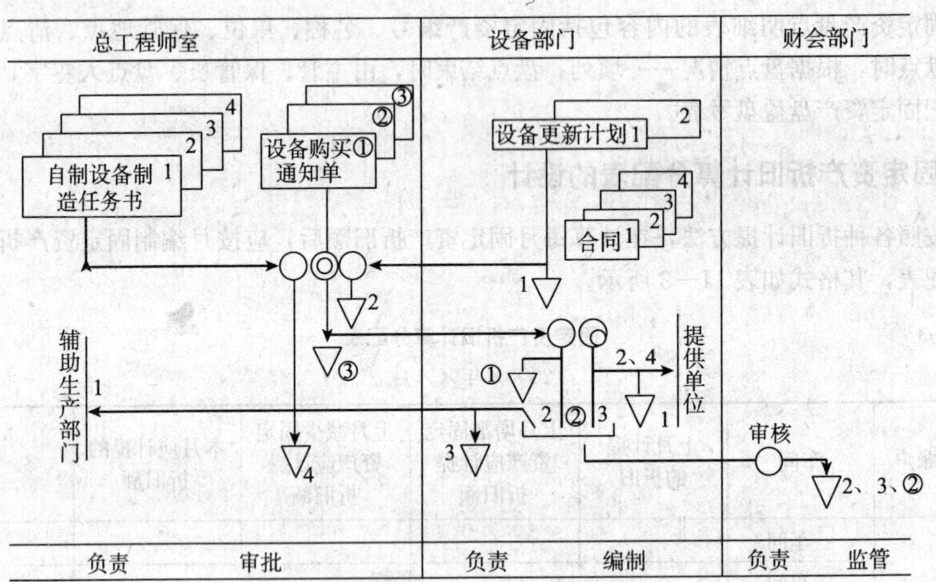


**图 11—1 设备更新申请批准程序**

注：图中“1”、“2”、“3”、“4”和“①”、“②”、“③”均为凭单联数。

该流程的控制要点：

（1）设备更新计划必须经过审批才能实施。

（2）财会部门参加合同的会签。

### 二、设备采购、验收、付款程序的设计

该流程反映企业从固定资产购入、验收到付款时的业务处理过程，如图 11—2 所示。

（1）由供货单位将设备购买发票和运输提货单函寄设备部门。

（2）设备部门根据有关设备购买通知单和合同，编制设备入库单一式三联。

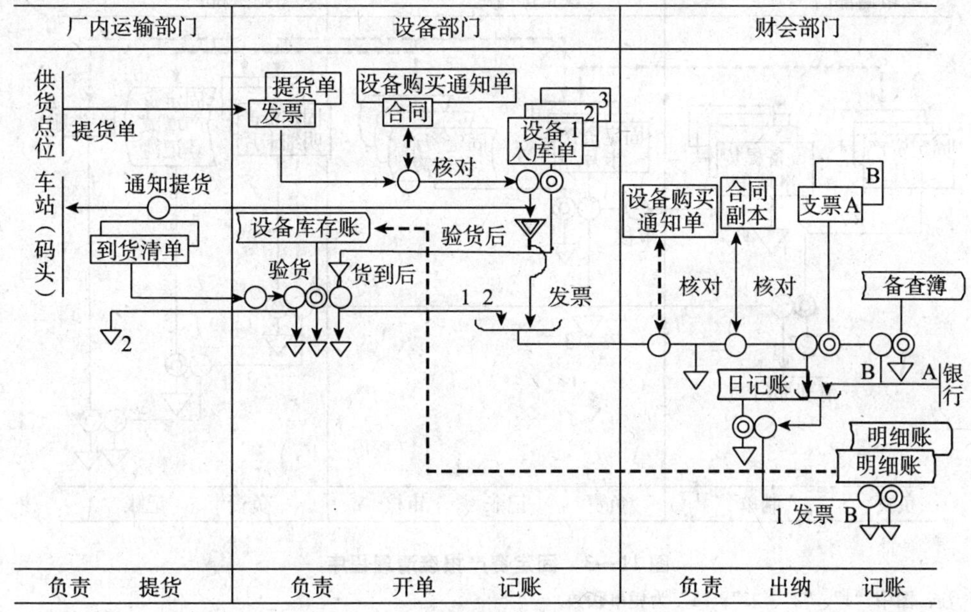


**图 11—2　设备采购、验收、付款程序**

注：图中“1”、“2”、“3”为凭单联数。

(3) 分别通知运输部门提货和设备仓库准备接货。

(4) 厂内运输部门到车站提取设备后编制到货清单，并交设备部门验收设备，设备部门验收后登记设备库存账，并通知财会部门付款。

(5) 最后由会计部门核对合同副本和设备购买通知单，经确认无误后办理货款结算，并登记有关总账和明细账。

该流程的控制要点：

(1) 提货、验收、付款分管。

(2) 设备验收、付款均要核对有关合同和有关凭证。

(3) 定期进行账账、账实核对。

## 三、设备报废清理程序的设计

该流程反映企业对设备报废清理业务的处理过程，如图 11—3 所示。首先由设备使用部门提出设备报废申请，经设备部门审核同意后，注销固定资产卡片，并在固定资产登记簿上做好记录，然后分别通知申请部门注销固定资产卡片，清理部门清理报废的设备和财会部门注销固定资产卡片后登记有关账户。

该流程的控制要点：

(1) 设备报废必须经过审核后才能办理。

(2) 对固定资产增减变动及时做好记录。

(3) 定期核对使用部门、设备部门和财会部门的固定资产卡片，并保证账卡和账实相符。

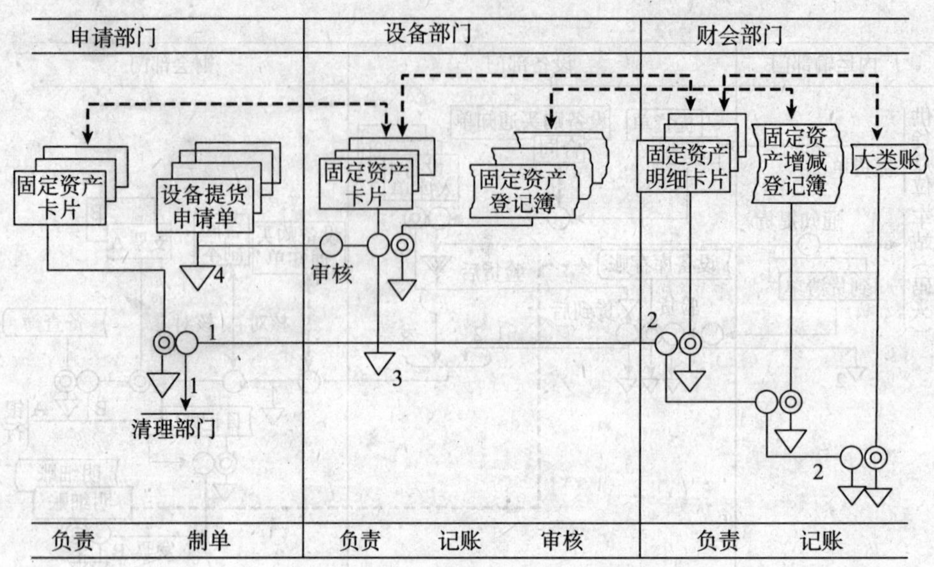


**图 11—3　固定资产报废清理程序**

注：图中“1”、“2”、“3”、“4”为凭单联数。

# 第五节　无形资产的概念及内部控制要点的设计

在知识经济时代，无形资产在企业的经营管理中发挥着越来越大的作用，在资产总额中所占的比重也越来越大。通过对无形资产会计制度的设计，可以保证无形资产取得、摊销的真实、合法、客观，可以正确揭示无形资产信息，从而最大限度地发挥无形资产在企业经营中的作用。

## 一、无形资产的概念和特点

### （一）无形资产的概念

无形资产是指企业拥有或者控制的没有实物形态的可辨认非货币性资产。包括专利权、非专利权技术、商标权、著作权、土地使用权、特许权等。

### （二）无形资产的特点

掌握无形资产的基本特点，有利于我们更加准确地认识和理解无形资产的内涵与外延。

(1) 无形资产没有实物形态，却富有市场价值，能提高企业经济效益或使企业获取超额收益。虽然某些无形资产的存在常常要依赖于有形的实物载体，比如计算机软件需要存储在磁盘中，但这并未改变无形资产本身不具有实物形态的本性。

(2) 无形资产属于非货币性长期资产。如果按是否同时具有货币性的物质形态和长期性的周转形态两个标杆来对企业资产进行衡量分析，那么，可以将整体资产划分为货币性长期资产、非货币性长期资产、货币性非长期资产、非货币性非长期资产四类。显而易见，无形资产属于非货币性长期资产。无形资产属于长期资产，主要是因为其能在超过一个经营周期内为企业创造经济利益。那些虽然具有无形资产的其他特性却不能在超过一个经营周期内为企业服务的资产，不能作为企业的无形资产核算。

（3）无形资产是为企业自用而非出售的资产。企业持有无形资产的目的是用于自身生产商品或提供劳务、出租给他人，或是用于管理。这一特征表明无形资产是为企业使用而非为销售所持有的资产。无形资产为企业创造经济利益的方式，具体表现为销售产品或提供劳务取得的业务收入。

（4）无形资产的获利性具有不确定性。无形资产在创造经济利益方面存在着较大的不确定性，这表现为无形资产常常需要与企业的其他资产结合，才能为企业创造经济利益。其他资产包括人力资源、高素质的管理队伍、适当的硬件设备、相关的原材料等。无形资产创造经济利益的能力还较多地受外界因素的影响，比如相关新技术更新换代的速度、利用无形资产所生产产品的市场接受程度等。随着市场竞争、科学技术的发展，已有无形资产会逐渐被新技术新发明所替代。所以无形资产在创造经济利益方面存在着较大的不确定性，这种不确定性要求在对无形资产作为资本吸收或进行会计核算时，应采取更加谨慎的态度。

（5）无形资产具有可辨认性。《企业会计准则第 6 号——无形资产》对无形资产的范畴进行了重大变更，主要是将不可辨认的商誉排除在无形资产之外，无形资产具有强烈的可辨认性。可辨认性的主要衡量标杆是指无形资产能够从企业中单独的分离或划分出来，并能单独的或与相关合同、资产或负债一起，用于出售、转移、授予许可、租赁或交换；或者源自合同性权利或其他法定权利，无论这些权利是否可以从企业或其他权利和义务中转移或者分离。当然，在认识上述特征的基础上，还需要特别强调，《企业会计准则第 6 号——无形资产》明确从无形资产范畴中排除了在企业合并中产生的商誉、石油天然气矿区的权益、作为投资性房地产的土地使用权三类资产，这三类资产不适用无形资产准则，而应当按照其他相关准则处理。同时，《企业会计准则第 6 号——无形资产》规定，对企业自行创造的商誉、内部产生的品牌、报刊名称等，不论其是否富有市场价值，均不作为无形资产进行会计确认。

## 二、无形资产业务制度设计的目标和要求

### （一）无形资产业务制度设计的目标

（1）保证无形资产取得的合理性。合理确认无形资产是进行会计处理的先决条件。无形资产在满足以下两个条件时，企业才能加以确认：其一，该资产产生的经济利益可流入企业；其二，该资产的成本能够可靠地计量。

（2）保证无形资产确认与计量的正确性。企业的无形资产应按正确的标准进行计价，以便真实地反映它们的价值和正确地进行无形资产的摊销。我国《企业会计准则》规定，购入的无形资产，应以实际支付的价款作为入账价值。

（3）保证无形资产的安全和完整。在对无形资产有关制度进行设计时，要考虑资产的安全性和完整性。例如，企业应当在每年年末或期末对无形资产进行检查，如果发现异常情况，应当计算无形资产的可收回金额，以确定资产是否已经发生减值，并计提无形资产减值准备。又如，在对无形资产进行出售时，应将所得价款与该无形资产的账面价值之间的差额计入当期损益。企业出租无形资产时，所取得租金应按相关规定予以确认，同时还

应确认相关费用。

(4) 保证摊销方法和处置措施的合理性。无形资产的成本，应自取得当月起，在预计使用年限内分期平均摊销。因此，如何选择企业的摊销方法，以保证其合理性和准确的计量。

**(二) 无形资产业务制度设计的要求**

为实现无形资产业务设计的目标，在设计时，还应符合以下要求：

(1) 对于无形资产的外购、投资者投入、自行研发等方面要设计严格的管理制度，对每项无形资产的取得，要认真调查分析，论证其实际价值和可持续性，确保无形资产取得的合理性，避免给企业造成意外的风险。

(2) 为了验证无形资产的存在性及其所有权归属，要建立和健全无形资产的原始凭证审核和管理制度，以保持账户记录的正确性。

(3) 要保证无形资产信息的真实性和完整性及财务报表披露的正确性。

## 三、无形资产业务内部控制要点的设计

**(一) 加强预算控制**

企业无形资产主要有外购、自创取得，由于它具有提供未来经济效益的不确定性，因此，在购置或自创无形资产时，必须经过认真调查研究，反复论证其可行性，并编制支出预算与相应的生产经营策略统筹安排。

**(二) 规范会计核算**

企业的无形资产，无论是专利权、商标权、还是专有技术，往往是企业自创的，其中有的在正式形成无形资产之前，已发生大量研究开发费用计入期间费用账户，正式取得时花费的直接费用反而很小。随着企业持续经营发展，其价值会迅速提高；也有的无法单独确认其形成成本，这些无形资产确认、计量的复杂性都要求会计核算必须按会计准则、制度的规范，结合企业自身特点，建立一套严格、规范的无形资产审核入账摊销控制制度，以正确划分有关支出的资本化与费用化界限，保证可靠地提供企业无形资产的信息。

**(三) 严格保密制度**

专有技术是一种技术秘密，它不受法律保护；专利权虽然与专有技术不同，法律保护其在有效年限内享有专利的独占权，但有时仍然会发生侵权行为。因此，企业必须根据拥有的专有技术和专利权的自身特征，设计出包括人事控制、资料保密、配方垄断、寻求法律相关保护等一系列有效措施，防止泄密和侵权。

**(四) 完善摊销制度**

无形资产的时效性决定了无形资产在各个期间的费用分摊金额，它直接影响着各个期间的财务状况和经营成果信息，因此，同固定资产的审核入账制度一样，企业必须按《企业会计准则》的规定，结合企业各种无形资产的特点，建立一套严格、规范的无形资产摊销控制制度。

## 第六节　无形资产基本业务及其凭证和账表的设计

无形资产基础业务工作包括：无形资产的确认；无形资产的分类；无形资产的计量、摊销和处置等。在实际工作中，为了便于管理，企业应当根据企业会计准则规定，结合本单位的实际情况，设计无形资产基础工作业务凭证和账表。举例如下：

**（一）无形资产确认、分类业务凭证的设计**

其格式如表 11—4 所示。

**表 11—4　　无形资产目录**

| 编号 | 名称 | 入账价值 | 估计使用年限 | 摊销额 | 净值 | 备注 |
|---|---|---|---|---|---|---|
| | | | | | | |
| | | | | | | |
| 合计 | | | | | | |

**（二）无形资产计量、摊销业务凭证的设计**

无形资产的摊销方法包括直线法和生产总量法等。无形资产的计量、摊销表如表 11—5 所示。

**表 11—5　　无形资产计量、摊销表**

| 项目 | 原值 | 摊销年限 | 摊销方法 | 月摊销额 | 摊余价值 | 备注 |
|---|---|---|---|---|---|---|
| 专利权 | | | | | | |
| | | | | | | |
| 合计 | | | | | | |

**（三）无形资产减值准备业务凭证的设计**

无形资产在资产负债表日存在可能发生减值的迹象时，其可收回金额低于账面价值的，应将该无形资产的账面价值减记至可收回金额，减记的金额确认为减值损失，计入当期损益，同时计提相应的资产减值准备，按应减记的金额，借记“资产减值损失——计提无形资产减值准备”科目，贷记“无形资产减值准备”科目。无形资产减值损失一经确认，在以后会计期间不得转回。无形资产减值准备计算表如表 11—6 所示。

**表 11—6　　无形资产减值准备计算表**

| 账面价值 | 计提比例 | 无形资产减值准备额 | | | 备注 |
|---|---|---|---|---|---|
| | | 本期发生额 | 上期发生额 | 累计发生额 | |
| | | | | | |
| | | | | | |
| 合计 | | | | | |

## 拓展区

阅读光盘“背景资料”中的《企业会计准则》，了解与本章内容相关的知识。

## 【本章小结】

本章主要讲的是固定资产业务的处理程序设计，是会计制度设计内容的一个较为重要的方面，也是我们考核的重点之一。

## 【复习思考题】

1. 简述固定资产的内部控制制度。
2. 简述固定资产业务处理流程。
3. 简述在建工程的内部控制制度的主要内容。

**☞阅读光盘“例题分析”中的本章内容，掌握解题技巧。在40分钟内完成光盘“即时练习”中的本章练习。光盘的“关键概念”提供了相关概念的检索。**

# 第十二章

# 存货业务处理程序的设计

**学习导航**

用 2 学时学习本章内容。

⊙ **了解**：存货的编号方法、存货的计价方法和盘存制度的确定；资产盘存业务与购销业务的关系；存货业务处理程序的设计：材料发放程序的设计，委托加工材料发料程序的设计，委托加工材料完工、验收、付款程序的设计和低值易耗品发放程序的设计。

⊙ **掌握**：资产盘存业务内部控制的具体要求；领料凭证设计：领料登记表设计和限额领料单设计；收发料汇总表设计；存货收发结存表设计；盘点报告设计：不定期盘点制、定期盘点制；材料吊卡设计和报废单设计。

⊙ **理解**：存货业务记账程序的设计方法：双重登记法、汇总账页与库存月报结合法及余额轧差法。

## 第一节　存货业务概述

存货是指企业在日常活动中持有以备出售的产成品或商品、处在生产过程中的在产品、在生产过程或提供劳务过程中耗用的材料和物料等。

### 一、存货的编号

为了加强对各类存货的实物管理，一般对各类存货要进行编号。常用的编号方法参考如下：

### （一）按存货的性能、技术特征和规格标准编号

例如在机械制造企业中，原料及主要材料可分为黑色金属和有色金属等大类；黑色金属又可分为钢材、生铁等小类；钢材还可分为钢板、圆钢、钢管等品种；钢板还可细分为不同的规格（50m/m、60m/m 等）。如此类推，对所有存货进行分类时，均可按“类一大类一小类一品种一规格”顺序组合编号。如上例，编号为“原料及主要材料－黑色金属－钢材－钢板－50m/m”。上述各顺序类文字亦可用字母代号编制，又称为汉字或字母“多号定位法”。

### （二）按存货存放地点位置标准编号

该方法又称为“四号定位法”。即按材料物资存放的仓库号、料架号、层号、位号（料场则是区号、点号、排号、位号）顺序组合编号。例如，某一材料存放于 2 号仓库、3 号货架、第 6 层、第 8 号位，则该材料编号为“2—3—6—8”，这种编号便于发料。

由于企业存货种类较多，为了保证存货名称在使用时一致，避免相互混淆、出现差错，为了简便核算，应编制“存货目录”。

**拓展区**

“存货目录”格式请参看光盘相关内容。

## 二、存货的计价

存货按照成本进行初始计量。存货成本包括采购成本、加工成本和其他成本。采购成本包括买价、相关税费和借款费用、运输装卸费、保险费以及其他可归属于存货采购成本的费用。

加工成本包括直接人工以及按照一定方法分配的制造费用。

其他成本是指除采购成本、加工成本以外的，使存货达到目前场所和状态所发生的其他支出。

发出存货实际成本计价有许多方法，如移动平均法、加权平均法、先进先出法、后进先出法和个别计价法等。在具体采用时，一是要符合有关财务制度的要求；二是在选用后不得随意更改。

存货在会计报表中应当以实际成本列示。

## 三、盘存制度的确定

### （一）永续盘存制

这种方法是对各种存货每一次收入和支出后，都要计算出结存数。这个结存数又可分为实物数量的、金额的、既有实物数量又有金额的三种不同方式。设计时应当考虑企业对于存货的计价方法和管理上的不同要求来决定，一般是仓库采用数量永续盘存制，明细分类账则采用数量、金额并用的永续盘存制。例如，采用永续盘存制的材料，明细分类账的账页上面应标明材料的名称规格、计量单位、最高存量和最低存量，并按记账日期、凭证字号、摘要、收入、发出、结存分栏记录。在收、发、存各栏下分数量、单价、金额三小栏。各种材料结存金额的总数应与总分类账材料账户的结存金额相符。

为了保证账实相符，保护财产的安全与完整，在永续盘存制下也要对存货进行定期和不定期的盘点，并对盘点结果编制“存货盘点盈亏报告单”，并进一步查明发生盈亏的原因。

**（二）实际盘存制**

有些小型企业（如零售商店、小工厂）限于人力和核算水平，或某些材料如矿砂、煤炭、黄沙、石子等难以采用永续盘存制。所以，从实际出发，只能应用实际盘存制，但在应用时须注意以下两点：

（1）平时除了要建立钱、物、账分管的内部牵制制度外，还要加强各部门的经济责任制，严格考核。

（2）期终盘存时，除了认真清点全部存货的实存数外，还应抽查若干种存货的凭证，以上期末的盘存制加上本期的购入或制成数减去本期耗用数或销售数，看它的结存数是否等于本期的盘存数。

本书以工业企业每天都要领用的原材料为例，来说明整个存货业务会计处理程序的设计。

此类资产由物资管理部门和仓储部门分管，其价值和数量由仓库和财务会计部门共同记录和核算。

原材料存货业务包括入库、出库、保管、盘存等环节。

根据材料存货业务的性质，其业务会计处理程序设计，必须要严格遵守各种材料存货收发手续的规定，保护实物财产的安全；正确反映各种材料存货的增减变动和结存情况，保证生产正常进行；正确计算物化劳动，考核存货资金以及防止材料存货超储积压。

存货在仓库存续期间的业务一般由以下三个环节组成：

（1）存货入库环节。这标志着责任的转移和盘存业务的开始，它与前述采购业务衔接。把好存货的入库关，对于保证各种存货记录准确无误、分清采购人员与仓库保管人员的经济责任有重要作用，能够使盘存业务建立在良好的基础上。

（2）存货储存业务环节。它是各种存货在仓库的滞留，特征表现为各种存货处于相对静止的状态，数量保持不变。因此，这一环节的控制重点是如何使各种存货保持在干燥通风的环境下，使其质量不受影响，始终处于安全待用的储存环境。

（3）存货出库环节。这标志着存货盘存期间的结束，它与销售业务或生产业务衔接，把好存货的出库关，不仅能够使各种存货的减少建立在有据可查的基础上，而且有利于分清保管人员与销售人员或领料人员的经济责任，防止存货的短缺、丢失。

## 第二节　存货业务内部控制要点的设计

### 一、资产盘存业务与购销业务的关系

明确资产盘存业务与购销业务之间的关系，既有利于分别设计各种业务内部控制制度，更有利于使各种业务之间形成完整的内部控制体系，有效地发挥内部控制制度的作用。

以商业企业为例，资产盘存业务的时间顺序介于采购业务与销售业务之间，它的开始意味着采购业务趋于结束，而它的结束又意味着销售业务已经开始发生。采购业务的完成，为仓库提供了各种材料或商品等，使资产盘存业务的开展成为必要，销售业务的发生减少了库存的各种产品或商品等，使盘存资产的内容减少。因此，严格地说，资产盘存业务与购销业务并不能彻底分离、各自完全独立。设计资产盘存业务的内部控制时，必然要涉及其他业务如何控制的问题。盘存业务与购销业务之间的这种关系可用图 12—1 表示。

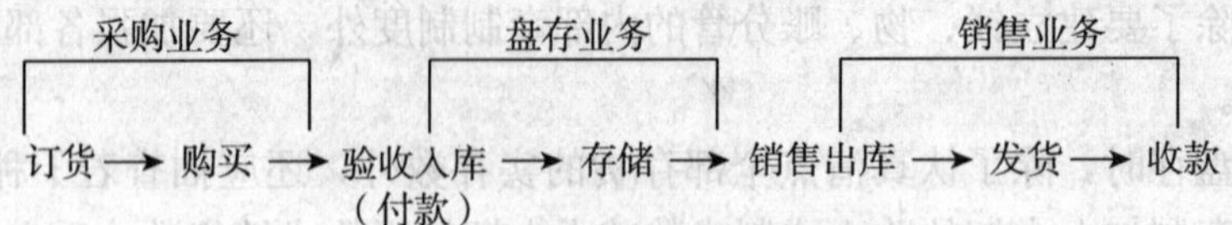


**图 12—1　盘存与购销之间的关系**

从图 12—1 可以看出，存货的入库、出库分别为两种业务之间的转折点，也是设计各类业务内部控制制度的关键环节。所以，这些环节上除运用分权、机构独立、授权和审核等控制方式外，一般都要利用“凭证控制方式”，如入库环节须填制“入库单”，销售环节须填制“销货单”，以便使存货的增减都有据可查，出现问题时易于分清责任，查找原因，改进工作。

## 二、资产盘存业务内部控制的具体要求

鉴于前述资产盘存业务的内容、环节以及与购销业务之间的关系，应当按照下列要求对资产盘存业务实施内部控制：

### （一）建立专库专人保管制度

由专人专职负责各种存货的保管，通过仓库“台账”记录各种存货的实物数量变化。无论存货进入仓库还是运出仓库，都必须经保管人员的同意批准，并具备正式的手续和记录。任何非保管人员一律不得擅自入库及变更库存物资。

### （二）采用永续盘存制

由于永续盘存制对各种存货的增减的变化都要在会计账簿上作连续的记录，能够从账面上随时掌握各种存货的结存数量和金额，并用账面结存数和实物盘点的结果相对照，揭露财产管理中的问题，从而形成一种牵制关系。这种关系具体表现为存货的保管与存货变动的记录相互分离，是分权控制方式的具体利用。

采用永续盘存控制方式，不仅有利于加强会计人员与财产保管人员之间的相互制约，防止资产盘存业务处理中的弊错，保护财产物资的安全完整，而且能够促使保管人员尽职尽责，提高财产管理水平。

### （三）严格财产清查制度

对各种存货应当进行定期或不定期的清查，使之经常化、规范化、制度化。清查工作应有专人负责，成立专门的清查小组，不得由实物保管人独自进行，以保证清查结果的客观公正性。在清查过程中发现盈亏，应及时查明原因，分清责任，区别不同情况予以处理。属于主观原因造成的损失，应当追究当事人的责任，酌情给予行政处分和经济处罚，严重者还应追究法律责任，属于客观因素造成，应吸取教训，引以为戒；对超储积压物

资，应予尽快处理，以加速资金周转；对储备不足的物资，应催促采购部门尽快购买，以保证生产的顺利进行。总之，通过财产清查，不仅要完善资产盘存业务的内部控制，而且要促进企业管理水平的全面提高。

**（四）严把“入库”、“出库”两个关口**

把好入库关，能够使资产盘存业务有一个良好的开端；把好出库关，能够有效地防止资产盘存业务中的漏洞。各种存货在入库时如何实施内部控制，前面采购业务中已经作了较详细的介绍，这里不再赘述。存货的出库主要有两个原因，一是销售，二是生产领用，这里只讨论生产领用材料业务的内部控制。

生产领用材料业务一般由申请领料、审核批准、仓库发料和会计账务处理四部分组成，涉及的部门有用料单位、供应部门（包括仓库）和财会部门，分别负责领料、审批、发料和账务记录等工作。由此，其内部控制主要通过凭证控制“领料单”的方式。“领料单”是记录并据以办理材料的领用和发出的一种原始凭证，一般为一式四张，由领料单位填制，注明材料的名称、规格、用途、请领数量等内容。用料单位负责人签字后送交供应部门审批，仓库根据审批后的领料单发出材料，并将实发数量填入单内，一张退回领料单位进行车间核算或费用核算，一张留存仓库登记台账，一张送交供应部门进行业务核算，一张送交会计部门审核后据以进行账务处理。

对于经常领用并有消耗定额的材料，可以使用“限额领料单”，由领料部门直接向仓库领料，不必每次进行审批，月终汇总后送交会计部门做账务处理。这样既能保证内部控制，又可以简化手续。

材料领发业务的内部控制如图 12—2 所示。

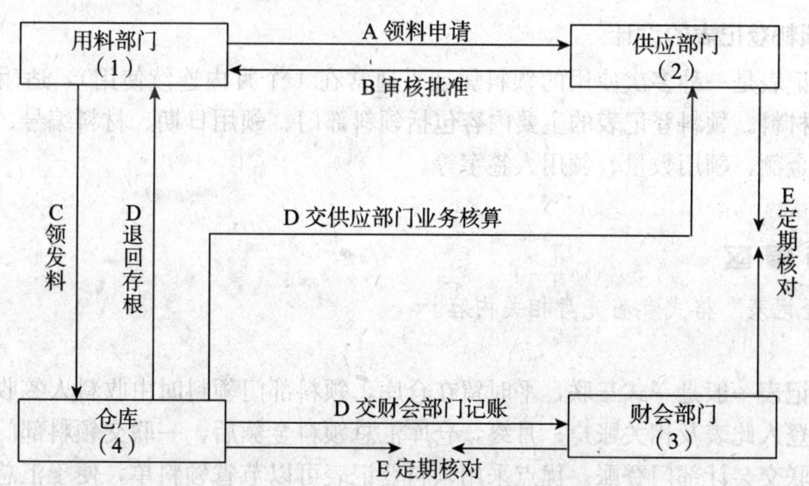


**图 12—2 发料业务处理程序图**

注：图中 A～E 代表业务处理顺序。

为了达到上述要求，应注意以下内部控制要点：

（1）对各种材料的收发，均须以有关负责人审核批准的凭证为准，并要及时登记入账。

（2）材料的请领、审批、发放、保管与记账应由不同人员负责，不能由一人包办。

（3）对材料要规定合理的储存定额，对于领用材料、包装物、低值易耗品应尽可能采用限额凭证（如限额领料单）进行控制。

(4) 发放加工的材料、外存材料、待收回的包装容器等本单位存货，要设账登记并与有关单位定期进行核对；外来材料（如接受加工任务的来料）要与单位材料分开保管并作有效的会计处理。

(5) 对超储积压材料，要定期考核、积极处理，加速资金周转。

(6) 对残料、废料要建账登记，对其回收、利用要有专人负责，加强管理。

(7) 材料的报废、报损要经有关部门或领导审批。

(8) 对材料的数量和金额，有条件应尽量采用永续盘存制。

(9) 对实存材料进行定期盘点，做到账实、账卡、账表、账账相符。对贵重物资要建立严格的管理制度，进行经常性的盘点。

## 第三节　存货业务凭证和报表的设计

存货收、发、存有关的凭证主要有收料单、自制材料（如毛坯件、铸件等）、交库单、产品入库单、收料汇总表、领料单、退料单、销售材料发料单、委托加工发料单、发料汇总表、吊卡、盘盈盘亏报告单等。有些凭证已在本书第四章中阐述，这里则要说明领料登记表、收发料汇总表及盘点盘亏报告单的设计问题，产品入库单将在成本控制制度中介绍。

### 一、领料凭证的设计

#### （一）领料登记表的设计

领料登记表是一种多次使用的领料凭证（通常在1个月内连续使用），适用于经常领用的损耗性材料。领料登记表的主要内容包括领料部门、领用日期、材料编号、名称、规格、单价、金额、领用数量、领用人签字等。

**拓展区**

“领料登记表”格式参看光盘相关内容。

领料登记表一般是一式三联，平时留在仓库，领料部门领料时由收料人签收，仓库根据领用数额登入此表及相关账户；月终，仓库汇总领料金额后，一联交领料部门，一联仓库留存，一联交会计部门登账。优点采用领料登记表可以节省领料单，便于汇总。如对使用部门所需消耗性材料定有领用限额（金额），可在表上增设领料的累计金额，从而对领料加以控制。

#### （二）限额领料单的设计

限额领料单已在本书第四章中提及，由于它重要且常用，故进一步阐述之。它是一种多次使用的领料凭证，适用于有消耗定额的材料，主要有原材料及主要材料。材料限额是根据产品计划投产量和有关材料消耗定额确定的，只要累计实发数量尚未超过领用限额，就可连续使用。限额领料单的内容包括领料部门、产品计划投产量、材料消耗定额、材料编号、规格、单位、领用定额、领用日期、领料人和发料人签字、实际领用数、限额结余等。

限额领料单有适用于一单一料的，也有适用于一单多料的，现分别列示其格式如表12—1和表12—2所示。

**表 12—1** **限额领料单**

（一单一料）

车间： 编号：

用途： 计划产量：

材料类别、编号： 名称、规格： 单位消耗定额：

领用限额： 计量单位： 单 价：

| 日 期 | 请领数量 | 实发数量 | 累计实发数量 | 收料人签章 |
|---|---|---|---|---|
| | | | | |
| | | | | |
| 累计实发金额 | | | | |

审核： 保管： 领用： 制单：

**表 12—2** **限额领料单**

（一单多料）

编号：

用途： 20××年××月

| 领用材料限额资料 | | | | 实发数量 | | | | | | | | | | | 限额结余 |
|---|---|---|---|---|---|---|---|---|---|---|---|---|---|---|---|
| 材料编号 | 材料名称 | 计量单位 | 限额 | 第一次领用 | | | | 第二次领用 | | | | 总计 | | | |
| | | | | 日期 | 数量 | 领料人 | 限额结余 | 日期 | 数量 | 领料人 | 限额结余 | 数量 | 单价 | 金额 | |
| | | | | | | | | | | | | | | | |

审核： 保管： 领用： 制单：

限额领料单由供销部门和仓库编制，一般一式三联，一联交领料部门，据以领料，另两联留仓库，据以发料。月终，仓库汇总实际发料数和余额后，一联交会计部门记账，一联留仓库登记账簿归档备查。采用限额领料单不仅可以促使生产部门按计划领料，节约用料，同时减少了平时领料的开单及审批手续。

## 二、收发料汇总表的设计

会计部门对取得的收料凭证和发料凭证，经审核无误后，要在月终编制收料汇总表和发料汇总表，据以进行材料收入和发出的总分类核算，并与材料明细账进行核对。

### （一）收料汇总表的设计

收料汇总表由会计部门根据已经审核的收料单、自制材料和废料的材料交库单、委托加工收料单等，在月终加以整理，整理时按材料类别和有关账户归类汇总编制。

### （二）发料汇总表的设计

发料汇总表设计由会计部门根据已经审核的领料单、限额领料单、委托加工发料单、销售材料发料单等，在月终加以整理，按材料类别和有关账户归类汇总编制。

**拓展区**

“收料汇总表”和“发料汇总表”的格式请参看光盘对应内容。

在材料的总分类核算按实际成本进行、明细分类账按计划成本进行的情况下，收发料汇总表既要列示计划成本，又要列示实际成本；收发料汇总表同样是既有计划成本，又要有应摊销材料成本差异和实际成本，这样便于总分类核算按实际成本记账。

### （三）存货收发结存表设计

为了集中反映仓库各类存货资金的占用情况，以及便于核算账目，通常要按仓库编制“存货收发结存表”（又称“库存月报表”），按期交会计部门分析和对账。

## 三、材料吊卡的设计

为了便于对材料进行保管，仓库对于每种材料要设置材料吊卡（也称料牌，悬挂在料架上的卡片）记录各种物资的收发结存数量。当物资发生收发时，仓库保管员就要在吊卡上进行记录，并要对吊卡上的结存数量与实物经常进行核对。材料吊卡并不是账簿，但它是保管和核算材料时的重要资料。

## 四、盘盈盘亏报告的设计

为了保护企业财产的安全与完整，保证账实相符，应当制定盘点制度。盘点制度有不定期和定期之分。

### （一）不定期盘点制

不定期盘点就是规定材料到最低库存量时进行清点。材料经常发生收入和支出，一般是每次收入时达到最高存量，而在下一次收入之前达到最低存量，此时存量不多，清点比较方便，每种材料都存在最低存量时，最好轮流进行清点。普通的材料每年清点一次，重要的可以进行多次。材料核算员发现某种材料已到最低存量而有清点的必要时，应会同仓库保管员进行清点。

### （二）定期盘点制

在管理上采取永续盘存制的企业，除了在材料最低存量时，随时进行个别盘点外，仍应定期进行全部盘点。

不论是否定期盘点还是不定期盘点，均要编制“盘盈盘亏报告单”，它的内容应包括材料的名称、规格、计量单位、单价、账面结存、盘点实存、盘盈盘亏的数量和金额等栏，以及盘盈盘亏原因的分析等。

## 五、报废单的设计

对于不能继续使用和盘亏的存货应编制“存货报废审批单”，该单由存货管理部门填制，经财务、存货部门负责人及企业领导审批后方可作报废账务处理。

**拓展区**

“存货收发结存表”、“材料吊卡”、“盘盈盘亏报告单”、“存货报废审批单”格式请参看光盘相关内容。

# 第四节　存货业务会计处理程序的设计

## 一、存货业务处理程序的设计

存货业务处理程序主要包括以下几种类型：

### (一) 材料发放程序的设计

该流程（如图 12—3 所示）反映企业一般性领料的业务处理过程。领用部门开出一式四联领料单，经审核后到仓库领料。仓库在发料后登记材料吊卡，并将领料单分别交领用部门和供应部门。供应部门根据领料单登记材料明细账，月底根据明细账编制材料库存月报。会计部门根据领用部门和供应部门送来的领料单进行核对，正确无误后编制材料发出汇总表，据以登记有关费用账和材料总账。

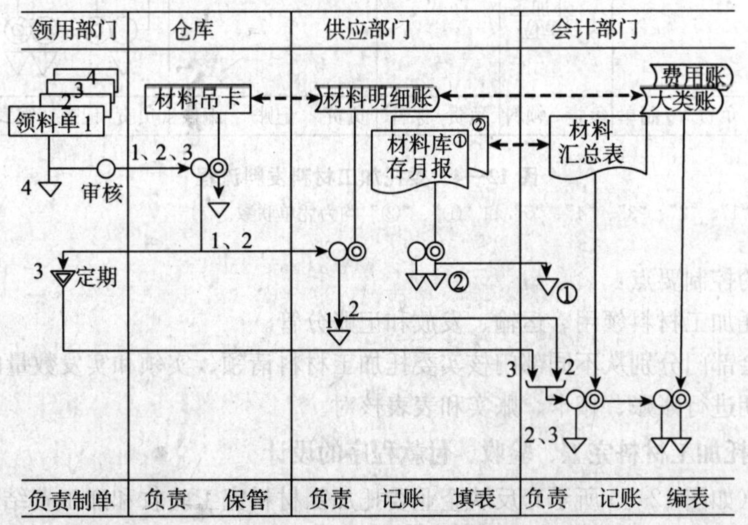


图 12—3　材料发放流程

注：图中“1”、“2”、“3”、“4”和“①”、“②”均为凭单联数。

该流程的控制要点：

(1) 材料领用审核、发放和记账分管。

（2）会计部门对来自领用部门和发料部门不同来源的领料单进行核对，从而保证领料的真实性和正确性。

（3）定期进行账账、账卡、账实和表表核对。

**（二）委托加工材料发料程序的设计**

该流程（如图12—4所示）反映企业委托外单位加工材料的业务处理过程。首先，由生产计划部门编制委托加工领料单，通知厂内运输部门办理领料及运输。厂内运输部门领取材料送往外加工单位并取得外单位的签收证明（在第一联委托加工领料单上签收）。供应部门根据第二、三联委托加工领料单登记材料明细账并将第三联暂存，以备委托加工材料加工完毕后入库时查考。然后，月末生产计划部门、运输部门和供应部门分别将委托加工领料单送至会计部门，会计部门在核对后登记材料发出汇总表上的委托加工材料发料数，并登记有关总账和明细账。

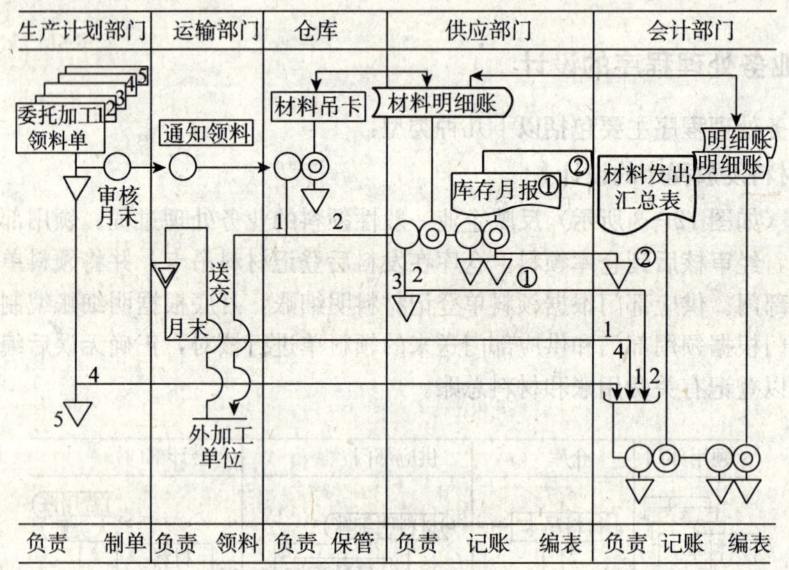


**图12—4　委托加工材料发料流程**

注：图中“1”、“2”、“3”、“4”、“5”和“①”、“②”均为凭单联数。

该流程的控制要点：

（1）委托加工材料领用、运输、发放和记账分管。

（2）财会部门分别从不同部门核实委托加工材料请领、实领和实发数量的一致性。

（3）定期进行账账、账卡、账实和表表核对。

**（三）委托加工材料完工、验收、付款程序的设计**

该流程（如图12—5所示）反映企业委托加工材料完工验收和加工费结算业务的处理过程。当委托加工材料加工完毕后，由加工单位寄来加工费发票，供应部门将其与暂存的委托加工领料单合在一起并编制委托加工收料单。仓库在收到材料后（假定由加工单位负责送达）进行验收，并登记材料卡片，同时将收料单交回供应部门。供应部门进行核对，如收发料正确则通知会计部门付款，并登记材料明细账。会计部门审核有关付款凭证，如无误授权出纳员办理付款结算。供应部门和会计部门定期分别编制库存月报合收料汇总表，并进行账卡、账账、表表核对。

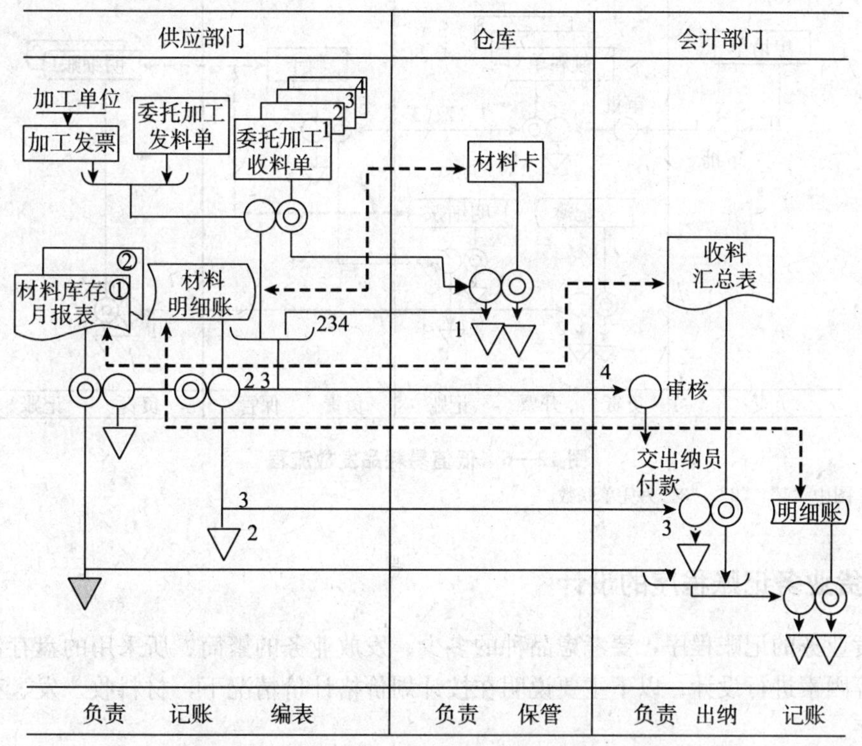


**图 12—5　委托加工材料完工、验收、付款流程**

注：图中“1”、“2”、“3”、“4”和“①”、“②”均为凭单联数。

该流程的控制要点：

(1) 核对委托加工发料单和收料单，保证加工材料品种、规格和数量的正确性。

(2) 对委托加工材料进行入库检验，并核对加工发票和发料单。

(3) 对加工费用进行审核。

(4) 定期进行账账、账卡、账实核对。

**(四) 低值易耗品发放程序的设计**

该流程（如图 12—6 所示）反映企业低值易耗品发放管理业务处理过程。

(1) 领用部门提出领用低值易耗品申请，经本部门的主管审批后交供应部门。

(2) 供应部门根据低值易耗品登记簿审核其领用是否合理，如批准，则开具领料单授权仓库发放低值易耗品。

(3) 仓库发放低值易耗品后及时登记卡片。

(4) 通知供应部门和会计部门入账。

该流程的控制要点：

(1) 低值易耗品领用必须经过审批。

(2) 设置低值易耗品登记簿，加强对在用低值易耗品的管理。

(3) 定期进行低值易耗品的账账、账卡、账实核对。

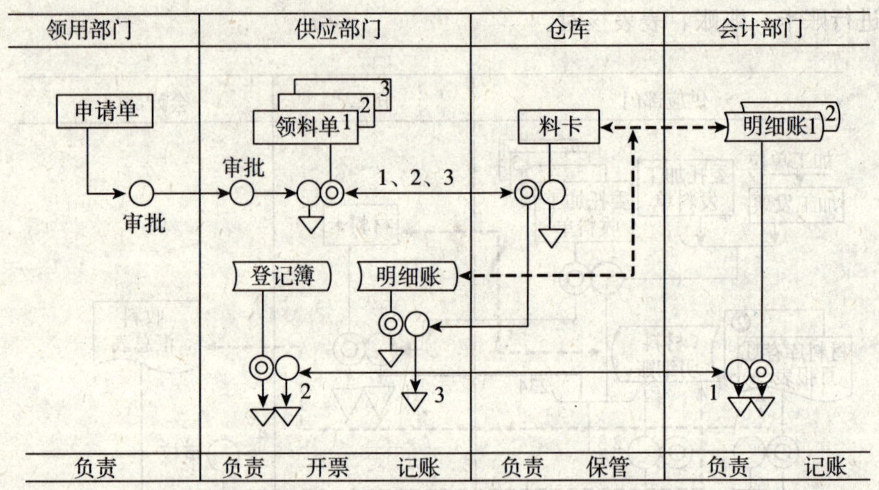


**图 12—6 低值易耗品发放流程**

注：图中“1”、“2”、“3”为凭单联数。

## 二、存货业务记账程序的设计

存货业务的记账程序，要考虑品种的多少、发放业务的繁简、所采用的盘存制度、计价标准等因素进行设计。以下主要说明在按计划价格计价情况下，材料收、发、存业务的记账程序。

### （一）双重登记法

该种方法的记账程序如下：

(1) 仓库保管员在收发材料时登记材料吊卡。

(2) 由供应部门核算员根据材料收发凭证登记只记数量不记金额的材料明细账。

(3) 会计部门根据材料收发凭证在材料明细账中登记数量和金额，并在月终编制材料收入汇总表与发出汇总表，据以进行材料的总分类（大类）核算。

在这种方式下，会计部门材料明细账的结存数量要与供应部门材料明细账的结存数量相符，材料明细账的结存金额总和要与总分类账材料账户余额相符。这种记账程序如图12—7 所示。

采用这种方法使供应部门与会计部门的账簿可在数量上进行核对，起着内部控制的作用。但由于账卡同时进行双重登记，有一部分是重复劳动，核算工作量大，所以目前在企业中很少采用。

### （二）汇总账页与库存月报结合法

在此法下：

(1) 供应部门登记既有数量又有金额的材料明细分类账，并按月编制各仓库库存月报表。

(2) 会计部门平时对仓库材料明细账的记录要加强复核，月终编制材料收发汇总表（汇总账页），进行总分类（大类）核算，并且将材料总分类（大类）账户的余额与库存月报表中的余额核对。

为了保证材料明细账记录的正确和检查各类材料资金定额的执行情况，在每本材料明

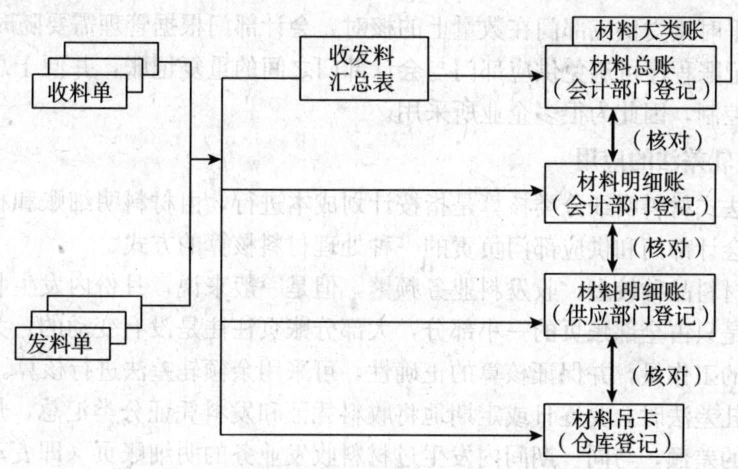


图 12—7　双重登记记账程序

细账的首页设置一张材料汇总账页（格式如表 12—3 所示），每隔数日（3 天或 5 天），根据有关收料和发料的凭证汇总登记一次，一般不登记数量，只登记该类材料的收入、发出和结余的金额。平时，材料汇总账页的结存金额应与本（该类）材料明细账的各种材料结存金额核对准确。月终，供应部门根据汇总账页上的收入、发出和结余的金额，编制库存材料月报表。会计部门根据供应部门、仓库、领料部门的材料收发凭证，经审核后编制收料汇总表和发料汇总表，据以进行总分类（大类）核算，并把材料账户的收发结存金额与库存材料月报表上的有关金额进行核对，做到账账相符。这种处理方式如图 12—8 所示。

**表 12—3**　　汇总账页

材料类别：

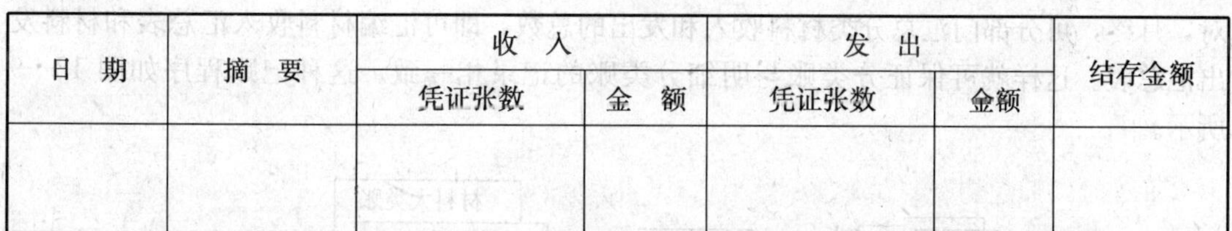

| 日　期 | 摘　要 | 收　入 | | 发　出 | | 结存金额 |
|---|---|---|---|---|---|---|
| | | 凭证张数 | 金　额 | 凭证张数 | 金额 | |
| | | | | | | |

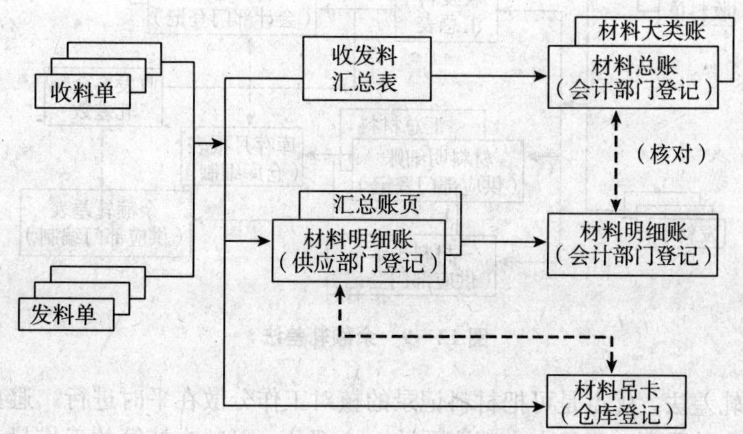


图 12—8　汇总账页与库存月报结合法

(3) 仓库平时接受供应部门在数量上的核对，会计部门根据管理需要随时抽查核对。

采用这种记账程序可避免供应部门与会计部门之间的重复记账，并便于总分类账对明细分类账进行控制，因此为很多企业所采用。

**(三) 余额轧差法的应用**

余额轧差法式材料明细分类核算是指按计划成本进行，由材料明细账和材料余额轧差法所组成的由会计部门和供应部门负责的一种处理材料核算的方式。

有些企业材料品种较多，收发料业务频繁，但是一般来说，月份内发生收发业务的材料明细账页总是只占全部账页的一小部分，大部分账页往往是没有变动的。为了减少加记材料结存金额的工作量，并保证核算的正确性，可采用余额轧差法进行核算。

采用余额轧差法时，要逐日或定期地将收料凭证和发料凭证分类汇总，加计金额，计算出收发材料的差额，与同一期间内发生过材料收发业务的明细账页（即变动账页）的期初、期末结存金额合计数的差额进行核对，如果两者相符，即说明根据收发料凭证登记的材料明细账没有差错。

$$\text{收料凭证的金额合计}-\text{发料凭证的金额合计}=\text{变动账页的期末余额合计}-\text{变动账页的期初余额合计}$$

余额轧差表也可由供应部门定期编制，并且也可与汇总账页的登记合起来。

“材料余额轧差表”和“汇总账页”的格式，请参看光盘相关内容。

余额轧差表也可由会计部门根据材料收发凭证定期编制，并与仓库的汇总账页进行核对，月终，可分部门汇总分类材料收入和发出的总数，即可汇编材料收入汇总表和材料发出汇总表。这样就可保证分类账与明细分类账的记录相一致。这种记账程序如图 12—9 所示。

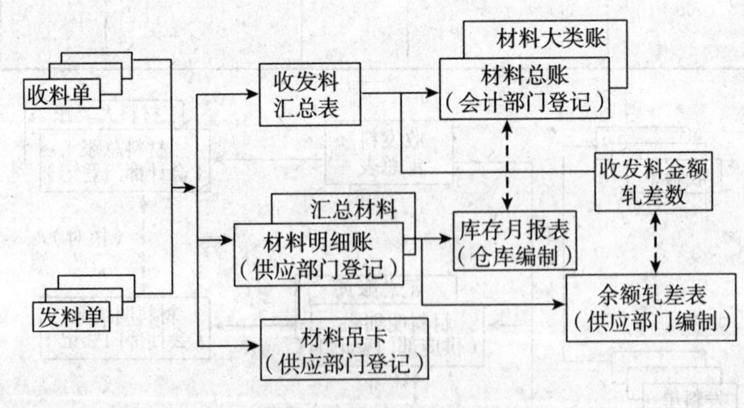


**图 12—9　余额轧差法**

采用余额轧差法，优点是可把材料记录的核对工作分散在平时进行，避免月终集中核对；同时由于变动账页一般只占全部账页的一小部分，可减少核算的工作量，如果轧差数字不符，只需在变动账页部分进行查核，易于发现差错原因。

## 拓展区

阅读光盘"背景资料"中的《企业会计准则》和《企业会计制度》，了解与本章内容相关的知识。

## 【本章小结】

存货业务是企业资产管理，特别是生产企业经营过程中控制成本费用方面极为重要的一个环节，因此本章在会计制度设计中也占有极为重要的地位。

## 【复习思考题】

1. 简述资产盘存业务内部控制的具体要求。
2. 简述存货业务处理程序包括的主要类型。
3. 简述存货业务记账程序的主要方法。
4. 简述余额轧差法的优点。

**☞阅读光盘"例题分析"中的本章内容，掌握解题技巧。在40分钟内完成光盘"即时练习"中的本章练习。光盘的"关键概念"提供了相关概念的检索。**

# 第十三章

# 采购业务处理程序的设计

**学习导航**

用 2 学时学习本章内容。

⊙ **了解：** 采购业务内部控制的具体方式。

⊙ **理解运用：** 采购业务处理程序的设计：日常采购计划编制、合同签订程序的设计；临时采购申请程序；材料采购、验收、付款、程序的设计。

⊙ **掌握：** 应付账款明细账全部登记法、材料采购明细账横行登记法、抽单法。

## 第一节　采购业务概述

### 一、采购业务的概念

采购业务是指企业购买材料或商品等所发生的经济业务。它是企业生产经营环节中的第一阶段，从业务的处理过程看，一般分为以下四个环节。

**（一）编制采购计划，提出采购申请**

企业所需物资除按计划需要量采购外，往往是由需用单位提出申请，或者由仓库保管员根据库存定额已降到最低储备时提出采购申请后才列入计划，所以采购程序应从申请采购开始。

为避免盲目采购造成积压、浪费，对提出的“请购”除应由需用单位负责人审批以外，还需由供应部门的负责人审批，并指定专人采购。

**（二）签订购货合同**

这是采购业务的开始，一般由采购部门根据各用料部门的购货申请，确定供应计

划，联系货源，与供货单位签订购销合同。在合同中，列举所购材料或商品的品名、规格、数量、单价、交货日期、交货方式等内容，作为购销双方共同遵守的契约。对某些采购数量不大、不经常购买的材料，也可以不签订合同而直接购买，以简化手续，加快进货速度。

**（三）验收材料或商品入库**

这是采购业务的重要步骤。无论采用提货制，还是对方发货制或送货制，仓库在接到所购材料或商品时，都必须按照发货票列举的内容详细清点，验收入库，发现问题，及时处理。

**（四）结算支付货款**

这表示采购业务的结束，一般由财会部门根据审核后的供货单位的发货票、仓库开具的“材料（商品）入库单”以及其他有关凭证，采用适合的结算方式，向供货单位支付货款。如果采用提货制，则支付货款应在验收材料入库之前，但采购业务仍为四个环节。

## 二、物资核算的明细分类账的设计

物资明细分类账的设计包括数量记账和金额记账。数量记账主要由仓库保管员负责，金额记账主要由财会人员负责，因此各项物资的明细分类账应由仓库部门和财会部门共同进行。

物资的明细分类账有以下两种设置方法：

一是设两套账，即分别在仓库部门和财会部门各设一套按品种、规格设置的明细分类账，根据相同的收发凭证进行平行登记。仓库只进行数量记账，财会部门既登记数量，又登记金额，两个部门明细账的数量要互相制约和核对。

二是将仓库的数量账和财会部门的数量金额账合并，只在仓库部门设一套既有数量又有金额的库存明细分类账，由水平较高的仓库保管员登记，财会部门设物资二级明细分类账进行控制和核对。其格式如表13—1所示。

**表13—1**　　　　**物资明细分类账**

20××年××月

| 明细账户 | 仓库别 | 月初结存 | 本月收入 | 本月发出 | 月末结存 | 稽核人 |
|---|---|---|---|---|---|---|
| 原材料 | 钢材库 | 5 600 100 | 1 683 000 | 1 800 100 | 5 483 000 | |
| | 油漆库 | 535 800 | 489 000 | 608 000 | 416 800 | |
| | 标准件库 | 680 000 | 423 000 | 510 000 | 593 000 | |
| 燃料 | 燃料库 | 382 500 | 353 600 | 370 000 | 366 100 | |
| | 合　计 | 7 198 400 | 2 948 600 | 3 288 100 | 6 858 900 | |

## 三、采购业务会计处理程序设计的要求

为了合理有效地运用资金，保证采购业务满足企业生产或商品销售的需要，采购业务会计处理程序设计的要求如下：

（1）正确反映采购材料或商品的数量、成本和价格差异。

（2）正确组织与供货单位的货款结算。

（3）保证采购合同的严格执行。

（4）维护采购物资的安全与完整。

# 第二节　采购业务内部控制要点的设计

## 一、采购业务内部控制的要求

从采购业务环节上看，涉及供应部门和财会部门以及仓库的有关人员，由他们分别负责货物的购买、验收和款项结算工作。因此，设计采购业务的内部控制制度重点是解决好这些部门及其有关人员之间的相互制约和分工协作关系，设计要点如下：

（1）正确运用分权、机构独立控制方式，将采购业务中的计划、采购、验收、审核、付款、记账等工作分离开来，分别由专门的人员、采购机构或专职采购人员、专职保管人员及财会机构的有关人员完成，每个专职人员各司其职，不得擅越，如采购员不能代办验收和记录性工作。

（2）充分运用审批与稽核控制方式，建立严格的审批制度。任何材料或商品的购买都必须经过供应部门负责人批准，按其批准的品种、数量及质量要求进行采购。采购员不得在未经批准的情况下擅做主张，以免造成舞弊或材料或商品的超储积压，导致资金的浪费。

（3）按照授权控制方式，使采购员、保管员、记账员和出纳员在各自的授权范围内处理业务，各负其责，不得相互代替。采购员按审批计划购进材料或商品，保质保量完成采购任务；保管员对所购物品的数量、质量等严格验收，核实无误后办理入库手续；记账员根据有关的原始凭证编制付款凭证，并计算材料或商品的采购成本，登记总账和明细账；出纳员根据财会主管审批后的付款凭证，向供货单位支付货款。

## 二、采购业务内部控制的具体方式

根据采购业务的环节、涉及的职能部门和有关人员，应当采用下列具体控制方式设计内部控制制度：

### （一）填写“请购单”，办理申请手续

企业各部门所需的材料、商品和其他物资，或者仓库认为某种货物的储备量已达到最低储备限额而需要补充时，应当通过填写“请购单”的方式，申请购货。“请购单”是通知供应部门进行采购活动的一种凭证，由申请购货的有关部门负责人签字后，送交供应部门负责人审批，并授权采购人员办理购货手续。采用这种方式，使每一次采购业务都能有相应的依据和计划基础，防止盲目或重复采购，节约资金，同时分清各有关部门和个人的责任。

“请购单”一般采用两张复写方式，详细注明请购部门、请购物资名称、规格、数量、要求到货日期及用途等内容，一并交供应部门。供应部门据此办理订货手续后，将其中一

张退回车间等请购部门登记备查。

**（二）签订“订货单”，规范采购活动**

如前所述，企业中除零星物品的采购可随时办理外，大宗购买业务应尽可能签订合同并采用订货单制度，以保证采购活动的规范化。“订货单”是供应部门进行采购活动的一种业务执行凭证，也是购销双方应当共同遵守的一种条约，它不仅使采购业务在开始时就置于控制的范围之内，而且便于整个采购业务在任何时候、任何环节上都能查询其执行情况。

“订货单”可据实际情况采用数张复写或电脑一式数联方式，其中一张送交供货单位，请求发货；一张转交仓库保管部门，作为核收物品与发票时的最初依据，即验货的依据；一张留作存根，在供应部门归档保存，以便对订货与到货情况进行查对、分析。

**（三）填制“入库单”，严格验收制度**

采购部门购回的各种材料物品，都应及时送交仓库验收。保管员等验收人员应当对照销货单位的发货票和购货订单等，对每一种货物的品名、规格、数量、质量等逐一严格查验，在保证正确、相符的基础上填写“入库单”（或收料单）。“入库单”是证明材料或商品已经验收入库的会计凭证，由仓库验收人员填制，并取得采购人员的签字后，一张留存，登记仓库台账，一张退给采购部门进行业务核算，一张送交会计部门。严格的验收制度，保证入库物资的质量、数量及规格型号等要素的准确性、安全性，有利于考核采购人员的工作质量，划清采购部门与仓库之间的经济责任。

**（四）强化审查制度，严格审核购货业务的各种凭证**

对购货业务相关的各种凭证进行严格的审查，以保证业务的合法合理性，是内部控制的一项重要手续。物资采购后，除因急需、零星、金额小的不需办理入库手续的业务，可以用由负责人、经手人、验收人签认的发票报销外，其余必须由专人负责，根据发票及验收数量填写收料单。若发票账单还未收到，可按暂估价格入库，待发票账单收到以后，用红字填制与原内容相同的收料单，冲销原暂估款，然后按实际计价款入账。

会计部门在正式记录采购业务、支付货款之前，应对各有关部门送来的各种原始凭证，包括发货票、运费收据、入库单以及订货单等进行认真的审查、核对。不仅审查每一凭证的购货数量、金额计算的正确性，还要检查各种凭证之间是否内容一致、时间统一、责任明确、手续清楚等。如果发现问题，应及时查明原因，分清责任，合理解决。在此基础上编制付款凭证，由出纳员结算支付款项。

应当指出，当企业采用赊账方式购买货物时，必然形成债务，由此而引发债务结算业务，对此必须加强控制。具体要求是：

（1）尽可能设置专人专职登记应付账款明细账，充分发挥账簿控制的作用。

（2）由稽核人员定期与供货单位（债权人）核对账目，如果对账中发现问题，应及时查明原因，分清责任，按有关规定予以处理，确保双方的账目相符。

（3）按双方事先约定的条件，及时清理债务。支付欠款后，应取得债权人的收款证明，并以此为依据编制记账凭证，登记账簿。

（4）强化总分类账对应付账款明细账的控制，保证账账相符。

为了达到上述要求，在设计购货业务的会计处理程序时，应把握好以下内部控制要点：

（1）物资请购、采购、验收、付款、记账必须由不同的人员担任。

（2）采购员只能在批准的采购计划内，按既定的货物名称、规格、数量进行采购，不得擅自改变。

（3）货物的采购要尽可能与供应单位签订合同，会计部门要参加合同的签订工作，收货部门要严格按照合同规定的品种、数量、质量进行验收。

（4）发票价格、运输费、税款等必须与合同复核无误、凭证齐全后才可办理结算、支付货款，如有部分退货，注意从原发票中扣除后再办理结算。

（5）货款必须通过银行办理转账，除了在市场管理和计划管理规定的范围内，向不能转账的农村乡镇企业或个人购买货物以及不足转账起点金额的，可以支付现金外，不得违反结算纪律支付现金或现金支票。

（6）购货发票以外，发生的各种杂费、损失，如雇私人看管、装卸、搬运而支出的费用以及在途损耗等，必须经过会计部门的凭证审查和损耗原因的分析，确定其合理性和合法性后，才能支付。

（7）控制仓储定额，以保证生产需要和节约资金，防止超储积压。

（8）核对应付账款的明细账与总分类账。

## 第三节　采购业务凭证和报表的设计

采购业务的凭证主要有材料采购计划、订货合同、请购单、入库通知单、收料（货）单、退料（货）单等。以下介绍几种主要的采购凭证，供企业设计时参考。

### 一、采购计划的设计

企业的采购计划是确定计划期内，为保证生产所需物资而做出的采购安排，是企业据以组织订货或向市场采购各种物资的依据。

编制采购计划的步骤是：

（1）确定各种物资的需要量，可按下列公式匡计：

$$\text{某种物资的申请或采购量} = \text{该种物资的需用量} + \text{期末储备量} - \text{期初库存量} - \text{计划期内部资源潜力}$$

或

$$= \sqrt{\frac{2 \times \text{每次订货变动成本} \times \text{需要量}}{\text{需购物资单位成本}}}$$

物资需要量是根据一定时期物资消耗定额来计算的。在计算确定时一般应供略大于需。

（2）确定各种物资的储备量和核定储备资金定额。

（3）编制采购申请表和采购计划表。

采购申请计划表和材料采购计划表如表 13—2 和表 13—3 所示。

表 13—2

采购申请计划表

单位名称：　　　　20××年度

| 物资名称 | 计量单位 | 上年预计消耗量 | 年初库存预计 | 全年需用量 | | | | 年末储备量 | 企业资源 | 全年申请量 | | | |
|---|---|---|---|---|---|---|---|---|---|---|---|---|---|
| | | | | 合计 | 产品生产 | 经营维修 | 其他 | | | 合计 | 一季度 | 二季度 | 三季度 | 四季度 |
| 行次 | ① | ② | ③ | ④ | ⑤ | ⑥ | ⑦ | ⑧ | ⑨ | ⑩ | ⑪ | ⑫ | ⑬ | ⑭ |
| | | | | | | | | | | | | | | |

表 13—3

材料采购计划表

单位名称：　　　　20××年度

| 材料名称 | 计量单位 | 计划单价 | 数　量 | 金　额 | 备　注 |
|---|---|---|---|---|---|
| | | | | | |

上述两种计划表应送一份给会计部门，以便编制采购资金预算。采购工作要进行归口分级管理，指标分解，落实到分管的部门、小组或个人。平时应严格控制采购资金的使用，建立采购资金限额登记簿。对每笔进货支付的金额，要根据账簿分析采购数量和价格的差异，以便为选择合理的供货单位提供信息。超过限额时，会计部门有权停止付款，经查明原因必须进货时，应由主管领导批准。采购资金限额登记簿的格式如表 13—4 所示。

表 13—4

采购资金限额登记簿

20××年度

| 材料名称 | 计划单位 | 计划单价 | 计划数量 | 采购资金限额 | 供货单位名称 | 实收数量 | 实际成本 | | | 实际单价 | 数量差异 | 价格差异 | 限额超支或结余 |
|---|---|---|---|---|---|---|---|---|---|---|---|---|---|
| | | | | | | | 买价 | 运杂费 | 合计 | | | | |
| 行次 | ① | ② | ③ | ④=②×③ | ⑤ | ⑥ | ⑦ | ⑧ | ⑨=⑦+⑧ | ⑩=⑨÷⑥ | ⑪=⑥－③ | ⑫ | ⑬ |
| | | | | | | | | | | | | | |

## 二、订货合同的设计

为了落实采购计划，企业要与供货单位签订订货合同。订货合同是供需双方共同签订的一种经济合同，它是采购方的法律依据，也是供货方的销售合同。

订货合同内容必须符合合同标准文本要求，条款具体详尽，文字陈述清楚。在订货合同中应明确规定物资的品种、规格、数量、质量、价格、供货的日期和结算方式、物资的包装和运输办法、质量检验手续以及不执行合同应负的经济责任等。签订合同时，会计部门要参加会签，并把其副本留存会计部门。合同要预先编号，非经授权，任何人不得领取空白合同。

订货合同一经签订，就具有法律效力。供需双方都必须恪守信用严格履行。

工业企业的订货合同一般可分为定期订货合同、一次性订货合同和协议性订货合同。定期订货合同有长期和短期之分。其格式如表 13—5 至表 13—7 所示（文字部分从略）。

**表 13—5** **定期订货合同**

20××年木材订货合同

20××年××月××日签订　　　　合同编号：

<table>
<tr><td rowspan="2">品名</td><td rowspan="2">型号</td><td rowspan="2">规格</td><td rowspan="2">订货总量（吨）</td><td colspan="12">分月交货数量（吨）</td></tr>
<tr><td>一月</td><td>二月</td><td>三月</td><td>四月</td><td>五月</td><td>六月</td><td>七月</td><td>八月</td><td>九月</td><td>十月</td><td>十一月</td><td>十二月</td></tr>
<tr><td></td><td></td><td></td><td></td><td></td><td></td><td></td><td></td><td></td><td></td><td></td><td></td><td></td><td></td><td></td><td></td></tr>
</table>

<table>
<tr><td>执行标准</td><td colspan="7"></td></tr>
<tr><td>实际技术条件</td><td colspan="7"></td></tr>
<tr><td>合同补充条款</td><td colspan="7"></td></tr>
<tr><td>供货单位</td><td></td><td>银行账号</td><td></td><td rowspan="2">供方代表</td><td rowspan="2"></td><td>电报</td><td></td></tr>
<tr><td>地址</td><td></td><td>发货站</td><td></td><td>电话</td><td></td></tr>
<tr><td rowspan="2">订货单位</td><td rowspan="2"></td><td rowspan="2">地址</td><td rowspan="2" colspan="3"></td><td>电报</td><td></td></tr>
<tr><td>电话</td><td></td></tr>
<tr><td rowspan="2">收货单位</td><td rowspan="2"></td><td rowspan="2">地址</td><td rowspan="2" colspan="3"></td><td>电报</td><td></td></tr>
<tr><td>电话</td><td></td></tr>
<tr><td>结算单位</td><td></td><td>整车到站</td><td colspan="3">站　专用线</td><td rowspan="3">需方代表</td><td rowspan="3"></td></tr>
<tr><td>银行及账号</td><td></td><td>零担到站</td><td colspan="3">站　送货到</td></tr>
<tr><td></td><td></td><td></td><td colspan="3"></td></tr>
</table>

单位：（签章）　　　　经办人：

**表 13—6** **一次性订货合同**

合同编号：

| 序号 | 产品名称 | 型号规格 | 单位 | 数量 | 单价(元) | 总金额(元) | 交货日期 |
|---|---|---|---|---|---|---|---|
| 1 | | | | | | | |
| 2 | | | | | | | |
| 3 | | | | | | | |

| 合同附注 | 订货单位（甲方） | | 供货单位（乙方） | |
|---|---|---|---|---|
| 1. 本产品按×方图纸要求施工 | 订货单位名称 | | 供货单位名称 | |
| 2. 本合同按国家有关合同条款执行 | 代表人 | | 代表人 | |
| 3. 运输方式：（一）自提（二）代运 | 通讯地址 | | 厂址 | |
| 4. 代办托运、运费由甲方负担 | 电话 | | 电话 | |
| 5. 结算方式：（一）托收承付（二）汇款 | 结算银行 | | 开户银行 | |
| 6. 其他 | 账号 | | 账号 | |
| | 到站 | | 到站 | |
| 备注 | | | | |

单位：（签章）　　　　经办人：　　　　签订日期：　　年　月　日

**表 13—7**　　　　**协议性订货合同**

签订日期：20××年××月××日　　　　合同编号：

| 客户 | | | 经济性质 | | | |
|---|---|---|---|---|---|---|
| 品名及规格 | | 数量 | 议订单价 | 总金额 | 核价依据 | 交货日期 |
| | | | | | | |
| 订约依据 | | | 资金来源 | | | |
| 审批 | 供销部 | | | | | |
| | 设备部 | | | | | |
| | 有关部室 | | | | | |
| | 会计部 | | | | | |
| | 厂　长 | | | | | |
| 备注 | | | | | | |

附合同副本，单位：（签章）　　　　经办人：

签订订货合同，要考虑合理的订货批量和订货时间，以便控制储备资金的占用，提高存货周转率。

为此，采购部门要根据具体分类，对物资进行重点控制或一般控制。对重点控制的物资一般可以实行以下两种订货方式：

（1）定期订货。即订货时间固定而订货批量不固定的一种订货方式。其计算公式为：

订货量＝平均每日需用量×(订货时间＋订货间隔)＋保险储备量－实际库存量－订货在途量

定期订货因订货时间固定，适用于签订定期订货合同，以定期组织订货，有利于产需衔接和供需双方均衡生产。

（2）定量订货。即订购时间不固定而订购批量（即预定的经济订货批量）固定的一种订货方式。其计算公式为：

订货点(量)＝平均每日需用量×订货时间＋保险储备量

定量订货因订货时间不固定，适用于签订一次性、协议性合同或向市场订货。因这种方法需随时组织订货，以补充库存，所以，较之定期订货更需要将即时库存量的信息反馈到采购部门。为此，仓库部门可在材料明细账或材料吊卡上标明订货点和订货批量，一旦达到订货点（量），就填制请购单，送至采购部门，据以组织订货。

为了保证订货合同的贯彻执行，企业要加强合同的管理，物资采购部门或会计部门要有专人负责合同的管理工作。例如，设立供应合同备查簿或登记卡片，按照合同规定的物资品种、规格、数量、到货日期等进行记录，并经常检查合同的执行情况。供应合同备查簿的一般格式如表 13—8 所示。

表 13—8　　供应合同备查簿

供货单位：　　货物名称及规格：

合同号数：　　每月供应数量：　　第　页

| 20××年 | | 发票号数 | 合同数量 | 实收数量 | 退货数量 | 合同余额 | 备注 |
|---|---|---|---|---|---|---|---|
| 月 | 日 | ① | ② | ③ | ④ | ⑤=①－②＋④ | |
| | | | | | | | |
| | | | | | | | |
| | | | | | | | |

## 三、请购单的设计

请购单是仓库或有关部门向采购部门提出购货请求的凭证。请购单要预先编号，签发后要经授权部门批准。

采用定量订货方式，仓库部门要根据材料的库存量，加上订货在途量，算出有效库存量。有效库存量低于订货点（量），应填制请购单，经计划部门批准后，送交采购部门，据以对外签订订货合同。定量订货的请购单的一般格式如表 13—9 所示。

表 13—9　　定量订货请购单

请购日期：20××年××月××日　　第　号

| 名称及规格 | 计量单位 | 有效库存量 | | | 订货点 | 订货批量 | 需用日期 | 备注 |
|---|---|---|---|---|---|---|---|---|
| | | 实际库存量 | 订货在途量 | 合计 | | | | |
| | | | | | | | | |

核准：　　请购主管：　　仓库制单：

如果企业中某些车间、部门需用供应计划以外的材料或特殊材料，使用单位应填制请购单，经有关主管人员根据采购资金计划核准后交由采购部门采购，以体现授权控制的要求。请购单的一般格式如表 13—10 所示。

表 13—10 请购单

20××年××月××日 第 号

| 请购部门 | | 工作令 | | 产品名称 | | 类别 | |
|---|---|---|---|---|---|---|---|
| 名称及规格 | | 单位 | 数量 | 需用日期 | 请购原因及用途 | | 备注 |
| | | | | | | | |
| | | | | | | | |
| | | | | | | | |

批准： 请购主管： 请购人：

请购单至少一式两份，一份留存请购部门备查，一份送采购部门。如果请购的材料较多，可另附请购物资清单或明细表。分别说明请购货物的名称、规格、数量和质量要求等。

## 四、收料单的设计

收料单亦称收货单或入库单，是证明货物已验收入库，并据以登记材料账的凭证。

收料单的内容应包括供货单位名称、材料物资的名称规格、计量单位、发票数量、实收数量、单价、金额以及质量检验情况等。收料单的一般格式如表 13—11 所示。

表 13—11 收料单

20××年××月××日 编号：

| 起运站 | | | 车（船）号 | | 送货单号 | | | |
|---|---|---|---|---|---|---|---|---|
| 供应单位 | | | 发票号数 | | 提货单号 | | | |
| 仓库号数 | | | 检验凭证号 | | 技术证明号 | | | |
| 付款方式： | | | | | | | | |
| 材料类别 | 材料编号 | 材料名称及规格 | 单位 | 数量 | | 计划成本 | | 实际成本 | |
| | | | | 应收 | 实收 | 单价 | 金额 | 单价 | 金额 |
| | | | | | | | | | |
| 备注： | | | | | | | | | |

仓库主管： 质量检验员： 收货员： 材料核算员：

收货单要预先编号可由三部门填制：由仓库编制；由采购部门填制；由收货部门填制。

收料单至少应填一式三份：一份仓库留存登记材料卡；一份送采购部门登记供应合同备查簿；一份送会计部门核算材料的实际成本，据以登记“材料采购明细账”。如果不设材料采购明细账，而于月终以收料单直接编制购料汇总表，那么收料单中应设实际成本与计划成本两栏。

## 五、退货单的设计

退货单是明确经济责任、向供货单位退还货物的依据。退货时，应核对合同的要求，确定退货责任和范围。供货单位的违约责任通常为：

（1）货物的品种或规格弄错，这种情况一般在验收时货款尚未支付以前就可发现，而且退货是整批的，供货单位也没有理由拒绝退货。

（2）货物的质量与合同不符，一般来说，整批货物质量不合格的情况比较少，大多数是部分的货或个别的货较差，因而往往在抽样检验时被疏忽过去，而到使用时才被发现。对于这种货物的质量，应当仔细研究，只有确系货物质量原因才可向供货单位提出部分退货。退货单的一般格式如表13—12所示。

表13—12　退货单

单位名称：　20××年××月××日　第　号

| 发票号数： | 退货原因： | | | |
|---|---|---|---|---|
| 合同号数： | | | | |
| 材料名称及规格 | 发票数量 | 退货数量 | 单　价 | 总金额 |
| | | | | |
| | | | | |
| | | | | |

有关人员签章

退货单应一次复写四份：一份采购部门留存；一份送仓库作为退货依据，如果已经收货记入仓库吊卡时，可代替货物出库单，用红字记入吊卡的收货栏；两份送会计部门，计算退货金额，如有运杂费，则应附“代垫运杂费清单”。退货单和代垫运杂费清单应经单位主管签字和加盖单位公章，把其中的一份送出纳部门直接向供货单位办理结算，一份留会计部门作为核算退货的凭证。对于经济赔偿，则由采购部门与供货单位协商决定后，通知会计部门作应收赔偿款记账。

# 第四节　采购业务处理程序的设计

## 一、日常采购计划编制、合同签订程序的设计

图13—1反映了企业采购计划编制和合同签订的业务处理流程。供应部门根据生产计划部门的各种生产计划编制采购计划，经审核批准后与供应单位签订采购合同。然后会计部门根据采购计划和合同编制财务收支计划。

该流程的控制要点主要有：采购计划必须经过审批后，才能对外签订采购合同；会计部门要参加合同的会签。

## 二、临时采购申请程序的设计

该流程（如图13—2所示）反映企业因临时需要进行采购时申请业务的处理过程。当企业因特殊业务需要临时进行采购时，由请购单位编制请购单，送交供应部门。供应部门编制临时采购计划，经审核后，一方面通知采购员办理采购，另一方面通知会计部门，以备货款结算时核对。

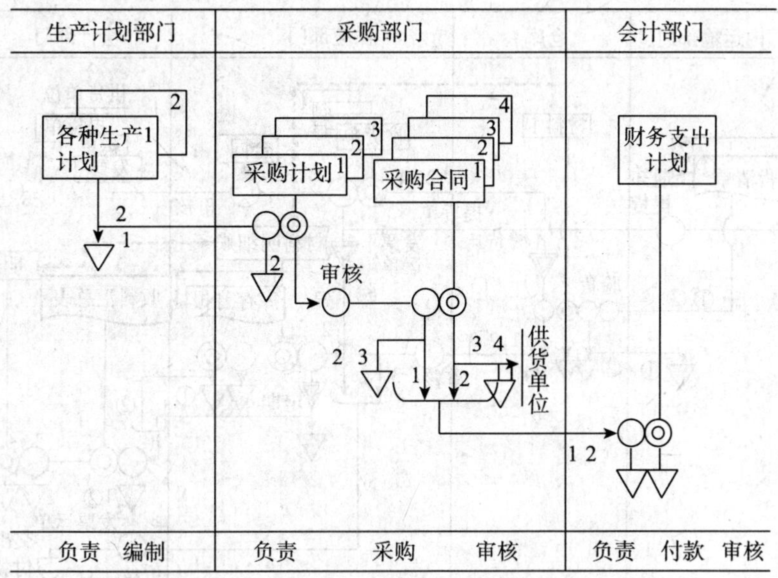


**图 13—1　采购计划编制和合同签订程序**

注：图中"1"、"2"、"3"、"4"均为凭单联数。

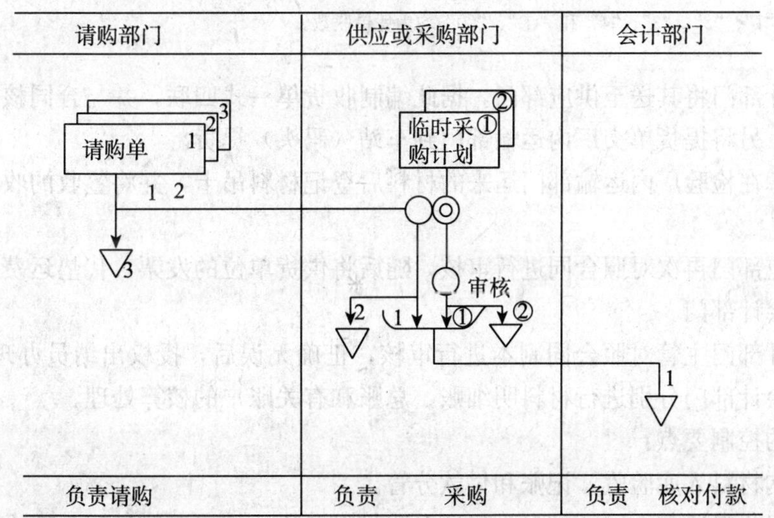


**图 13—2　临时采购申请程序**

注：图中"1"、"2"、"3"和"①"、"②"均为凭单联数。

该流程的控制要点：

（1）临时采购必须经过授权批准才能办理。

（2）会计部门监督临时采购计划的实施。

## 三、材料采购、验收、付款程序的设计

该流程（如图 13—3 所示）反映企业材料采购验货入库和货款结算业务的处理过程。

（1）由供货单位在材料发出后，将材料发票、运单和提货单经银行寄往会计部门。

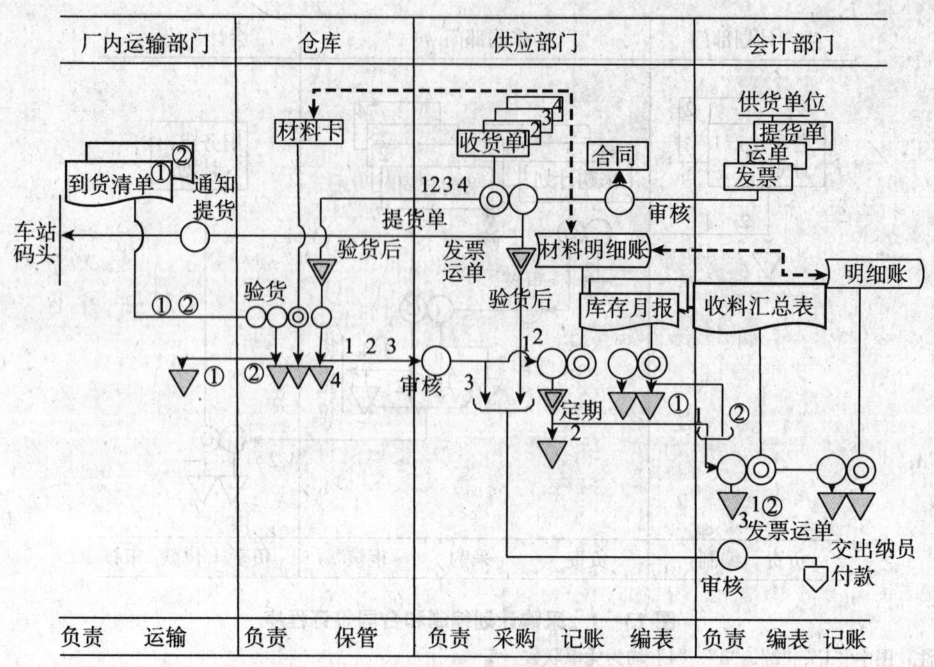


**图 13—3　材料采购、验收、付款程序**

注：图中“1”、“2”、“3”、“4”和“①”、“②”均为凭单联数。

(2) 会计部门将其送至供应部门，据此编制收货单一式四联，并与合同核对后通知仓库准备收货，另将提货单交厂内运输部门到车站（码头）提货。

(3) 仓库在检验厂内运输部门运来的材料后登记材料吊卡，并将签收的收货单交至供应部门。

(4) 供应部门再次对照合同进行审核，随后将供货单位的发票、代垫运费单以及收料单一联送至会计部门。

(5) 会计部门主管对照合同副本进行审核，正确无误后，授权出纳员办理货款结算。供应部门和会计部门分别进行材料明细账、总账和有关账户的核算处理。

该流程的控制要点：

(1) 采购材料入库验收、记账和付款分管。

(2) 加强收料单与合同的核对，保证采购材料名称、规格、数量和金额的正确。

(3) 待材料验收入库后支付货款。

(4) 定期进行账账、账卡和账实核对。

采购业务的核算方式与结算方式有关，主要有验单付款和验货付款两种。从内部会计控制的要求来说，应先收货后付款。但在实务上，大都是见单即付的。这样做的缺点是如果货物的品种、规格、数量、质量不符合要求，会造成退货还款的被动局面。但不管采用哪一种方法，记账程序设计中都要考虑到账单和货物不能同时到达这一特点。

下面列举三种采购业务的记账程序：

### (一) 应付账款明细账全部登记法

全部采购业务在发生时均作为应付账款处理，并通过购货日记账进行登记。这样做的

好处是对采购业务有一个序时的总括反映，对所有购买款的支付也可以进行监督，在这种方式下，即使在收到账单时立刻支付，也得照样记入购货日记账和应付账款，以保持资料的完整，在月底将购货日记账的金额栏加总过入“材料采购”总分类账户的借方和“应付账款”总分类账户的贷方，并把每年的购货业务按供应单位记入应付账款明细账。这种账款方法的缺点是工作量比较大，由于我国社会及企业商业信用体系和范围有一定的局限，所以应付账款明细账逐笔登录作用也不大。

**（二）材料采购明细账横行登记法**

材料采购明细账按材料类别如原材料、辅助材料、燃料、包装物、低值易耗品等分设账页，根据收料单、付款凭证、发票账单等按横行登记法逐笔登记，用以计算每一批购货的实际成本和计划成本以及实际成本和计划成本的差异，根据每一横行付款记录和收料记录的对比，还能知道哪些是应付账款，哪些是在途材料。所以它可以代替应付账款的明细账，同时它也提供了序时的购货记录，可以代替购货日记账。

材料采购明细账的一般格式如表 13—13 所示。

**表 13—13　　材料采购明细账**

| 业务号数 | 发票号数 | 供应单位 | 结算数量 | 计量单位 | 发票数量 | 实收数量 | 实际成本 | | | 计划成本 | 收料 | | 付款 | | 备注 |
|---|---|---|---|---|---|---|---|---|---|---|---|---|---|---|---|
| | | | | | | | 买价 | 运杂费 | 合计 | | 日期 | 收料单编号 | 日期 | 付款凭证编号 | |
| | | | | | | | | | | | | | | | |

**（三）抽单法**

采用抽单法可以进一步简化材料采购的登账工作。为了及时反映与客户的结算关系，系统反映材料采购的情况，可以要求供应部门向仓库和会计部门分送收料单的收货联和付款联，仓库验收材料后，将收货联送会计部门在一个箱子存放；会计部门在收到供货单位的发票并送出纳付款后，将付款联存入另一箱子。定期按收料单编号在这两个箱子中抽单，凡抽到的收货联和付款联表示银货两讫。到月底，存放收货联箱子中留下的部分收货联是按编号顺序或供货单位排列的未付料款，可以代替应付账款明细账；而存放付款联箱子留下的部分付款联是在途材料，可用来编制在途材料明细表。这种抽单法如图 13—4 所示。

在采用抽单法时，应注意凭证存放的安全性，平时限制资料的接近。或者在设计凭证联数时增加一联，作为核对和控制凭证的备份。

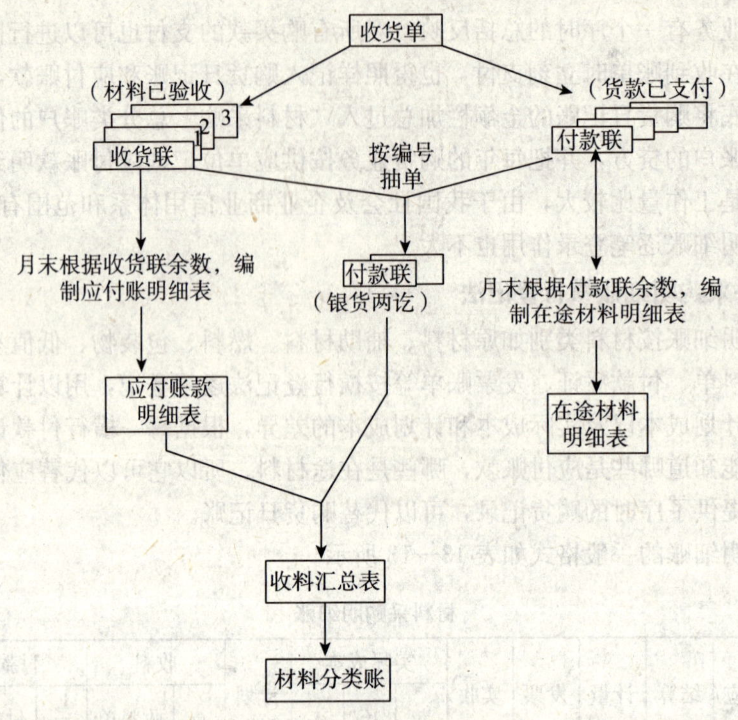


**图 13—4 抽单法记账程序图**

注：图中“1”、“2”、“3”为凭单联数。

## 【本章小结】

采购业务是企业经营，特别是生产企业经营过程中控制成本费用方面极为重要的一个环节，因此本章在会计制度设计中占有重要的地位。

## 【复习思考题】

1. 在设计采购业务的会计处理程序时应把握哪些内部控制要点？
2. 简述采购业务内部控制制度的要求。
3. 简述采购业务内部控制的具体方式。
4. 加强对企业采用赊账方式购买货物的控制，其具体要求有哪些？
5. 简述编制采购计划的步骤。
6. 列举三种采购业务的记账程序。

☞阅读光盘“例题分析”中的本章内容，掌握解题技巧。在 40 分钟内完成光盘“即时练习”中的本章练习。光盘的“关键概念”提供了相关概念的检索。

# 第十四章

# 成本核算制度的设计

**学习导航**

用3学时学习本章内容。

⊙ **掌握：**成本核算业务的概念、成本费用的分类。成本核算制度的意义和设计原则。生产费用中间汇集环节与成本归集计算中心的设计、费用分配标准的设计。成本费用控制的基本原则及成本费用控制的主要方法。主要业务凭证和相关表格的设计：生产通知单的设计、废品和停工凭证的设计、领退料与工资结算凭证的设计等。

⊙ **理解：**成本核算制度设计的主要内容。成本核算的内部控制要点。

⊙ **运用：**建立、选择和设计好成本核算的基础工作的主要内容。

⊙ **了解：**成本会计报表设计的基本内容。

## 第一节 成本核算业务的概念和成本费用的分类

### 一、成本核算业务的概念

成本核算就是运用会计原理，系统地记录企业产品生产或劳务提供过程所发生的一切费用，确定各种产品或劳务的单位成本和总成本，以便正确计算销售利润和提供各种成本资料的一种技术活动。

产品成本是商品价值的主要构成部分，它是由生产经营过程中所耗费的生产资料转移的价值和劳动者为自己劳动所创造的价值组成的，也就是企业产品在生产经营中所耗费的资金的总和。

产品成本是指为制造一定种类和数量的产品所耗费的物化劳动和活劳动的总和，或者说是将企业为制造产品所发生的各种费用通过一定方法归集和分配于某一具体产品的部分，它是企业为制造产品所付出的用货币测定的价值牺牲。

产品成本内容是指产品成本的具体构成要素。产品成本内容取决于成本核算制度，不同的成本核算制度，产品成本的内容不尽相同。成本核算制度主要有制造成本法、变动成本法、作业成本法、完全成本法等。按照我国现行企业会计制度的规定，工业企业应采用制造成本法计算产品成本，从而企业生产经营中所发生的全部劳动耗费就相应分为产品制造成本和期间费用两大部分。在这里，产品制造成本是指为制造产品而发生的各种费用总和，包括原材料费用、生产工人工资及福利费用和全部制造费用。

## 二、成本费用的分类

为了科学地进行产品成本核算，必须对企业的各种费用进行合理的分类。企业费用要素和产品生产成本项目，就是对企业各种费用的两种最基本的分类。产品的生产经营过程，也是劳动对象、劳动手段和活劳动的耗费过程。因此，企业发生的各种费用按其经济内容（或性质）划分，主要有劳动对象方面费用、劳动手段方面费用和活劳动方面费用三大类。前两方面为物化劳动耗费，即物质消耗；后一方面为活劳动耗费，即非物质消耗。这三类可以称为企业费用的三大要素。确定有核算目标或对象的费用（对象化的费用），即是成本。

### （一）企业费用要素

为了具体反映企业各种费用的构成和水平，可将企业费用按经济性质进一步划分为以下九个费用要素：（1）外购材料；（2）外购燃料；（3）外购动力；（4）工资；（5）计提的职工福利费；（6）折旧费；（7）利息费用；（8）税金；（9）其他费用。

### （二）产品成本项目

企业费用按其经济用途分类，又可分为计入产品成本、期间费用和不计入产品成本、期间费用的费用。根据生产特点和管理特点，企业一般可以设立以下五个成本项目：

（1）原材料，亦称直接材料。它是指直接用于产品生产、构成产品实体的原料、主要材料以及有助于产品形成的辅助材料。

（2）燃料及动力。

（3）生产工人工资及福利费，简称工资及福利费，亦称直接人工。

（4）折旧费。

（5）制造费用。它是指用于产品生产，但不便于直接计入产品成本，因而没有专设成本项目的间接费用。

# 第二节　成本核算制度设计的内容、意义和原则

成本核算是企业会计核算的一个重要组成部分，成本核算过程就是准确、及时、全面反映原材料、人力消耗等成本经济指标，加强成本控制、提高经济效益的过程。成本核算制度是组织和处理成本会计工作的规范，是整个会计核算制度的一个重要组成部分。

## 一、成本核算制度设计的主要内容

由于成本核算包括生产费用的核算和产品成本的计算，所以，成本核算制度是为核算生产费用和计算产品成本而制定的制度，它是成本制度的基本内容。为了做好成本会计工作，企业必须针对性地设计成本核算制度，这些制度的内容主要包括：

(1) 成本开支范围的确定。

(2) 消耗定额、内部价格等原始记录的设计。

(3) 成本管理体制和管理制度的设计。

(4) 成本计算对象和费用归集分配的设计。

(5) 成本计算期、成本核算流程和成本核算方法的设计。

(6) 费用要素、成本项目和辅助生产的具体设计。

(7) 成本核算业务的内部控制设计。

(8) 成本核算业务凭证和相关表格的设计。

上述各项制度，企业应在会计准则等会计法规制度的指导下结合自己的实际情况自行制定。其中对于国家有统一要求和规定的部分，企业应当严格执行并制定相关的明细配套制度。

## 二、成本核算制度设计的意义

成本的高低直接决定企业经济效益的好坏。在其他因素一定的情况下，成本愈高，所获盈利愈少；反之，则愈多。因此，加强成本核算是节约费用支出、降低产品成本、扩大经营利润、提高经济效益的需要。但是，成本核算如果没有一套严密完善的规章制度作指导，是无法进行的。这就要求我们必须为成本核算工作设计出科学合理的核算制度。设计成本制度的意义可归纳为以下几个方面：

(1) 通过设计成本核算制度，可以为生产费用的确认、核算和各种产品成本的计算、规范汇集和分配生产费用提供指导依据，监督和考核生产费用预算执行情况，正确反映产品成本水平，并在此基础上分析产品成本升降的原因，从而促进企业经营管理的全面改善和经济效益的全面提高。

(2) 设计完善的成本核算制度，不仅有利于成本会计工作的顺利进行，而且可以进一步完善材料领用、固定资产折旧、工资结算分配、各种费用确认、损益计算等方面的会计制度，从而促进整个会计工作的优化。

(3) 设计科学合理的成本核算制度，能保证产品成本的真实性和可靠性，防止弄虚作假，减少和避免工作中的失误。

## 三、成本核算制度的设计原则

为了保证成本核算制度的科学性、完整性和有效性，充分发挥其作用，在设计成本核算制度时应遵循以下原则：

### (一) 合法性原则

《企业会计准则》等会计法规制度对企业的成本计算制度、成本开支范围等均做了明确的规定，它们是企业设计成本核算制度的依据和准绳。各企业在设计本单位的成本核算制度时，必须严格贯彻执行，不得与此相抵触。否则，各企业的成本和核算制度将失去统一的标准和可比性，不利于比较分析各企业的财务状况、经营成果和成本管理水平，也不利于国家实施宏观调控和企业改进经营管理。

**（二）适应性原则**

由于各企业的经济性质、生产经营方式、会计核算组织方式不同，经营管理的要求和目的不同，因此，设计成本核算制度必须在强调统一性的同时体现各企业的生产经营特点，注重制度的适用性，将制度的统一性和适用性有机地结合起来，设计出科学合理的成本核算制度。例如，企业成本计算方法的设计在很大程度上取决于企业的生产类型和产品的生产工艺过程，单步骤大量生产的企业应采用品种法，单件小批生产的企业应采用分批法，连续加工式生产的企业应采用分步法。

**（三）简化性原则**

要正确地归集和分配生产费用、计算产品成本、为经营管理提供准确的成本资料，必须具有严密、完整的成本核算制度。但是，为了保证成本资料的及时性，简化会计工作，提高工作效率，必须在设计成本核算制度时坚持保证成本指标真实、可靠与简化手续相结合的原则，抓大放小，一些对成本影响不大的费用支出尽可能地采用简化的方式。例如，许多低值易耗品价值低、使用年限短，其一次进入产品成本还是分次进入产品成本对成本资料的影响很小，因此，设计与此有关的成本核算制度时应考虑“一次摊销法”。

**（四）提高性原则**

有利于提高成本管理水平。成本核算制度应当保证和促进成本管理各项职能的充分发挥。成本管理的职能一般包括成本预测、成本计划、成本控制、成本核算、成本分析和成本考核等。它们相互联系，共同促进成本管理工作的改善，充分发挥这些职能，有利于控制各种生产费用的支出，降低产品成本。为此，成本核算制度的设计必须坚持有利于提高成本管理水平的原则。

## 第三节　成本核算基础工作的设计

成本核算就是对生产中消耗的各项劳动费用进行归集、分配、计算的过程，也是对这些费用进行处理的过程。在这一处理过程中，采用、选择什么样的成本管理政策、开支范围和标准、消耗定额、内部价格、各项业务具体制度等是至关重要的，它们不仅是成本核算的基础，同时也是组织成本核算的前提和先决条件。

为了保证成本业务会计处理的正确，首先要建立、选择和设计好成本核算的基础工作。这些基础工作包括以下几个方面：

### 一、界定严格的成本开支范围

成本开支范围明确了成本开支和非成本开支的界限，即生产费用支出与资本支出、生产费用支出与营业外支出的界限。我国成本开支范围由财税部门规定，各行业部门的企业在设计成本制度时必须遵守有关规定。

在确定成本开支范围的同时，还必须制定费用支出的标准，如各种管理费用（办公

费、差旅费、会议费等）、销售费用的开支标准等。

## 二、制定合理的人、财、物消耗定额

消耗定额是生产经营中人、财、物利用的合理限额，它是成本计算和控制的基础，消耗定额有物质消耗定额、费用控制定额和劳动定额。物质消耗定额是在一定的生产技术条件下，制造某种产品或完成某项工作所消耗的原材料、燃料、动力数量或金额，又称单耗。费用控制定额是为管理费用开支所制定的定额限度，包括办公费、差旅费、劳动保护费等。劳动定额有工时定额和产量定额。前者是为完成某种产品或某项工作所需要的时间；后者是单位时间内应当完成的某种产品或某项作业数量。消耗定额可采用技术测定或经验统计估算。各项定额应随着生产技术条件的变化和管理水平的提高，适时进行修订，但又不可变动过于频繁，应保持相对稳定。

## 三、建立完整的成本原始记录

成本原始记录是编制成本计划、进行成本核算、分析生产消耗的依据。企业应根据成本管理要求，建立完整的成本原始记录，成本原始记录包括范围很广、如存货、固定资产、工资、货币资金等业务中的凭证也是成本原始记录凭证，这些业务的有关凭证均已在本书以前各章做了介绍，不再赘述。

## 四、制定与成本有关的各项业务管理制度

成本是综合性的经济指标。成本管理工作的好坏直接受到与成本有关的各种业务管理制度好坏的影响。因此，要制定、完善并加强与成本有关的各项业务管理制度。这些制度包括：材料领退制度；固定资产使用、维修、折旧制度；低值易耗品领用、保管、摊销制度；职工考勤制度；费用报销制度；产品与在产品盘点制度；产品质量验收制度等。

## 五、制定企业内部合理的计划价格

企业内部计划价格是根据各项定额和有关经济指标，对原材料、半成品、劳务等编制的，用来作为企业内部各部门之间进行结算的依据。它也是进行成本控制、考核的基础。计划价格应由企业计划部门、会计部门、劳动工资部门、工艺技术部门等共同制定，计划价格制定要尽可能符合实际，既适时调整，又保持相对稳定。

## 六、成本计算对象的设计

成本计算对象就是要确定对什么客观实体计算总成本和单位成本。成本计算对象是多种多样的。工业生产要计算产品成本，农牧业生产、建筑安装工程等也要计算成本。成本计算还不限于物质生产部门，各种服务性行业、事业单位，甚至行政机构也要进行成本计算。如行政单位的会议成本，设计单位的工程项目设计成本，学校的教育成本等。成本计算也不限于实际成本计算，如预测决策、产品设计、成本计划等也要进行成本计算。它还不限于生产过程，如采购过程的材料或商品的采购成本，销售过程的销售成本、售后成本，甚至还可以计算用户使用成本。在这些成本计算中都需要确定成本计算对象。

工业企业产品成本的核算是相对复杂的，其成本计算对象如何确定，主要根据生产的

特点和管理上的要求而定。成本计算对象的设计，既要适应企业生产技术过程与生产组织的特点，又要满足企业加强成本管理的要求。这样才能既按产品对象提供必要资料，又可按其加工阶段或其组织部分提供资料，并同相应的组织单位的经济责任结合起来，有助于发挥成本在增加生产、降低消耗、提高劳动生产率方面的积极作用。以工业企业为例，成本计算对象如表14—1所示。

**表14—1　　成本计算对象**

| 生产组织特点 | | 成本计算对象 |
|---|---|---|
| 生产组织 | 生产技术过程 | |
| 大量生产 | 连续生产 | 产品加工步骤（需计算自制半成品）或产品品种（不需计算自制半成品） |
| 大量生产 | 平行加工 | 产品品种 |
| 成批生产 | 连续加工 | 产品批别或产品加工步骤 |
| 成批生产 | 平行加工 | 产品批别 |
| 单件生产 | 平行加工 | 产品品种 |

关于对外提供的劳务和作业等，如修理汽车或铁路工务段维修线路，在确定成本计算对象时，一般以各劳务项目和作业项目作为最终成本计算对象，因劳务和作业一般没有半成品，故不设中间性成本计算对象。

成本计算对象确定的是否合理，直接影响产品成本的准确性和成本计算的工作量以及成本资料的及时性。因此，各企业在确定成本计算对象时，应当坚持“主次分明、区别对待、重要从细、次要从简、有用则细、有理则简、真实客观、及时准确”的原则。

不同的企业生产类型和成本管理要求下，成本计算对象的具体设计也不同，具体如表14—2和表14—3所示。

**表14—2　　成本计算对象参考表**

| 企业生产类型 | | 成本管理要求 | | 成本计算对象 | | |
|---|---|---|---|---|---|---|
| 组织方式 | 工艺过程 | 核算体制 | 成本指标 | 计算空间 | 计算期 | 计算实体 |
| 单件小批 | 单步骤生产 | 一级核算 | 产成品成本 | 全厂 | 生产周期 | 该件或该批产品 |
| | 连续加工 | 二级核算 | 产成品、零部件(外销)成本 | 各生产步骤 | 生产周期 | 产品各加工步骤 |
| | 平行加工 | 二级核算 | 产成品成本 | 生产车间 | 生产周期 | 该件或该批产品 |
| 大批大量 | 单步骤生产 | 一级核算 | 产成品成本 | 全厂或封闭式生产车间 | 会计期间 | 产品品种或类别 |
| | 连续加工 | 二级核算 | 产成品、半成品成本 | 各生产步骤 | 会计期间 | 产品各加工步骤 |
| | 平行加工 | 二级核算 | 产成品、半成品成本 | 生产车间 | 会计期间 | 产品品种及其零部件 |

表 14—3　　成本计算方法设计参考表

| 生产类型 | 成本计算对象 | 成本计算期 | 成本计算方法 | 归集分配生产费用的要求 | 主要适用范围 |
| --- | --- | --- | --- | --- | --- |
| 单步骤大批大量生产 | 产品品种 | 会计期间 | 品种法 | 按各种产品品种归集和分配生产费用，计算产成品成本 | 采煤、采矿、发电等企业 |
| 多步骤小批单件生产 | 产品批别 | 生产周期 | 分批法 | 按各批产品品种归集和分配生产费用，计算各批产品成本 | 轮船、机车、飞机制造等企业 |
| 多步骤大批大量生产 | 各种产品的每一生产步骤 | 会计期间 | 分步法 | 按各种产品的每一生产步骤归集和分配生产费用，计算各步骤半成品成本和最终产成品成本 | 机械、冶金、纺织、化工、电子等企业 |
| 多品种大批量或单件生产 | 产品类别（中间性）产品品种（最终） | 会计期间或生产周期 | 分类法 | 按各类产品归集和分配生产费用，计算出各类产品成本后，再在每类中的各品种之间分配，计算各种产品成本 | 服装、鞋帽、针织、陶瓷等企业 |

## 七、生产费用中间汇集环节与成本归集计算中心的设计

要计算“成本计算对象”的成本，必须把这个对象应承担的生产费用全部完整地归集起来，才能据以计算这个对象已完工部分的成本。成本对象的生产费用，就其构成要素来说是各种物化劳动和活劳动；就其发生的时间来说是随着生产进程陆续发生的；就其发生的地点或环节来说是在生产经历的各个部门不断发生的。成本从其发生到对象化，有一个过程，必须根据成本流程的客观规律，设计与之相对应的归集中心。

### （一）生产费用中间过渡性汇集环节的设计

生产费用中间汇集环节，是指对于生产产品所发生的生产费用，在最终归集到成本归集计算中心之前，在某些中间环节进行过渡性归集，以便完成整个成本流转过程。中间汇集环节设置的多少，需根据企业的具体情况而定。一般来说，中间汇集环节有两种类型：一是按辅助生产部门设置，如供电、供水、修理、运输等辅助生产部门；二是按生产损失类型设置，对废品损失和停工损失，企业可单独设置待处理财产损失等中间汇集环节。

### （二）成本计算对象归集中心的设计

由于成本归集计算中心是成本核算中处理和分配各项费用的归宿，因而一般按成本计算对象确定，或按产品生产的步骤或批别设置，或不分批直接按产品设置，或按单一对象设置或按同类对象合并设置。成本计算对象归集中心的设计要考虑产品的种类、产品的工艺过程、产品的生产组织、企业的规模和企业的核算水平等具体情况进行设计。成本计算对象选择的合适，有利于具体的费用归集分配和成本管理控制和分析。

## 八、费用分配标准的设计

成本形成过程中发生的各种生产费用，除了可以直接确认应由某成本计算对象承担外，还有许多费用需要分配计入。成本核算中存在着各种分配计算方法，而每种方法都带有一定的主观性和假定性，不过，这种假定性必须建立在科学合理的基础上，而不能带有随意性和估计性的倾向。

生产费用分配包括两方面的内容：要素费用在各受益对象之间的分配和生产费用在完工产品与在产品之间的分配。由于它们具有不同的分配性质，需要各自设计与之相应的标准。

设计分配标准应遵循以下原则：第一，相关性原则。分配标准应与待分配费用之间具有客观、直接的依存关系，也就是说能够找准它们之间的因果关系，如果待分配的费用是综合费用（如制造费用），则分配标准应与综合费用各个组成部分中具有代表性的内容有紧密的内在联系。第二，选作分配标准的因素必须是易于计量的。第三，选定的分配标准在分配计算中应核算简易，工作量不宜过大。第四，分配标准的选择力求有利于成本分析和成本控制，有助于加强企业成本管理。最好与计划成本采用的分配标准保持口径一致。第五，分配标准一经选定，要保持一定期间的相对稳定。

生产费用分配的基本方法是比率法，其计算的基本公式为：

$$分配率=\frac{分配对象}{各种产品分配标准总数}$$

某种产品应分配数额＝该种产品分配标准数×分配率

下面是几种可供选择的生产费用分配标准：

**（一）计入产品成本的各项要素费用的分配**

（1）材料费用的分配，主要是按产品的重量比例、体积比例、产量比例、定额消耗量或定额费用比例等分配。

（2）燃料费用的分配，主要是按产品的重量、体积、所耗原材料的数量或费用，以及燃料的定额消耗量或定额费用等分配。

（3）动力费用的分配，主要是按产品的生产工时比例、机器工时比例、定额消耗量比例等分配。

（4）工资及职工福利费，主要是按产品的生产工时比例等分配。

**（二）间接费用的分配**

（1）制造费用的分配，主要是按生产工人工时比例、生产工人工资比例、机器工时比例和按年度计划分配率等分配。

（2）辅助生产成本的分配，主要是按直接分配法、顺序分配法、交互分配法、代数分配法、计划成本分配法等分配。

**（三）完工产品和在产品划分标准的设计**

当生产费用经过归集和分配后，成本计算单集中反映了产品成本。如果某种产品在计算期内已完工，则所反映的该产品成本就是完工产品成本；如果该产品在计算期内尚未全部完工，即有在产品，则所反映的该产品成本还必须在完工产品和在产品之间划分。一般来说，按照不同的原则可以有以下几种划分方法：

（1）在产品不计算成本法或忽略不计法：各月末在产品数量很小，在产品成本对于完工产品成本的影响较小，管理上不要求计算在产品成本。

（2）在产品按固定成本计价法：在产品数量较小，或者在产品数量虽大但各月之间在产品数量变动不大，月初、月末在产品成本的差额对完工产品成本的影响不大的情况。

（3）在产品按所耗原材料费用计价法：各月末在产品数量较大，各月末在产品数量变化也较大，同时原材料费用在成本中所占比重较大的产品。

（4）约当产量比例法：月末在产品数量较大，各月末在产品数量变化也较大，产品成本中原材料费用和工资及福利费等加工费用相差不多的产品。

（5）在产品按完工产品成本计算法：月末在产品已经接近完工，或者产品已经加工完毕，但尚未验收或包装入库的产品。

（6）在产品按定额成本计价法：各项消耗定额或费用定额比较准确、稳定，而且各月在产品数量变化不大的产品。

（7）定额比例法：定额管理基础较好，各项消耗定额或费用定额比较准确、稳定，而且各月在产品数量变动较大的产品。

## 九、成本计算期的设计

成本计算期是指计算产品或劳务等成本时，对发生的费用计入产品或劳务等成本的时间界限。成本计算期的确定一般有两种方法：一是以会计期作为成本计算期，每月计算一次成本，这种成本计算期与编制月度会计报表的时间相一致，实际工作中较多考虑并选择会计期间。二是以生产周期作为成本计算期。各种产品的成本计算期应该与产品的生产周期同步，从理论上讲非常容易，但对大量、大批、重复性生产的企业很难做到，因为产品总在不断投入和产出，而且有很多产品的生产周期很短，有的几小时，有的几天，所以对于这类企业，其产品成本计算期一般就以月为准；对于单件、小批生产的企业，其产品成本计算期才可按生产周期设计，如造船厂、车辆厂、建筑公司等。

## 十、成本核算流程的设计

随着企业生产工作的进行，生产经费陆续在各个部门产生，并逐步积累，最后形成产品成本。产品成本的形成是各个中间过渡汇集环节和成本计算对象归集中心在一定的成本计算期内，以要素费用或产品成本项目为标准，通过归集与分配而最终确定产品总成本与单位成本的过程，这个过程就是成本核算流程。

### （一）一般常用的可以借鉴的按分配顺序形成的成本核算基本流程

各要素费用的分配──→待摊、预提费用的分配──→辅助生产费用的分配──→制造费用的分配──→产品生产费用在完工产品和月末在产品之间的分配。

### （二）按照会计记账方式表示的成本归集分配基本流程（如图 14—1 所示）

一般要求：根据生产过程中所发生会计事项的会计凭证，平行登记各要素费用总账、明细账；然后根据各要素费用明细账编制制造费用明细表。其中，直接费用记入生产成本（基本生产）总账、明细账；间接费用分别记入生产成本（辅助生产）、制造费用、废品损失、待摊和预提费用等总账与明细账，然后按以下顺序处理账务：

（1）编制待摊、预提费用编制明细表，并将其分配至生产成本、辅助生产、制造费用、废品损失等总账与明细账。

（2）编制辅助生产费用分配表，并将其分配至生产成本、制造费用、废品损失等总账与明细账。

（3）编制制造费用分配表，并将其分配至生产成本总账与明细账。

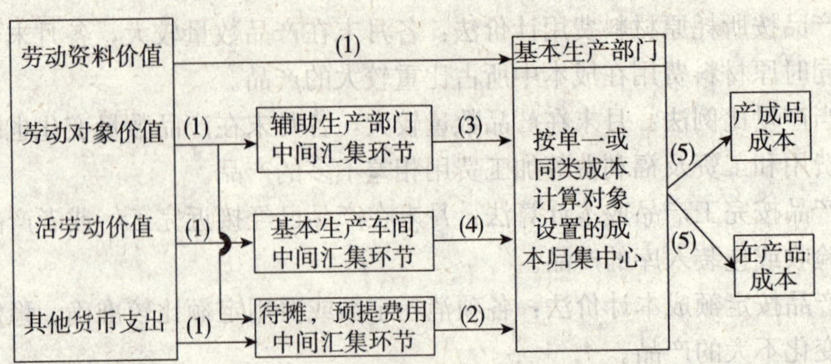


**图 14—1 成本归集分配基本流程图**

注：图中（1）～（5）为成本归集分配顺序。

（4）将不可修复的废品成本结转至废品损失总账与明细账。

（5）编制废品损失和其他损失分配表，并将其列入待处理财产损失，计入或分配至生产成本总账与明细账。

（6）期末，结转完工产品成本与在产品成本。

（7）结转期间费用。

## 十一、成本核算方法的选择和设计

一个企业选择成本计算方法，应从本企业产品生产的特点出发，包括产品的生产过程或工艺技术过程和生产组织方式，再结合管理上对成本的要求以及本企业的实际工作条件或工作基础，经过周密考虑，加以确定。

常用的可借鉴的成本核算方法如下：

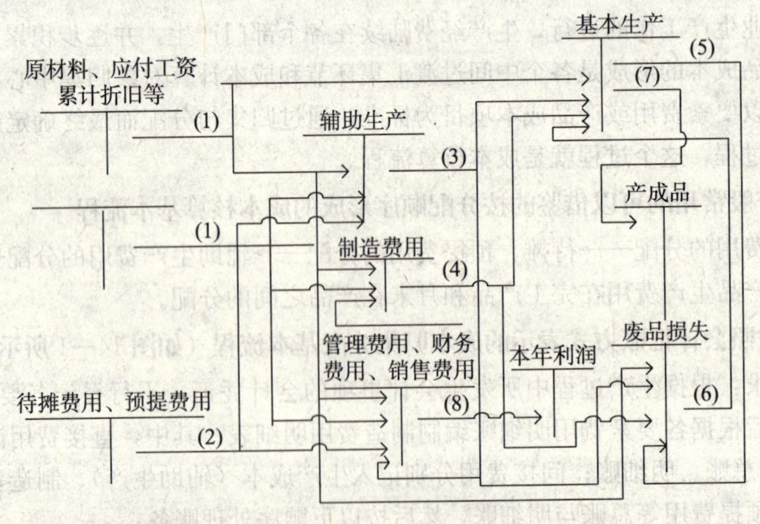


注：

（1）要素费用归集与分配；（2）待摊、预提费用归集与分配；

（3）辅助生产费用分配；（4）制造费用分配；

（5）结转不可修复废品成本；（6）结转废品损失；

（7）结转产成品成本；（8）结转期间费用。

**图 14—2 品种法成本基本核算程序图**

**（一）品种法成本核算程序的设计（如图 14—2 所示）**

产品成本计算品种法是按照产品品种计算产品成本的一种方法，是最基本的成本计算方法。品种法的计算程序也就是产品成本计算的一般程序，前面已经讲过，不再详述。

**（二）分批法成本核算程序的设计**

分批法是按照产品的订单或批别来归集生产费用，计算产品成本的一种方法。因此，分批法成本核算程序可根据以下流程（如图 14—3 所示）来设计：

（1）在开始生产时，会计部门根据每一份订单或每一批产品生产通知单（内部订单），开设一个成本明细账户或编制一张产品成本计算单。

（2）根据各张订单、各批产品所直接耗用的各种材料、费用填制订单号及生产通知单号等有关原始凭证，间接费用要填明其用途和费用发生地。

（3）期末根据费用的原始凭证编制材料、工资等分配表。

（4）结算各辅助生产的成本，编制辅助生产费用分配表。

（5）结算各车间的制造费用明细账，编制制造费用分配表，按照规定的分配标准，分配记入各有关成本明细账。

（6）当某订单、生产通知单或某批产品完工、检验合格后，应由车间填制完工通知单，一份送会计部门，以便结算成本。

（7）会计部门收到车间送来的完工通知单，要检查该成本明细账及有关凭证，检查无误后，根据产品成本明细账和原始凭证的资料，编制产品成本计算表。

（8）期末未完工订单的成本明细账所归集的成本费用就是在产品成本。

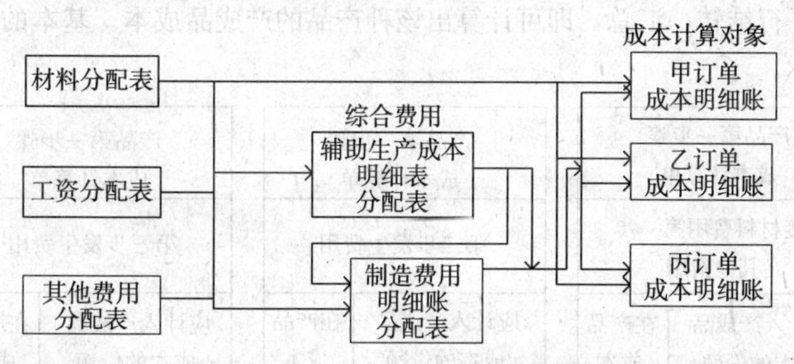


**图 14—3　分批法成本核算程序**

**（三）分步法成本核算程序的设计**

产品成本计算的分步法是按照产品生产的步骤计算产品成本的一种方法。出于成本管理对各生产步骤成本资料的要求不同，考虑到简化成本计算工作，各生产步骤成本的计算和结转采用逐步结转和平型结转两种方法，这样，分步法的产品成本核算流程就可分为逐步结转分步法和平行结转分步法。

（1）逐步结转分步法，也称计算半成品成本的分步法。它是按照产品的加工顺序，首先计算第一个加工步骤的半成品成本，然后结转给第二加工步骤；第二加工步骤转来的半成品成本加上本步骤发生的费用，计算求得第二个加工步骤的半成品成本；再转给第三个加工步骤，依此顺序结转累计，一直到最后加工步骤才能计算出产成品的成本。基本的成本核算程序如图 14—4 所示。

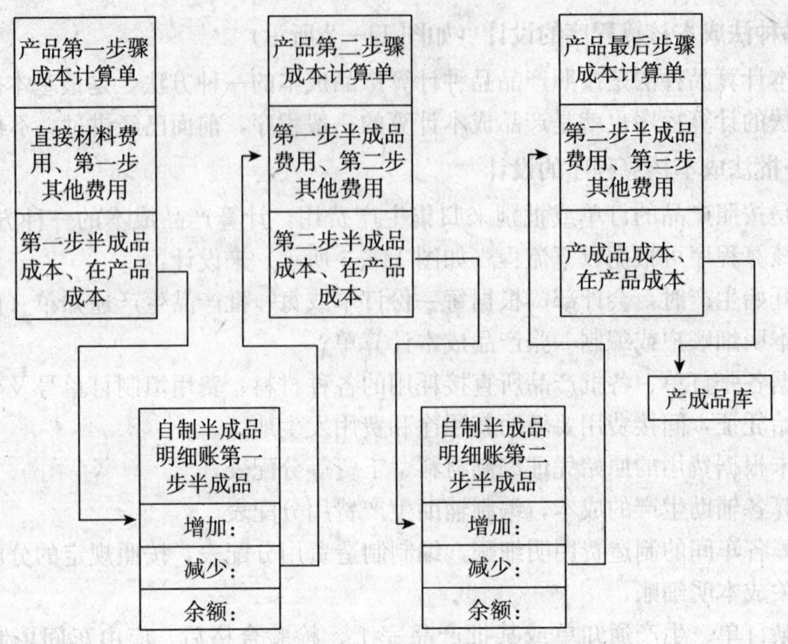


**图 14—4　逐步结转程序图**

(2) 平行结转分步法，在计算各步骤成本时，不计算各步骤所产半成品的成本，也不计算各步骤所耗上一步骤的半成品成本，只计算本步骤所发生的各项费用以及这些费用中有多少应计入产成品成本中。把各步骤计入产成品中的费用称为“份额”。将相同产品的各步骤的份额平行结转、汇总，即可计算出该种产品的产成品成本。基本的成本核算程序如图 14—5 所示。

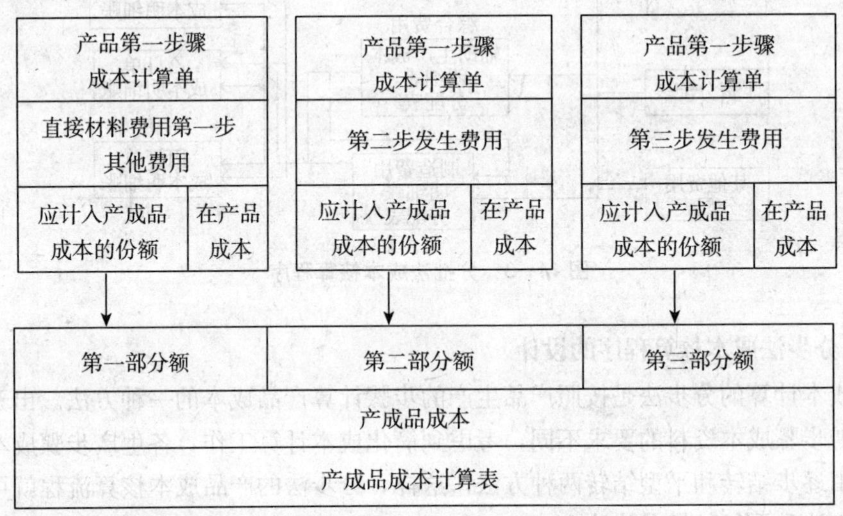


**图 14—5　平行结转程序图**

选择确定了成本核算方法，还要注意掌握成本计算空间。成本计算空间是指企业归集和分配生产费用的空间范围，按企业的生产特点和管理要求不同，可分为三种情况：一是以全厂为成本计算空间；二是以各个生产车间为成本计算空间；三是以产品的各个生产步骤为成本计算空间。明确规定成本计算的空间范围，有利于分清不同空间范围内的费用，

保证费用的合理归属，准确计算产品成本。

## 十二、成本核算管理体制的设计

如前所述，成本计算对象的确定主要取决于企业的生产类型，此外，成本管理的具体要求也影响成本计算对象的设计。成本管理要求包括对企业成本核算体制和成本指标等方面的要求。成本核算体制有公司一级核算体制和公司、车间二级核算体制，成本指标有产成品成本指标和半成品指标成本两种。综合决定和影响成本计算对象的各因素，成本核算管理体制的参考设计模式如下：

(1) 在单件小批单步骤生产的企业，成本管理体制通常为一级核算，成本计算空间为全厂，成本计算期多是生产周期，成本计算实体为该件或该批产品，只计算产成品成本。

(2) 在单件小批多步骤连续加工的企业，成本管理体制一般可采用二级核算，成本计算空间为各生产步骤、成本计算期为生产周期、成本计算实体为该件或该批产品的各个生产步骤，一般只计算产成品成本。如果企业生产的零部件对外销售，则还应以零部件作为成本计算实体，即需要明确中间性成本计算对象。

(3) 在单件小批多步骤平行加工的企业，成本管理体制可采用二级核算，成本计算空间为各生产车间，成本计算期为产品生产周期，成本计算实体为该件或该批产品，只计算产成品成本。

(4) 在大批大量单步骤生产的企业，成本管理体制只能采用一级核算，成本计算空间为全厂或封闭式生产的车间，成本计算期按会计期间进行，每月一次。由于这种企业的生产工艺过程不间断，没有在产品，因此成本计算实体为产品品种或产品类别，只计算产成品成本。

(5) 在大批大量多步骤连续加工的企业，成本管理体制必须采用二级核算，成本计算空间为各生产步骤，成本计算期为会计期间，成本计算实体应当为各个加工步骤，既计算产成品的成本，又计算各步骤的半成品成本。即成本计算对象既有最终的，又有中间性的。

(6) 在大批大量多步骤平行加工的企业，成本管理体制应为二级核算体制，成本计算空间为每一生产车间，成本计算期采用会计期间，每月一次，成本计算实体是各种产品及其零部件，分别计算产成品和半成品成本。

根据企业成本管理体制不同，有以下不同的成本核算特点：

(1) 在实行厂部集中成本核算的企业，为反映企业为生产产品而耗费的材料、支付工资和其他各项费用，应设置“生产成本——基本生产成本明细账”，其格式如表 14—4 所示。

**表 14—4　　生产成本——基本生产成本明细账**

车间：

| 年 | | 凭证号 | 摘　要 | 直接材料 | 直接人工 | 制造费用 | 废品损失 | 合　计 |
|---|---|---|---|---|---|---|---|---|
| 月 | 日 | | | | | | | |
| | | | | | | | | |
| 合计 | | | | | | | | |

如果企业产品品种多，还应在“生产成本——基本生产成本明细账”下设成本计算单，其格式如表14—5所示。为了反映生产车间和辅助车间组织和管理生产而发生各种生产费用的详细情况，还应设置“制造费用明细账”，其格式如表14—6所示。

表14—5　　　　产品成本计算单

产品名称：　　　　20××年××月××日

| 摘　要 | 成本项目 | | | | |
|---|---|---|---|---|---|
| | 直接材料 | 直接人工 | 制造费用 | 废品损失 | 合　计 |
| | | | | | |
| 合　计 | | | | | |
| 完工产品成本 | | | | | |
| 月末在产品成本 | | | | | |

表14—6　　　　制造费用明细账

20××年××月××日

| 年 | | 凭证号 | 摘　要 | 工资 | 津贴 | 办公费 | 机物料 | 折旧费 | 修理费 | 水电费 | 劳动保护费 | 保险费 | 其他 | 合　计 |
|---|---|---|---|---|---|---|---|---|---|---|---|---|---|---|
| 月 | 日 | | | | | | | | | | | | | |
| | | | | | | | | | | | | | | |
| 合计 | | | | | | | | | | | | | | |

平时，对于耗用的各项生产费用，应根据有关凭证及费用要素分配表分别登记“生产成本——基本生产成本明细账”和“制造费用明细账”以及“废品损失分配表”，期末分别编制“辅助生产成本分配表”，并登记有关明细账；最后，结算完工产成品和在成品成本，这种归集分配程序如图14—6所示。

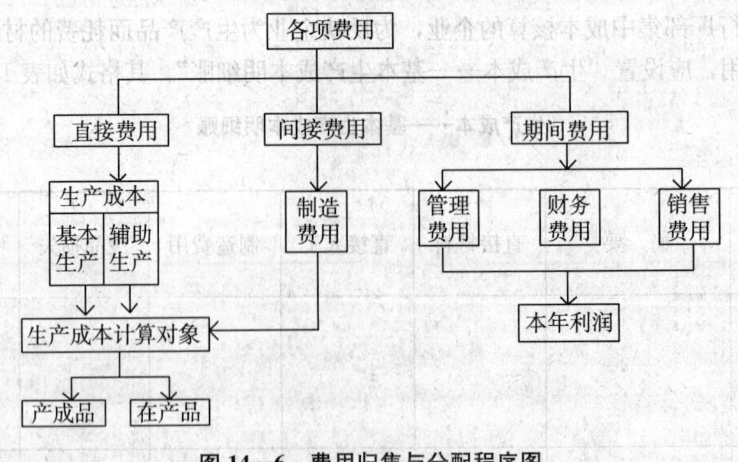


图14—6　费用归集与分配程序图

(2) 在实行厂部、车间两级成本核算的企业，主要生产车间要配备专职成本核算员，计算产品的车间成本；然后，由厂部会计部门汇总计算产品的全部成本。有关成本明细账要按车间和厂部分别设置。其中，厂部基本生产成本明细账、辅助生产成本明细账要按部门列示，其格式如表 14—7 和表 14—8 所示。

**表 14—7　　厂部基本生产成本明细账**

| 年 | | 凭证号 | 摘　要 | 一车间 | 二车间 | 三车间 | 合　计 |
|---|---|---|---|---|---|---|---|
| 月 | 日 | | | | | | |
| | | | | | | | |
| | | | | | | | |
| 合计 | | | | | | | |

**表 14—8　　厂部辅助生产成本明细账**

| 年 | | 凭证号 | 摘　要 | 一车间 | 二车间 | 三车间 | 合　计 |
|---|---|---|---|---|---|---|---|
| 月 | 日 | | | | | | |
| | | | | | | | |
| | | | | | | | |
| 合计 | | | | | | | |

为了汇总计算每种产品的全部成本，还要设置“车间完工产品成本汇总计算单”，其格式如表 14—9 所示。

**表 14—9　　车间完工产品成本汇总计算单**

产品：　　　　20××年××月

| 成本项目 | 一车间 | 二车间 | 三车间 | | 总成本 | 单位成本 |
|---|---|---|---|---|---|---|
| 直接材料 | | | | | | |
| 直接人工 | | | | | | |
| 制造费用 | | | | | | |
| 废品损失 | | | | | | |
| 合　计 | | | | | | |

平时，对于直接用于产品生产的直接材料、直接人工等，应直接记入各生产车间“基本生产成本明细账”，同时记入厂部有关成本明细账的各车间栏；对生产车间、辅助生产车间发生的制造费用记入各车间有关成本明细账和厂部有关成本明细账中各车间栏；期末，编制辅助生产成本分配表和各车间制造费用分配表，并分别登记各车间有关成本明细账和厂部有关成本明细账。各车间成本核算员计算各该车间成本，并在该车间的“基本生产成本明细账”中结转，最后由厂部会计部门汇总车间完工产品成本，在厂部“基本生产成本明细账”中结转。

## 十三、费用要素与成本项目的具体考虑和设计

根据费用要素设计成本项目，一要考虑费用成本管理上的要求，要求不同，设计的成本项目就不同，如有的企业对损失性费用（废品损失、停工损失等）单独核算和管理，就需设计相应的成本项目，有的企业则不单独列示；二要考虑各种费用在产品总成本中的比重大小，同样一种费用，在有些企业里所占比重较大，需单独设计成本项目，有些企业则不需要；三要考虑成本核算工作的简化，成本项目并不是设计得越具体越好，如果把各种费用都单独设置成一个项目，势必增加成本核算的工作量，尤其是某些半成品还需要进行成本还原，如果项目设计得太细，还原工作将很困难，为此，成本项目的设计在保证满足管理需求的前提下，应力求简化。

### （一）成本项目的具体考虑和设计

针对工业企业，具体设计成本项目如下：

（1）关于劳动对象的耗费，包括外购材料、外购燃料和外购动力。根据是否构成产品主要实体，可将劳动对象的耗费设计为“原料及主要材料”、“辅助材料”两个成本项目。其中“辅助材料”包括一般性辅助材料、燃料和动力。考虑到燃料和动力在一些企业的产品成本中比重较大，且不构成产品实体，需要进行特殊的管理，因此，也可作为一个独立的成本项目。此外，消耗的劳动对象中，如果外购半成品占成本比重较大，为了加强管理，也可单独设“外购半成品”成本项目。

（2）关于活劳动的耗费，包括工资和福利费，按其不同用途可以作为两个成本项目，但为了简化成本核算，也可合并为一个“工资及福利费”项目。

（3）关于劳动资料的耗费，包括固定资产折旧费和修理费。由于这两种费用一般情况下属于间接费用，且在产品成本中的比重不大，用途又较广，因此，一般不单独设置成本项目，而合并在“制造费用”项目中。

（4）关于其他费用，由于大都属于共同性费用，不易分清各种产品的承担数额，且占产品成本的比重不大，可合并设置“制造费用”项目。如果其他费用中的某些费用占成本比重较大，或管理上需要专门列示，则可单独设计相应的成本项目，如“停工损失”、“废品损失”等。

需要指出，生产费用要素中的其他费用，有些发生在全厂范围内，为厂部组织和管理生产服务。这些费用在制造成本法下不计入产品成本，而作为期间费用直接进入当期损益，因此不需要设计成本项目；有些发生在车间范围内，为车间组织和管理生产服务，这些费用应计入产品成本，故应设计“制造费用”项目。

各企业在设计成本费用时，可根据自己的生产特点和管理需求，在上述几个项目的基础上增加或合并或取消某些项目。如果企业消耗的燃料和动力比重较大，可将“燃料及动力”项目一分为二，设置“燃料”、“动力”两个成本项目。如果企业发生的废品损失和停工损失不多，则可以不设“废品损失”和“停工损失”这两个项目。如果企业的零件经常委托外单位加工且费用开支大，可设置“外部加工费”项目。如果企业发生的某些专用费用较多，可设置“专用费用”项目。总之，要想使成本项目设计得科学合理，准确进行成本核算，必须考虑企业的具体情况。

设计成本项目时应考虑的问题如下：

（1）费用在管理上有无单独反映、控制和考核的需要。由于各单位生产的产品不同，所发生的费用也往往有所不同。设计成本项目时应充分考虑这些费用的内容。如有的企业消耗的燃料动力较多，就可以专设“燃料及动力”成本项目，反之则可以不设，在“辅助材料”中一并核算即可。

（2）费用在产品成本中比重的大小。在产品生产中，有些费用占成本的比重较大，一般应专设成本项目，以便掌握重点，随时进行分析比较，了解费用发生的情况。比如，企业的原材料费用是构成产品实体的，而且一般在产品成本中的比重也较大，所以一般都要专设“原材料”这个成本项目；而辅助材料的比重则较小，所以一般不专设此成本项目。有些企业如果辅助材料比重较大，则也可专设。

（3）为某种费用专设成本项目所增加的核算工作量的大小。设计成本项目要注意简明适用，不能过多或过少。如果对所有费用都专设成本项目，就将增加成本核算工作量，而且计算结果的正确性也很难保证。如果成本项目设置太少，则不便于分析、控制和检查。

**（二）成本项目与费用要素的联系**

成本项目是对计入产品的各种生产费用按其经济用途所做的分类，费用要素则是对一定时期内发生的全部生产费用按其经济性质所做的分类，由于在制造成本法下，企业发生的许多费用并不计入产品成本，因此，成本项目与费用要素在数额上并不相等，但二者之间存在紧密的联系。这种联系可概括为：

（1）成本项目是各要素费用按其用途和发生地点进行的归类。因此，费用要素是设计成本项目的基础，成本项目是费用要素按用途分配和归集的结果，即对象化的费用就是成本。

（2）一种费用要素可直接进入一个成本项目，也可被分解到几个成本项目中，前者如其他费用中的车间差旅费，后者如工资、外购动力等。同样，一个成本项目可只包括一种要素费用，如“原料及主要材料”，也可包括若干种要素费用，如“制造费用”等。

（3）生产费用的核算，既要分费用要素归集，以反映企业在一定时期内生产费用的情况，又要按照成本项目计算，以确定各成本计算对象所应负担的生产费用。

## 十四、生产费用分配方法的设计

由于生产费用有直接费用和间接费用之分，其管理和核算的需求也不同，所以，各成本项目的费用计入产品成本的方式也不同。有的生产费用可以直接计入各成本计算对象，有的生产费用需要按照一定的程序，采用适当的方法计算分配后，才能计入各成本计算对象，所采用的计算分配的程序和方法是否适当、合理，会对成本计算的正确性产生影响。比如，制造费用是按车间发生地进行归集的，所以分配制造费用时应按车间分别进行，即将某车间的制造费用在本车间生产的各种产品之间进行分配。如果将各车间的制造费用加总，然后在整个企业内进行分配，则由于每个车间制造费用水平高低不一，所以分配结果是不合理、不正确的。这就要求在设计费用的分配方法时，分配所依据的标准与所分配的费用多少应有比较密切的联系，这样，分配结果才比较合理，分配标准比较容易取得，计算比较简便。

下面对工业企业一般设立的几个成本项目，简要说明其费用计入产品成本的方式：

**（一）原材料**

能直接计入某一成本计算对象的应直接计入；如果是由几种产品共同耗用的，则应根据实际耗用情况采用一定的方法分配计入。通常采用的分配标准有产品的重量比例法、产品的体积比例法、定额耗用量比例法等。

**（二）燃料及动力**

此项目费用的计入方式与“原材料”相同，但是如果企业耗用的燃料动力很少，可以不专设此项目。在这种情况下，燃料直接或分配计入各种产品成本，生产车间用的照明电以及生产产品用的动力电都计入制造费用。

**（三）工资及福利费用**

如果生产工人只生产一种产品，则直接计入该产品成本；如果生产工人在一定时期内生产多种产品，就按各产品生产所耗的工时比例或台时比例分配计入各产品成本。

**（四）制造费用**

此项费用属综合费用，包括的内容较多。如果一个企业或一个车间只生产一种产品，则制造费用不需要分配，可全部计入该产品的成本，否则一定要选择适当的标准在各种产品之间进行分配。制造费用的分配方法很多，常用的方法有以下几种：生产工时（实耗工时或定额工时）比例分配法、生产工人工资比例分配法、机器工时比例分配法等，也可以按照年度计划分配率对制造费用进行分配。

## 十五、辅助生产成本核算的设计

工业企业的生产车间有基本生产车间和辅助生产车间之分。辅助生产车间主要是为基本生产车间服务而进行产品生产或劳务供应的车间。辅助生产产品和劳务所耗费的各种生产费用之和，构成这些产品和劳务的成本，即辅助生产成本。如果辅助生产提供的产品和劳务对外销售，则其成本计算与基本生产相同。在工业企业里，辅助生产产品和劳务一般都主要是对内供应，所以，在计算时可以采用一些简化的方法，将其成本在企业内部各受益部门之间进行分配。

**（一）明确辅助生产的成本计算对象**

所谓成本计算对象，就是生产费用归属的对象，即成本的承担者。在进行成本计算时，首先要确定成本计算的对象，才能按成本计算对象归集生产费用，计算各种成本计算对象的成本。对于辅助生产来说，生产过程一般比较简单，多数辅助生产车间只生产一种产品或提供一种劳务，在这种情况下，其所生产的产品或提供的劳务就是该辅助生产车间的成本计算对象。有的辅助生产车间生产多种产品或提供多种劳务，比如工具车间生产的各种专用工具、备件等，应分别以各种工具、备件等作为成本计算对象；如果是分批生产的，应以批别作为成本计算对象；如果生产量不多，也可以简化计算，将这些工具、备件等合并为中间性成本计算对象，待制造完工验收入库时，再用一定的方法分别计算各最终成本计算对象的总成本和单位成本。

**（二）明确辅助生产的成本计算方法**

企业的辅助生产车间规模一般不大，生产过程相对也比较简单，多数辅助生产的产品或劳务都是单步骤生产出来的，也没有期初、期末在产品，所以一般都采用品种法计算成本。有的辅助生产车间也成批或大量生产某些产品，而且产品生产也分几个步骤，如前面所说的工具车间，其生产的产品就是如此，相应的成本计算方法分别采用分批法、分步法或者分类法等。这些在成本核算制度中都应一一加以说明。

**（三）明确辅助生产的成本分配方法**

由于辅助生产车间所生产产品或劳务的种类不同，其转出分配的程序、方法也不同。辅助生产的成本分配应根据不同的生产种类采取不同的分配方法。

1. 从事工具、模具生产的辅助生产

工具和模具车间生产的工具、模具及修理用备件等产品成本，应按照已明确的成本计算方法计算出这些产品的成本，然后分别从"辅助生产成本"科目转入"低值易耗品"、"原材料"等科目。

2. 从事劳务生产的辅助生产

动力、机修和运输等车间生产和提供的产品和劳务所发生的成本，要按照"受益原则"进行分配。即谁受益，谁负担；受益多少，负担多少。以下所阐述的内容就是针对这一类辅助生产的成本分配来讲的。

要分配某一项费用或成本，首先要明确其分配的标准。辅助生产的成本应以各部门或产品的实际耗用量作为分配计算的标准。各种劳务量的计算一般以计量设备或有关原始凭证的记录为依据，如果计量设备不完善或无法安装计量设备，则必须采用其他间接计算的方法来确定其耗用量或分配费用的百分比。这就需要在设计制度时加以说明。

3. 辅助生产之间的交互分配

辅助生产提供的产品或劳务，主要是为基本生产车间和行政管理部门使用和服务的。但在辅助生产车间之间也经常存在相互提供产品和劳务的情况。例如，供水车间为机修车间供水，机修车间为供水车间提供修理劳务。这样，为了计算水的成本，需要确定修理车间修理劳务的成本；为了计算修理劳务的成本，又要计算水的成本。因此，为了正确计算辅助生产产品和劳务的成本，并且将辅助生产费用正确地计入基本生产产品的成本，在分配辅助生产费用时，还应在各辅助生产车间之间进行费用的交互分配。具体的分配方法有：直接分配法；交互分配法；代数分配法；计划成本分配法；顺序分配法。

 **拓展区**

阅读光盘相关内容，加深对上述内容的理解。

在工作中，企业应结合实际，选择最适当的分配方法，并在成本核算制度中加以说明。

## 第四节　成本核算业务的内部控制

由于各个企业及企业内部的情况不同，成本费用控制的具体操作办法也不同。我们这里介绍以下三个方面的内容：成本费用控制的基本原则；成本费用控制的主要方法；成本业务内部控制要点。

### 一、成本费用控制的基本原则

**（一）全面控制和重点控制相结合的原则**

这是从成本控制的空间范围而言的，即要求成本控制做到点面结合，点和面的统筹兼顾。

第一，在成本控制中，要对成本进行全面控制，不能只考虑某个方面，也就是说，要求人人、处处、事事都要进行成本控制。所谓“全面”是指三个方面：一是指全过程的成本控制，要从成本形成的全过程考虑，即设计、试制、采购、储备、生产、销售等各个方面，凡是有成本发生的地方，都要进行控制。二是全员的控制，即人人都要参加成本控制，从厂部、车间领导到管理部门，甚至每个职工都要参加成本控制，凡是企业中同成本活动有关的单位和职工，都要按照成本控制指标严格把关。三是全要素的控制，即成本的所有要素都要加以控制。

第二，在成本控制中要有所选择、有所侧重，在全面控制的基础上对重要的成本构成项目、内容要实行详细的控制，而对于一般的不太重要的项目，可以进行粗线条的管理。一个企业、一个单位、一个岗位的人力、物力、财力和精力总是有限的，如果不会选择重点，只能是“抓了芝麻，丢了西瓜”，最终导致整个成本控制工作的失败。

**（二）日常控制和定期控制相结合的原则**

这是从时间范围的角度而言的。企业的生产经营活动是连续不断地进行的，企业的成本活动也因此而每时每刻都在发生，因此，要求在企业生产经营活动的过程中对成本进行控制，即加强日常控制。日常控制紧密结合企业生产经营实际情况进行，发现偏差，及时纠正，一旦发现损失浪费的苗头可以将其消灭在萌芽状态之中。只有这样，成本控制才有切实的保障。但是，前已述及，人们的财力、物力、精力总是有限的，过细过多的成本监控往往会花费许多不必要的时间和精力，造成经济上、精力上的得不偿失，即不符合成本一效益原则。因此，有必要将日常控制与定期控制结合起来进行。定期控制侧重于期末的盘点控制与定期检查，可以节省人力、物力，但往往不能及时揭示损失、浪费和贪污盗窃等情况；而日常控制侧重于平时的即时控制，工作量较大，因此必须很好地将两者结合起来。

**（三）定性控制和定量控制相结合的原则**

这是从控制的质和量的角度而言的，成本的定性控制也就是从质的方面对成本进行控制，即从大的方面把握企业成本的开支范围是否符合国家财税部门的规定，费用项目列支是否符合行业财务制度的规定，日常的财务成本活动是否有章可循，成本的节约与浪费是否奖罚分明。成本的定量控制则是从量的方面对成本进行的控制，即从量上把握企业的各项成本活动符合《企业会计准则》规定的标准，即企业成本目标的要求。成本的定性控制只能保证开支范围符合有关法规规定和成本目标范围的要求，不能保证其开支大小也符合有关标准、要求，而定量控制则相反。因此，任何单独的定性控制或定量控制都不能控制成本，使其达到预定的要求。没有成本的质的控制，也就谈不上成本的量的控制。只有将两者结合运用，才能在质与量两个方面达到控制的要求。

**（四）专业控制和群众控制相结合的原则**

这是从控制的手段角度而言的，要搞好成本控制，必须把专业控制和群众控制很好地结合起来。专业控制是指企业的成本控制工作要有专业部门来组织，成本控制的方法和手段要由专业部门来拟定，成本控制中发生了问题，要由专业部门来帮助解决。所以，没有专业控制，成本控制就会放任自流，不能形成一个系统。另外，成本控制又是一项群众性工作，广大员工生产在第一线，他们最了解生产经营实际情况，最关心自己的劳动成果，

依靠群众参加控制，就能使控制具有广泛的群众基础，就能更好地激发广大员工的积极性、主动性和创造性，自觉地把成本控制好。

**（五）责权利相结合的原则**

这是从控制的实质性角度而言的，成本控制是加强经济核算，落实、巩固经济责任的重要手段，所以也必须贯彻责、权、利相结合的原则。“责”是要完成成本控制指标的责任；“权”是责任承担者为了完成成本控制指标，对必须采取的措施所应具有的权限，即实施控制的权利；“利”是根据成本控制指标完成的好坏给予责任承担者的奖惩。在成本控制中，有责就应该有权，不然就不能完成所分担的责任；有责还应该有利，才具有推动责任承担者努力履行职责的动力。在企业内部，权利和义务应该是统一的，控制既是责任也是一种义务，同时也是一种权利，没有权，就不能起到控制的作用。同时，还要对各个单位在成本控制中所承担的责任进行严格考核，调动他们在成本控制中的积极性和主动性。总之，成本控制必须有权，否则，就控制不住；要控制还应明确职责，否则，无人负责，漏洞百出；同时，还要导之以利，做到赏罚严明，才能促使成本控制工作做得更好。

## 二、成本费用控制的主要方法

**（一）制度控制法**

没有规矩不成方圆。制度就是一种规矩，是做任何实际工作、解决任何实际问题的准绳。成本控制涉及多方面的利益，是经济利益冲突的焦点，更需要有规章制度去约束和规范。因此，制度控制法是成本控制首要的基本方法。

制度控制法是通过制定企业成本活动规范而进行控制的一种方法。这就要求企业以国家的法令、政策以及股东和企业所制定的制度为标准，监控企业的成本活动。由于制度本身带有相当的强制性，因此企业必须遵照执行。为避免执行不适度制度而给企业带来消极的影响，企业在制定内部成本制度时，应注意制度本身的实效性，结合企业变化适时进行调整。

**（二）定额控制法**

定额控制法是通过制定定额，并以定额为依据，制约企业的成本活动，监督和调节实际与定额之间的差异，分析产生差异的原因，及时矫正偏差的方法。因为定额本身就是控制的标准，因而它也带有强制性。这就要求企业在制定有关定额时要科学、合理，对已不适应的定额要及时修订。

定额控制法是成本控制中应用最普遍的方法之一，按定额控制的内容可分为费用定额、开支定额、物料消耗定额等。定额控制是通过定额指标与发生指标之间的对比，揭示将要发生的成本活动与规定标准的差异，从而避免差异或者将不能避免的差异通过信息反馈，传达到企业决策机构，以迅速做出调节企业财务成本活动的指令，保证企业经济活动的有效正常进行。

**（三）预算控制法**

预算控制法是通过编制预算来确定计划期的控制目标，并规定为达到计划指标而需要通过的途径和采取的步骤和措施。由于预算有一个执行期，在预算的执行期内，企业要按预算所规定的时间顺序，有阶段地实行监控。在实行监控的过程中，由于指标本身的特点，可分别采用固定程序控制和弹性程序控制两种方式。固定程序控制是指确定控制目标，并按该目标决定企业成本行为的程序。一般情况下，固定程序控制不需要控制过程的信息反馈，受控环节只能严格执行控制标准，不能改变和调整标准。弹性程序控制与固定程序控制不同，弹性程序控制要在既定的控制过程中，随时接收受控环节所反馈的信息，以补充调整原定的控制程度，并可以根据需要改变原来的指标。这种控制方式适用于存在着不可预料因素的成本活动。

**(四) 责任控制法**

责任控制法就是通过建立各种经济责任制，划分各级责任层次，将所要控制的责任目标层层分解，形成各个部门、岗位、个人的责任目标，以责任的内在运行机制即利的吸引和责的压力进行调节，使各个责任中心变外在压力为内在动力去自觉地控制责任目标的完成，以达到责任目标控制的最终目的。从成本控制角度看，责任控制法就是通过建立成本控制责任制，明确成本控制体系中各该岗位的职责，按照分工负责的原则，确定具体的目标，从经营者、各职能科室、车间、班组到第一线职工都有各自在成本控制过程中的经济职责，并以此作为经济责任的一项重要内容，定期进行核算、反馈和考核，来进行财务成本责任控制的一种方法。

责任控制法要求以责任中心为对象归集成本责任，以责任预算为预控目标，以责任会计制度为其核算、报告基础。责任控制法的基本做法是：

1. 划分责任中心

责任中心是成本控制责任的承担者和履行者，也是实施责任控制的主体。一般来说，凡是发生成本活动，能对成本进行控制的地方，都应划分为成本责任中心。可控是划分责任中心的基本原则，责任中心的划分要有利于责任的落实、监控和考核。

2. 归集、分配成本责任

在实际成本活动发生的过程中，以责任中心为对象，运用责任会计的一套专门方法归集、分配所发生的成本、费用，形成责任中心的成本责任。归集、分配责任成本是运用责任控制法控制成本的关键环节。因为各责任中心准确、可靠的成本是对各责任中心进行考核的直接依据。

3. 编制业绩报告，严格进行绩效考核

通过责任会计制度核算除各责任中心的成本责任，各责任中心按成本责任项目列表报告出来，供有关部门对责任制度的遵守情况、各责任中心的责任履行情况进行了解、掌握，据以分析成本控制方面的有利因素和不利因素，决定成本控制方面的奖惩。

## 三、成本业务内部控制要点

成本业务会计处理程序设计的要求是正确、及时反映生产费用，以便控制生产费用，厉行节约；正确计算产品实际总成本和单位成本，揭示其构成内容，提供降低成本的途径；正确反映在产品变动和结存情况，保护财产安全和完整。

为了达到上述成本业务会计处理程序的设计要求，在设计时应考虑下列内部控制要点：

**(一) 实行产品计划管理**

企业应在国家宏观经济政策指导下，根据生产任务、市场预测和客户订货量以及企业

的经济资源、生产能力，编制生产计划，以指导企业的生产经营活动。企业的产品生产计划要分解到各个生产部门，予以实施和考核。

**（二）实行生产费用定额管理，制定消耗定额和生产费用预算**

企业的计划部门和生产部门应根据每一种产品质量、规格和工艺技术要求，制定各项平均的材料消耗、工时消耗定额和其他制造费用定额，以及根据生产计划和消耗定额编制生产费用预算，以此来控制产品成本。各种消耗定额要随着生产技术的改进和管理水平的提高，定期进行修订。

**（三）实行投入—产出和产品质量控制**

企业用于产品生产的材料应当实行限额管理。产品生产过程应当保持均衡。产品生产应按工艺技术标准进行质量控制。

**（四）建立、健全生产原始凭证及其记录管理制度**

企业必须建立和健全材料消耗、工时消耗、费用支出和废品损失以及在产品转移、产成品完工入库的各种原始凭证，并认真及时加以记录和审核，保持其完整性、真实性和合理性。

**（五）建立、健全相关制度**

建立、健全产成品、半成品、在产品等实物的保管、移交传递制度，并且定期或不定期进行实物盘点。对盘盈盘亏要查明原因，及时报告。

**（六）建立、健全成本核算和分析制度**

企业应按国家规定的成本开支范围和成本项目，建立有关成本核算制度，按月计算成本。同时，定期开展成本分析，及时寻找成本升降原因，挖掘降低成本的潜力，提出改进工作的措施，促进企业成本管理水平的提高。

## 第五节　主要成本核算业务凭证和相关表格的设计

成本核算需要使用一些凭证和账表。这些凭证和账表既有财务会计系统通用的凭证和表格，又有成本业务专用的凭证和表格。成本业务特有的凭证和报表可按以下设计：

### 一、生产通知单的设计

企业的生产计划部门根据生产任务，按一定时间签发生产通知单发到有关各生产车间。生产通知单是具有规定格式的书面通知，一般有三种：

（1）产品生产、装配通知单。

（2）部件装配通知单。

（3）零件生产通知单。

内容主要应具备：

（1）明确指明所制造的产品的名称、规格、式样、质量要求。

（2）明确指明制造的准确数量、使用原材料的名称、规格和单位产品原材料消耗定额和工时定额等。

（3）指明开始制造的时间。

（4）仅通知制造一批产品，制造过程中如发生中止生产，一张生产通知单划分为两张；分两批生产或者前后两批合并生产等事情，要另行发出生产通知单。

（5）生产通知单上还可说明生产工艺路线、产品的性质，或者附有产品图样、所用的工夹模具等的说明。

## 二、废品和停工凭证的设计

（1）废品是指不符合规定的技术标准，不能按照原定用途使用，或者需要加工修理后才能使用的在产品、半成品和产成品。废品按其报损程度和修复价值分为可修复废品和不可修复废品。可修复废品是指在技术上、工艺上可以修复，而且所支付的修复费用在经济上合算的废品。不可修复废品是指技术上、工艺上不可修复，或者虽可修复，但所支付的修复费在经济上不合算的废品。

设计时应当具体规定废损到什么程度应该修复或不应该修复，使生产和成本计算都有一定的标准可循。发生废品的班组应填废品报告单，注明发生废品的车间、班组、产品名称，发生废品的日期、数量和原因，废损的程度和是否可以修复，责任人员和赔偿金额，废品的残值和可修复废品所花的修复费用等。

（2）停工报告单。企业的停工可分为计划内停工和计划外停工两种。停工损失是指生产车间或车间内某个班组在停工期内发生的各项费用，包括停工期间内支付的生产工人工资和提取的福利费、所耗燃料和动力费以及应负担的制造费用等。过失单位、过失人员或保险公司负担的赔偿应从停工损失中扣除。计算停工损失的时间界限，由主管企业部门规定，或由主管企业部门授权企业自行规定。停工车间应填列停工报告单，并将有关部门审核后的停工报告单作为停工核算的根据，具体如表 14—10 所示。

**表 14—10** **停工报告单**

车间：　　　　班组：　　　　编号：　　　　日期：

<table>
<tr><th>停工性质</th><th colspan="2">停工期间的费用</th></tr>
<tr><td rowspan="6">停工范围：<br>停工起讫时间：<br>责任人员：<br>应收赔偿及理由：</td><td>费用项目及摘要</td><td>金额</td></tr>
<tr><td>维修工人工资</td><td></td></tr>
<tr><td>其他费用</td><td></td></tr>
<tr><td>合计</td><td></td></tr>
<tr><td>减：经济赔偿</td><td></td></tr>
<tr><td>停工损失</td><td></td></tr>
</table>

车间责任人：　　　　车间核算员：

## 三、领退料与工资结算凭证的设计

### （一）原材料的领料凭证有领料单和限额领料单

生产中的退料有两种：一种是真退料，对于已领未用的多余或不再需要的材料，应填制“退料单”办理退料；一种是假退料，是指本月已领未用而下月继续需要的材料，可以同时填制本月份的退料单和下月份的领料单，材料实物并不移动，仍然保留在领料车间或部门。若车间领用的材料生产多种产品或作多种用途，月末应由车间核算员根据领料单分类汇总编制耗用材料分配表。

限额领料单由供销部门和仓库编制，一般一式三联，一联交领料部门，据以领料，另两联留仓库，据以发料。月终，仓库汇总实际发料数和余额后，一联交会计部门记账，一联留仓库登记账簿归档备查。

**（二）工资结算凭证的设计**

反映生产过程中人工的耗用以及人工费用归集的凭证主要有各种考勤凭证、奖金津贴发放单、工资单、集体计件工资分配表、工资结算汇总表等，这里就与成本会计核算直接相关的举例如下：

（1）集体计件工资分配表的设计。在计件工资制下，如果产品由班组共同生产，那么班组计件工资总额还须按班组内各工人的工作时数和工资等级进行分配。因此，需要编制集体计件工资分配表（参见本书第十章第二节内容）。

（2）工资结算单的设计。工资结算单是分车间、部门编制的，用以反映企业与每一职工的工资结算情况，它是按车间或部门进行的工资费用汇总。

**拓展区**

“生产通知单”、“废品报告单”、“退料单”、“发料汇总表”、“集体计件工资分配表”、“工资结算单”、“工资结算汇总表”的格式，请参看光盘相关内容。

（3）工资结算汇总表的设计。该表是反映企业全部工资的结算情况，并据以进行工资结算总分类核算和汇总核算，根据工资结算单编制，它也是企业进行工资费用分配的依据。

## 四、各种要素费用分配表的设计

在生产费用中，经常会发生由几个部门和几种产品共同受益的费用，这些费用无法根据费用发生时的情况直接归入各部门或各产品成本，需要采取一定的方法进行分配，为此，需要设计各种要素费用分配表。常用的有以下几种：

**（一）材料费用分配表的设计**

材料费用分配表的样式见表14—11。

**表14—11**　　**材料费用分配表**

车间或部门名称：

| 应借科目 | 直接计入金额（单位） | 分配计入 | | 材料费用合计 |
|---|---|---|---|---|
| | | 分配标准 | 分配金额 | |
| 生产成本——基本——明细小计 | | | | |
| 生产成本——基本——明细小计 | | | | |
| 制造费用 | | | | |
| 管理费用 | | | | |
| 销售费用 | | | | |
| 合　计 | | | | |

**（二）工资及福利费用分配表的设计（如表14—12所示）**

工资及福利费用分配表的样式见表14—12。

表 14—12　　工资及福利费用分配表

时间：

| 应借账户＼项目类别 | 生产人员工资及福利费 | | | | | 合　计（单位） |
|---|---|---|---|---|---|---|
| | 分配标准 | 分配率 | 分配金额 | 工资（元） | 福利费 | |
| 生产成本——基本——明细小计 | | | | | | |
| 生产成本——基本——明细小计 | | | | | | |
| 制造费用——基本 | | | | | | |
| 管理费用 | | | | | | |
| 销售费用 | | | | | | |
| 合　计 | | | | | | |

**（三）动力费用分配表的设计**

企业耗用的动力有的是企业辅助生产车间自行生产的，如辅助生产发电车间；有的是从外单位购入经辅助生产变压后供应使用的，如辅助生产配电车间；有的是从外单位购入直接使用的。企业耗用的动力，有的可直接计入某产品制造成本，有的则需要选择一定的标准在各不同用途之间进行分配，可供选择的分配方法主要有机器设备的功率、定额耗用量、灯具数量和瓦数等。企业在确定了所采用的分配方法后，通过编制“外购动力费用分配表”（如表 14—13 所示）来分配。

表 14—13　　外购动力费用分配表

时间：

| 应借账户 | 分配标准 | 分配率 | 分配金额 |
|---|---|---|---|
| 生产成本——基本——明细小计 | | | |
| | | | |
| 生产成本——辅助——明细小计 | | | |
| | | | |
| 制造费用 | | | |
| 管理费用 | | | |
| 销售费用 | | | |
| 合　计 | | | |

**（四）折旧费用分配表的设计**

固定资产折旧费也是企业产品成本的组成部分，当折旧费在产品的制造成本中所占比重较大时，应单独设置成本项目列示。但是由于一般企业的折旧费在产品成本中所占比重不大，且大多数企业固定资产的使用与多种产品有关，如房屋、通用设备等，为了简化成本核算工作，现行会计制度规定先按固定资产的使用部门归集，然后再与车间、部门的其他费用一起分配计入产品成本及期间费用。折旧费用分配表一般格式如表 14—14 所示。

表 14—14　　　　　　　　　　　　**折旧费用分配表**

单位：　　　　　　　　　　　　　　　　　　　　　　　　　　　　　时间：

| 项目 | 基本生产车间 | 辅助生产车间 | | | 行政管理部门 | 专设销售机构 | 合　计 |
|---|---|---|---|---|---|---|---|
| | | | | | | | |
| 折旧费 | | | | | | | |

## （五）待摊费用分配表的设计

待摊费用的特点是先支付、发生，后分期摊入成本、费用，且由于收益期较长，因此不应一次全部计入当月产品成本，而应按照费用的受益期限分月摊销，其基本表格形式如表 14—15 所示。

表 14—15　　　　　　　　　　　　**待摊费用分配表**

| 应借科目 | 待摊费用项目 | | | | 合　计 |
|---|---|---|---|---|---|
| | 保险费 | 低值易耗品 | 报刊费 | …… | |
| 制造费用——车间 | | | | | |
| 管理费用 | | | | | |
| 销售费用 | | | | | |
| 合　计 | | | | | |

# 五、辅助生产费用分配表的设计

辅助生产是指为基本生产车间、企业行政管理部门等单位服务而进行的产品生产和劳务供应。辅助生产车间提供的产品在完工后验收入库；对于其提供的劳务，凡能确认是某一基本生产车间或某一产品、订单所耗用的，应将其直接计入该基本生产车间的制造费用中，或者直接计入该种产品、订单成本中。凡不能确认的劳务，必须按受益比例在各收益部门之间进行分配。辅助生产费用的分配是通过编制辅助生产费用分配表进行的，其基本的格式如表 14—16 所示。

表 14—16　　　　　　　　　　　　**辅助生产费用分配表**

　　　　　　　　　　　　　　　　　　　　　　　　　　　　　　　　时间：

| 辅助生产车间 | 分配费用 | 分配数量 | 分　配　对　象 | | | | | | | |
|---|---|---|---|---|---|---|---|---|---|---|
| | | | 生产成本 | | 制造费用 | | 管理费用 | | 销售费用 | |
| | | | 数量 | 金额 | 数量 | 金额 | 数量 | 金额 | 数量 | 金额 |
| | | | | | | | | | | |
| 合　计 | | | | | | | | | | |

上述分配表中如生产成本、制造费用，有几个受益车间，则再按受益车间细分填列；如果辅助生产车间之间因相互提供产品或劳务也需要相互分配，则“分配对象”栏中还要

增列有关辅助生产部门的分配额。

## 六、制造费用分配表的设计

制造费用作为一种间接费用，发生时一般无法直接判定它所归属的成本计算对象，因而不能直接计入所生产产品的成本中，它必须按费用的发生地点或部门先行归集，月终时再采用一定的方法在各成本计算对象间进行分配，然后才能计入成本计算对象的成本中。一般通过编制制造费用分配表来分配制造费用，基本格式如表14—17所示。

**表14—17** 制造费用分配表

车间： 时间：

| 应借账户 | 分配标准数 | 分配率 | 分配金额 |
|---|---|---|---|
| 生产成本——基本——明细 | | | |
| 合 计 | | | |

## 七、产品成本计算单和完工产品成本汇总表的设计

产品成本计算单是按成本项目归集每一种产品所发生的成本，并计算其完工产品总成本和单位成本的明细表，其基本格式如表14—18所示。

**表14—18** 产品成本计算单

产品名称： 时间： 产量：

| 成本项目 | 月初在产品成本 | 本月费用 | 不可修复废品成本 | 生产费用净额 | 月末在产品成本 | 合 计 |
|---|---|---|---|---|---|---|
| 直接材料<br>直接人工<br>制造费用<br>废品损失 | | | | | | |
| 产成品成本 | | | | | | |

为了全面反映企业全部完工产品成本情况，应编制“完工产品成本汇总表”，其基本格式如表14—19所示。

**表14—19** 完工产品成本汇总表

时间：

| 成本项目 | 产品名称：<br>产量： | | 产品名称：<br>产量： | | 合 计 |
|---|---|---|---|---|---|
| | 总成本 | 单位成本 | 总成本 | 单位成本 | |
| 直接材料<br>直接人工<br>制造费用<br>废品损失 | | | | | |
| 合 计 | | | | | |

## 八、产成品检验和交库凭证的设计

产成品是指企业加工完成，合乎标准规格和技术条件，并已验收入库可供销售的产品。产品入库前，应送到质量检验部门进行检验，只有合格的产品才能填制产品交库单。产品交库单上应列明产品名称、规格、数量、等级等，其基本格式如表14—20所示。

**表14—20**　　**产品交库单**

车间：　　班组：　　时间：

| 产品名称 | 规格 | 鉴定等级 | 计量单位 | 交库数量 | 实收数量 | 总成本 |
|---|---|---|---|---|---|---|
| | | | | | | |
| | | | | | | |
| | | | | | | |

车间负责人：　　质量检验员：　　仓库验收员：

## 九、成本会计报表的设计

企业的成本报表是根据企业产品成本和经营管理费用核算的账簿等有关资料定期编制，用来反映和监督企业一定时期产品成本和经营管理费用的水平和构成情况的报告文件。成本报表不是对外报送或公布的会计报表，因此，成本报表的种类、项目、格式和编制方法由企业自行确定。一般包括产品生产成本表、主要产品单位成本表、制造费用明细表、产品销售费用明细表、管理费用明细表和财务费用明细表。企业成本报表体系中的产品生产成本表、主要产品单位成本表和制造费用明细表设计的基本内容是：

### （一）产品生产成本表的设计

产品生产成本表是反映工业企业在报告期内生产的全部产品的总成本的报表。该表一般分为两种：一种是按成本项目反映，一种是按产品种类反映。

（1）产品生产成本（按成本项目反映）表的结构。该表是按成本项目汇总反映企业在报告期内发生的全部生产费用以及产品生产成本合计数的报表。该表可分为生产费用和生产成本两部分。表中生产费用部分按照成本项目反映报告期内发生的各种生产费用及其合计数；产品生产成本部分是在生产费用合计数的基础上，加上在产品和自制半成品的期初余额，减去在产品和自制半成品的期末余额，算出产品生产成本的合计数。这些费用和成本还可以按上年实际、本年计划数、本月实际和本年累计实际数分栏反映，其基本格式如表14—21所示。

**表14—21**　　**产品生产成本（按成本项目反映）表**

编制单位：　　时间：

| 项　目 | 上年实际 | 本年实际 | 本月实际 | 本年累计实际 |
|---|---|---|---|---|
| 生产费用 | | | | |
| 直接材料费用 | | | | |
| 直接工资费用 | | | | |

续前表

| 项　　目 | 上年实际 | 本年实际 | 本月实际 | 本年累计实际 |
|---|---|---|---|---|
| 制造费用 | | | | |
| 加：在产品、自制半成品期初余额 | | | | |
| 减：在产品、自制半成品期末余额 | | | | |
| 产品生产成本合计 | | | | |

(2) 产品生产成本（按产品种类反映）表的结构。该表是按产品种类汇总反映企业在报告期内生产的全部产品的单位成本和总成本的报表。该报表可以分为实际产量、单位成本、本月总成本和本年累计总成本四部分。表中按照产品种类分别反映本月产量、本年累计产量以及上年实际平均成本、本年计划成本、本月实际成本和本年累计实际平均成本，其基本格式如表 14—22 所示。

**表 14—22　　　　产品生产成本（按产品种类反映）表**

编制单位：　　　　单位：元

| 产品名称 | 计量单位 | 实际产量 | | 单位成本 | | | | 本月总成本 | | | 本年累计总成本 | | |
|---|---|---|---|---|---|---|---|---|---|---|---|---|---|
| | | 本月 | 本年累计 | 上年实际平均 | 本年计划 | 本月实际 | 本年累计实际平均 | 按上年实际平均单位成本计算 | 按本年计划单位成本计算 | 本月实际 | 按上年实际平均单位成本计算 | 按本年计划单位成本计算 | 本年实际 |
| ① | ② | ③ | ④ | ⑤ | ⑥ | ⑦ | ⑧ | ⑨ | ⑩ | ⑪ | ⑫ | ⑬ | ⑭ |
| 可比产品合计 | | | | | | | | | | | | | |
| 不可比产品合计 | | | | | | | | | | | | | |
| 全部产品合计 | | | | | | | | | | | | | |

**（二）主要产品单位成本表的设计**

该表是反映企业在报告期内生产的各种主要产品单位成本构成情况的报表。该表可以分为按成本项目反映的单位成本和主要技术经济指标两部分。该表的单位成本部分还可以分别反映历史先进水平、上年实际平均、本年计划、本月实际和本年累计实际平均的单位成本。该表的技术经济指标部分主要反映原料、主要材料、燃料和动力的消耗数量。其基本格式如表 14—23 所示。

表 14—23　　　　　　　　　　　　主要产品单位成本表

编制单位：　　　　　　　　　　　　　　　　　　　　　时间：
产品名称：　　　　　　　　　　　　　　　　　　　　　产品销售单价：
产品规格：　　　　　　　　　　　　　　　　　　　　　本月实际产量：
计量单位：　　　　　　　　　　　　　　　　　　　　　本年累计实际产量：

| 成本项目 | 历史先进水平 | 上年实际平均 | 本年计划 | 本月实际 | 本年累计实际平均 |
|---|---|---|---|---|---|
| 直接材料 | | | | | |
| 直接工资 | | | | | |
| 制造费用 | | | | | |
| 生产成本 | | | | | |
| 主要技术经济指标 | | | | | |
| (1) 主要材料 | | | | | |
| (2) | | | | | |

**(三) 制造费用明细表的设计**

制造费用明细表是反映工业企业在报告期内发生的制造费用及其构成情况的报表。由于辅助生产车间的制造费用已通过辅助生产费用的分配转入基本生产车间制造费用、管理费用等有关的成本、费用项目中，因而该表的制造费用只反映基本生产车间制造费用。该表一般按照制造费用的费用项目分别反映各费用的本年计划数、上年同期实际数、本月实际数和本年累计实际数。

**拓展区**

“制造费用明细表”格式请参看光盘相关内容。

**(四) 废品损失分配表的设计**

为全面反映企业一定时期发生废品损失的情况，加强废品损失的控制，应进行废品损失的归集和分配。通常，根据废品损失明细账归集废品损失记录，计算出各种产品发生的废品损失净额后，应编制“废品损失分配表”，据以计入产品成本。

**拓展区**

阅读光盘“废品损失分配表”和“背景资料”中的《企业会计准则》和《企业会计制度》有关成本核算部分，了解与本章内容相关的知识。

## 【本章小结】

本章是介绍成本费用的核算章节，是本书的重点。成本核算对企业经营结果的分析方面起着至关重要的作用。

## 【复习思考题】

1. 简述成本核算制度的设计原则。
2. 简述设计成本项目时应考虑的问题。
3. 简述成本费用控制的基本原则和主要方法。
4. 在进行成本费用控制时，其内部控制的要点有哪些?
5. 简述企业的成本报表包括的基本内容。

☞阅读光盘“例题分析”中的本章内容，掌握解题技巧。在40分钟内完成光盘“即时练习”中的本章练习。光盘的“关键概念”提供了相关概念的检索。

# 第十五章

# 税费业务处理程序的设计

**学习导航**

用 2 学时学习本章内容。

⊙ **掌握**：税费业务的基本内容与税费业务处理程序的设计。

⊙ **了解**：税费业务的项目与基本的设计要求。

⊙ **理解**：税费业务处理程序及设计程序的要点。

⊙ **运用**：设计一个税费业务处理的程序。

## 第一节　税费业务概述

税费指企业应缴纳的税金和应列支的期间费用。

税金包括营业税、增值税、消费税、城建税、教育费附加、企业所得税，代扣代缴的个人所得税等。

期间费用是指不能直接归属于某个特定产品成本的费用，其发生的期间容易确定，而难以判别其所应归属的产品，因而在发生的当期从损益中扣除。期间费用包括管理费用、销售费用和财务费用。

企业的税收费用与期间费用连同制造成本都是消耗资产所致，因此，正确核算并控制制造成本、期间费用和税收，不仅是正确计算当期损益和经营成果的基础，而且关系到企业资产的合理计价。另外，企业费用不仅代表企业一定时期的耗费，决定经济效益的高低，而且还意味着企业资产价值的补偿，是企业维持持续经营的基本条件。从长期来看，企业加强税费控制，合理降低税费，是企业获取有利竞争地位的条件之一。

税费业务会计制度设计应达到如下目标：

（1）控制税费开支，合理降低税费；

（2）明确税费责任，全员参与控制，树立税费节约意识；

（3）保证税费支出的有效性；

（4）合理进行税收筹划、及时足额缴纳税款；

（5）提供有关税费预算与实际支出等情况的分析，为企业平时绩效考核，提供奖惩依据；

（6）确保财务报告中真实、公允的列示税费。

## 第二节　税费业务内部控制要点的设计

### 一、纳税业务内部控制要点的设计

**（一）发票的申请、购买、保管、使用与退还制度**

发票是指在购销商品、提供或接受服务以及从事其他经营活动中，记载往来业务内容，凭以收付款项或证明资金转移的书面交易证明，是财务收支的合法凭证和会计核算的合法依据，也是税务稽查的重要依据。企业开出发票，往往意味着税收责任已经确立。因此企业必须健全发票的申请、购买、保管、使用与退还制度，建立购买审批制度、专人保管制度，以避免因发票管理混乱而导致的超过实际收入水平的税收负担，包括因乱开发票、发票丢失而不挂失、出租出借发票以及由于发票管理混乱而被税务机关处予罚款等。

**（二）税额计算与复核制度**

由于税额与征收标准的复杂多样，税额计算难免出现差错，为此，企业必须建立健全税额计算与责任复核制度，以避免企业因多交或少交税款而导致的各方面损失。

**（三）税收申报制度**

纳税申报是指企业按照法律、行政法规规定，在申报期限内就纳税事项向税务机关提出电子和书面申报的一种法定手续。企业必须依法健全纳税申报制度，并由专人负责。

**（四）税款缴纳制度**

企业应当根据税务机关核定的税款及缴纳方式，制定税款缴纳制度，及时足额缴纳税款。在税款缴纳过程中合理安排税款缴纳的时间，实现税款缴纳规律化。

**（五）税收筹划制度**

税收筹划应包括三项内容：

1. 避税筹划

避税筹划是指纳税人在税收法规明确许可的范围内，或者虽然没有明确许可，但也没有明确反对的范围内，通过合法或非违法的手段对经营活动和财务活动精心安排，以达到规避或减轻税负的目的。避税筹划与节税筹划不同。避税筹划与逃税筹划也不同。逃税筹划是依靠非法手段来减少纳税义务，而避税筹划是以非违法的手段来规避纳税义务。因此，对逃税筹划要绳之以法，加大打击和处罚力度，而针对避税筹划，只能具体分析合理

对待。

2. 节税筹划

节税筹划是指纳税人采用合法的手段达到不交税或少交税的经济行为。在税法规定的范围内，当存在许多纳税方案时，纳税人以税负最低的方式来处理资金运作和交易事项。企业出于节税动机选择有利于自己的经营方式，而这种选择与立法精神不相矛盾时，就是节税筹划。比如，企业对资本结构的选择，是利用自有资本还是借入资本，都要进行税务筹划。又如，企业对税务倾斜政策的选择。税法规定，内企和外商投资企业的税率为25%，而沿海经济开发区的生产性企业的税率为20%，设在经济区更低，为15%。外商如选择在税负轻的地区进行投资，则完全符合政策导向及立法意图，不仅不反对，还要加以鼓励。

3. 税负转嫁

税负转嫁是指在商品流通过程中，纳税人通过提高商品销售价格或压低商品供应价格的方法，将税负转嫁给商品购买者或商品供应者。税负转嫁也是纳税者客观避税的基本途径，转嫁意味着税负的实际承担者不是直接缴纳税款人，而是背后的隐匿者或潜在的代替者。税款的直接纳税人通过转嫁税负给他人，自己并不承担任何纳税义务，而仅仅是充当了税务部门与实际纳税人之间的中介桥梁。由于税收转嫁没有伤害国家利益，也不违法，因此，转嫁得到普遍应用。利用转嫁减转税收负担目前正成为十分普遍的经济现象。税负转嫁主要有税负前转、后转、消转以及辗转四种途径和方法。

## 二、费用业务内部控制要点的设计

企业要有效控制费用开支，合理降低费用，应建立和完善以下制度。

### （一）费用开支的审批制度

费用审批制度是费用业务内部控制的一个重要环节。根据费用开支的权责归属和管理责任，企业必须建立与之相匹配的费用开支审批制度。这一审批制度需要根据企业自身的财务管理体制以及成本费用管理体制的不同特征来制定。

### （二）费用预算控制制度

费用预算控制制度主要是通过预算的编制、执行、考核等程序来实现的，其中预算的编制是预算控制的起点与核心因素，它决定着预算的性质与预算控制的效果。预算的编制方法通常有固定预算、弹性预算、滚动预算与零基预算等。各种预算方法各有所长，也有所短，企业应根据自身的战略定位以及费用发生的规律和特点，选择适当的方式编制费用预算，尤其应该注意各种方法的结合应用。

### （三）费用责任制度

企业发生的费用都直接或间接地由员工花费的，如能够根据一定的标准或定额把企业费用指标细化分解到人，对于建立和完善企业的权责利系统，实现全员参与的费用控制具有重要意义。但是，由于种种原因，这种分解指标要求的制度环境条件较高，一般企业尤其中小企业难以具备，因此，选择一定的个人费用控制方法就显得格外重要。企业针对个人费用常用的控制方法有以下几种。

1. 费用自负

费用由业务人员自行负担。其具体做法是：如销售业务部门在核定佣金比率时，应把销售费用的支出考虑在内，一并归到佣金项下发给业务人员，业务人员必须在其佣金项下开支销售费用，不得再向企业另行申请报销。

费用自负的办法优点是：处理简单、公平一致、可有效保障企业利润、可以减少业务部门对业务人员监督的困难。缺点是：如果以同甘共苦标准给予补贴，显然会发生不公平现象，如果根据不同的情况制定不同的标准，又会流于主观，发生偏误，同样会发生不公平现象。

2. 费用包干

费用包干的做法是：一次性拨付费用经费或分期拨付费用经费，费用主体发生的实际费用超过拨付经费金额的，由其自理；节约的经费留归费用主体，即超支自理、节余自留。此法优点是能够调动费用主体节约费用的积极性。缺点是经费金额的制定如果过高，会造成企业的浪费；如果过低，就会影响费用主体的正常工作运行效果、效率和合法利益。

3. 无限制报销法

无限制报销法又分为逐项列举报销法和荣誉制报销法。

(1) 逐项列举报销法。即允许业务人员就其所花费的业务费用逐项列举，不定限额地予以报销。该种报销方法，由于没有额度限制，业务人员可以根据需要，灵活有效地使用业务经费；业务主管对其所属业务人员的行为，只作适当的控制和指导，业务部门的功能和效率可以得到充分发挥，业务人员和业务主管也会很少有矛盾。其缺点是：业务人员很难精确地预测其直接销售费用，很容易养成业务人员过分地慷企业之概，还容易造成私账公报；这种方法有鼓励业务人员浪费之嫌，而少敦促其节省之效。

(2) 荣誉制报销法。该法与上述方法很相近，唯一不同的地方是不必逐项列举。业务人员只要定期在报告上注明费用支用总额，企业即照数付给。这种方法是建立在对员工高度信任之上。该种方法可使主管与部属间的摩擦减到最小，而员工的士气可以发挥到最高。其优点与逐项列举报销法相似，其缺点是使企业负担有很大的风险，稍有不慎，很可能会造成滥支和浪费，因此大多数企业不使用该种方法。

4. 限额报销法

限额报销法是就业务人员可能开支的费用范围和金额，拟订一个最高限额。此法最大优点是使业务主管能够精确地预测其推销费用，而且也可以防止业务人员过度的浪费。限额报销法又分为逐项限制法和总额限制法两种。

(1) 逐项限制法。这种方法是就业务人员可能开支的费用范围和金额，逐项制定一个最高限额，如规定业务人员出差时，住宿费每晚不超过 50 元，每天生活补贴不超过 20 元等。

(2) 总额限制法。即规定在一定期间内（如每日、每周或每月）业务人员所报销的费用总额，不得超过某一限额，至于各项费用的额度则不予以硬性规定，以使业务人员有适当的自主调整权。限额报销法的最大的问题是限额的制定标准和依据很难把握准确。尽管如此，限额报销法还是现代企业使用最广泛的一种费用管制方法。

**(四) 费用审计制度**

企业内部审计部门对发生的费用，定期或不定期进行事中和事后的分析检查。

# 第三节　税费业务核算方法的设计

## 一、税收核算方法的设计

### （一）所得税会计核算方法的设计

财务会计和税收分别遵循不同的原则和标准，服务于不同的目的，因此按照会计制度核算的税前会计利润与按照税法核算的应税所得之间必然会产生差异。这种差异可分为永久性差异与时间性差异。

永久性差异是指在某一会计期间，由于会计制度和税法在计算收益费用或损失时的口径不同，所产生的税前会计利润与应纳税所得额之间的差异。如关于国债利息收入、以自己生产的产品用于工程项目、赞助费等会计制度与税法规定的口径不一致而导致的差异。这种差异在本期发生，不会在以后各期转回。

时间性差异是指税法与会计制度在确认收益、费用或损失时的时间不同而产生的税前会计利润与应纳税所得额的差异。时间性差异发生于某一会计期间，但在以后一期或若干期内能够转回。

对于按照会计制度计算的税前会计利润与按照税法规定计算的应纳税所得之间的差异，在会计核算中可以采用两种不同的方法进行处理，即应付税款法和纳税影响会计法。

1. 应付税款法

应付税款法是将本期税前会计利润与应税所得之间产生的差异均在当期确认所得税费用。这种核算方法的特点是，本期所得税费用按照本期应税所得与适用的所得税税率计算的应缴所得税，即本期从净利润中扣除的所得税费用等于本期应缴的所得税。时间性差异产生的影响所得税的金额均在本期确认为所得税费用，或在本期抵减所得税费用，时间性差异产生的影响所得税的金额，在会计报表中不反映为一项负债或一项资产。在采用应付税款法进行处理时，应按税法规定，对本期税前会计利润进行调整，调整为应税所得。按照应税所得计算的本期应缴所得税，作为本期的所得税费用。

采用应付税款法核算时，通常只需设置“所得税费用”与“应缴税金——应缴所得税”两个会计账户。“所得税费用”借方表示本期按照应税所得计算的本期应缴所得税，贷方表示所得税费用转出或冲回，余额表示本期实际发生的所得税费，即按照税法计算的应当缴纳的所得税金额。“应缴税金——应缴所得税”随着所得税费用的确认而增大，随着税款的缴纳而减少，通常余额在贷方，表示欠交的所得税金额。

在应付税款法下，本期发生的时间性差异不单独核算，与本期发生的永久性差异同样处理。也就是说，不管税前会计利润是多少，在计算缴纳所得税时均应按照税法规定，对税前会计利润进行调整，调整为应税所得，再按照应税所得计算出本期应缴纳的所得税，作为本期所得税费用，即本期所得税费用等于本期应缴纳的企业所得税。

2. 纳税影响会计法

纳税影响会计法，是将本期时间性差异的所得税影响金额，递延和分配到以后各期。采用纳税影响会计法，所得税被视为企业在获得收益时发生的一项费用，并应随同有关的收入和费用计入同一时期，以达到收入和费用的配比。时间性差异影响的所得税金额，包括在利润表的所得税费用项目及资产负债表的递延税款余额中。

纳税影响会计法与应付税款法的主要区别：应付税款法不确认时间性差异对所得税的影响金额，时间性差异的所得税影响金额确认为本期所得税费用或抵减本期所得税费用；纳税影响会计法确认时间性差异的所得税影响，并将确认的时间性差异的所得税影响金额记入“递延税款”的借方或贷方，同时确认所得税费用或抵减所得税费用。纳税影响会计法与应付税款法的共同特点是：按会计制度计算纳税前会计利润与按税法规定计算的应税所得之间产生的永久性差异，均在产生当期，确认为所得税费用或抵减所得税费用。

在具体运用纳税影响会计法核算时，有两种可供选择的方法，即递延法和债务法，在所得税税率不变的情况下，无论是采用递延法还是债务法核算，其结果相同；但是在所得税税率变动的情况下，则两种方法的结果不完全相同。

（1）递延法。递延法是将本期时间性差异产生的影响所得税的金额，递延和分配到以后各期，并同时转回原已确认的时间性差异对本期所得税的影响金额。

采用递延法时，一定时期的所得税费用包括：第一，本期应缴所得税；第二，本期发生或转回的时间性差异所产生的递延税款贷项或借项。这里的“本期应缴所得税”是指按照应税所得和现行所得税税率计算的未来应缴的所得税和未来可抵减的所得税金额，以及本期转回原确认的递延税款借项或贷项。本期所得税的构成内容，可用如下公式列示：

本期所得税费用＝本期应缴所得税＋本期发生的时间性差异所产生的递延税款贷项金额－本期发生的时间性差异所产生的递延税款借项金额＋本期转回的前期确认的递延税款借项金额－本期转回的前期确认的递延税款贷项金额

本期发生的时间性差异所产生的递延税款贷项金额＝本期发生的应纳税时间性差异×现行所得税税率

本期发生的时间性差异所产生的递延税款借项金额＝本期发生的可抵减本期应税所得的时间性差异×现行所得税税率

本期转回的前期确认的递延税款借项金额＝本期转回的可抵减本期应税所得的时间性差异（即前期确认本期转回的可抵减时间性差异）×前期确认递延税款时的所得税税率

本期转回的前期确认的递延税款贷项金额＝本期转回的增加本期应税所得的时间性差异（即前期确认本期转回的可抵减时间性差异）×前期确认递延税款时的所得税税率

（2）债务法。债务法是指本期由于时间性差异产生的影响所得税的金额，递延和分配到以后各期，并同时转回已确认的时间性差异的所得税影响金额，在税率变动或开征新税时，需要调整递延税款的账面余额。

采用债务法时，一定时期的所得税费用包括：第一，本期应缴所得税；第二，本期发生或转回的时间性差异所产生的递延所得税负债或递延所得税资产；第三，由于税率变更或开征新税，对以前各期确认的递延所得税负债或递延所得税资产账面余额的调整数。本期所得税的构成内容，可用如下公式列示：

$$\text{本期所得税费用}=\text{本期应缴所得税}+\text{本期发生的时间性差异所产生的递延所得税负债}-\text{本期发生的时间性差异所产生的递延所得税资产}+\text{本期转回的前期确认的递延所得税资产}-\text{本期转回的前期确认的递延所得税负债}+\text{本期由于税率变动或开征新税调增的递延所得税资产或调减的递延所得税负债}$$

$$\text{本期由于税率变动或开征新税调增的递延所得税资产或调减的递延所得税负债}=\text{累计应纳税时间性差异或累计可抵减时间性差异}\times\left(\text{现行所得税税率}-\text{前期确认应纳税时间性差异或可抵减时间性差异时适用的所得税税率}\right)$$

可见，递延法的目的是使所得税费用在计算税前会计利润时而确认的所得相配比，因此本期时间性差异的所得税影响是递延的，并且被看作是今后转回时间性差异时期的所得税费用（利益）。

债务法的目的是将时间性差异的所得税影响看作资产负债表中的一项资产或一项负债，从而符合会计概念框架中资产和负债的定义，因此，时间性差异预计的所得税影响被定义和报告为未来应收或应缴的所得税。

递延法和债务法的本质区别在于：运用债务法时，由于税率变更或开征新税需要对原已确认的递延所得税负债或递延所得税资产的余额进行相应的调整，而递延法则不需要对此进行调整。

企业在选择所得税会计核算方法时，应根据企业实际情况和遵循一贯性会计原则，权衡利弊后进行选择。

**（二）营业税、城建税、教育费附加会计核算方法的设计**

1. 税额的计算

营业税是对提供劳务、转让无形资产或销售不动产的单位和个人征收的税种。营业税按照营业额和规定的税率计算应纳税额，其公式为：应纳税额＝营业额×税率。这里的营业额是指企业提供的应税劳务、转让无形资产或销售不动产向对方收取的收入、手续费、基金、集资款、代收款项、代垫款项以及其他各种性质的价外收费。

城市建设维护税，简称城建税，是为加强城市的维护建设，扩大和稳定城市维护建设资金的来源，由国家征收的税种。城建税按照当期应缴营业税额×规定的税率计算。

教育费附加则是一项收费，但是它具有税收的特征，所以会计上总是把它同营业税和城建税一同计算处理，但所使用的会计账户有所区别，一般计入“其他应缴款”。教育费附加按照当期应纳营业税额×规定的比率计算。

2. 账户的设置

(1)“应缴税金”账户。企业按照规定应缴纳的营业税和城建税，分别在“应缴税金”账户下设置：“应缴营业税”、“应缴城建税”等明细账。“应缴营业税”“应缴城建税”明细账户的借方发生额反映企业已缴纳税额；贷方发生额反映应缴税额；期末借方余额，反映多交的税额；期末贷方余额，反映欠交的税额。

（2）“其他应缴款——应缴教育费附加”账户。本账户借方发生额反映企业已缴纳的教育费附加金额；贷方发生额反映应缴教育费附加金额；期末借方余额，反映多交的教育费附加金额；期末贷方余额，反映欠交的教育费附加金额。

企业发生营业税、城建税以及教育费附加时，其借方登记的账户要根据企业收入的业务类别和性质进行确定。

## 二、费用核算方法的设计

企业所发生的费用信息既是企业外部利益相关者作出经济决策的依据，又是企业内部管理者管理企业、计算损益、确定考核标准的重要依据。由于企业的外部信息使用者与内部管理人员对企业经营活动所发生费用的关注侧重点不同，利用费用信息进行决策的性质不同，因此他们对费用信息提供的要求也不同。为满足上述两方面的要求，企业的费用核算一般采用双轨制和单轨制两种核算体系。

### （一）双轨制

以双轨制（即多中心）方式设计企业内部会计制度时，企业应对各层次责任中心的职责内容分别设置账簿进行费用的记录和核算，以反映各责任中心的费用预算执行情况。

双轨制设立方式的最大优点是便于理解、易于操作。实行双轨制设计费用核算方法时，企业可以完全按照管理的要求进行责任会计的核算，而不受会计制度的制约，具有较大的灵活性，有利于费用核算和责任的考核界定。其缺点是重复设置两种核算系统将增加核算工作量，导致大量的重复劳动；此法提供的双重数据之间缺少直接联系甚至还可能导致两种核算之间的信息冲突，从而加大了企业内部管理对信息的可理解和利用的程度。因此，双轨制仅是一种权宜之计，企业应积极创造条件向单轨制转换。

### （二）单轨制

采用单轨制方式，一般以传统的产品成本核算体系为基础设置账簿，在此基础上将各责任中心本期所发生的不可控费用剔除，以计算责任成本。责任成本的计算可通过编制调整表进行，也可在各成本费用中心的费用科目下，分别设置“可控费用”和“不可控费用”，分别记录各成本费用中心的可控成本和不可控成本，并将其在各种产品之间进行分配。各产品的可控成本之和即为其实际责任成本。各产品的可控成本与不可控成本之和即为实际产品成本。

单轨制设计形式免去了大量的重复工作，使企业更容易接受和推行，而且其产品成本和责任成本之间的联系性强，能够清晰地表明产量变动与成本控制好坏而引起的成本变动，便于合理考核责任中心的工作业绩，能以更低的成本及时、有效地提供预算管理的相关信息，从而具有更广泛的实用性。本文即按单轨制方式来设计企业内部会计制度。

### （三）费用账户的设计

1. 销售费用

企业发生的销售费用可单独设账，也可在“营业费用”账户中核算，并按费用项目设置明细账，进行明细核算。企业发生的各项销售费用借记“营业费用”账户，贷记“现金”、“银行存款”、“应付工资”等科目；期末，将借方归集的销售费用全部由“营业费用”账户的贷方转入“本年利润”账户的借方，计入当期损益。

“营业费用”的借方反映本期实际发生的各项销售费用，贷方反映期末转入“本年利

润”科目的销售费用；“营业费用”账户结转“本年利润”账户后无余额。

2. 管理费用

企业发生的管理费用在“管理费用”中核算，并按费用项目设置明细账，进行明细核算。企业发生的各项管理费用借记“管理费用”账户，贷记“现金”、“银行存款”、“原材料”、“应付工资”、“待摊费用”、“预提费用”、“累计折旧”、“无形资产”、“应缴税金”、“坏账准备”等账户；期末，将借方归集的管理费用全部由“管理费用”账户的贷方转入“本年利润”账户的借方，计入当期损益。

“管理费用”的借方放映本期实际发生的各项销售费用，贷方反映期末转入“本年利润”科目的管理费用；“管理费用”账户结转“本年利润”后无余额。

3. 财务费用

企业发生的财务费用在“财务费用”中核算，并按费用项目设置明细账，进行明细核算。

企业发生的各项财务费用借记“财务费用”账户，贷记“银行存款”、“预提费用”等账户；期末，将借方归集的财务费用全部由“财务费用”账户的贷方转入“本年利润”账户的借方，计入当期损益。

“财务费用”的借方反映本期实际发生的各项财务费用，贷方反映期末转入“本年利润”账户的财务费用；“财务费用”账户结转“本年利润”账户后无余额。

**(四) 责任费用的核算**

1. 搞好费用中心建设

会计核算的功能之一是为企业考核责任单位各部门及其人员的业绩提供可靠的费用信息。按照责任单位各部门责权利范围以及业务活动的特点不同，可将其划分为费用中心、利润中心和投资中心三类责任中心。考核评价各责任中心的业绩需要不同的会计信息指标，而提供这些信息是责任会计的核心任务。

费用中心是指有权发生并控制成本的单位。对费用中心业绩的考核，主要是通过一定的责任费用来衡量。

2. 规范责任费用核算

责任费用核算有如下特点：第一，按照“谁负责，谁承担”的原则，以责任中心为对象进行费用的收集、核算，而制造成本法则按费用承担的客体（产品、批别、生产步骤）进行收集、核算。费用信息遵循的是“谁受益，谁承担”的原则。第二，责任费用是可控费用，而不是应归属于各中心的全部费用。由此可见，某费用中心的责任费用，即为该中心的各项可控费用之和。因而，对费用中心的业绩评价，应以其可控费用作为主要依据，不可控费用作为参考。所以，会计核算系统必须区分“可控费用”和“不可控费用”，并分别提供相关信息。

企业要规范责任费用核算，必须加强责任费用核算的基础和控制要点的设计，包括：第一，划分责任中心，明确规定职责范围；第二，编制责任费用预算，确定各责任中心的业绩考核标准；第三，区分各责任中心的可控与不可控费用；第四，合理确定内部转移价格；第五，建立健全严密的记录、报告系统；第六，制定合理而有效的奖惩制度；第七，评价和考核实际工作业绩；第八，定期编制业绩报告。

3. 完善责任费用核算的账户体系

在单轨制方式下，责任费用核算只需在财务会计成本费用核算账户的基础上，进一步把全部费用在各责任中心区分开来，并且再把各责任中心的费用区分为可控费用和不可控费用。具体可通过以下两种方式实现：责任费用的计算可通过编制调整表进行，也可在各成本费用中心的费用科目下，分别设置“可控费用”和“不可控费用”等二级或三级明细账，分别记录各成本费用中心的可控费用和不可控费用，并定期将其汇总，形成费用中心业绩考核的依据。

## 【本章小结】

本章阐述了税费业务的基本知识，包括税费的概念与特点，税费业务内部控制要点的设计，以及税费业务核算的方法，对于财务管理人员进行会计核算有重要作用。

## 【复习思考题】

1. 简述税费的特点。
2. 如何进行税费业务内部控制的设计？
3. 税费业务核算的方法有哪些？

# 第十六章 销售业务处理程序的设计

**学习导航**

用2学时学习本章内容。

⊙ **掌握：**销售业务的内容。销售业务内部控制设计的基本要求。特种销售发票的设计、发货凭证的设计和销货退回凭证的设计。

⊙ **了解：**销售业务的主要环节。采用合同发货制和采用非合同发货制的产品销售程序的设计。销售退回和销售折让业务处理程序的设计、销售明细账的记账程序的设计和应收账款明细账的记账程序的设计。

⊙ **理解：**销售业务的内部控制要点和销售业务内部控制的具体设计。商品入库业务会计处理程序的设计：商品入库业务流程和核算方法的设计；商品出库业务处理程序的设计：直接销售方式、提货制、送货制、发货制和直运销售。

⊙ **运用：**应收账款余额及账龄分析表的设计。

## 第一节 销售业务的内容及环节

销售是指产品、商品和劳务的出售业务，它是生产经营过程的最后一个环节。其目的在于卖出自己的产品、商品而获得货币收入。

### 一、销售业务的内容

企业的经营方式和经营范围不同，销售业务的内容也不相同。在工业企业里，销售业务一般包括：

**（一）产品销售业务**

这是企业的主要销售业务，一般指销售产成品、自制半成品和提供工业性劳务等发生的经济业务。

**（二）其他销售业务**

一般指销售外购商品、材料、固定资产出租、无形资产转让和提供非工业性劳务以及技术转让等发生的经济业务，它属于企业的附营业务。

## 二、销售业务的环节

从销售业务的发生及处理过程看，销售业务一般包括以下环节：

**（一）签订销售合同**

工业企业销售产品或提供劳务一般都应当先与购货单位订立购销合同，在合同中明确所销产品的品名、规格、价格、交货方式及时间、货款结算方式、违约责任等。订立合同是企业销售业务的开始，也是企业防范风险的手段。

**（二）在采用发货制时，填写发货单，通知仓库发货**

企业的销售部门根据销售合同填制发货单，并通知仓库和运输部门发货。如果是劳务销售，就下达任务通知书，通知有关部门安排提供劳务。

**（三）办理发货**

仓库在接到发货通知单后，将所销货物妥善包装，交由运输部门办理托运手续。

**（四）办理货款结算**

在发货手续办妥后，由销售部门开具发票，并送交会计部门向购货单位收取货款。

如果采用提货制，则销售业务的环节应当是：签订销售合同；销售部门开具“销货单”；财会部门办理收款手续；仓库受理客户提货。

# 第二节　销售业务内部控制要点的设计

销售业务的发生，一方面引起企业的存货减少，另一方面引起收入的增加，因此，它与资产盘存业务、应收账款和货币资金收入业务密切相关。

## 一、销售业务内部控制设计的基本要求

销售业务的设计必须考虑加强资产盘存业务和货币资金收入业务的内部控制，使之尽量严密完善，并符合以下基本要求：

**（一）设置专门的销售机构**

任何企业都应设置专门的销售机构，配备专职销售人员以负责办理销售业务。一般情况下不应该将销售机构与其他业务部门或管理部门合并，也不应当将销售业务交由非销售部门办理。销售部门及其人员不应兼办采购、保管、出纳、会计等工作，直接经手销货的人员不能参与登记销售收入和应收账款明细账。

### (二) 完善各种凭证的管理

任何一笔销售业务都应开具销售单据。对反映销售业务的合同、发货单、发票（销货单）等要按顺序编号，严格管理。尤其是发票，应当经过非开票人的审核，以防单价、数量、金额等发生差错。

### (三) 推行合同销售方式

有条件的企业应当尽可能采用事先与购货单位签订购销合同的方式，办理销货业务。这样既可以合同作为销货依据，对销货业务起事前控制作用，又可用合同与销货发票核对，起事后对比分析作用，强化内部控制，即使发生销售纠纷，也有法律依据。

### (四) 建立健全销售稽核制度

为保证销货业务的正确性，应当建立健全各种销售稽核制度。对合同销售，非合同销售，残料、废料的销售，销售折让与折扣、销售退回，固定资产和包装物的出租等特殊的销售业务，都应当有专门部门或专人负责稽核，并保持经常化、制度化。

此外，还应当加强销售业务各环节的审批工作。销售合同的签发、发货单的编制、销售发票的开出、销货方式的选择等，都应经过有关负责人员的审核批准。

销售业务会计处理程序设计的要求主要是：严格发货手续，保证财产安全；正确计算销售数量、销售收入和销售利润；正确反映与购货单位的合同执行情况和货款结算情况，促进货款的及时收取。

## 二、销售业务的内部控制要点

为了实现上述基本要求，在设计销售业务的会计处理程序时，要注意以下内部控制要点：

(1) 销售合同签订、开票、发货、收款、记账职务应分离。

(2) 销售合同、销售发票和发货单的签订和办理须经企业有关负责部门和人员审批。

(3) 销售价格的确定，销售方式、结算方式的选择，要经企业有关负责部门和人员的审批。

(4) 发票及发货单位要顺序编号，如有缺号，必须查明原因，经领导批准才能注销。

(5) 销售业务必须尽可能根据合同进行，会计部门要参加合同会签；销售发票中的品名、数量、单价、金额以及付款方式应与销售合同的内容一致，并经专人复核，对非合同销售及门市销售要建立及时有效的核查制度。

(6) 废料、残料的出售要开单入账，与一般销售同样处理。

(7) 销售退回须经有关负责人批准后才可办理销账和退款手续；坏账的转销要按规定的审批程序办理。

(8) 合理确认销售的实现，并将已实现的销售收入按时入账。

(9) 应定期检查应收账款明细账余额，及时催收回笼资金。

## 三、销售业务内部控制的具体设计

### (一) 现销业务的内部控制

一般企业中，销售业务都可以分为现销和赊销两种情况。现销业务是指企业在销售产品或商品的同时收取货款，强调钱货两清。工业、商品批发等企业对现销业务实施内部控制的主要手段是开具“销货单”，并确定其合理的传递程序。具体做法是设计最佳凭证，实施凭证控制。

（1）客户购货时，由销售部门填制一式数联的“销货单”，注明购货单位、货物名称、规格、数量、单价、金额等，经负责人审核签章后，留一联作为存根，其余交给仓库、会计、运输队进行配合和业务核算，一联交客户办理货款结算和提货。

（2）客户持“销货单”向财会部门交款。财会部门对“销货单”认真审核后，办理收取货款的手续，并加盖财务专用章和有关人员的签章，留一张编制记账凭证，其余退给客户。

（3）客户持“销货单”中的提货联向仓库提货。仓库保管人员对“销货单”复核，确认已办妥交款手续后予以发货，并将提货联留下登记仓库台账。

现销业务的处理程序如图16—1所示。

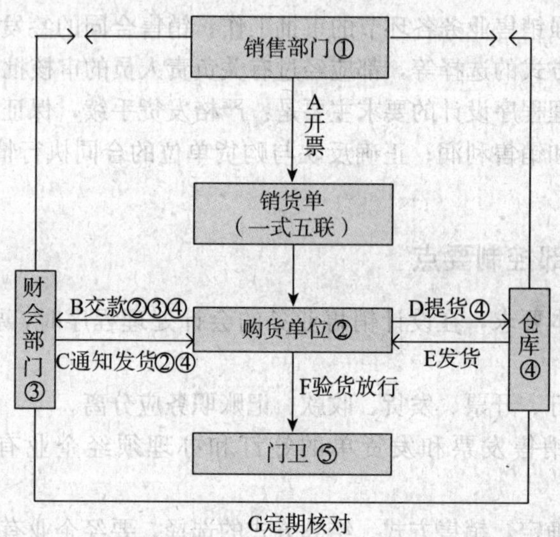


**图16—1　现销业务处理程序图**

注：图中A～G和①～⑤均为现销业务处理顺序。

值得指出的是，财会部门收取货款，可能通过银行转账，也可能由出纳直接收取现金，但不论采用哪种方式，都必须符合货币资金收入业务的内部控制要求，确保销货款的安全。

商品流通零售企业的销售业务大多为现销，其内部控制方法已在货币资金收入业务的内部控制中详细介绍，这里不再赘述。

**（二）赊销业务的内部控制**

赊销业务是指企业先办理产品或商品发出，然后在规定的时间内收取货款。这种业务使企业收入增加的同时，也使企业的债权增加。随着商品经济的发展，市场交易方式日趋灵活多样，赊销业务在市场中将日益增多，债权结算业务也随之增多。由于赊销业务涉及的部门比较多，销售活动与货款结算的时间不一致，发生错误的可能性也就较大。为此，只有合理规定各有关部门之间的制约关系，强化销售业务各环节的衔接，明

确债权结算的有关规定，充分发挥凭证控制的作用，才能使赊销业务的内部控制严密完整。

一般情况下，赊销业务的内部控制制度除符合前述基本要求外，还应当采用下列程序和方式：

（1）强化销售合同，严格订货单制度，明确定价原则、信用标准和条件，订单确定后列入销售计划，作为日后发货的依据，防止无合同无计划地发出货物。

（2）建立赊销业务批准制度。赊销业务应经过财务负责人的批准，未经批准，销售部门不得指令仓库发货，以防止因不了解客户信用度而可能造成的损失。

（3）尽可能设置专人专职，登记销售明细账和应收账款明细账。在发出货物后，会计部门应对销售部门开具的“销货单”以及相关的合同、订单等进行审查核对，正确无误后编制记账凭证，并及时登记销售和应收账款明细账，以充分发挥账簿控制的作用。

（4）由稽核员定期与购货单位（债务人）核对账目，对账目中发现的问题应及时查明原因，分清责任，按有关规定予以处理，确保双方的账目相符。

（5）准确掌握债务人的资信程度，及时催收货款，避免或减少坏账损失。

## 第三节　主要销售业务凭证和相关表格的设计

销售业务的凭证主要有销售发票、发货单、退货单、代垫费用清单等。其中销售发票、代垫费用清单的格式已在本书第四章述及，这里仅说明几种适合特殊销售方式并经税务部门核准的发票和报表的设计。

### 一、特种销售发票的设计

#### （一）订货销售发票

订货销售发票是把发票与外来交货的订单结合起来的一种凭证。这是一种专门为那些订购制造特定样式或定期定量的产品的客户设计使用的一种发票。在用户订制期一般不另签合同，而以订货发票代替订单和合同。当这种订货完成交货时，即以订货销售发票结算货款。例如，服装厂接受机关、工厂订制成批的制服、工作服；机器厂为科研单位特制机器设备；木器厂订制学校的课桌椅凳、成套家具等。这种订货发票主要应具备以下内容：订货单位名称、地址；订制货物的名称、规格、质量要求、数量、单价、金额；订货和交货的日期；购销双方应遵守的规定和违反规定时的处理办法等。其格式如表16—1所示。

表16—1是简单的基本格式，企业可根据产品特点和销售风险等情况，增设违约及纠纷处理等内容。

订货发票的份数按企业实际需要决定，但至少应有四份：一份订货单作为取货的凭证；一份送生产计划部门按订货的名称、数量、规格等安排生产；两份留在销售部门，等到交货后与订货单位结算价款，把其中的一份送会计部门办理货款结算，一份留存备查。如果有预收定金，应由订货单位直接向出纳部门交付，另给收款收据，并在“协议”栏内说明。此种发票的优点是实用方便且兼具合同的功能；缺点是内容文字略显单薄，仅适用于一些不太复杂的交易。

**表16—1** **AB公司订货销售发票**

No. 121689

<table>
<tr><td colspan="2">订货单位：</td><td colspan="2">地址：</td><td colspan="2">支票号：</td><td>电话：</td><td rowspan="2">规格及质量标准</td></tr>
<tr><td colspan="2">订单号数：</td><td colspan="3">订货日期：</td><td colspan="2">交货日期：</td></tr>
<tr><td>编号</td><td>订货名称</td><td>单位</td><td>订制数</td><td>实交数</td><td>单价</td><td>金额</td><td rowspan="6">二、付款方收执</td></tr>
<tr><td></td><td></td><td></td><td></td><td></td><td></td><td></td></tr>
<tr><td></td><td></td><td></td><td></td><td></td><td></td><td></td></tr>
<tr><td colspan="6">小写金额合计</td><td></td></tr>
<tr><td colspan="7">金额合计（大写） 元 角 分</td></tr>
<tr><td colspan="7">协议：1. 按约定日期交货取货，逾期的一方按货价×%支付违约金。<br>2. 按订制数交货，如经双方协议同意多交或少交，按实交数结算。<br>3. 其他。</td></tr>
</table>

开票单位：（盖章） 开票人： 年 月 日

### （二）分期付款发票和应收分期付款明细表

分期付款的销售方式可以适应消费者的支付能力，扩大商品销售。在实行分期付款的情况下，商品发出去时，销售并未成立，只有当收到货款达到相当于一个商品计量单位（如一台、一幢、一辆等）时，才可作为销售。由于各个企业各种商品分期的标准和次数不同，因而不可能定出统一的发票格式，但一般都应当具备下列内容：

（1）购货人的姓名、地址、工作单位。

（2）购物的名称、数量、货款、付款的期数和每期支付的金额、日期。

（3）直接支付还是工作单位扣交。

（4）购货人不能履行付款条件时的处理办法等。

分期付款发票的格式如表16—2所示。

分期付款发票应填写一式三份：一份交购货人作为分期交款的凭证，每期交款时，出纳部门应盖出纳收款章，不另出收据，如由单位扣收，则由扣收单位的出纳部门盖章证明货款已扣；一份销售部门留存备查；一份送会计部门，据以记入应收账款科目，并以分期付款发票代替应收分期付款明细表，根据付款到期日编制应收分期付款明细表交出纳部门据以收款。

应收分期付款明细表的一般格式如表16—3所示。

出纳部门根据应收分期付款明细表所列内容，向购货人收款，在备注栏内做一记号，如未收到的应催收并予以注明，每日终了总计实收数，记入出纳日记账后送会计部门。会计部门将收到的分期付款数，分别把各购货人的分期付款发票的到期付款数剪下，作为收款凭证附在应收分期付款明细表后面并编制收入记账凭证。如果由单位集体扣收进入银行存款户，那么分期付款发票按单位分类保管，接到银行收款通知后，就抽出该单位的分期付款发票，把到期付款数剪下附在收账通知后。

表 16—2

**分期付款发票**

年　月　日　　　　　　　　　　　　　　　　　　　　　　第　　号

| 购货人姓名 | 家庭住址 | 身份证号码 | 工作单位 | 工作证号码 |
| --- | --- | --- | --- | --- |
| | | | | |

<table>
<tr><td colspan="7">本发票所列分期付款有关规定，购货人完全同意，并遵守不误！　签章　　　年　月　日</td></tr>
<tr><td colspan="4">已付货款：　元　角　分<br>未付货款：　元　角　分</td><td colspan="3">分期付款时间表</td></tr>
<tr><td>商品名称</td><td></td><td>购买数量</td><td></td><td rowspan="2">第四期</td><td>付款日期：</td><td>年　月　日</td></tr>
<tr><td>牌　号</td><td></td><td>单　价</td><td></td><td>金　额：</td><td>元　角　分</td></tr>
<tr><td>规　格</td><td></td><td>全部货款</td><td></td><td rowspan="2">第三期</td><td>付款日期：</td><td>年　月　日</td></tr>
<tr><td>制造工厂</td><td></td><td>购货时付款%</td><td></td><td>金　额：</td><td>元　角　分</td></tr>
<tr><td>附属装置</td><td></td><td>分期付款%</td><td></td><td rowspan="2">第二期</td><td>付款日期：</td><td>年　月　日</td></tr>
<tr><td colspan="4">分期付款注意事项</td><td>金　额：</td><td>元　角　分</td></tr>
<tr><td colspan="4" rowspan="4"></td><td rowspan="2">第一期</td><td>付款日期：</td><td>年　月　日</td></tr>
<tr><td>金　额：</td><td>元　角　分</td></tr>
<tr><td rowspan="2">购货期</td><td>付款日期：</td><td>年　月　日</td></tr>
<tr><td>金　额：</td><td>元　角　分</td></tr>
</table>

表 16—3

**应收分期付款明细表**

20××年××月××日

第　　号

| 分期付款发票号码 | 购货人姓名 | 付款期限 | 到期年月日 | 金　额 | 备　注 |
| --- | --- | --- | --- | --- | --- |
| | | | | | |
| | | | | | |
| | | | | | |
| | | | | | |
| | 收入总计 | | | | |

会计部门负责人：　　　　　　　　　　制表：　　　　　　　　　　出纳：

此外，如有委托代销或寄凭业务时，应当考虑货款的结算问题。一般可以由代销或寄凭单位按月根据实际销售收入，扣除代销或寄凭单位报送的商品销售月报表，另开发票进行结算。

## 二、发货凭证的设计

在工业企业里，产品完成生产过程后，一般都要送成品库验收保管，售出时则根据销售部门的通知发货。按销售方式的不同可分为发货制和提货制。

### (一) 发货制下发货单的设计

发货制由企业主动按合同规定发货。对向外地的购货单位进行销售,一般实行发货制。销售部门根据合同规定开具发货单,发货单应包括下列内容:收货单位名称、地址、合同号数、发货的名称、规格、牌号、数量、重量、发往地点、包装要求、运输机关名称以及托运日期等。其格式如表16—4所示。

表16—4 发货单

购货单位: 20××年××月××日 第 号

| 合同字号: | | 发票字号: | | |
|---|---|---|---|---|
| 运往地点: | | 包装形式: | | |
| 运输方式: | | 托交日期: | | |
| 产品名称 | 规格及型号 | 数量 | 重量 | 附件名称及数量 |
| | | | | |
| | | | | |

销售部门负责人: 发货: 检验: 运输: 复核: 制单:

发货单一般填制一式五份:两份送成品库做好打包发货准备(发货后一份留存仓库减记成品卡,一份退回销售部门);一份送企业内部的运输部门,如系发往外地,运输部门应根据"运往地点"确定运输日期,然后据以向仓库取货发运,办妥运输后,注明"托运日期",以便日后查考;一份送门卫部门,代替货物出厂通知,亦可另行开具"货物出厂通知单";一份留存销售部门备查,待仓库发货后,根据仓库退回的一联开具发票,一并送会计部门核对后办理货款结算。

### (二) 提货制下提货单的设计

对于本地的购货单位,一般由购货单位根据销售部门出具的提货单自行向企业成品库提货。提货单的格式和使用与发货单基本相同,不过"运往地点"、"运输方式"和"托运日期"三项可以省略,一般只需一式三份,销售部门留存一份,另外两份交提货单位向仓库提货,仓库发货后,一份留存登记成品卡,一份交提货单位作货物出门证明,如果提货单与销售发票一次套写,那么销售部门的一份也可省略。

## 三、销货退回凭证的设计

销货退回不仅造成这部分成品资金的暂时积压,而且还要负担往返的运杂费用,增加额外支出,所以如果属于产品的个别缺点而可以修复的,企业应当负责予以修复;质量有问题而仍可以使用的,应与购货单位协商,降低价格结算,尽量避免退货。至于发货时弄错品种、号牌、规格以及质量不符合规定,使购货单位无法使用的,则只有退货。同意退回的产品,销售部门应根据购货单位的退货单,填制销货退回单。这种销货退回单的主要内容包括购货单位名称、原发票号数、购货日期、商品名称、规格及号牌、数量及金额、退货数量、金额及退货而造成的损失、过失负责人和处理意见等。其格式如表16—5所示。

表 16—5　　销售退回单

购货单位：　　20××年××月××日　　第　　号

| 合同号数： | | 原发票号数： | |
|---|---|---|---|
| 退货原因： | | | |
| 商品名称 | | 退货数量 | |
| 规格及牌号 | | 销售单位 | |
| 采购数量 | | 退货金额 | |
| 1. 应负担商品往返运输的运杂费：<br>2. 按合同规定应支付的经济赔偿：<br>3. 造成退货的经济责任及部门、人员：<br>4. 处理意见： | | | 领导审批： |

销售部门负责人：　　复核：　　制单：

销货退回单的份数按不同情况确定，但至少应一式三份：一份送成品库据以验收退货，增记成品卡；一份留存销售部门；一份送会计部门据以核算因退货而引起的各种支出。如果销售部门提出追究经济责任和处理意见时，应先送领导审批后再送会计部门；如果属于质量不符合规定，应加填一份送生产计划部门，作为修复和今后改进生产技术的依据。也可以不填销售退回单，而开红字发票，把原来开出的销售发票用红字冲转，份数和循转程序与销售退回单相同。

## 四、应收账款余额及账龄分析表的设计

为了分析应收账款坏账风险程度，以此确定估计的坏账金额，可设计应收账款余额及账龄分析表。一般认为应收账款账龄越长，收回账款的可能性越小，因而需要有较大的坏账备抵比率。其格式如表 16—6 所示。

表 16—6　　应收账款余额及账龄分析表

编制单位：　　20××年××月××日　　第　　号

| 客户名称 | 账面金额 | 账龄期限 | | | | | 备注 |
|---|---|---|---|---|---|---|---|
| | | 信用期内 | 超过信用期 1～90 天 | 超过信用期 91～180 天 | 超过信用期 181～360 天 | 超过信用期 360 天以上 | |
| | | | | | | | |
| | | | | | | | |
| 合计 | | | | | | | |
| 估计坏账% | — | % | % | % | % | % | |
| 估计坏账金额 | — | | | | | | |
| 估计坏账合计 | | | | | | | |

# 第四节　销售业务处理流程的设计

按是否签订合同，可分为以下两种销售业务处理流程：

## 一、采用合同发货制的产品销售程序的设计

该流程（如图16—2所示）反映企业采用合同发货制销售的业务处理过程。当产品完工并验收入库后，销售部门根据销售合同和产品入库单编制发货通知单，随后分别通知仓库备货和厂内运输部门发货。当货物发出后，销售部门根据仓库签收的发货通知单开具销售发票，登记产成品明细账。厂内运输部门在办理托运手续后，将提货单和运单送交销售部门，销售部门将其与销售发票一并送往会计部门。会计部门将销售发票与合同核对后，开具代垫运费清单，并通知出纳员办理货款结算，同时登记销售账户。

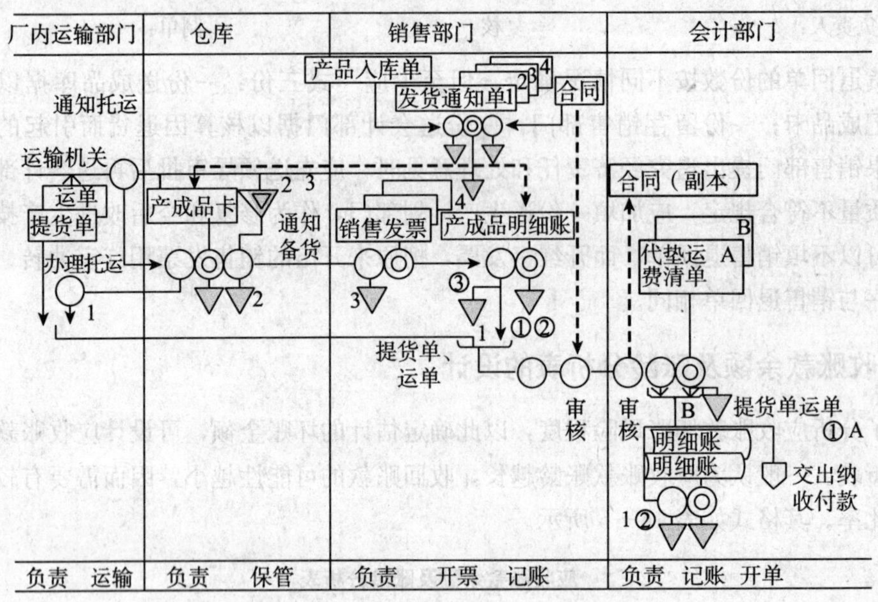


**图16—2　采用合同发货制的产品销售程序的设计**

注：图中“1”、“2”、“3”、“4”和“①”、“②”、“③”均为凭单联数。

该流程的控制内容主要有：

（1）销售开单、发货、收款和记账分管。

（2）严格核对合同与发票，并按合同发运产品，结算货款。

（3）定期进行账账、账实核对。

## 二、采用非合同提货制的产品销售程序的设计

该流程（如图16—3所示）反映企业非合同销售并采用提货制的业务处理过程。

当客户提出采购申请时，销售部门根据产品价目簿填制销售发票，经本部门主管和会计主管审核后授权出纳部门收款，然后仓库根据已经付款的销售发票发货，并登记产成品

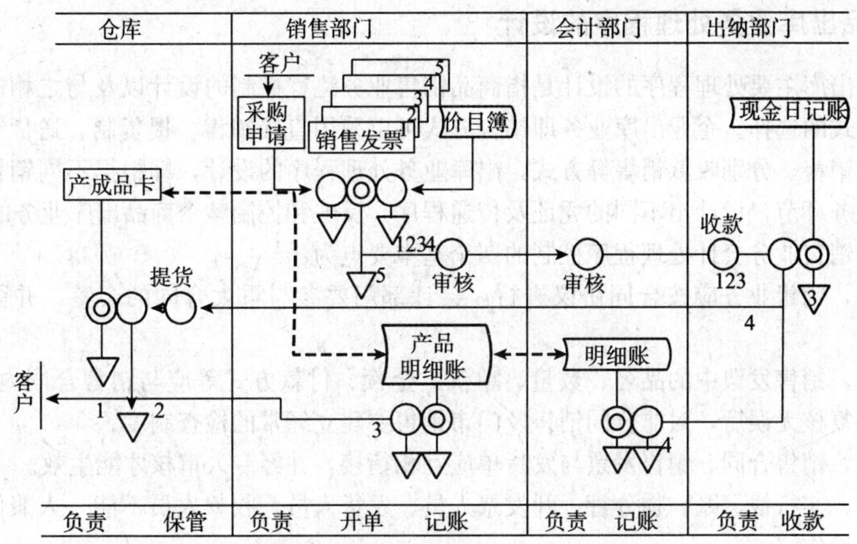


**图 16—3　非合同提货制的产品销售程序的设计**

注：图中“1”、“2”、“3”、“4”、“5”为凭单联数。

卡。销售部门和会计部门分别进行销售业务账户处理。

该流程的控制内容主要有：

(1) 销售开票、发货、收款和记账分管。

(2) 销售价格按有关标准（如价目簿）执行，并予以审核。

(3) 一般情况下先收款后提货，减少销售坏账损失。

(4) 定期进行账账、账实核对。

# 第五节　销售业务会计处理程序的设计

对先购后销的商业企业，销售业务会计处理程序的设计可分为五个方面，即商品入库业务处理程序、商品出库业务处理程序、销货退回和销售折让业务处理程序、销售明细账的记账程序设计和应收账款明细账的记账程序设计。

## 一、商品入库业务处理程序的设计

商品入库业务处理程序的设计包括商品入库业务流程的设计和商品入库核算方法的设计两部分内容。因本书突出工业企业，这里不再赘述。商品出库，工业企业与商业企业大致相同。

**拓展区**

阅读光盘相关内容，掌握商品入库业务会计处理程序的设计。

## 二、商品出库业务处理程序的设计

商品出库主要处理程序的设计是指商品销售业务流程控制的设计以及与之相适应的货款结算方式的选择。企业出库业务即销售方式可以采用直接销售、提货制、送货制、发货制、直运销售、分别收款销售等方式，出库业务处理程序的设计，即根据不同销售方式的特点和业务环节，设计出不同的凭证及传递程序，反映和控制整个商品出库业务的过程。

设计销售业务会计处理程序控制的四个基本要点为：

第一，销售业务应按合同协议进行，会计部门要参与重大合同的会签，并留存合同副本。

第二，销售发票中的品名、数量、单价、金额、付款方式等应与销售合同内容一致，并经专人复核无误后，对非合同销售及门市销售要建立经常的检查制度。

第三，销售合同、销售发票与发货单应互相衔接，并经专人审核才能生效。

第四，实行钱、账、物分管，开发票人员、发货人员、收款人员不能一人兼任，要由不同人员操作。

不同发货方式下业务处理程序的设计介绍如下：

### （一）直接销售方式

这是一般零售商店和超市等实行的一手交货、一手交钱的交易方式。购买者选好商品，通过结算柜收银，如需发票，根据收银凭证在规定的期限内到服务柜台开具发票，这种方式的销售流程如图 16—4 所示。

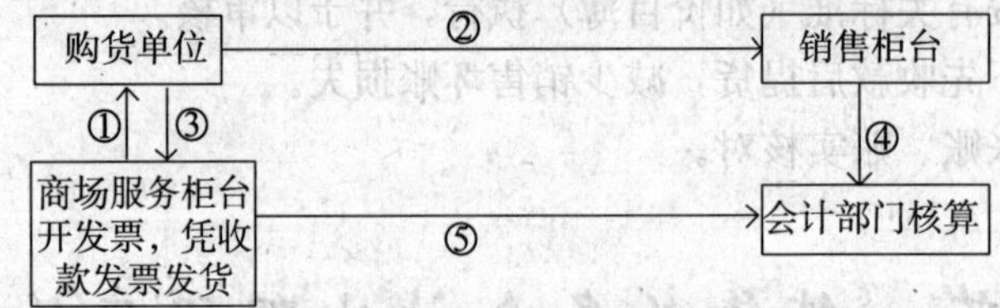


**图 16—4　直接销售方式流程图**

注：图中①～⑤为直接销售方式流程顺序。

### （二）提货制

购货单位的采购员采购商品后，业务部门开具一式多联专用发票，采购员取得专用发票后，到结算柜办理结算手续，采购员凭办理结算手续后的提货单到仓库提货，仓库部门根据采购员的提货单，与业务部门转来的发货单核对相符后发货；会计部门根据发票存根，结算联与发货单进行核对，并据以入账。这种方式销售的流程如图 16—5 所示。

### （三）送货制

这是销售商专设运输部门为客户送货上门的一种销售方式，具体步骤如下：

（1）企业销售部门根据供销合同（或订货单）开具专用发票交运输部门，其中一联发票作为发货单交仓库发票。

（2）运输部门凭专用发票到仓库提货，仓库将专用发票与发货单核对无误后发货。

（3）运输部门将商品及专用发票送交客户，待双方验收后取得送货回单。

（4）运输部门将送货回单交销售部门或会计部门。

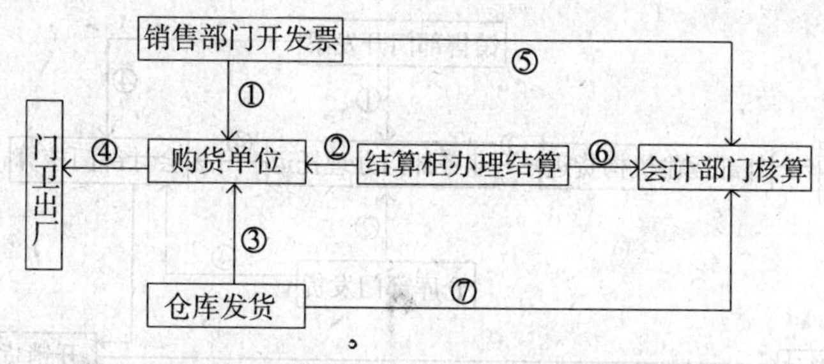


图 16—5 提货制销售方式流程图

注：图中①～⑦为提货制销售方式流程顺序。

（5）会计部门根据销售部门的销货发票存根联、仓库发货单和运输部门送货回单，进行商品销售的核算。

送货制销售方式流程如图 16—6 所示。

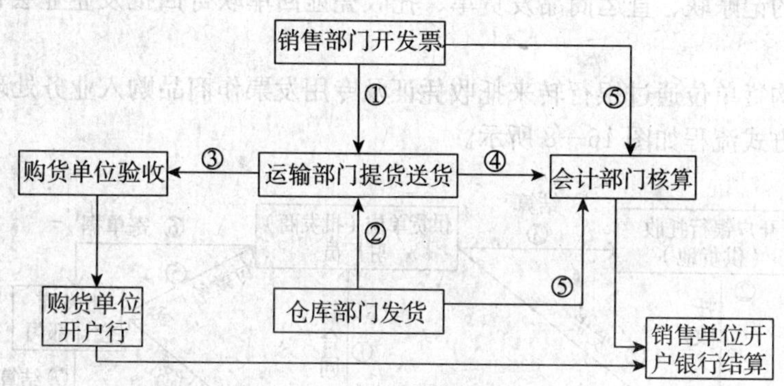


图 16—6 送货制销售方式流程图

注：图中①～⑤为送货制销售方式流程顺序。

**（四）发货制**

由企业销售部门根据合同规定，定期定量地主动将商品（产品）通过企业外部的运输机构送达购货单位，货款一般采用托收承付方式结算。其具体步骤为：

（1）销售部门根据供销合同，开具一式多联的专用发票，交业务部门。

（2）业务部门将发票送交会计部门盖章后，凭以向仓库提货。

（3）业务部门向运输机构办理托运手续，取得运输凭证。

（4）会计部门取得发票存根、发货单、运输证明和购销合同等单据到银行据以办理货款结算手续。

发货制销售方式流程如图 16—7 所示。

**（五）直运销售**

这是企业从供货单位采购商品后，直接从供货单位所在地将商品运到购货单位的一种销售方式。这种方式可以减少商品流转环节，节约商品流通费用。批发商品的直运一般采用两种方式。

（1）批发企业派专职采购员（驻厂员）驻供货单位自行办理商品发运、代垫运费及委托所在地银行向购货单位收款等事项。

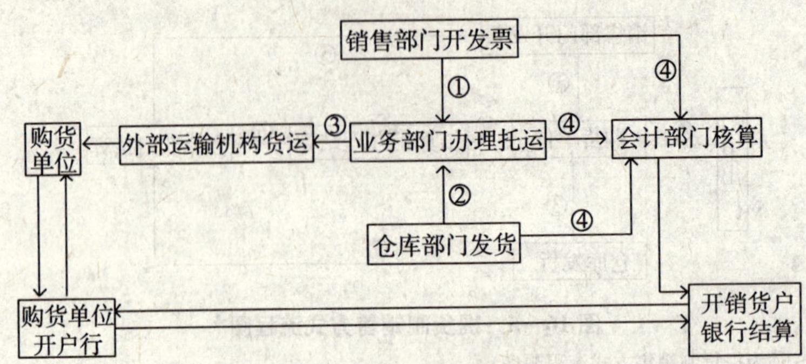


**图 16—7　发货制销售方式流程图**

注：图中①～④为发货制销售方式流程顺序。

第一步，专职采购员根据合同开具发票、发运商品后，办理委托银行收款手续，并将销售专用发票的记账联、直运商品发货单、托收凭证回单联寄回批发企业会计部门，作销售业务处理。

第二步，购货单位通过银行转来托收凭证及专用发票作商品购入业务处理。

直运销售方式流程如图 16—8 所示。

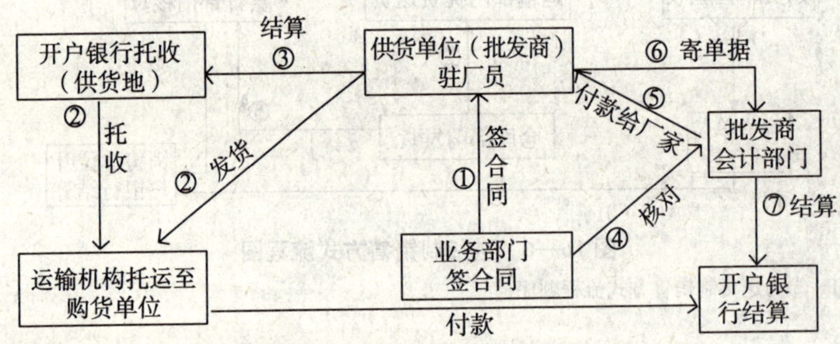


**图 16—8　直运销售方式流程图**

注：图中①～⑦为直运销售方式流程顺序。

采用这种方法，由于采购员的销售流程凭证与供货单位通过银行转来的购货流程凭证，到达企业时间会发生差异，会计控制上可能出现三种情况：一是先支付进货款，后办理托收销货款；二是先办理托收销货款，后支付进货款；三是支付进货款与收取销货款在同一天，不同的情况在会计核算上将有所差别。

（2）企业委托供货单位代办商品发运、垫付运费、代向购货单位结算货款等手续，采用这种方式，企业应另设计并填制“直运商品收发货单”作为专用发票的附件，送供货单位，其余购销程序和手续与企业派专职采购员驻供货单位情况一样办理。

## 三、销售退回和销售折让业务处理程序的设计

企业在销售商品后，由于质量、品种、规格、数量不符合合同规定，或因计价、发货差错等原因，致使购货单位提出拒收商品和拒付货款，此时，业务部门、销售部门、财会部门应及时与购货单位联系，协商解决办法。具体流程如图 16—9 所示。

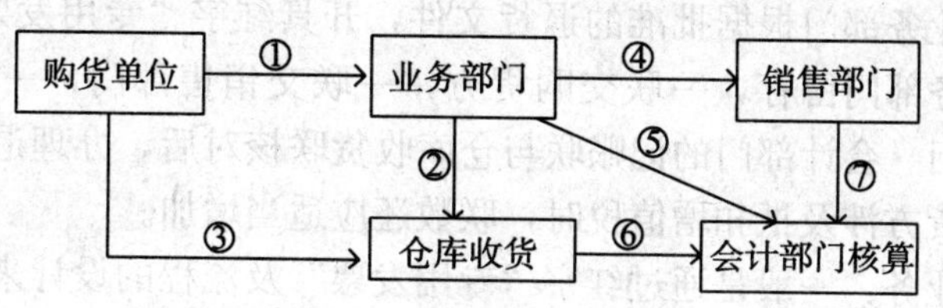


**图 16—9 退货业务流程图**

注：图中①～⑦为退货业务流程顺序。

如果商品可修复不办退货时，可在修理后采用一定销货折让办法，力求减少损失，在会计程序的控制上要按商品修复核算及销售折让核算的控制方法设计“可修复商品修理单”和“销货折让单”等凭证加以控制与核算。可修复商品修理单、销售折让单的格式如表 16—7 和表 16—8 所示。

**表 16—7**

××市××公司

**可修复商品修理单**

年 月 日 编号：

客户名称： 修理商品名称： 第 联

| 型号及规格 | 计量单位 | 修理数量 | 修理部门 | 修理原因 |
|---|---|---|---|---|
| | | | | |
| | | | | |
| 购买日期<br>修理日期 | 发票号码<br>完工日期 | | | |
| 修理记录 | | 检验人 | | 修理人 |

部门负责人： 经办人：

**表 16—8**

××市××公司

**销售折让单**

年 月 日

部门： 编号：

| 货号 | 规格及名称 | 计量单位 | 数量 | 原单价 | 折让后单价 | 折让金额合计 |
|---|---|---|---|---|---|---|
| | | | | | | |
| | | | | | | |
| 折让原因：<br>经办人： | | | | | | |
| 审批意见：<br>企业负责人： | | | | | 部门负责人： | |

如果购货单位不同意修复或折让时，应按合同规定办理退货手续，此时企业的业务部门、销售部门与财会部门应查明原因，分清责任，写出书面报告，报企业领导批准后做出退货处理。

退货时，企业业务部门根据批准的退货文件，开具红字“专用发票”，其基本联数可一式五联：一联业务部门留存，一联交购货方，一联交销售部门，一联交给仓库办理收货，一联交会计部门。会计部门的记账联与仓库收货联核对后，办理退款结算手续，如涉及的部门较多或购货方涉及抵扣增值税时，联数还应适当增加。

企业销货退回业务，一般是通过红字“专用发票”及流程的设计来实施控制的，退货业务较多时，也可通过设计“销货退回单”及其传递方式加以控制。

销售业务记账程序设计要达到两个基本要求：一是正确、全面反映销售成果；二是适应不同结算方式需要，便于应收账款的核算。

为了适应上述要求，企业可根据销售业务的繁简、不同结算方式的特点，采用相应的记账程序。

## 四、销售明细账的记账程序的设计

（1）采用按产品或劳务类别分别设置销售收入、销售成本、销售费用、销售税金等账页和销售汇总表的记账方式。平时，将发生的销售收入、销售成本、销售费用和销售税金均在各自的账页中登记，期末，分别结转至“本年利润”账页。同时，为了全面反映销售成果，期末根据各销售明细账编制销售汇总表。其记账程序如图 16—10 所示。

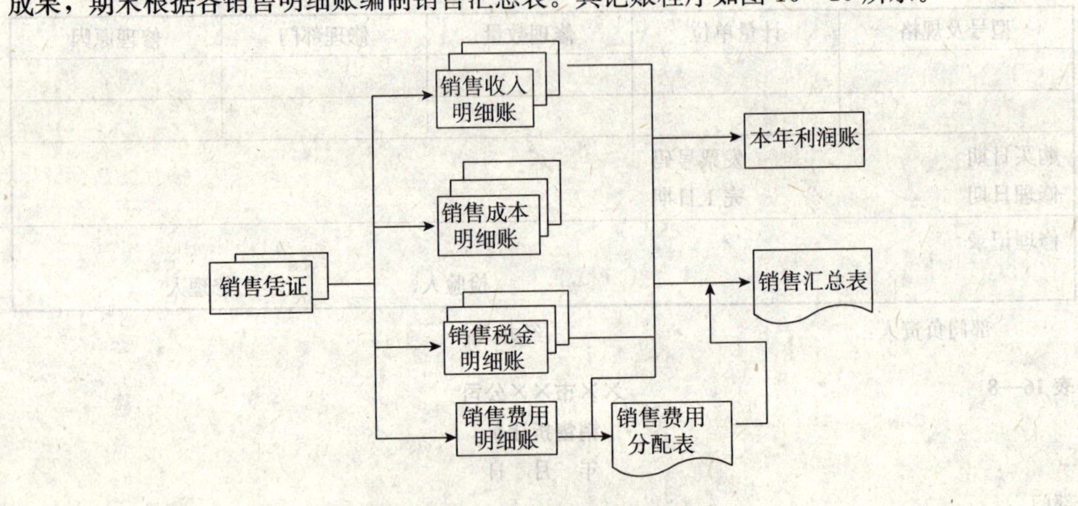


**图 16—10　销售明细账的记账程序**

在这种记账程序中，账页与账户设置相一致，核算记录清楚。但账页设置数量较多，账页记录容易出差错。另外，还需要通过销售汇总表来全面反映某类产品或劳务的销售成果。销售汇总表格式如表 16—9 所示。

**表 16—9**　　　　**销售汇总表**

20××年××月××日

| 产品类别 | 数量 | 单价 | 销售收入 | 销售成本 | 销售费用 | 销售税金 | 销售利润 |
|---|---|---|---|---|---|---|---|
| | | | | | | | |
| 合计 | | | | | | | |

(2) 采用按产品或劳务类别，将销售收入、销售成本、销售费用、销售税金账户设在同一账页的记账方式。其账页格式如表16—10所示。

**表16—10　　　　销售明细账**

产品品种（或劳务）：　　　　20××年××月××日

| 年 | | 凭证号 | 摘要 | 销售收入 | | | 销售成本 | | | 销售费用 | 销售税金 | 销售利润 |
|---|---|---|---|---|---|---|---|---|---|---|---|---|
| 月 | 日 | | | 数量 | 单价 | 金额 | 数量 | 单价 | 金额 | | | |
| | | | | | | | | | | | | |
| | | | 合计 | | — | | | — | | | | |
| | | | 结转利润 | — | — | | — | — | | | | |

该账页既能集中反映某产品或劳务销售成果，又减少销售明细账页数量，销售收入、销售成本、销售费用和销售税金账户借贷方发生额都可在同一栏中以正负数字反映。

## 五、应收账款明细账的记账程序的设计

应收账款明细账的记账程序，按销售发生时，记账的时间先后分为应收账款法记账程序和应用抽单法记账程序。

### (一) 应收账款法记账程序

销售发生时，按每一应收账款具体客户设置账页，进行应收账款明细核算。其记账程序如图16—11所示。

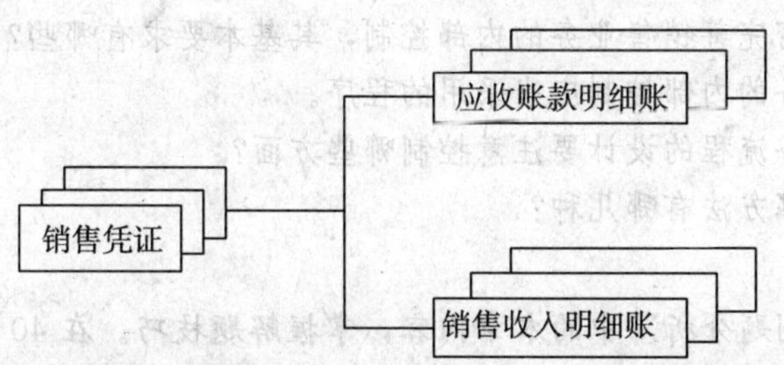


**图16—11　应收账款法下应收账款明细账的记账程序**

这种记账方式对应收账款控制严密，能全面反映某一客户的付款结算情况，从而可分析客户的信用状况，便于企业对客户赊销政策的制定。但核算工作量较大，当销售与收款相差时间不多，特别是在同一会计期间完成时，这种记账方式效果不是很明显。

### (二) 应用抽单法记账程序

鉴于大部分应收账款能在期间内收到，所以平时在应收账款发生时不作明细账记录。只是到期末，才根据有关凭证记录应收账款明细账。应用抽单法的程序是：当销售成立时，将销售发票中的记账联和收款联分别存放。平时收到客户的销售货款时，就抽取相应的记账联和收款联，直接作销售收入、银行存款或现金的账户处理。期末，根据

尚未抽取的收款联和记账联作应收账款与销售收入的账务处理。该记账程序如图 16—12 所示。

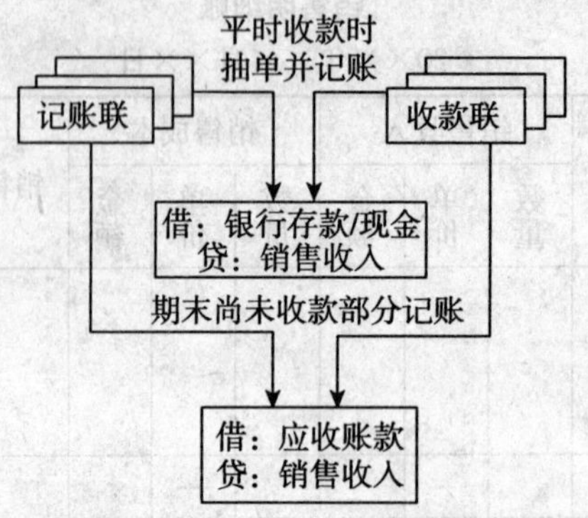


**图 16—12　应收抽单法下应收账款明细账的记账程序**

采用抽单法时，可不设应收账款明细账，而在期末按客户排列收款联，以表代账。但是，要注意收款联的安全保管，为此，与采购业务采用抽单法处理应付账款一样，可在发票联数中增加一联，作为备查控制凭证，定期集中装订，存放在会计部门。

## 【本章小结】

本章介绍的是企业经营收入的主要来源，是企业实现盈利的主要途径，加强销售业务的会计处理，有利于准确计量企业的收入。因此，本章讲述的也是本书的重要内容。

## 【复习思考题】

1. 要想尽量严密完善销售业务的内部控制，其基本要求有哪些？
2. 简述赊销业务的内部控制应当采用的程序。
3. 商品出库业务流程的设计要注意控制哪些方面？
4. 商品出库核算方法有哪几种？

☞阅读光盘“例题分析”中的本章内容，掌握解题技巧。在 40 分钟内完成光盘“即时练习”中的本章练习。光盘的“关键概念”提供了相关概念的检索。

# 第十七章

# 投资及筹资业务处理程序的设计

学习导航

用3学时学习本章内容。

⊙ **了解**：投资及筹资业务的概念及特点。投资和筹资业务记录的设计。投资和筹资业务处理程序的具体操作流程。

⊙ **理解**：投资活动和筹资活动业务的内部控制要点。

⊙ **掌握**：投资和筹资业务的具体控制的设计：建立投资、筹资业务的监督稽核制度；实施对有价证券实物的严格保管程序；规范支付或取得利息、股利的操作手段；保证会计记录准确性、及时性的控制。

## 第一节 投资及筹资业务的概念及特点

投资是企业为了通过分配（如利息、股利、利润等）来增加财富，或为了资本增值，或为了谋求其他利益，或为了对被投资企业施加影响、改善贸易关系等，将资产让渡给其他单位而获得另一项资产的活动。投资活动主要由权益性投资交易和债权性投资交易组成。投资可以分为交易性金融资产、可供出售金融资产投资和长期股权投资两大类。交易性金融资产、可供出售金融资产投资是各种能够随时变现的有价证券、基金以及其他投资。长期股权投资是指对被投资单位实施控制的权益性投资，即对子公司投资或购买股票。

筹资是指企业为满足生存和发展的需要，通过改变企业资本及债务规模和构成而筹集资金的活动。筹资活动主要由借款交易和股东权益交易组成。企业从筹措资金开始经营活动，并且在企业以后的经营活动中为追求企业财富最大化会不断产生对资金的新的需要，因而筹资理财活动日益成为企业经济活动中必须予以重视的重要环节。我国企业可采用多种筹资渠道，如发行股票（普通股、优先股）、债券（长期债券、短期融资券、可转换债券）和各种借款（信用借款、担保借款和抵押借款）。

筹资与投资交易具有如下共同特征：

（1）筹资与投资循环的交易数量较少，而每笔交易的金额通常较大。

（2）漏记、误记或不恰当地对一笔业务进行会计处理，将会导致重大错误，从而对企业会计报表的公允反映产生较大的影响。

（3）筹资与投资循环交易必须遵守国家法律、法规和相关契约的规定。

## 第二节　投资及筹资业务内部控制要点的设计

鉴于投资和筹资活动的特征，企业必须建立严格的内部控制制度以保证投资和筹资业务的完整性、真实性、有效性。因此，设计投资和筹资会计业务处理程序时应注意以下内部控制要点：

### 一、投资活动的内部控制

一般来讲，投资内部控制的主要内容包括下列几个方面：

**（一）合理的职责分工**

一项投资业务，应在业务的授权、业务的执行、业务的会计记录以及投资资产的保管等方面都有明确的分工，不得由一人同时负责上述任何两项工作。比如，投资业务在企业高层管理机构核准后，可由高层负责人员授权签批，由财务经理办理具体的股票或债券的买卖业务，由会计部门负责进行会计记录和财务处理，并由专人保管股票或债券。这种合理的分工所形成的相互牵制机制有利于避免或减少投资业务中发生错误或舞弊的可能性。

办理对外投资业务的不相容岗位相互分离、制约和监督。对外投资不相容岗位一般包括：

（1）对外投资预算的编制与审批。

（2）对外投资项目的分析论证与评估。

（3）对外投资的决策与执行。

（4）对外投资处置的审批与执行。

（5）对外投资业务的执行与相关会计记录。如负责利息或股利计算及会计记录的人员应同支付利息或股利的人员分离，并尽可能由独立的金融机构代理支付。

**（二）授权批准**

单位应当建立严格的对外投资业务授权批准制度，明确审批人的授权批准方式、权限、程序、责任相关控制措施，规定经办人的职责范围和工作要求。审批人应当根据对外投资授权审批制度的规定，在授权范围内进行审批，不得超越审批授权权限，经办人应当在职责范围内，按照审批人的意思办理对外投资业务，对于审批人超越授权范围审批的对外投资业务，经办人有权拒绝办理，并及时向上级部门报告。

**（三）决策控制**

单位应当建立对外投资决策环节的控制制度，对对外投资预算的编制和审批、投资建

议的提出、分析与论证、项目立项、可行性研究、评估、决策等做出明确规定，确保对外投资决策科学、合理。

**(四) 资产投出和处置的控制**

单位应当加强对外投资资产投出业务的控制，对投资计划的编制、投资合同的签订和实施、资产投出、收回、转让、核销的授权批准程序等做出明确规定。

**(五) 健全的资产保管制度**

企业对投资金融资产（指股票债券和基金）一般有两种保管方式：一种是由独立的专门机构保管，如在企业拥有较大的投资资产的情况下，委托银行、证券公司、信托投资公司等机构进行保管。这些机构拥有专门的保存和防护措施，可以防止各种证券及单据失窃或毁损，并且由于它与投资业务的会计记录工作完全分离，可以大大降低舞弊的可能性。另一种方式是由企业自行保管，在这种方式下必须建立严格的联合控制制度，即至少要由两名以上人员共同控制，不得一人单独接触证券。对于任何证券的存入和取出，都要将债券名称、数量、价值及存取的日期、数量等详细记录于证券登记簿内，并由所有在场的经手人员签名。

**(六) 详尽的会计核算制度**

企业的投资资产无论是自行保管的还是由他人保管的，都要进行完整的会计记录，并对其增减变动及投资收益进行相关会计核算。具体而言，应对每一种股票或债券分别设立明细分类账，并详细记录其名称、面值、证书编号、数量、取得日期、经纪人（证券商）名称、购入成本、收取的股息或利息等；对于联营投资类的其他投资，也应设置明细分类账，核算其他投资的投出及其投资收益和投资回收等业务，并对投资的形式（如货币资产、实物、无形资产等）、投向（即接受投资单位）、投资的计价以及投资收益等做出详细的记录。

**(七) 严格的记名登记制度**

除无记名证券外，企业在购入股票或债券时应在购入的当日尽快登记于企业名下，切忌登记于经办人员名下，防止冒名转移并借其他名义牟取私利的舞弊行为发生。

**(八) 完善的定期盘点制度**

对于企业所拥有的投资资产，应由内部审计人员或不参与投资业务的其他人员进行定期盘点，检查是否确为企业所拥有，并将盘点记录与账面记录互相核对，以确认账实的一致性。

**(九) 持有控制**

单位应当根据不同的投资种类和投资方式采用相应的管理方法，加强对持有投资项目的安全完整、投资收益的收取、有关凭证的保管和记录、会计核算等方面的控制。

## 二、筹资活动的内部控制

筹资活动由金融负债和股东权益交易组成。企业的金融负债涉及短期借款、长期借款、应付债券和长期应付款，这些内部控制基本类似，股东权益增减变动的业务较少而金额较大，这里我们以应付债券为例说明其内部控制。主要内容有：

(1) 应付债券的发行要有正式的授权程序，每次均要由董事会授权。

（2）申请发行债券时，应履行审批手续，向有关机关递交相关文件。

（3）应付债券的发行，要由受托管理人来行使保护发行人和持有人合法权益的权利。

（4）每种债券发行都必须签订债券契约。

（5）债券的承销或包销必须签订有关协议。

（6）记录应付债券业务的会计人员不得参与债券发行。

（7）如果企业保存债券持有人明细分类账，应同总分类账核对相符，若这些记录由外部机构保存，则须定期同外部机构核对。

（8）未发行的债券必须有专人负责。

（9）债券的购回要有正式的授权程序。

除此之外，我们还要设计财务分析制度，以加强筹资的风险控制，密切把握筹资活动的动向，保障债券持有人利益，确保企业债券在到期日有足够的偿还能力。

（1）债券发行企业应在债券到期之前，按期建立偿债资金，以防止财务风险。

（2）由负责偿债基金计算的会计人员和支票填制人以外的其他人员，定期核对银行或信托公司偿债基金账面余额；并应定期检查偿债基金提取的正确性及所签发支票受款是否为指定委托人。

（3）分析筹资决策过程，包括筹资总额、筹资结构、筹资渠道、筹资方式决策的科学性、合理性。重点检查是否存在盲目筹资的现象，并定期向最高管理者或董事会送交财务分析报告。

## 三、投资和筹资业务具体控制的设计

### （一）建立投资、筹资业务的监督稽核制度

投资活动收益与风险相伴，因此应加强投资业务的审核控制。企业应根据投资分析报告并结合投资顾问的意见编制投资计划。投资计划应详细说明准备投资的对象及投资理由、影响投资收益的潜在风险因素等。投资计划编制完毕后，在正式执行前必须经过审批后方可执行。所有的投资决策都应当以书面文件的形式予以记录，并对这些书面文件进行编号控制，以便日后备查。单位应当建立健全对外投资内部控制的监督检查制度，明确监督检查部门和人员的职责权限，定期或不定期地进行检查。内容主要包括：

（1）对外投资业务相关岗位设置及人员配备情况。重点检查岗位设置是否科学、合理，是否存在不相容职务混岗的现象以及人员配备是否合理。

（2）对外投资业务授权审批制度的执行情况。重点检查分级授权是否合理，对外投资的授权批准手续是否健全，是否存在越权审批等违反规定的行为。

（3）对外投资业务的决策情况。重点检查对外投资决策过程是否符合规定的程序。

（4）对外投资资产的投出情况。重点检查各项资产是否按照投资计划投出；以非货币性资产投出的，重点检查资产的作价是否合理。

（5）对外投资持有的管理情况。重点检查有关对外投资权益证书等凭证的保管和记录情况，投资期间获得的投资收益是否合理。

（6）对外投资的处理情况。重点检查投资资产的处置是否经过授权批准，资产的回收是否完整、及时，资产的作价是否合理。

（7）对外投资的会计处理情况。重点检查会计记录是否真实、完整。

进行筹资活动时，企业同样要编制筹资计划书，详细说明筹资的理由、数量、方式等事项，由财务经理进行复核并提交董事会。董事会接到筹资计划后，应聘请法律顾问、银行顾问及其他财务专家共同审核该项筹资计划的可行性及合理性，如该项计划可行，应授权财务经理策划具体的筹资业务细节。

**（二）实施对有价证券实物的严格保管程序**

企业投资购入的股票、债券、基金，已印刷好但尚未发行的公司债券、股票一般委托独立的金融机构代为保管。特殊情况下，企业需自行保管证券，应将证券存入专用的保险箱或专门的保管库内，并规定只有经适当授权的职员才能接触。当进入保管库中或开取保险箱时，应有两位负责保管业务的职员同时在场，并在登记簿上记载开箱的时间及原因，由开箱或进库人员共同签名以示负责。无论自行保管或委托包管，都应由与投资和筹资业务无关的其他人员定期对证券进行核对。如自行保管，应对实物进行盘点，将盘点的结果记录在盘点清单上，与投资和筹资明细账进行核对。如果是委托保管，应定期核对。当企业有库藏股票业务时，应单独设立库藏股票登记簿来记录其重新取得和再发行的情况。

**（三）规范支付或取得利息、股利的操作手续**

对于筹资业务而言，应加强利息、股利的支付控制。掌管利息支出业务的职员，应根据票据面值和利率，计算应支付的利息。在得到其他职员的复核和负责人审批核准后，才能支付利息。企业可将到期的利息总额，开出支票委托金融机构代为发放。股利的发放控制与利息相类似。对于投资方而言，应将所收到的利息、股利及时入账。

**（四）保证会计记录准确性、及时性的控制**

负责投资业务的会计人员在一开始就要对每一种证券设立明细账加以及时准确反映，每月应编制证券投资盈亏报表。对于公司债券应编制折溢价摊销表。对于筹资业务，应按股东设置明细账，以便有效控制发行在外的股票。同时应定期将各类明细账与总账相核对。

## 第三节　投资及筹资业务记录的设计

### 一、投资业务记录的设计

基于投资分散化原理，一般企业的投资都呈多样化。就证券投资而言，企业可投资股票、债券、基金等不同的证券，即使同一证券也可投资不同的品种。为此企业要及时了解各种投资证券，以便正确做出决策，获取投资收益，降低投资风险。另外，有价证券具有高度的流动性，尤其是短期投资交易往往很频繁，为对交易活动实施控制，防止从事交易的直接人员利用职务便利私自买卖证券以牟取私利，确保有价证券的安全，应对有价证券作详细、完整的记录。此外，因投资形式多样，投资收益的获取时间和获取方式也呈多样化，为确保企业能完整获得全部投资收益，防止他人截留私吞，避免向报表使用者提供不实的信息，同样应对证券交易、结存情况作详细记录。为此，企业应设立有价证券登记簿，及时总括地反映有价证券的投资情况。

### (一) 股票投资登记簿

股票投资登记簿应包括以下基本内容：发行公司名称、股票种类（优先股或普通股）、股票代码、股票面值、股利发放日期、购买日期、股数、购买价格、佣金及税款、购买成本、交易商、收到股利日期和金额、出售或处置日期、价格、佣金数额及净收益、应收股利、股票投资损益。其格式如表 17—1 所示。

**表 17—1　　股票投资登记簿**

发行公司：

种类[①]：　　　　面值：　　　　单位：元

| 买入 | | | | 卖出 | | | | 买卖损益 | 余额 | | |
|---|---|---|---|---|---|---|---|---|---|---|---|
| 日期 | 股数 | 价格 | 成本[②] | 日期 | 股数 | 价格 | 收入[②] | | 股数 | 市价 | 成本 |
| | | | | | | | | | | | |

注：①指优先股或普通股。

②成本及现金收入均包括佣金和税金。

### (二) 债券投资登记簿

债券投资登记簿应包括以下内容：发行主体的名称、债券的种类（国家债券、财政债券或企业债券）、债券的利率、到期日、利息支付日、利息支付方式、购买的日期、受托的经纪人、购买价格、应付的利息、佣金及应付税金、到期价值、付息日及利息收入金额、折价或溢价摊销。其格式如表 17—2 所示。

**表 17—2　　债券投资登记簿**

发行公司：　　　　面值：　　　　发行价：

种类：　　　　发行日期：　　　　到期日期：

| 日期 | 数量 | 卖出 | | 买入 | | 损益 | 应收利息日 | 利息收讫日 | 利息现金收入 | 溢价/折价摊销 | 实际利息收入 |
|---|---|---|---|---|---|---|---|---|---|---|---|
| | | 市价 | 金额 | 市价 | 金额 | | | | | | |
| | | | | | | | | | | | |

该表格的填制方法如下：

(1) 企业购买到期债券后，即填写购买日期、数量。买入市价一栏填入购买单价，然后在金额一栏填入债券购入支付的金额。

(2) 企业发生利息收入时，如果利息收讫日和会计年度一致，则应收利息日和利息收讫日相同。在收到利息时，按实收现金额计入利息现金收入额一栏，同时在会计年度末进行折价或溢价摊销。如果债券是溢价购入，则贷记溢价摊销额，此时的实际利息收入等于利息现金收入额减去溢价摊销额；如果是折价购入，则借记摊销额，此时的实际利息收入等于利息现金收入额加上折价摊销额。

如果利息支付日和会计年度不一致，根据权责发生制原则，会计年度末就会产生应收

利息，此时的日期就是应收利息日。由于会计年度末同样存在折价或溢价摊销问题，因此实际利息收入额如以上所说需对应收现金利息收入进行折（溢）价摊销的调整。

（3）企业出售债券时，应填写出售的数额、单价和收到的金额，同时计算出售债券的账面价值，账面价值与出售收入之间的差额即是出售债券损益（利润用"＋"号，损失用"－"号）。

**（三）证券投资汇总表**

对于投资业务较少、投资种类较为单一且投资交易量也不大的企业，不需提供上述详细备查簿，而只提供一段期间汇总的交易清单及留存实物清单即可满足企业管理的需要，证券投资汇总表如表 17—3 所示。

表 17—3　　证券投资汇总表　　单位：元

| 项目 / 号码 | 名称 | 数量 | 市场价值 | 购买价值 | 收益率 | 股利 |
|---|---|---|---|---|---|---|
| | | | | | | |
| 合计 | | | | | | |

编制日期：　　编制人：

## 二、筹资业务记录的设计

**（一）股本明细表**

为有效反映及控制企业所发行的股票种类及发行状况，会计部门应设置股本明细表，如表 17—4 所示。其中，"股票种类"栏按公司发行的股票种类登记，如普通股、优先股；或按发行对象和上市地区不同而区分的 A 种、B 种、H 种股票等，"摘要"栏登记发行日期等摘要事项，其余栏目按实际发生数填列。

表 17—4　　股本明细表

编制单位：　　20××年××月××日

| 股票种类 | 摘要 | 每股面值 | 股数 | | | 实收股本金额 | 备注 |
|---|---|---|---|---|---|---|---|
| | | | 核定数 | 未发行数 | 已发行数 | | |
| | | | | | | | |

**（二）股东名册**

为了有效控制发行在外的股票，必须对股票持有人加以适当记录，这种控制主要通过股东名册来进行（如表 17—5 所示）。第一栏"编号"内应填入连续性号码，以总计股东人数；第二栏"股东类别"填入个人、法人、国家等投资者类别；第三栏"账户号码"内填入股东账户号码；第四栏"姓名"填入股东姓名；第五、七栏分别按实际日期填写，以辨别股东的有效性；第六栏登记持有股份数。

表 17—5 股东名册

编制单位： ××××年××月××日

| 编号 | 股东类别 | 账户号码 | 姓名 | 登记日期 | 持有股数 | 注销日期 |
|---|---|---|---|---|---|---|
| 01 | | | | | | |
| 02 | | | | | | |
| 03 | | | | | | |
| ⋮ | | | | | | |

**（三）短期和长期借款明细表**

该明细表中“债权人”填列不同的金融机构、非金融机构及其他债权人的名称。“期末余额”填列期末尚未偿还的借款本息；“期限”填列借款实际期限；“利率”填列借款的年利率；“融资额度”填列银行所批准的融资额度；“抵押或担保”填列借款条件，如填“抵押”、“担保”或“无”。

**（四）应付债券明细表**

企业应设置应付债券明细表以反映发行在外应付债券状况，并保证到期还本付息。其中，“债券名称”填列发行的不同债券名称，如可转换债券、短期融资券、企业债券等；“受托人”填列所委托发行的券商名称；“发行日期”、“付息日期”按实际日期填列；“发行总额”、“已还数额”按实际发生数的面值填列；“期末余额”根据前两栏相减得出，“未摊销溢（折）价”按应付债券溢（折）价摊销表中“未摊销溢（折）价”填列；“账面价值”按“期末余额”加（减）“未摊销溢（折）价”填列；“偿还办法”填列具体偿还方法，如一次还本付息、分期还本付息等；“担保情形”填列有无担保。

**（五）企业债券溢（折）价摊销表**

企业债券可以溢价或折价发行，并按债券的还款期限摊销溢价或折价金额。为此，应设计企业债券溢价或折价摊销表。

**拓展区**

“短期借款明细表”、“长期借款明细表”、“应付债券明细表”、“企业债券溢价摊销表”的格式请参看光盘相关内容。

## 第四节　投资及筹资业务处理程序的设计

### 一、投资业务处理程序的设计

投资业务按投资对象可分为交易性金融资产投资、持有至到期投资和其他投资三大类。这里重点介绍前两类投资。

### （一）交易性金融资产业务处理程序的设计

交易性金融资产的类型多样，如可投资股票、债券、基金等不同性质的证券；投资的品种分散，即使在同一类证券中还会有不同的若干品种，如同是投资基金，可以投资股票型、配置型、债券型、指数型及货币型资金；在股票型基金中，又可投资于不同基金公司不同的投资品种。由于交易性投资交易频繁、流动性强。因此企业对交易性资产投资必须建立规范、严密的投资业务处理程序，以便对交易活动实施有效控制，防止舞弊，并保证投资会计核算资料的真实、完整。下面从交易性金融资产的购入、出售、投资收益和期末计价四个方面说明其一般业务处理程序的设计。

1. 交易性金融资产购入业务的处理程序

（1）由投资业务部门编制“股票或债券投资计划建议书”，经批准后据此填制“证券购入通知单”一式两联，一联留存，一联交会计部门审批后交出纳部门。

（2）出纳根据“证券购入通知单”开出转账支票，经审核盖章并登记“支票登记簿”后存入投资专户。

（3）出纳收到证券公司“交割单”后，根据支票存根及“证券购入通知单”编制付款凭证，并据以登记银行存款日记账。

（4）会计部门收到付款凭证及有关单据后，登记交易性金融资产总账、明细账及登记簿。

交易性金融资产购入业务流程如图 17—1 所示。

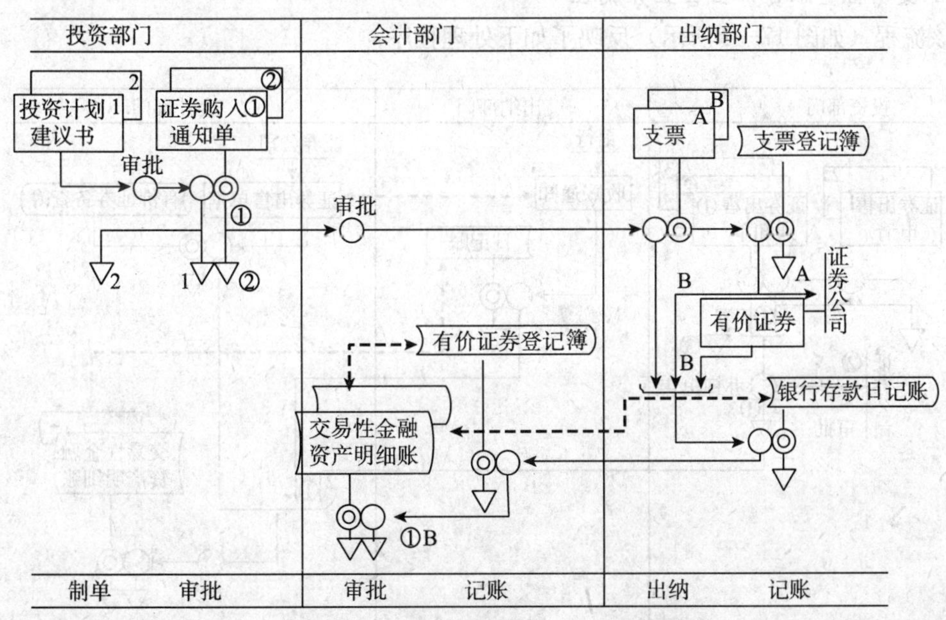


**图 17—1　交易性金融资产购入业务流程图**

注：图中“1”、“2”和“①”、“②”均为凭单联数。

该流程控制有以下要点：

（1）企业负责投资的人员搜集有关债券交易方面的资料进行分析，确定投资的具体品种，将投资分析报告交由企业董事会会审批。经批准后，投资部门审核投资实施方案和投资合同中的投资额、投资时间、投资方式等是否相符，然后出具“证券购入通知单”通知财务部门。

(2) 财会人员对投资部门提交的“证券购入通知单”进行审核，检查投资项目是否有相关批文，复核合同内容是否真实，手续是否齐全，以及委托指令是否经过审批，并对款项汇入对方的银行账户的合法性进行审查，经财务经理批准后填制支付通知。

(3) 出纳对上述凭证审核无误后，及时按照规定程序办理付款手续，并经审核盖章后交投资部门。

(4) 在支付投资款项后，出纳人员及时取得相关汇款凭证或收款回执，并在付款凭证上注明款项已支付，防止重复付款；同时将凭证及时交给会计人员记账。会计人员若未能按时获得这些凭证，应及时查明原因。

(5) 企业财会人员应根据付款原始凭证等编制付款记账凭证，并据已登记银行存款日记账及有价证券备查簿，详细登记有价证券的相关情况。

(6) 企业对投资获得的有价证券进行妥善保管，防止各种证券、单据丢失或毁损。

在交易性金融资产购入环节应注意：投资计划的编制与审批、保管职能要分离；投资数量较小，投资计划可由负责投资业务的经理审批，投资数额较大，投资计划必须由董事会或总经理审核批准；签发转账支票时，会计部门应审核“证券购入通知单”“交易性金融资产”总账与明细账、各明细账与“交易性金融资产登记簿”要定期核对，注意审核投资的数量、金额、品种是否正确；“交易性金融资产”账簿记录与实际是否相符，应由独立于证券业务的其他人员进行定期盘点核对。

2. 交易性金融资产出售业务流程

该流程（如图17—2所示）反映了如下处理程序：

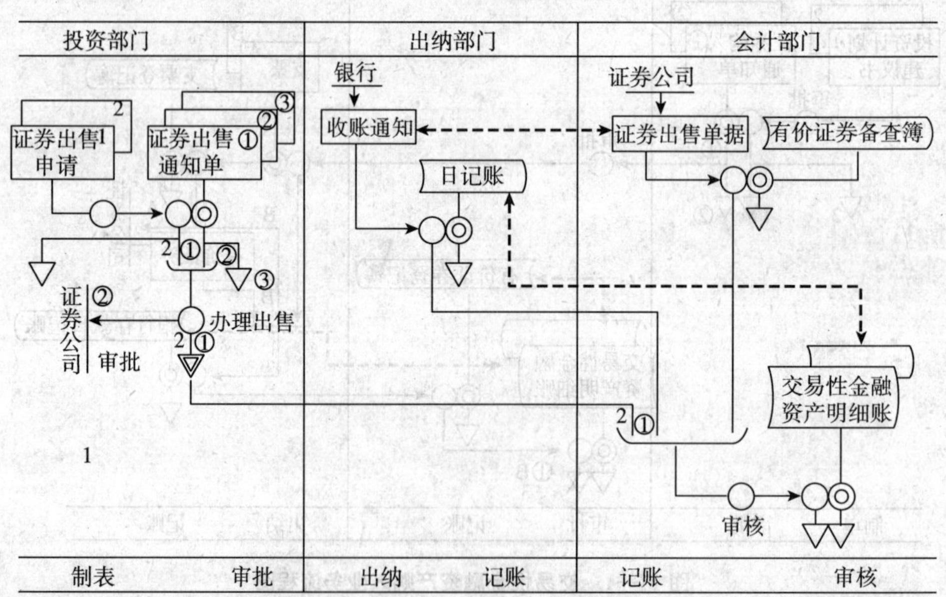


**图17—2 交易性金融资产出售业务流程图**

注：图中“1”、“2”和“①”、“②”、“③”均为凭单联数。

(1) 投资部门根据证券市场价格及本单位投资目标实现程度，提出证券出售申请，经审批后编制证券出售通知单，交证券经纪人办理卖出手续。

（2）会计部门收到证券公司交来的证券出售单据以及通过银行转来的收账通知，核对证券出售申请及证券出售通知单后进行明细账核算。

（3）出纳部门根据会计部门转来的“交割单”及银行收账通知，编制收款凭证，并登记“银行存款日记账”或“其他货币资金——存出投资款”明细账。

（4）会计部门根据出纳部门转来的收款凭证及有关原始凭证，登记“交易性金融资产”总账、明细账及证券投资登记簿。

该流程控制要点如下：

（1）证券出售要经授权批准。

（2）投资部门、出纳部门和会计部门要定期核对证券出售通知单、收账通知和证券出售单据，以保证每笔证券卖出收益正确入账。

3. 交易性金融资产投资收益业务流程

该流程（如图 17—3 所示）反映股票投资收益业务处理程序：

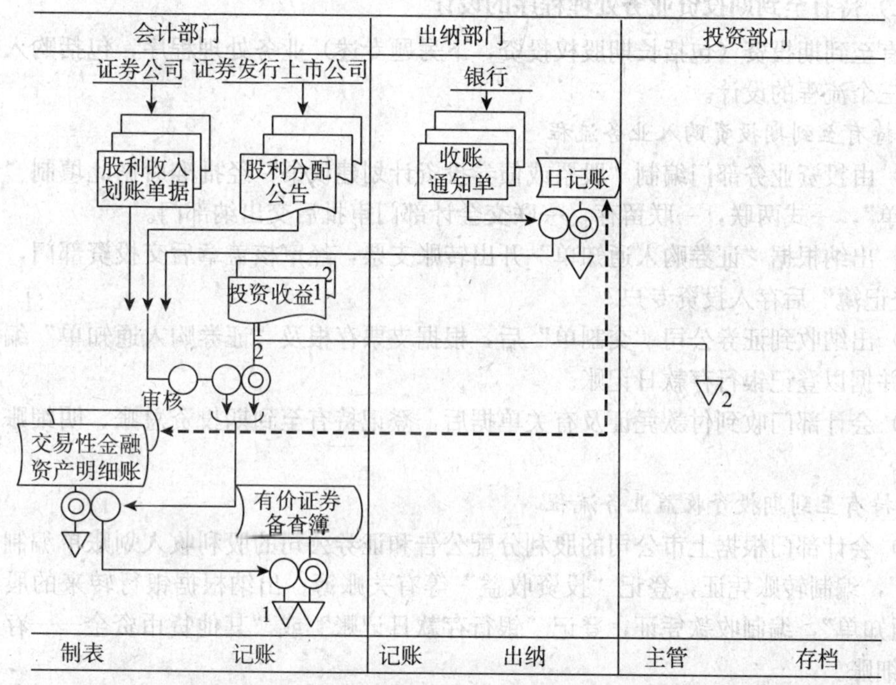


图 17—3　交易性金融资产投资收益业务流程图

（1）会计部门根据上市公司的股利分配公告和证券公司的股利收入划账单编制“股利收益表”，编制转账凭证，登记“投资收益”等有关账簿；出纳部门根据银行转来的股利收入“收账通知单”，编制收款凭证，登记“银行存款日记账”或“其他货币资金——存出投资款”明细账。

（2）债券、基金投资收益的业务处理。会计部门根据证券公司的利息收入、基金分红划账单编制“利息收益表”、“基金分红收益表”，编制转账凭证，登记“投资收益”等有关账簿；出纳部门根据银行转来的“利息收入通知单”、“基金分红收账通知单”编制收款凭证，登记“银行存款日记账”或“其他货币资金——存出投资款”明细账。

（3）“投资收益表”（包括股利收益表、利息收益表、基金分红收益表）一联交投资部门备案。

该流程控制要点如下：

(1) 编制投资收益表前应核对有关收账、划账凭证。

(2) 对已公告发放股利，但尚未收到股利的要及时查明原因。

(3) 定期查阅证券投资登记簿，了解各种证券投资收益是否正常，账上结余的证券投资的品种和数量与证券投资收益的品种和金额是否相符。

4. 交易性金融资产投资期末计价业务流程

(1) 在资产负债表日，投资业务部门编制“股票、债券、基金期末公允价值表”（即资产负债表日收盘价），一式两联，一联留存，一联交会计部门。

(2) 会计部门收到“股票、债券、基金期末公允价值表”后，与已登记入账的初始投资成本对比，编制调整分录，会计人员应及时登记“公允价值变动损益”账簿、“交易性金融资产——公允价值变动”账簿及证券投资登记簿。

### (二) 持有至到期投资业务处理程序的设计

持有至到期投资（包括长期股权投资，下另题专述）业务处理程序，包括购入、收益和出售三个流程的设计。

1. 持有至到期投资购入业务流程

(1) 由投资业务部门编制“股票或债券投资计划建议书”经批准后据此填制“证券购入通知单”，一式两联，一联留存，一联交会计部门审批后交出纳部门。

(2) 出纳根据“证券购入通知单”开出转账支票，经审核盖章后交投资部门，并登记“支票登记簿”后存入投资专户。

(3) 出纳收到证券公司“交割单”后，根据支票存根及“证券购入通知单”编制付款凭证，并据以登记银行存款日记账。

(4) 会计部门收到付款凭证及有关单据后，登记持有至到期投资总账、明细账和有关登记簿。

2. 持有至到期投资收益业务流程

(1) 会计部门根据上市公司的股利分配公告和证券公司的股利收入划账单编制“股利收益表”，编制转账凭证，登记“投资收益”等有关账簿；出纳根据银行转来的股利收入“收账通知单”，编制收款凭证，登记“银行存款日记账”或“其他货币资金——存出投资款”明细账。

(2) 会计部门将“投资收益表”中的一联交投资部门备案。

3. 持有至到期投资出售业务流程

(1) 投资部门根据证券市场分析，提出“证券出售申请书”，经决策部门审批后编制“证券出售通知单”交证券经纪人办理出售手续。

(2) 会计部门收到证券公司转来的“交割单”后进行审核，并交出纳部门。

(3) 出纳部门根据会计部门转来的“交割单”及银行收账通知，编制收款凭证，并登记“银行存款日记账”或“其他货币资金——存出投资款”明细账。

(4) 会计部门根据出纳部门转来的收款凭证及有关原始凭证，登记“持有至到期投资”总账、明细账及证券投资登记簿。

### (三) 长期股权投资业务处理程序的设计

长期股权投资一般项目单一、投资金额较大、投资内容变动较少，又有合同、章程等

法律文件的严格约束，因而业务处理程序比较简单，但如何根据会计准则，确认核算方法和减值金额是此类投资设计应关注的问题。

1. 长期股权投资核算方法的确认

(1) 选择成本法、权益法的条件。

企业的长期股权投资，按会计准则规定可以选用成本法和权益法两种核算方法。这两种不同核算方法的选用，直接影响着企业财务状况和经营成果的客观性和准确性，因此，根据长期股权投资的实际状况，选择适当的核算方法就显得尤为重要。

影响核算方法选择的决定性因素是投资企业与被投资企业的关系。长期股权投资形成后，根据投资方对被投资方的影响程度，可将投资企业与被投资企业的关系分为控制（对子公司投资）、共同控制（对合资企业投资）和重大影响（对联营企业投资）三种以及投资在活跃市场中有否报价、公允价值是否能可靠计量，分为按成本法核算和按权益法核算两种方法。我国《企业会计准则第2号——长期股权投资》规定对子公司投资，日常采用成本法核算，编制合并报表时调整为权益法；除企业对子公司投资外，对被投资方不具有共同控制或重大影响，且在活跃市场中没有报价、公允价值不能可靠计量的权益性投资，也可采用成本法核算。投资企业对被投资单位具有共同控制或重大影响的长期股权投资，则采用权益法核算。

(2) 成本法核算的特点和要求。

成本法核算的主要特点是股权投资一般反映的是股权投资成本。具体要求是：初始成本计价，追加或收回投资应当调整长期股权投资成本。投资企业确认投资收益，仅限于被投资方接受投资后产生累计净利润的分配额。通常，投资企业在取得投资当年自被投资方分得的现金股利或利润应作投资成本的收回；以后年度，对被投资方宣告分派现金股利或利润，确认为当期投资收益；被投资单位累计分派现金股利或利润超过投资以后至上年末止被投资方累计实现净利润的，投资企业按照持股比例计算应享有的部分，也应作为投资成本的收回。

(3) 权益法核算的特点和要求。

权益法核算的主要特点是根据被投资单位的经营损益不断调整投资方的长期股权投资成本，以反映投资方占有被投资方经营损益的份额。具体要求是：

1) 初始投资成本大于投资时应享有被投资单位可辨认净资产公允价值份额的，不调整长期股权投资的初始投资成本；长期股权投资的初始投资成本小于投资时应享有被投资单位可辨认净资产公允价值份额的，其差额应当计入当期损益，同时调整长期股权投资的成本。

2) 投资企业取得长期股权投资后，应当按照应享有或应分担的被投资单位实现的净损益的份额，确认投资损益并调整长期股权投资的账面价值。投资企业按照被投资单位宣告分派的利润或现金股利计算应分得的部分，相应减少长期股权投资的账面价值。

3) 投资企业确认被投资单位发生的净亏损，应当以长期股权投资的账面价值及其他实质上构成对被投资单位净投资的长期权益减记至零为限，因为按照公司法对有限责任公司的法律规定，投资方对自己的投资责任只能以出资额为限。被投资单位以后实现净利润的，投资企业在其收益分享额弥补未确认亏损份额后，恢复确认收益分享额。

4) 投资企业在确认应享有被投资单位净损益的份额时，应当以取得投资时被投资单位各项可辨认资产等的公允价值为基础，对被投资单位的净利润进行适当调整后确认。

5）投资企业对于被投资单位除净损益以外所有者权益的其他变动，应当调整长期股权投资的账面价值并计入所有者权益。

2. 长期股权投资减值核算方法的确认

资产减值，是指资产的可收回金额低于其账面价值。企业应当在会计期末判断长期股权投资是否存在可能发生减值的迹象。

（1）有市价的长期股权投资可能发生减值的迹象。

对有市价的长期股权投资存在下列迹象的，表明其可能发生了减值：

1）长期股权投资的市价当期大幅度下跌，其跌幅明显大于因时间的推移而预计的下跌。

2）企业经营所处的经济、技术或者法律等环境以及长期股权投资所处的市场在当期或者将在近期发生重大变化，从而对企业产生不利影响。

3）市场利率或者其他市场投资回报率在当期已经提高，从而影响企业计算长期股权投资预计未来现金流量现值的折现率，导致长期股权投资可收回金额大幅度降低。

4）其他表明资产可能已经发生减值的迹象。

（2）没有市价的长期股权投资可能发生减值的迹象。

对没有市价的长期股权投资存在下列迹象的，表明其可能发生了减值：

1）影响被投资单位经营的政治或法律环境的变化，如税收、贸易等法规的颁布或修订，可能导致被投资单位出现巨额亏损。

2）被投资单位供应的商品或提供的劳务因产品过时或消费者偏好改变而使市场的需求发生变化，从而导致被投资单位财务状况发生严重恶化。

3）被投资单位所在行业的生产技术等发生重大变化，被投资单位已失去竞争能力，从而导致财务状况发生严重恶化，如进行清理整顿、清算等。

4）有证据表明该项投资实质上已经不能再给企业带来经济利益的其他情形。

如果在会计期末长期股权投资可收回金额的计量结果表明，可收回金额低于其账面价值的，应当将长期股权投资的账面价值减记至可回收金额，减记的金额确认为资产减值损失，计入当期损益，同时计提相应的长期股权投资减值准备。长期股权投资减值损失一经确认，在以后会计期间不得转回。

## 二、筹资业务处理程序的设计

### （一）股票发行及股利分配业务流程

1. 股票发行业务流程

该流程（如图17—4所示）反映股票发行业务的授权批准、记账、收款的业务处理过程。企业证券部门准备发行申请材料，其中包括财务审计报告、资产评估报告、招股说明书等送交证券主管部门审批，主管部门审批后，证券部门在核定的股份总额范围内授权委托证券公司销售股票并签订承销协议一式两份，一份自留，一份由证券公司保存。证券公司销售股票结束后将股东交款单及股东名册送交企业证券部门。证券部门审核后登记股东名册，并将股东交款单送交会计部门。出纳部门收到证券公司转来的交款清单和银行收款通知时，经审核编制收款凭证并登记银行存款日记账，将收款凭证和有关单证送交证券部门。证券部门据以在股东名册上登记收到股款日期，并将收款凭证和有关单证转送会计部

门做账务处理。

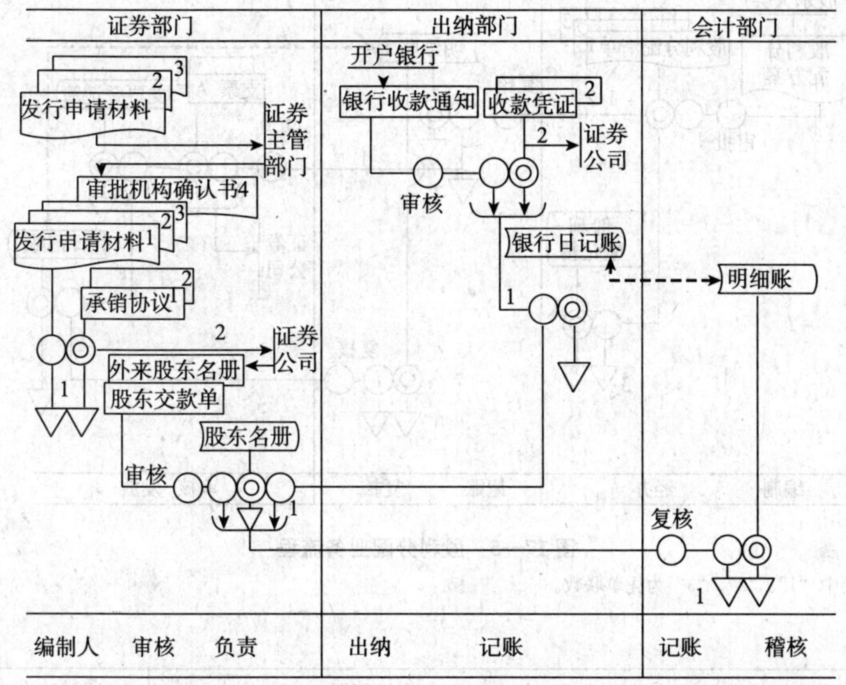


**图 17—4　股票发行业务流程**

注：图中"1"、"2"、"3"、"4"为凭单联数。

该流程的控制要点主要有：

（1）股票发行、收款、记录职务分离。

（2）核对股票交款单合计和银行收款通知金额合计。

（3）核对股东名册持有数合计与会计报表列示发行股数合计。

2. 股利分配业务流程

该流程（如图 17—5 所示）反映股利分配业务的审批、记账、付款的处理过程。企业证券部门根据股东大会通过的股利分配方案进行分配，登记股利登记簿并编制股利分配清单一式三份，一份自留，两份送会计部门。会计部门收到股利分配清单后复核并登记应付股利明细账，清单一份自留，一份送出纳部门。出纳部门收到审核过的股利分配清单后，签发支票连同清单送证券公司委托发放股利，并按支票副本编制付款凭证，据以登记银行存款日记账，付款凭证和支票副本送回会计部门。会计部门复核登记应付股利明细账，并通知证券部门在股利备查簿中登记股利支付日期，会计部门定期进行账账核对。

该流程的控制要点有：

（1）股利发行与记录职务分离。

（2）股利分配清单与股东名册中的股东人数要核对相符。

（3）检查股利支付与股东收款金额的一致性。

## （二）债券发行业务流程

该流程图（如图 17—6 所示）反映债券发行业务的批准、记账、收款的处理过程。企业证券部门准备申请材料，其中包括公司章程、可行性研究报告等，经资信评估机构评估

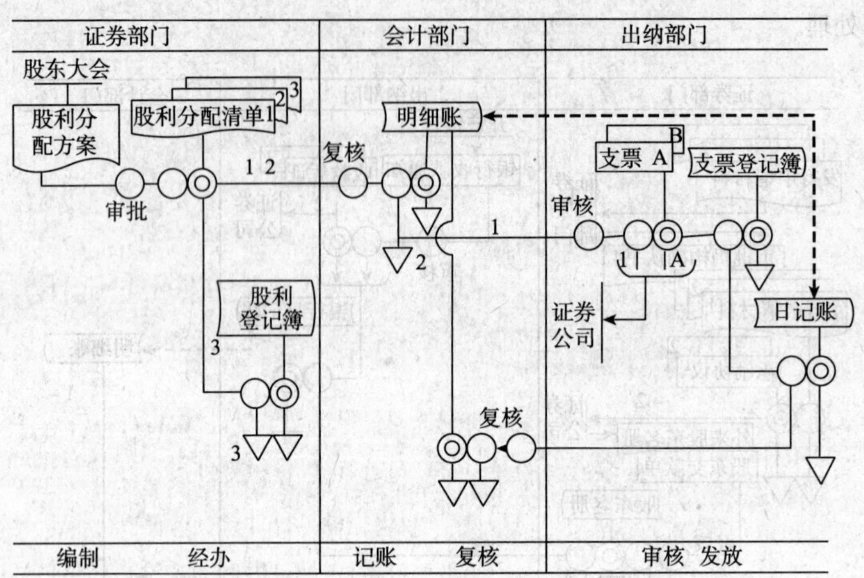


**图 17—5　股利分配业务流程**

注：图中"1"、"2"、"3"为凭单联数。

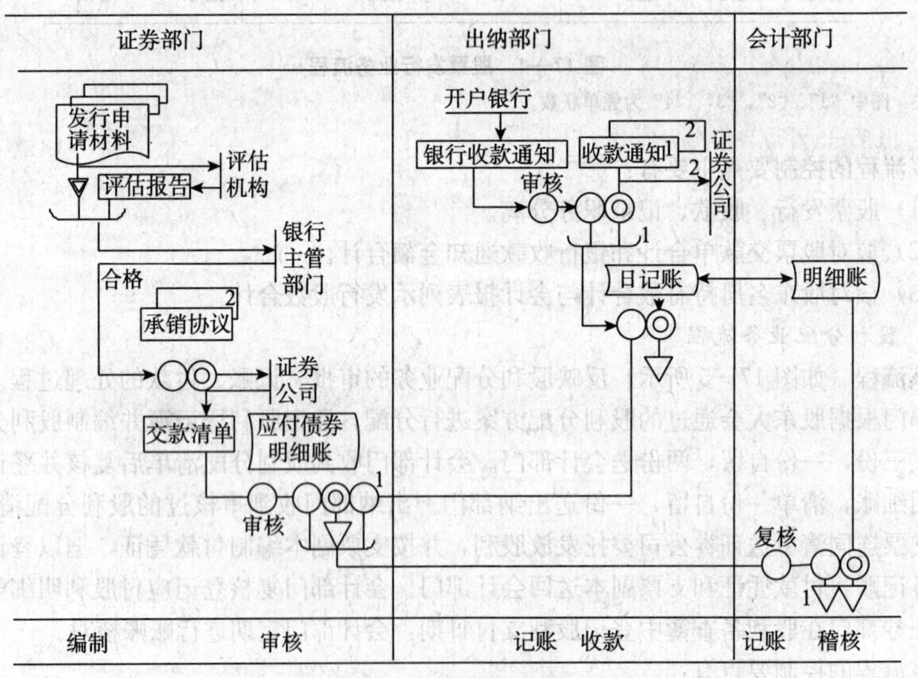


**图 17—6　债券发行业务流程**

注：图中"1"、"2"为凭单联数。

并出具评估报告后送交银行主管部门审批。审批合格后企业委托证券公司发行，并签订承销协议一式两份，一份自留，一份送证券公司。证券公司债券发行结束后，将交款清单送交企业证券部门，据以填列应付债券明细表，并将交款清单送交会计部门。出纳部门收到证券公司转来的交款清单和银行收款通知时，经审核编制收款凭证并登记银行存款日记

账，将收款凭证和有关单证送交证券部门，证券部门据以在应付债券明细表中登记发行日期，并将收款凭证和有关单证转送会计部门。

该流程的控制要点有：

(1) 债券发行与收款记录职务分离。

(2) 核对交款清单、应付债券明细账和银行收款通知金额的一致性。

**(三) 银行借款业务流程**

该流程反映企业提出借款申请、到银行审核、签订合同、办理款项入账、登记等的处理过程。企业财会部门根据生产经营中产生的资金需要提出借款申请审批书送交银行审批，银行根据国家产业政策和信贷规模的具体要求及其他有关政策对企业借款申请进行认真审查。申请批准后，银行与企业签订借款合同一式两份，一份银行留存，一份企业自留，银行据此办理具体借款业务，进行款项划拨，借款入账时，财会部门根据银行收款通知和借款合同等记账。

该流程的控制要点有：

(1) 职务分离控制：银行借款审批、收款、记录。

(2) 审批控制：借款合同须经主管领导审批。

(3) 稽核控制：核对银行收款通知和借款合同金额的一致性。

## 拓展区

阅读光盘“背景资料”中的《企业会计准则》和《企业会计制度》，了解与本章内容相关的知识。

## 【本章小结】

本章重点讲解了企业投资及筹资业务的处理程序，这是企业如何获得资金和运用资金的重要设计。

## 【复习思考题】

1. 简述筹资和投资交易的特征。
2. 简述投资和筹资业务具体控制的设计。
3. 简述股票发行业务流程的控制内容。

☞阅读光盘“例题分析”中的本章内容，掌握解题技巧。在40分钟内完成光盘“即时练习”中的本章练习。光盘的“关键概念”提供了相关概念的检索。

# 第十八章

# 电算化会计制度的设计

**学习导航**

用2学时学习本章内容。

⊙ **了解**：电算化会计的概念及特点。电算化会计制度设计的主要内容、原则。电算化组织机构与岗位职责的设计。电算化内部控制的一般控制与应用控制。电算化会计业务处理程序管理、账务处理程序和会计数据录入方法的设计。硬件安排与调试；软件安装与调试；各类操作人员操作基本规定；编码口令设置与初始化；数据准备；数据输入；机器输入数据审核、计算机计算和转录查询。

⊙ **掌握**：电算化会计及手工会计的区别和联系。会计科目及其代码、记账凭证、会计账簿格式、会计报表的设计。

⊙ **理解**：系统运行及操作制度的设计；计算机软件、硬件管理和维护制度的设计。

在当今知识经济时代，计算机以其快速、准确、高效和低成本等优势在会计等企业管理领域得到广泛应用。计算机引入会计工作不可避免地给传统会计工作带来巨大的变革，这种变革既包括会计数据处理技术，如数据处理方式和数据处理流程的重大变化，也包括企业经营空间和经营方式变革带来的会计方法和会计理论体系的变革。研究这些变化，并针对这些变化建立必要的制度，使之规范化、科学化，既是会计理论研究的重大课题，也是会计实际工作中迫切需要解决的重要问题。

# 第一节　电算化会计制度概述

## 一、电算化会计的概念

电算化会计系统是以电子计算机技术和现代信息技术为基础，以电子计算机及其外部设备为数据处理工具，以人和计算机的有机结合为特点，构成一个人机紧密结合、协同工作的系统。这一系统利用计算机处理和计算数据，收集、加工、存储、传输会计信息，并代替人去完成人工难以实现的处理功能。因此，计算机系统正确、可靠和安全的运行，已成为进行会计业务处理、正确提供会计信息的物质基础和完成会计工作的保证。电算化会计系统的这种基本特点反映其在技术方法上与传统的手工会计相比具有极大的差异。这一差异带来了进步，也带来了一系列需要解决的新问题。由于计算机系统包括计算机硬件、应用软件和操作系统三个基本组成部分，每一部分工作是否正常都会对整个系统带来重大影响，因此，需要对计算机系统的基本组成部分进行了解和分析。

### （一）计算机硬件

计算机硬件包括计算机及其外围设备。随着计算机技术和现代信息技术的发展，计算机网络也成为系统重要的组成部分。计算机硬件系统的正常工作是计算机会计系统正常工作的保证。这是不言自明的。在实际工作中很多原因可能造成计算机故障，如计算机缺乏保养可能使计算机及其附属设备的元器件损坏，使系统无法工作；计算机病毒传染可能使系统工作失常并可能危及系统内保存的数据；计算机使用过程中突然断电会使数据丢失；系统硬件设置被有意或无意篡改或系统设置文件被删除会造成系统无法启动或工作失常。因此，需要建立严格的硬件设备的管理和维护制度以保证硬件设备工作正常，及时发现可能的病毒感染和迅速清除感染的病毒。

### （二）计算机应用软件和操作系统

计算机软件是计算机的重要组成部分，它在操作系统的支持下处理用户的具体业务。操作系统能有效组织和管理计算机的软、硬件资源，合理组织计算机的整个工作过程和提高计算机资源的利用率，并为用户提供强大的使用功能和灵活的使用环境。

欲达上述目的，首先，操作系统必须设置正确，为了确保操作系统工作正常，必须建立相应的管理制度，保证操作系统的有关设置不被篡改，系统文件不被删除。其次，为保证按有关会计法令、法规、会计准则和会计制度进行会计业务的处理，应用软件中必须设计有大量的管理、控制功能，并建立有关的操作管理制度，以对系统的使用过程进行管理和控制，使程序中建立的控制功能能够发挥应有的作用。例如，所有会计软件中都具有操作员身份查验和使用权限分配功能，但如果使用单位根本不使用该功能，所有操作者都使用同一个口令和姓名代码，则无法防止越权操作。会计软件中的数据备份和恢复功能、系统操作日志等功能同样存在这个问题。

### （三）系统技术档案

计算机会计系统的开发、使用和维护的文档材料记录有大量的系统内部结构的资料，是系统使用和维护的重要技术档案。系统开发的有关技术资料和原程序更是企业的重要无形资产。这些技术资料保管不善，不仅会使企业的无形资产流失，更重要的是一旦被别有用心的人窃取就可能成为其篡改程序，在程序中设下"陷阱"，或使用非法操作手段绕过程序控制输入非法数据或篡改机内数据，破坏机内数据，为窃取企业商业秘密提供方便条件。

## 二、电算化会计与手工会计的联系和区别

设计电算化会计制度，必须了解电算化会计制度的特征，通过对电算化会计与手工会计进行比较，明确哪些方面需要调整和改进。它们的区别主要表现在以下几个方面：

### （一）电算化会计与手工会计的联系

计算机引入会计工作并没有改变会计反映和监督的基本职能，它继承了传统会计的基本目标和原则，是传统会计的发展。因而会计制度设计的基本原则，如遵循会计法规、法令、会计准则和会计制度的规定等仍然不变。

1. 目标一致

最终目标都是为了提供会计信息，参与经营管理和经营决策，提高经济效益。

2. 遵循基本的会计理论和会计方法相同

电算化会计会引起个别会计理论和会计方法上的变化，但这种变化是以基本的会计理论和会计方法为基础，是渐进型的，而不是突变型的。

3. 遵守会计法规和会计准则不变

电算化会计不能弃会计法规和会计准则于不顾，相反，从措施上、技术上更应当严格执行，以杜绝一切失误。

4. 基本工作要求相同

两者都要做以下基本工作：采集数据，予以输入；对数据进行加工处理，如排序、分类、计算和传递；存储记录和资料；制定各种程序，规定需要何种数据，于何时何地取得该项数据以及如何使用和传递；编制输出报表。

5. 复式借贷记账的原理不变

电算化会计对发生的经济业务同样要运用借贷平衡原理，对输入的原始资料按照事先编好的程序自动地产生会计分录，并在棋盘式账户（矩阵簿记）中记账。

6. 保存会计档案不变

实行电算化会计，大部分会计档案的物理性质发生了变化，由纸质的会计档案变为磁性介质的会计档案，备份消失和复制均很容易，这就要求用更科学的方法加强对电子文件和纸质账证等会计档案的保管。

### （二）电算化会计与手工会计的区别

1. 计算工具的变化

手工会计使用的计算工具是算盘、计算器，电算化后主要是计算机。

2. 数据载体的变化

手工会计以纸为数据载体，占用空间大，不宜保存，查找困难。电算化会计以磁性介质为载体，数据存储密度高，占用空间少，传递、处理、查找、保存都很方便。但是，由于磁性介质存储数据文件易复制、篡改与删除，并且不留痕迹，为使用者无意或不法分子的有意破坏提供了机会，这就要求从硬件、软件上进行控制，设计有效的操作与维护

制度。

3. 账簿形式和错误更正方法的变化

手工会计中规定日记账、总账要用订本式账簿，明细账可以用活页式；账簿记录的错误要用画线更正法或红字冲销法或补充登记法更正。电算化后打印输出的账页只能活页式。由于会计软件对输入的数据有严格的校验，完全能杜绝非法数据（如非法科目、借贷不平等）进入系统，而且财政部也规定了已处理过的数据不允许再修改，只能采用“更正凭证”加以修改，为日后审计留下线索。这就要求在进行操作制度设计时，应该考虑相应的变化。

4. 账户设置和账簿登记方法的变化

手工会计要为六大会计要素分别设账，并要有相应的总账和明细账，电算化后，所有的账户要用科目代码来识别，所有账户的明细资料可以存储在同一个数据文件中，利用计算机的快速运算和一定的逻辑判断能力，可以随机生成所有的明细账和日记账，甚至总账。另外，电算化后，记账也只是根据凭证库中的数据去更新对应科目的发生额与余额，这样，在账户设计和账簿设计方面要考虑相应的变化。

5. 账务处理程序的变化

手工处理要根据各单位规模、数据量、业务特点、管理要求，核算的繁简程度等要素，确定一种账务处理程序。但无论是记账凭证处理程序、科目汇总表账务处理程序或汇总记账凭证账务处理程序，都避免不了重复转抄会计数据，随之而来的是会计人员对账、查账等处理环节的增多。若不加强内部牵制和相互核对，难免发生差错，电算化可以采用科学的账务处理程序，使整个会计数据处理过程分为输入、处理和输出三个环节，全部处理过程在软件自动控制下完成，需要的处理结果或任何中间资料，都可以通过打印或查询准确快捷获得，这样就避免了大量转抄相互核对等重复处理工作，实现了“多式记账”，促进了会计工作标准化和规范化。

6. 会计工作流程和工作重点发生了变化

实现会计电算化后，会计人员只需要输入凭证，而登记账簿和编制报表工作则由计算机完成，凭证的输入和审核成为主要任务，操作计算机成为会计人员的基本技能，会计人员可以从繁重的重复性的工作中解脱出来，参与企业的经营管理和决策。为此，需根据电算化流程和工作重点来设计电算化会计制度。

7. 电算化会计不再是全封闭的系统

网络会计软件的基础数据可以由各个业务部门、管理部门、外部单位直接进入系统；生成的数据可以反馈给各业务部门共享，或送达上级部门，或传递到相关的外部单位，形成了一个开放的系统，便于沟通和交流，但也给会计工作带来了易失密风险和易相互毁损等风险。不同岗位的会计人员在不同的或同一个工作站上共同使用一个会计软件，彼此之间的工作联系将主要通过计算机传递信息来实现，如果一个人操作出现问题，会带来连锁反应，影响其他工作，这就要求各岗位的会计人员之间必须加强协作，为此，在电算化会计制度设计方面应考虑部门之间、会计人员之间和软硬件设备之间有关安全等内部控制的要求和严密规范协作关系来进行机构、岗位、设备管理的设计。

8. 内部控制的内容和重点也有所变化

会计电算化后，内部控制是人机并行控制，并以计算机控制为主，内部控制的内容和重点都发生了变化。例如，总账和明细账的核对一般情况下是没有必要的。因为二者都是根据同一凭证来登记的，计算机依据正确的指令执行正确的操作，因此记账凭证的审核工作变得更加重要；再如，计算机软件开发人员对软件结构设计的熟悉程度，使得他们有能力进行非正常的数据修改，因此必须限制他们操作会计软件进行会计记账工作，尤其是不能兼任出纳工作。

9. 会计机构的组成和会计人员的成分发生了变化

实行会计电算化后，要设置基本会计岗位和电算化会计岗位，既要有设计人员，又要有操作员、管理员，还要增加维护员。会计人员的分工、工作职责都发生了变化。因此，在岗位责任制度设计方面要考虑这些变化的因素。

10. 对会计人员素质的要求提高

一是因为会计软件的许多自定义功能，要求会计人员定义各种转账公式、数据来源公式、费用分配公式等；二是会计人员更多地参与企业的经营管理和决策，需要提高对会计信息进行综合分析和利用的能力。因此，会计人员应根据电算化数据设计的标准要求，掌握相应的技能，同时，在岗位制度设计中也应体现相应的内容。

11. 会计档案的形式和内容发生了变化

会计电算化的档案包括打印输出的各种账簿、报表、凭证和存储在计算机软硬盘和其他存储介质中的会计数据、程序，以及软件开发运行中编制的各种文档以及其他会计资料。由于会计档案的存储介质发生了变化，存放在磁性介质中的会计档案更容易被损坏或修改，因此，必须设计严格的会计档案管理制度。

针对会计电算化后的以上变化，必须对手工条件下的有关会计制度设计进行相应的充实和调整。

## 第二节　电算化会计制度设计的主要内容及原则

由于目前企业应用的会计软件大部分是从外部购入的成熟产品，集团公司应用的是更加先进的网络版会计软件，所以，关于企业如何自行开发设计会计软件的内容，本节不再赘述。

以后各节将就电算化会计组织机构及岗位职责的设计、电算化会计内部控制的设计、电算化会计核算系统的设计、电算化会计日常操作程序的设计，逐一加以介绍。

### 一、电算化会计制度设计的主要内容

(1) 会计组织机构及岗位职责的设计。
(2) 内部控制的设计。
(3) 会计科目及其代码的设计。
(4) 记账凭证的设计。
(5) 会计账簿格式的设计。
(6) 会计报表的设计。
(7) 账务处理程序的设计。
(8) 会计数据录入方法的设计。
(9) 日常操作程序的设计。

## 二、电算化会计制度设计的原则

### （一）合法性原则

对于电算化会计来说，合法性要求主要体现在企业使用的软件必须满足财政部对会计核算软件功能规范的要求，使用的会计软件必须是通过有关部门审批的公司生产的正品。这是建立计算机会计系统内部控制的物质基础。

财政部陆续发布了《关于印发〈会计电算化管理办法〉等规章的通知》(1994 年 6 月 30 日)、《关于印发〈会计电算化工作规范〉的通知》(1996 年 6 月 10 日)。这两个文件及其附件较为详尽地规定了计算机会计系统应该具有的管理制度，并明确规定计算机会计系统管理制度的主要内容应包括系统操作管理制度、计算机硬软件管理制度和会计档案管理制度。同时，《会计电算化管理办法》第 6 条规定“在我国境内销售的商品化会计核算软件应当经过评审”，“商品化会计核算软件评审工作由省、自治区、直辖市财政厅（局）或者财政部组织进行”，这一规定实际上给出了企业选购商品化核算软件的合法性依据。

这些文件还规定了会计核算软件必须具备的基本功能规范。这些功能规范给出了会计核算软件在技术上应该具有的内部控制措施。在实际工作中，制定相应的管理制度，使软件中设计的控制措施真正发挥应有的作用，是计算机会计系统业务处理正确可靠和安全的基本保证。也正是因为计算机会计系统采用了计算机技术控制、组织控制和制度控制相结合的方法，所以计算机会计系统比手工会计系统的内部控制体系更严格，控制的手段更复杂，控制的范围更广泛。

因此，《会计核算软件的基本功能规范》既是软件开发的基本依据，也是设计计算机会计管理制度的基本依据。

### （二）标准化原则

在网络环境下，多台计算机同时利用一个会计软件进行各种操作。如果软件并发控制不完善，使用单位又没有建立严格的业务处理程序，则系统往往会出现很多难以预料的错误。

在计算机会计系统中，由于有关的功能通过功能菜单的形式提供给用户，由用户根据需要选择使用，软件很难严格控制操作的时序。因此，应该制定出标准化的操作程序及对有关控制点的要求，以便对业务处理过程进行控制。

### （三）经济性原则

计算机会计系统通常采用程序技术控制、组织控制和制度控制相结合的综合控制方法建立自己的内部控制体系。对于某一关键点具体采用哪一种控制方法可以有多种考虑，在确定具体的控制方法时，除了考虑控制的效果外，还必须考虑其经济性，真正做到以最小的投入达到最好的效果。

# 第三节　电算化会计组织机构及岗位职责的设计

电算化条件下会计组织机构的设计包括组织机构的设计、岗位的设置及岗位职责的设计。

## 一、组织机构与岗位的设计

### （一）组织机构的设计

电算化条件下会计工作组织体制一般以数据的不同形态作为制定的主要依据，可划分为财务管理组、会计管理组、出纳组、成本核算组、数据收集组、凭证编码组、数据处理组、系统维护组、系统管理组等专业组。前四个组与手工系统会计相同，本节不再重复，下面主要介绍后五个组内相关岗位的设置及其职责：

### （二）岗位的设置

计算机替代手工记账后，对会计人员的管理要体现"责、权、利"相结合的原则，明确系统内各类人员的职责、权限，并与利益挂钩。建立、健全岗位责任制，一方面可加强内部牵制，保护资金财产的安全；另一方面可提高工作效率，充分发挥系统的运行效益。

会计电算化后九个组的岗位按性质一般可分为两类：基本会计岗位和电算化会计岗位。

基本会计岗位包括会计主管、出纳、会计核算（财产物资核算、工资核算、成本核算、收入利润核算、资金核算、往来核算、总账报表）等岗位。

电算化会计岗位包括系统管理员、硬件管理及维护员、软件管理及维护员、数据管理员、数据维护员、数据审核员、数据输入员、专职会计、加工操作员、档案管理员。

## 二、电算化会计系统各岗位职责的设计

上述各岗位除基本会计岗位与手工记账会计职责相同不再赘述外，电算化会计岗位的职责范围一般应包括以下内容：

### （一）系统管理员（或主任）

（1）制定总体规划及具体计划，对计算机及会计软件系统运行，进行综合管理。

（2）提出软件更新、修改、开发需求报告。

（3）组织、协调、管理计算机各类管理人员、操作人员及专职会计工作人员；确定人数、口令、权限和相互关系。

（4）制定各项管理制度。

（5）组织对购买或开发软件的验收、评审、安装调试工作。

（6）负责人员培训。

（7）审批系统有关资料调动、修改、更新手续。

（8）对系统进行安全性、正确性、及时性检查、监督，检查上机记录和操作情况。

（9）总结每月运行工作。

### （二）硬件管理及维护员

（1）检查机房管理制度执行情况。

（2）负责硬件安装和调试。

（3）检查运行环境情况、卫生、电流、温度等。

（4）消除硬件一般故障，负责硬件修理工作。

（5）监督、指导各种操作人员正确使用设备。

（6）填制机房管理记录和维护记录。

（7）机房设备运转期间一般不准离岗，否则必须委托人员代替。

（8）不能与输入、加工、数据管理员混岗。

**（三）软件管理及维护员**

负责保证计算机软件正常运行，能排除一般的会计软件运行环境故障。

（1）负责系统维护、软件的安装调试。

（2）按规定手续进行软件的正确性、完善性、适应性维护。

由于软件管理及维护人员了解所用的软件，所以不能从事系统的任何操作使用工作。

**（四）数据管理员**

（1）按规定期限向各类人员催交数据和存档资料，填写交换记录。

（2）做好保密工作，不得擅自出借有关资料，出借必须经系统管理员批准并办理出借调用手续和记录。

（3）妥善保管各种账表、文档和拷贝资料，并设置专门装置存放。

（4）各种文档、账表必须经过核对无误和有关人员签章及有清晰标志方可存档。

（5）当系统管理员岗位独立时，可由系统管理员兼做此工作，但不能与其他各类人员混岗。

**（五）数据维护员**

（1）负责系统的初始化及年终换账。

（2）经系统管理员审批，负责各种操作人员授权、口令设置和保密工作。

（3）全面检查系统运行的正确性，对备份软盘核对后贴上清晰标签交给数据管理人员。

（4）系统发生故障而产生数据混乱丢失，负责恢复工作。

（5）负责各种共享代码设置及维护工作。

（6）填写“上机操作签记簿”。

（7）不允许出纳人员、专职会计、各种操作人员执行此工作，可由系统管理人员兼管。

（8）负责各种软盘格式化、检测和发放工作。

**（六）数据审核员**

（1）负责对输入计算机的各种单据、凭证的真实性、合法性及合理性的审核，对不合要求者退回有关人员，该单据上不予签章。

（2）负责审核计算机打印输出的各种凭证、账簿、报表，不合要求者应返还不签章。

（3）将审核后的数据签章后交给数据输入或数据管理员。

（4）可以与数据维护员混岗，但不能与其他岗位混岗。

**（七）数据输入员**

（1）严格执行授权操作，使用口令进入系统，对口令保密。

（2）严格按输入单据或凭证输入，进行自检并在单据上签章。

（3）凭证有误不准自行作废或修改（专职会计兼任除外），应退回。

（4）每次输入完毕及时做好备份自行保管，待数据维护员通知后初始化。

（5）每次上机必须填写上机操作记录。

（6）发现系统硬件、软件出现故障，不得自行修理，及时向系统管理员报告请求修理。

（7）可与专职会计或加工操作员混岗，不能与审核员及管理人员混岗。

**（八）专职会计**

（1）负责分管对经济业务各种原始单据的收集、审核，如材料单、借款单、报销单、工资变动通知单等。

（2）在规定期限内根据各种原始单据填制记账凭证。

（3）向数据审核员提供签章后的原始单据及记账凭证。

（4）不能与审核员、开发、管理人员混岗，可以与数据输入员、加工操作员混岗。

**（九）加工操作员**

（1）严格按职责权限进行操作，使用口令进入系统，对口令进行保密。

（2）执行授权的各种加工操作。

（3）对输出表格进行签章，对备份文件写明标签，转交数据维护员和数据审核员，备份数据自行保存一份。

（4）操作过程中出现故障不得自行修理，应及时向系统管理报告请求解决。

（5）每次开始运行时，应对备份数据进行复核方可加工操作。

（6）不准对已入账机内原始数据（凭证）及账簿和报表数据进行直接修改，报表应由账簿直接产生，账簿更改只能另作凭证。

（7）填写上机记录。

（8）可与数据输入员、专职会计混岗，但不能与审核员或其他人员混岗。

**（十）档案管理员**

主要负责各种会计数据管理，如制作会计数据备份光盘、管理计算机打印的纸质会计账表等档案。

## 第四节　电算化会计内部控制要点的设计

设计电算化会计内部控制，首先要考虑在现代科学技术和知识经济的大背景下，电算化会计对内部控制的影响；其次应根据电算化会计内部控制的对象和控制范围，探讨一般控制和应用控制的主要内容；最后要根据电算化会计系统操作和运行的特点，探讨相关的管理制度。

### 一、电算化会计对内部控制的影响

手工方式下的内部控制制度强调账证相符、账账相符、账表相符、账实相符，即“四相符”。

会计电算化后，前三者相符已经不用担心，电脑可以自动进行。但由于电脑中的数据修改很容易，而且是不留痕迹，因此电脑犯罪的可能性也大大增加，预防电脑犯罪是会计电算化工作的一个重要方面。强化内部控制制度，既是预防电脑犯罪的一个重要措施，也是减少差错的有力保障。电算化条件下，内部控制的目标并没有变，但在控制的重要性、

控制的范围、技术手段、侧重点和类别等方面与手工系统具有很大差距。

实行会计电算化后，控制的重点由传统的财务部门转移到电子数据处理部门；控制的方式是人机结合，以计算机为主；控制的要求更加严格，控制的内容也更为扩大。电算化会计对内部控制的影响主要体现在以下几方面：

**（一）对职责分工、权限划分的影响**

由于会计工作组织和岗位分工都发生了很大的变化，原来人与人之间的关系部分地转化为人与计算机之间的联系，对岗位责任和权限划分必须明确，这就涉及计算机如何识别人的身份以及授权问题，即哪些人可以使用会计电算化系统，不同的人员分别具有哪些权限，可以进行哪些操作，操作的程序是什么。如果不能很好地解决这个问题，就很难保证会计信息的准确性。

**（二）对内部复核机制的影响**

在电算化条件下，过去那种以控制数据正确性为目的的账证表之间的核对，变得没有意义了。数据正确性控制的重点转移到了凭证填制、录入和审核环节，必须采取以计算机控制为主、手工控制为辅的原则进行数据正确性控制，严把数据输入质量关。

**（三）对数据存储形式的影响**

电算化条件下，数据被记录在磁盘等磁性介质上，不易实现签字等带有法律效力的手段，而且在磁性介质上很容易进行不留痕迹的改动。因此，在计算机中如何使磁性介质上的数据具有法律效力，提高信息的准确性，防止磁性数据的修改是一个需要下大力气设计的问题。

**（四）对计算机系统依赖产生的影响**

电算化条件下，所有的会计数据和处理程序都保存在计算机中，一旦计算机由于某种原因无法运行，如突然停电、病毒发作等都会造成数据丢失。若使用网络系统，还会因网络设备出现故障或网络通信出现问题而使会计工作陷入瘫痪。因此，计算机硬件和软件对会计数据的安全性起着十分重要的作用。

## 二、电算化会计内部控制制度设计的内容

根据电算化会计内部控制的对象和控制范围，一般将其分为一般控制和应用控制两大类。

**（一）一般控制**

一般控制是对电算化会计信息系统中开发、组织、操作、安全、软硬件环境等方面所进行的控制，也称为总体控制，它是内部控制的主要部分，只有强有力的系统总体控制，应用控制才能更好地发挥作用。一般控制主要包括以下几个方面的内部控制：一是组织控制；二是操作控制；三是系统安全控制。

1. 组织控制

组织控制的目的主要是减少电子数据处理部门（以下简称 EDP 部门）发生错误和舞弊行为的可能性，它包括职责分工、人事控制等方面。

（1）职责分工。为了达到有效控制的目的，需要在两个层次上进行职责的分离，一是尽可能将 EDP 部门与用户部门之间的职责进行划分；二是 EDP 部门内部尽可能划分职责。

这里，用户部门是指产生原始数据或使用计算机处理所得信息的部门或人员。同时，这种分离主要是通过禁止 EDP 部门更正非电子数据处理方面的错误，或者通过取消或不授予 EDP 部门执行不相容职能的权力来实现的。

1）划分错误的纠正责任。EDP 部门负责控制该部门内进行的数据处理，因此，检出处理中发生的错误，纠正本部门产生的错误，在更正错误后重新输入并处理等均是 EDP 部门的责任，用户部门则负责更正产生于 EDP 部门以外的错误，并负责将更正后的数据重新提交 EDP 部门进行处理，EDP 部门的人员可以协助用户完成这些任务，例如，将错误通知用户，告知错误的性质，但是，EDP 人员不应该试图自己动手纠正这些错误。

2）不相容职能的分离。不相容职能分离的一般原则是将四种基本的职能（业务授权、执行、记录、资产的保管）予以分开。对这四种职能，EDP 部门最好只执行业务记录的职能，但在许多系统中，EDP 部门还担负着业务授权和开发的职能以及肩负着资产保管的责任。在这种情况下，系统的设计应考虑增强补偿控制以抵消不能分离不相容职能的影响。

在 EDP 部门内部应该适当地进行职责分工，以补救不相容职能集中化的不足。一方面系统分析员、系统程序人员、计算机操作人员、控制人员、监督安全人员和网络管理人员各司其职、各负其责；另一方面，在 EDP 部门内部确保其有一定的控制职能，以便加强监督业务处理的正确性，保证数据不在本部门丢失或被错误地加以处理。

（2）人事控制。强有力的内部控制还取决于 EDP 部门内各有关人员的素质。一般而言，较有能力的人员更可能建立起高质量的系统，而这往往又取决于人事管理，人事控制包括人员招聘、在职教育、定期评价、轮换任职、建立业务规章等工作。

2. 操作控制

操作控制是通过制定和执行标准操作规程来实现的。标准的操作规程主要涉及以下方面：

（1）操作计划。计算机操作应遵循操作计划。计划应是切实可行的，留有重新运行、组合运行以及进行预防性维护的时间。操作计划应按管理部门设立的优先顺序编制，或按操作系统安排的优先顺序来编制。

（2）机器操作规程应为计算机输入输出设备的运行设立标准操作规程。

（3）机器功效标准应确定机器设备的使用时间、维修时间、故障停机时间以及其他时间，以便对机器设备的实际功效进行评估；还应规定定期审查设备维修和故障记录，并定期对设备的实际功效和标准功效进行比较。

（4）作业运行规程。计算机操作员应遵循每个作业操作指南中的规定进行作业操作，这些规程一般包括程序运行顺序、设备和文件的使用要求以及对其他特殊操作（如终端操作和设备重新启动）的要求。

（5）控制台记录规程。操作系统应编写控制台记录，即记录操作系统的所有活动、设备的使用情况和操作员的行动。这种系统活动记录为控制未经允许使用系统的行为提供了依据。

（6）用机时间记录规程。应对每个上机操作者所用时间进行记录，这样就能考核计算机完成的任务以及每项任务所耗机时。

（7）机房守则。这涉及设备的作用、程序的存放、文件的处置等方面，目的是使机房保持良好的秩序，以减少程序损失和破坏的风险，保证输出的机密信息不落入未经允许使用的人手中。

（8）数据文件控制标准。文件的处置规则是用来防止数据文件被误用、损毁等情况的，包括文件名、保留日期、文件重建、存放地点等方面的规则。所有文件均应由保管员在档案室加以保管，并严格限制非经允许使用的人接触文件。

（9）应急措施和物理安全规则。EDP部门应制定适宜的计划和规程来防止程序、文件和设备遭受火灾、盗窃、水灾、断电、通讯中断等突然事故和紧急情况。典型的应急措施和物理安全规程应包括文件备份、程序备份、备件与原件分开存放等方面的要求。

3. 系统安全控制

影响系统安全的因素包括灾害、失误、计算机舞弊和犯罪活动等。系统安全控制指防止这些因素危及计算系统的安全，发现系统中的安全问题，解决这些问题使系统恢复正常的所有措施及其实施。

**（二）应用控制**

应用控制是对电算化会计信息系统中具体的数据处理活动所进行的控制。它可以分为输入控制、处理控制、输出控制。

1. 输入控制

不同的系统采用不同的输入方式。有的是分批输入，有的是联机输入。不同的数据输入方式需要的控制方法有许多不同之处。当然，也有些控制措施适用于多种数据输入方式。

在许多会计信息系统中，数据的输入是以记账凭证为直接依据的，对这种情况，可以根据会计中的一些规则设置特殊的控制。

（1）数据采集的控制。在数据录入计算机可读的介质之前，有一个获得原始数据的过程。这个过程就是数据采集的过程。原始数据可能是外来的原始凭证，也可能是企业内部有关部门在经济业务发生后填制的原始凭证。采集数据是用户部门的工作，但由于它的可靠性、正确性、及时性等直接影响到系统输入的质量，因此，需要加强在用户规程手册、标准化凭证格式及保管、凭证审核及交换、凭证错误更正等方面的控制。

（2）分批数据输入控制。分批数据输入控制是对数据分批录入机器可读介质或输入主存储器的控制。主要的控制方法包括：输入前审核数据；屏幕格式化；批量控制顺序检查；关键字核对；逻辑运算检验；业务类型检查等。

（3）联机输入控制。

1）后批量控制法。在联机输入系统中，各项经济业务是单独输入的，因此，无法在输入前统计批量控制数（金额合计、数量合计等），只能在一定时期后将实际输入的数据进行统计。这种批量控制总数称为后批量控制总数，这种控制总数对通过终端输入的数据是否完整、准确和单一，能够起到有效的控制作用。

2）数据回声检验。数据通过终端传达到计算机主机，主机立即将收到的数据返回终端，并且在终端屏幕上显示，终端操作员可以检查数据是否正确。

3）设立参照文件。针对输入数据的某些特点，在主机方面设立参照文件。进行数据输入时，计算机主机根据收到的数据，读参考文件，来验证所收数据是否正确、合理或符合管理方针。

4）设立审计线索。在对每笔经济业务单独进行输入的联机系统中，不可能有输入前的业务清单，甚至连原始凭证也没有，因此，用计算机生成并打印出一定的审计线索，或将审计线索保存在文件中，是非常必要的。

（4）会计账务处理系统输入控制。会计账务处理系统可以以原始凭证为直接输入的依据，也可以以记账凭证为直接输入的依据，或者以两者作为直接依据。以记账凭证为直接输入依据可能发生的错误或问题主要是：

1）会计科目输入错误。

2）金额输入错误。

3）记账方向错误。

4）对应关系错误。

5）输入速度慢。

为克服这些问题，可以采用以下控制方法：

第一，设立科目参考文件，当输入会计科目号码时，系统首先在参照文件中查找，找不到的科目在屏幕上显示后表明不是要输入的科目，则需要采取纠正措施。如果输入的科目确系非法科目，则废除已输入科目，重新输入正确的科目代码，若是新增加科目，则该科目可增记于参照文件。

第二，设科目代码校验位。给一级或重要的二级科目代码加上一个校验码，校验码可以是字母，如102Y。102是银行存款，Y是银字的拼音字头。校验码也可以是数字，如1027，其中，102是银行存款，7是校验位，它是这样算的：（1×1＋0×2＋2×3）÷11＝0余7，取余数的最后一位。

第三，设立对应关系参照文件。每张记账凭证均包含两个或两个以上的科目，每个科目输入的正确性并不能保证这笔分录是正确的，因为还可能发生账户对应关系错误。对此，可以根据业务间的相互关系事先确定每个科目的对应科目。建立参照文件，输入完成一张记账凭证后，访问参照文件，检查和判断输入的科目之间是否存在对应关系。程序设计中可根据这种逻辑关系设置逻辑判断，检查科目对应关系是否正确。

第四，试算平衡法。对每笔分录都可以进行试算平衡检验。做法是将试算平衡方法程序化，当一笔分录输入完后自动对其进行检查。

第五，控制总数法。控制数量可以是凭证张数，也可以是金额合计数。

第六，屏幕审核法。对输入的记账凭证在屏幕上再次显示出来，并加以检查。

第七，二次输入法。将数据先后两次进行输入或同时由两个人分别输入，将两次或两人输入的结果进行比较，可发现输入是否错误。

第八，屏幕表格化。

2. 处理控制

处理是计算机系统程序指令实行的内部功能，包括数据验证、计算、比较、合并、排序、文件更新和维护、访问、改错等等内部处理活动。数据处理是否正确，其结果是否可靠，在很大程度上依赖于输入数据的正确性和可靠性，以及应用程序的正确性和环境控制的强弱。但是，即使这些方面有了保证，仍然会出现一些问题，如程序逻辑错误、计算错误、用错文件、用错记录、处理非法数据等情况。因此，还必须设置处理控制措施。

处理控制就是对计算机系统进行的内部数据处理活动的控制措施，这些控制措施往往被写入计算机程序，因此，处理控制又是自动控制。

处理控制措施主要包括审核处理、数据有效性检验和处理有效性检验等。

3. 输出控制

输出控制是指对系统的输出结果进行的控制。计算机输出的方式有多种，一是屏幕显示；二是打印输出；三是存入磁介质（如磁盘、磁带）。

输出控制方法包括：

（1）按照用户要求设计输出的格式、方式、内容、时间等。这是一种预防性的控制措施。

（2）对输入总数与输出总数加以核对。

（3）审核输出结果，检查其正确性、完整性。

（4）将本期的输出与先期的输出对比，检查其合理性。

（5）若是“双轨”运行（即既有手工处理又有计算机处理），那么可以比较两种处理方式的结束。

（6）只将报告送有权接受者。

（7）建立输出报告报送登记簿。记录报告发送份数、时间、接受人等事项，以防错发、漏发和多发。

（8）建立输出控制规程，保证控制人员遵照而行。

（9）建立输出错误纠正规程和对重要数据进行处理的规程。保证传送给用户的错误数据在那里得到纠正，并重新向 EDP 部门提交数据进行处理。

## 三、系统运行及操作管理制度的设计

会计电算化不仅使会计核算手段发生了重大变化，而且还改变了许多手工管理的习惯和方法，对单位会计工作管理的方法、程序、核算体系产生了巨大的影响。针对会计电算化工作的特点，内部会计管理制度的内容也必须进行相应的调整，才能适应会计电算化后出现的新情况。

为使会计软件安全有效地运行，需设计适应会计电算化要求的系统运行及操作管理制度。操作管理主要是对系统的日常管理，保证系统正常、有效地进行。具体包括操作人员管理、操作权限、操作规程、会计业务处理程序管理、操作管理制度、数据安全管理制度、档案管理制度七方面的内容。

### （一）操作人员管理

操作人员管理主要是要进行操作人员岗位分工，其主要依据是基本会计岗位和电算化会计岗位职责中的有关规定。在使用会计软件系统时，必须安排一名电算主管（系统管理员或主任），只有电算主管才能使用岗位分工功能，行使操作员的授权、撤销权限以及对操作员口令的修改。进行操作人员分工时，输入项目主要有操作人员姓名、操作权限、操作密码。

### （二）操作权限

操作权限是指系统各类操作员能所进行操作的权限，主要包括：

（1）电算主管（系统管理员或主任）一般具有最高的权限。

（2）软件操作员应严格按照凭证输入数据，不得擅自修改，如发现差错，应在输入计算机前及时反映给凭证编制人员或电算主管，已输入计算机的数据，在记账前发现差错，可将凭证数据进行修正。如果已输入且记账后发现差错，必须另作凭证，以红字冲销，录入电脑。

(3) 数据审核员只具有审核记账凭据的权限。

(4) 系统硬软件维护人员负责系统的硬件设备和软件的维护工作，及时排除故障，确保系统的正常运行。系统维护一般由系统维护员或指定的专人负责，系统维护员可进行维护工作，但不得操作会计软件进行会计核算工作。系统维护员必须按有关维护规定进行操作，除了系统维护员之外，其他人员不能直接打开数据库文件进行操作，不允许随意增删和修改数据、源程序和数据库文件结构。

(5) 软件开发人员、系统硬软件维护员和档案管理员不允许进行系统性的操作。

**(三) 操作规程**

操作规程主要指操作中应注意的事项，是保证系统正确、安全运行，防止各种差错的有利措施，主要包括：

(1) 操作员在上机操作前后，应进行登记，填写姓名、上机时间和操作内容。

(2) 操作人员的操作密码应注意不能随意泄露。

(3) 操作人员必须严格按操作权限、操作步骤和方法进行操作，不得擅自上机操作。

(4) 每次上机完毕，应及时做好各项备份工作，以防发生意外事故。

**(四) 会计业务处理程序管理**

主要包括：

(1) 要按照《会计基础工作规范》的要求处理会计业务。

(2) 预防已输入计算机的原始凭证和记账凭证等会计数据未经审核而登记机内账簿，保证会计数据正确、合法。

(3) 替代手工记账后，各单位应做到当天发生的业务、当天登记入账，现金和银行存款日记账必须日清月结。

(4) 要保证会计记账凭证的连续编号。

(5) 要按规定程序编制转账凭证。

(6) 期末要按规定时间及时结账。

(7) 期末应及时生成和打印输出会计报表。打印输出会计报表应防止期末还有未记账的凭证。

(8) 在保证凭证、账簿清晰的条件下，计算机打印输出的凭证、账簿中的表格线可适当减少。

(9) 在当期所有记账凭证数据和明细分类账数据都存储在计算机内的情况下，总账可以从这些数据中产生，因此可以用“总分类账户本期发生额及余额对照表”替代当期总账。

(10) 要按有关规定装订原始凭证、记账凭证、账簿、报表等。

(11) 要灵活运用计算机对数据进行综合分析，及时、定期地向单位领导汇报主要财务指标和分析结果。

**(五) 操作管理制度**

操作控制的基本要求是建立严格的职责分工，对不相容的职责进行分离。目的是对各岗位明确权责和工作范围，建立各工作岗位相互核对和监督机制以避免发生错误和舞弊行为。在制定操作管理制度时，应着重对软件所缺乏的技术控制或技术控制不足之处做出必

要的制度规定，以弥补技术控制的不足。操作管理控制的要点是：

(1) 系统的开发维护人员与系统日常操作人员及现金等资产的保管三类人员的职责应严格分离，互相不得兼任。系统操作人员中凭证的录入和凭证的审核必须分离。

需要注意的是，目前的商品化会计软件给予系统管理员的操作权限过大，应建立必要的措施予以限制，例如限制系统管理员的日常操作权等。

(2) 在日常使用中，数据输入员、审核员和数据档案（尤其是磁介质档案）及系统开发文档资料保管员的职责应严格分离。

(3) 在计算机会计系统中工作人员的权限分配和口令密码设置、自动上机操作登记，是系统实行不相容职责分离的重要技术措施。对这些措施的执行应有严格的控制和监督。例如，口令是操作人员身份的标识，应严格规定每个工作人员必须设置自己的口令密码，并经常更换和对他人保密。计算机自动上机操作登记，应定期打印并作为会计档案保管，以便为日后的查证工作保留证据。

(4) 建立严格的操作时序性控制制度。操作的时序性指的是操作的先后顺序。目前我国使用的大多数财会软件在操作的时序性上都缺乏必要的控制。例如，财务系统在结账时对于期末的摊、提、结转是否进行不作监测，甚至不给用户必要的提示，不少软件在年结时也不作监测。在财务系统与工资、固定资产、存货管理等子系统集成运行时，对这些系统是否已向账务系统进行结转不作监测，重复结转也不作控制。使用人员如果对有关结转业务不够熟悉，则极易造成漏结转、重复结转等错误。另外，在网络系统中，由于软件缺乏并行控制，当多台工作站同时运行同一子系统时，例如一台工作站正在输入并修改凭证，而另一台工作站同时对这批凭证进行审核，往往会出现很多意想不到的错误。

(5) 日常操作管理。日常操作管理是指通过对会计电算化系统日常运行的管理，保证系统正常运行，完成会计核算工作，保证会计信息的安全与完整。日常操作管理主要包括计算机系统使用管理和上机操作管理。

1) 计算机系统使用管理。旨在为电算化系统的硬件设备创造一个良好的运行环境，保护计算机设备，防止各种非指定人员进入机房和使用计算机，保证机内的程序与数据的安全。

2) 上机操作管理。上机操作管理是通过建立和实施各项操作管理制度，要求会计人员按规定录入原始数据、记账凭证，执行各功能模块，输出各类信息，做好系统内有关数据的备份，严格禁止越权和非法操作会计软件，确保会计电算化系统安全、有效、正常地运行。

鉴于目前软件中存在的问题，企业应对所使用的软件进行认真分析，并根据本单位业务处理的具体情况做出相应的规定。这些规定应包括业务处理的流程、涉及的岗位、各岗位的任务和检查办法；网络运行的系统除对账务系统的操作顺序做出规定外，还应对各子系统向账务系统传送数据的顺序做出规定。对于存在并发控制问题的系统，还应针对可能出现的问题做出规定。这些规定通常包括尽量避免多台工作站进行同一类工作，难以避免的并行工作应加强检查。对重要操作应保证只由一台工作站进行。

### (六) 数据安全管理制度

数据安全和可靠性的管理是系统管理的重要方面。数据安全管理的主要工作是数据备份、数据恢复和数据删除。其中，数据备份和恢复是数据管理中最主要的内容。计算机会计系统都设有充分的备份和恢复机内数据的功能。这种功能可以保证机内数据受到破坏后，及时得到恢复。但是如果疏于防范，备份和恢复功能也会成为窃取企业商业秘密和篡改机内数据的有利途径，因此，必须建立对备份和恢复功能的严格控制。

1. 数据的备份

数据备份指的是将计算机硬盘上的数据备份到数据磁盘、光盘或其他存储设备上。计算机会计系统的每一个子系统都设有备份功能，用以备份该系统初始设置和系统日常业务处理数据及有关自动上机登记记录等重要数据，以保护机内数据的安全和机内数据受到破坏时可以及时得到恢复。

数据备份功能有三个基本作用，它们是：

(1) 保留有关会计档案。根据有关制度的规定，每个会计期间结束应将计算机处理产生的数据保存，作为会计档案保管，以备今后查阅。这种备份应该在每个会计期间结束完成结账后进行。这种备份应该备份两份，以保证数据的安全。备份文件应该与系统打印出的文字资料一样作为会计档案保管。

(2) 保护系统数据安全。保存在计算机硬盘上的数据由于种种原因可能会遭到破坏，计算机由于种种原因也可能无法运行而需要对硬盘进行格式化处理。为了保证机内数据的安全，需要经常对硬盘数据进行备份，以便需要时用以恢复硬盘数据。这种备份通常应该在每天关机前进行。

(3) 保留重要操作内容。有时需要保留系统重要操作的内容，以备特殊情况使用。这些重要操作包括：系统初始设置完成后进行备份以保留系统初始设置内容，以便在制度发生变化或单位业务发生重大变化时调整初始设置；每次结账前进行备份，以便万一发生结转错误可以及时纠正，从而正确反映企业的财务状况和经营成果。

备份时需要注意的问题如下：

(1) 备份应该每天关机前进行。两份备份文件应该保存在不同的地点，以避免偶然因素破坏备份文件。备份文件保留到下次系统运行时为止。备份文件可以循环使用，每次备份时系统会自动删除原有数据，并将新的数据进行拷贝。

对于数据量大的单位，最好采用存储设备进行日常备份。

(2) 每次备份都应该在文件标签上写明备份的时间及责任人，以免恢复机内数据时发生错误。为此最好应该设计标准格式的软件标签以规范标注工作。

(3) 对于单机系统，凡是具有数据输入或系统设置权限的人员都应该有数据备份权，以便进行输入或设置后能够及时进行备份。对于网络或多终端系统，应设专人负责备份。

需要特别注意的是，目前我国使用的会计软件比较注意数据的安全性，因此，软件设计中备份功能设置广泛且权限控制较松。这种做法虽然有利于保护数据的安全，但不利于数据的保密。针对这一特点，应着重制定对备份文件的管理制度以保护企业的商业秘密。

2. 数据的恢复

数据恢复指的是将备份的会计数据拷贝到计算机的硬盘上。通常发生以下情况需要进行恢复操作：

(1) 硬盘数据被破坏，可以使用恢复功能将最近时间备份的数据恢复到硬盘上。

(2) 需要查询已从机内删除的往年数据时，可以使用恢复功能将往年数据恢复到硬盘上。特别应该注意的是：恢复往年数据前必须将当年数据进行备份，查询完毕后应立即将

系统恢复到查询前的状态。

恢复功能非常重要，操作不当容易错把硬盘中的最新数据变成旧数据，因此应该限定专人进行这项操作。为了帮助用户正确使用，在进行恢复操作时系统会对备份数据进行检查，并要求用户输入备份时间，操作时应该认真注意系统提示，切实避免误操作。

3. 数据删除

账务系统运行需要一定的硬盘空间。当使用的计算机硬盘容量较小时，为了维持系统正常运行，可以删除机内的往年数据。为了方便使用，只要硬盘有足够的空间，尽量不要删除往年数据。删除时系统要求用户输入要删除的数据年份，并要求用户再次确认。为了避免发生错误删除，必须认真注意系统提示，按要求进行操作。

特别需要注意的是：删除往年数据时必须进行数据备份，以便在发生误操作时可以恢复系统数据。设计较好的软件在删除往年数据时往往强制用户进行备份，否则不予删除。

### （七）档案管理制度

档案管理一般是通过制定与实施档案管理制度来实现的。主要包括以下内容：

（1）存档的手续。主要是指各种审批手续，如打印输出的账表必须有会计主管、电算管理员的签章才能存档保管。

（2）各种安全保证措施，如备份文件应贴上保护标签，存放在安全、洁净、防热、防潮的场所。

（3）档案管理员的职责与权限。

（4）档案的分类管理办法。

（5）档案使用的各种审批手续，如调用源程序应由有关人员批准，并记录调用人员的姓名、内容等。

（6）各类文档的保存期限及销毁手续应按照《会计档案管理办法》的规定执行。

（7）档案的保密规定。如对任何伪造、非法涂改变更、故意毁坏数据文件、账册、软盘等行为都要进行相应的处理。

（8）实现会计电算化后，会计档案的磁性化特点要求对电算化会计档案管理做好防磁、防火、防潮和防尘工作，重要会计档案应准备双份。良好的会计档案管理是在实现会计电算化后，会计工作连续进行、保证系统内会计数据安全完整的关键环节，也是会计信息得以充分利用，更好地为管理服务的保证。

## 四、计算机软、硬件管理和维护制度的设计

硬件控制是由硬件生产厂家“硬化”或内造于计算机设备中的控制技术或方法。一般包括冗余字符检验、奇偶检验、重复处理检验、回声检验、设备检验、有效性检验、操作性检验等。

系统软件包括操作系统、公用程序、编译和汇编程序、数据库管理系统等，它具有管理功能、应用程序支持功能和控制功能。其中，控制功能是由操作系统和某些公用程序执行的。控制功能主要包括错误处置、程序保护、文件保护、安全保护等功能。

计算机软、硬件管理和维护制度是保证计算机会计系统正常运转和会计软件安全保密的两大重要措施。这些制度主要包括：

### （一）保护机房设备安全和计算机正常运转制度的设计

计算机硬件设计制造中采用了大量的控制技术以保证计算机数据处理的可靠、准确和

安全。在计算机会计系统的使用上如何利用设备中已有的控制技术保证计算机设备的正常运转，是制度设计的主要内容。

1. 建立设备经常性检查和定期保养制度

建立这一制度的目的是保证计算机及其辅助设备经常处于正常工作状态，以避免可能发生的自然因素对计算机系统的损害。

对于设备的经常性检查除了对计算机设备本身的检查，如定期清除设备内部灰尘，检查系统各部分的工作状态是否正常，定期检查硬盘文件并清除硬盘文件碎片等。此外还应根据企业的具体情况，重点检查消防和报警设备、地线的接地情况、防静电、防雷击、降温、除湿等设施，以便及时发现和排除隐患。对于间断性使用的设备和网络系统中的备用设备更应严格进行设备经常性检查和定期保养，以便在需要时随时可以投入使用。

硬件维护是指出现硬件故障时的检查修复，在设备更新、扩充、修复后，由电算管理员与系统维护员共同研究决定，并由系统维护员实施安装和调试。

在硬件维护工作中，较大的维护工作一般由销售厂家进行。使用单位一般只进行一些小的维护工作。

所有检查情况和设备维护和修理都应作详细记录。

2. 明定机房禁止的行为，以维护机房的正常工作秩序

建立这一制度的目的是防止可能发生的人为因素对计算机系统的损害。

这些制度主要包括对无关人员进入机房的限制性规定和机房工作人员在机房工作应遵循的守则。例如，在机房吸烟，烟雾中的焦油及其他酸性物质会污染机器，在机房吃东西可能使食物残渣落入键盘使键盘接触不良。这些小事看似不大，但往往会造成意想不到的后果。

3. 制定硬件故障发生时的应急措施

这些制度主要包括发生硬件故障时如何及时排除和防止故障的进一步扩大；如何及时退出工作状态并关闭电源；硬件故障应由专业人员处理；在未查明原因并修复前不允许随便接通电源等。也包括发生各种硬件故障时采取正确的处理方法抢救机内数据，以减少数据丢失造成的损失和减少处理硬件故障时的困难。

4. 建立严格防范计算机病毒侵害制度

计算机病毒是危害计算机信息系统的一种手段，其传播泛滥的客观效果是危害或破坏计算机资源。轻则中断或干扰计算机信息系统的工作，重则破坏机内数据，造成重大甚至是无可挽回的损失。据统计，2009年计算机病毒种类达15 000多种，传播范围两个月增加一倍，病毒造成的损害也十分巨大，因此，在计算机会计系统的运行过程中必须对计算机病毒问题给予充分的重视。

根据病毒的特点和侵害过程，防范计算机病毒的主要措施主要有两个基本方法，即预防病毒传染计算机系统和清除病毒对计算机系统的破坏。

（1）预防病毒传染计算机系统。切断病毒的传染途径是预防病毒的重要措施，这些措施包括：

1）绝不轻易使用来路不明的软件。无论何种途径得到的软件必须经过严格的检测，确信无毒才可使用。

2）认真保存购买来的系统盘和应用软件盘。必要时应制作副本供交流使用。

3）凡不需要写入的存储设备都应处于写保护状态。

4）对计算机网络系统应设置“防火墙”，以防止病毒感染和保障系统安全运行。

5）对装有各种系统软件的硬盘安装硬盘锁，防止病毒写入硬盘。

6）进行重要工作的计算机应该专机专用、专盘专用。这点对计算机会计系统尤为重要。

（2）清除病毒对计算机系统的破坏。清除病毒对计算机系统破坏的主要措施是对可能存在的病毒主动攻击，这些措施包括：

1）经常检查 COMMAND. COM 文件的长度，一旦发现文件长度发生变化，应立即使用无毒系统盘上的 COMMAND. COM 文件替代该文件。

2）经常使用 KILL、KV300、CPAV 等防治病毒软件检查计算机硬盘，以检查并清除可能存在的病毒。使用这些软件时必须使用无毒的系统软件启动计算机，否则这些软件可能会不起作用。

3）安装防病毒卡。

4）对已感染上病毒的存储设备除非万不得已，最好是进行格式化。

5）对定期发作的病毒，在病毒发作日尽量不使用计算机，在必须使用计算机时应修改计算机机器时。

需要特别强调的是，重要程序和数据文件一定要多做几份备份，这是防止病毒危害最简单的有效措施。

**（二）软件的安全控制设计**

软件是计算机系统的重要组成部分，对软件特别是应用软件的控制应从软件的开发阶段就加以控制，并使这种控制贯穿于整个软件的使用过程。软件的安全控制应包括：

1. 开发设计过程的控制

计算机会计系统的大量工作是由计算机在程序的控制下集中自动完成的。大量的内部控制措施也是采用计算机技术通过程序来实现的。自主开发会计软件的单位，对系统开发设计应进行严格控制以保证系统的开发更有效，开发出的软件质量更高，并可为审计查账工作带来便利。这种控制包括：

保证系统程序设计严格按照会计法、会计准则和会计制度进行，促使开发人员在系统中设计必要的内部控制措施、数据跟踪功能甚至专为审计服务的程序段和标准数据输出功能等。

商品化会计软件大都经过财政部门的评审，因此这些软件一般都满足以上要求。对使用商品化会计软件的单位，主要是了解系统具有哪些控制措施并在使用中如何严格执行。

2. 加密控制

机内运行的程序文件必须进行加密处理或者其他保护措施，防止程序被非法篡改，不允许运行系统的源程序。使用时还应定期检查运行中的会计软件的完整、可靠性，以保证软件正常工作。需要特别注意的是，目前国内的商品化会计软件大都使用 FOX 系列的数据库进行数据管理，FOX 系列数据库的程序文件可以编译并加密，但数据文件无法加密，因此数据文件全部都是开放的。因此必须建立严格的管理措施，防止有人绕过系统安全控制，擅自打开数据库文件篡改数据库内的会计数据。

3. 修改控制

对于自主开发的会计软件有时需要进行修改或功能扩展。会计软件的修改必须经过审批，在财务主管的组织监督下实施。修改后的软件必须经过严格的测试并形成必要的文档资料存档保管。

4. 维护控制

软件维护是指当单位的会计工作发生变化而使软件修改和软件操作出现故障时进行的修复工作，其内容主要包括操作维护和程序维护。操作维护主要是日常维护工作，程序维护包括正确性维护、完善性维护、适应性维护等。

商品化会计软件的程序维护由销售厂家负责，单位负责操作维护，对于自行设计的软件，程序维护应由系统维护员维护。

## 第五节　电算化会计核算系统的具体设计

电算化会计核算系统的设计包括会计科目及其代码、记账凭证、会计账簿、会计报表、账务处理程序和会计数据录入方法的设计。

### 一、会计科目及其代码的设计

会计科目是组织会计核算的重要依据。在电算化条件下，会计科目作为账务处理系统的一个基础，在整个账务处理过程中至关重要，任何账务处理系统在使用前都必须设计会计科目。

#### （一）会计科目代码设计的意义

在手工方式下，会计科目是以汉字命名的，但因汉字名称难以反映出科目间的逻辑关系，所以不适合直接用计算机进行处理，必须对会计科目进行统一编码。在电算化方式下，对会计科目进行编码具有非常重要的意义。

(1) 促进会计核算的规范化和标准化，使计算机处理简单化。

(2) 可节约计算机内外储存空间，提高处理速度。科目编码比科目名称占用存储单元少，所以很多账务数据库中可以只保存科目编码而不必要保存科目名称。这样可以节约存储空间，减少资源浪费，同时提高运算速度和正确性。

(3) 便于反映科目的层次关系。例如，5001是“生产成本”的一级科目，二级科目“基本生产成本”用500101表示，从科目代码上很快就能看出上下级关系。

(4) 减少汉字输入工作量，提高输入速度。在所有需要录入科目的地方都可以科目编码输入，大大提高了科目的录入速度。

(5) 编码具有唯一性等特点，便于计算机识别。计算机利用编码作为数据处理的关键字，便于数据的检索、排序、分类和汇总。

#### （二）会计科目编码的原则

1. 唯一性

一个科目代码只能代表一个会计科目，不允许有相同的科目代码存在。对于这一点，系统在程序中一般要进行控制。

2. 统一性

为了保证会计指标在一定范围内加以汇总、分析研究，要求代码设计注意上（汇总部门）下（基层企业）口径一致。

3. 便利性

在满足管理的前提下要适合计算机处理。科目的编码是作为输入数据的一部分输入计算机的，因此编制的代码必须适合于计算机处理，易于计算机识别和分类。

4. 助记性

会计科目代码既要适合于计算机处理，同时又要使代码的构成简单明了，含义单纯，容易记忆，便于会计人员使用。

5. 简单性

会计科目的代码应在保证需要的前提下位数愈少愈好，代码位数过多，不便记账，增加了出错的机会，增加了输入的工作量，并使运算速度有所降低，但代码的简单也要适当合理。

6. 扩展性

随着会计业务的不断变化，会计科目也会有所变化，因此，在设计会计科目的编码时，必须为以后会计科目的增删留下余地。

7. 层次性

为了保证计算机处理的正确性，在进行会计科目的编码时，先要从一级科目设起，再向下设置明细科目，明细科目的编码应由统一科目编码加上明细科目序号构成，即要求从科目编码能看出科目间的层次关系。

8. 就高性

在明细科目的设计中，同一级明细科目可能有的项目多，有的项目少，在设计同级明细科目位数时，应以项目最多的作为依据确定其代码的位数。

9. 辅助性

为了满足辅助核算和管理的需要，在科目编码时，必须给一些科目设置属性，如部门、项目、单位往来、个人往来等，在输入完科目后，系统自动根据该科目的属性提示操作员输入不同核算和管理数据，以便管理者及时获取所需信息。

在计算机内部处理中常以会计科目编码为主，以会计科目名称为辅。在系统查询打印输出时主要使用汉字科目名称，这样直观方便，符合会计人员的习惯。

**（三）会计科目的编码方法**

（1）组码。将会计科目从规定号起至规定号止，连续编号。如下所示是表示一级科目：

1000～1999 表示资产类科目；

2000～2999 表示负债类科目；

3000～3999 表示共同类；

4000～4999 表示所有者权益类科目；

5000～5999 表示成本类科目；

6000～6999 表示损益类科目。

（2）层次码，也叫位别码，用不同的位数代表不同的层次。例如：

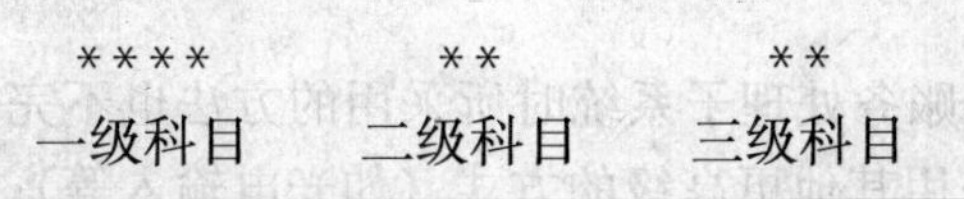

本例中会计科目代码位数为8位，一级科目为前4位，二级科目为第5位和第6位，三级科目为第7位和第8位。

(3) 十进制分组归类码。在明细科目设计中，如果明细项目小于9就用一位表示，如果明细项目大于9且小于99就用两位表示，如果明细项目大于99且小于999就用三位表示。

## 二、记账凭证的设计

目前，会计电算化输入信息的来源主要是记账凭证，故应当认真设计。

### (一) 记账凭证设计的原则

1. 统一性与标准化

手工方式下的记账凭证分为三大类九种，一是统一格式的记账凭证；二是分为现金、银行、转账（有的则分为收款、付款、转账）三种记账凭证；三是分为现收、现付、银收、银付、转账五种凭证。传统的记账凭证分类有其原因，一是查找凭证的方便，二是便于分类核算。

实现会计电算化后，查找凭证的方法增多了许多，如可以按凭证号查找，可以按会计科目查找（借方科目有现金，就是现收凭证），可以按摘要中的文字查找，可以按金额查找等。因此，记账凭证的输入格式应尽量统一，使用标准的记账凭证输入格式。通过统一格式中的凭证类型作标志来区分记账凭证的种类。这样，不但能做到查找方便、迅速，而且省去了操作上的麻烦，提高了计算机处理的速度。

2. 简易性

为了减少输入环节的错误，在进行输入格式的设计时，一要尽量减少填写项目，采用固定的或自动生成的数据代替，如年、月、日、凭证号等；二是汉字尽可能用代码输入，显示屏显示汉字，同时提供代码在线帮助；三是经计算机校验后发现错误，用提示指出。

3. 程序化

为了满足输入内容的检验和纠错的需要，应将检验的方法设计在程序中。如输入记账凭证时，将试算平衡的检验设计在程序中由计算机自动检验是否借贷平衡。

### (二) 记账凭证的输入来源及输入格式

1. 输入来源

电算化条件下账务处理子系统的记账凭证有三个来源：一是人工凭证，指手工对原始凭证进行处理后编制的凭证；二是机制凭证，指已经实现计算机处理的业务子系统（如材料、工资、固定资产等子系统）对原始凭证进行处理后自动产生的凭证；三是派生凭证，指账务处理子系统自身产生的新凭证，这主要是在月底对转账业务编制的记账凭证，如结转利润所编制的凭证等，这些凭证不是根据原始凭证而是根据已有的记账凭证编制而成的。无论是哪种记账凭证，都必须设计如下内容：日期、凭证号、摘要、会计科目、金额、附件、各种签章。

2. 不同记账凭证的输入方式

由于记账凭证来源不同，在将其输入账务处理子系统时所采用的方法也不完全相同。对于人工凭证，可采用键盘输入方式或采用其他更高级的方式（如光电输入等）；对于派

生凭证，可采用自动传输的方法，如可按照标准的记账凭证随时写入这个文件，然后在账务处理子系统通过一定的方法将这些凭证读过来；对于机制凭证，编制方法有两种：一种是各业务子系统根据会计上要求的将原始数据进行整理后按标准的凭证格式直接编制凭证，存于本系统内供账务子系统调用；另一种是专门建立一个自动转账子系统，各子系统按会计上要求的一定的格式对原始数据进行加工，经过加工后的数据最后汇集于自动转账子系统，统一编制记账凭证。派生凭证也可以采用类似的方法，即在账务处理子系统编制后在自动转账子系统编制。

3. 人工记账凭证的屏幕输入格式

人工记账凭证的屏幕输入格式有三种：

第一，借贷金额式，如表18—1所示。该种格式能清楚地反映借贷方的合计发生额，并符合会计人员的习惯，但在带有外币核算的情况下，“借方金额”、“贷方金额”两栏需要拆成借方外币、借方人民币、贷方外币、贷方人民币四栏，屏幕难以容下这么多栏目。

**表18—1　借贷金额式记账凭证**

凭证类别：　凭证号：　年　月　日　附件　张

| 摘　要 | 会计科目 | 借方金额 | 贷方金额 |
|---|---|---|---|
| | | | |
| 合　计 | | | |

第二，借贷科目式，如表18—2所示。该种格式虽然不像借贷金额式能同时反映借方贷方合计数，但对于带有外币核算的单位，只需拆金额一栏，就能在同一行同时反映外币和人民币的数值，这样既能保证内容完整，又不超过屏幕宽度。

**表18—2　借贷科目式记账凭证**

凭证类别：　凭证号：　年　月　日　附件　张

| 摘　要 | 借方科目 | 贷方科目 | 金　额 |
|---|---|---|---|
| | | | |
| | | | |

第三，借贷标准式，如表18—3所示。借贷金额式和借贷科目式的共同特点是通过两个栏目区别借贷方，而借贷标准式是通过一个“借贷”标志栏识别借贷方。因此，大大减少了凭证的宽度，即使是带外币核算，也能在屏幕上显示出所有的栏目，有利于计算机处理。

**表18—3　借贷标准式记账凭证**

凭证类别：　凭证号：　年　月　日　附件　张

| 摘　要 | 借/贷 | 会计科目 | 金　额 |
|---|---|---|---|
| | | | |
| | | | |

## 三、会计账簿格式的设计

### (一) 输出方式的设计

会计电算化后，会计账簿的输出方式主要有打印输出、显示输出、存储设备输出、网络传输等。

1. 打印输出

从计算机硬件设备来说，凡存储在机内的数据都可以打印，而且打印介质是纸张，阅读、传递等符合人们的习惯。但从实际效果分析，由于会计信息系统处理的信息量很大，要全部打印，既不经济，日后查阅也不方便。因此，要根据信息使用的情况来决定是否需要打印。通常需要打印的会计账簿如下：

一是日记账。由于日记账是序时记录所有货币资金运动的账簿，经济领域的违法犯罪活动很大部分会通过货币资金反映出来；又由于货币资金要“日清月结”，定期与库存现金或银行对账单核对，加之大部分国家的法律都承认日记账具有法律效力，因此，有必要以纸张介质作为审计线索保存下来。

二是总账科目试算平衡表。在电算化系统中可以方便地定期输出试算平衡表，实时反映每一总账科目的发生额与余额，帮助业务人员及时掌握资金动态，控制资金流向，又能从平衡角度验证错误。此外，它还可以代替总账。

2. 显示输出

显示输出主要是用于查询。除了上述需打印输出的内容外，其余账簿都可用显示输出方式。一方面节约时间与纸张，另一方面又加快了查询速度与系统效率，真正发挥了计算机的效能。可以显示输出的账簿：一是明细账。由于打印的量大，加上格式的繁多及打印的经济性，故只需显示输出即可。同样，在设计输出格式中，也要考虑格式的阅读习惯及需要，以备个别账户打印输出的需要。二是备查账等。凡是查询的各种账簿，一般情况下用显示输出即可以满足要求，不必打印。

3. 存储设备输出

凡是需要长期保存的数据文件，无论是否已经打印输出，都要拷贝，按时间存储，在存储设备上注明内容、日期、拷贝人等。存储设备输出有三方面作用：一是用较小的空间代替纸张存储大量的信息；二是查询方便；三是可以核实打印输出与存储设备存储信息的可靠性。

4. 网络传输

对于集团化的单位，根据需要可以设计网络传输方式，以适应集团集中管理与信息传递的需要。

### (二) 会计账簿格式的设计

会计账簿格式的设计应尽可能符合用户的要求，又要考虑计算机本身的特点。

1. 总账科目试算平衡表格式的设计

可以采用本期发生额和余额的格式，如表 18—4 所示。

表 18—4　　总账科目试算平衡表

年　月　日

| 科目名称及代码 | 期初余额 | | 本期发生额 | | 期末余额 | |
|---|---|---|---|---|---|---|
| | 借方 | 贷方 | 借方 | 贷方 | 借方 | 贷方 |
| | | | | | | |
| | | | | | | |
| | | | | | | |
| 合　计 | | | | | | |

2. 总账

适应计算机的特点，根据企业核算的需要，可以用月底输出的总账科目试算表代替总账。

3. 明细账

手工会计明细账格式有三栏式、多栏式、数量金额式。实现会计电算化后明细账也有统一的必要。由于不少科目的分类级数多，一级科目可统驭近几十个二级科目，一个二级科目可统驭更多的三级科目，这样的多栏式明细账打印出来也不整齐划一，在显示屏上的显示也不完整，前面我们已经要求明细账不用打印输出形式，所以，无论一个科目要统驭多少个下级科目，都不必更改输出格式，只需在科目代码中表示出来即可，因此，明细账可以统一为三栏式。

## 四、会计报表的设计

### (一) 报表设计技术的发展

为了便于了解会计报表的系统的设计，有必要对会计报表软件系统技术的发展有一个简单的认识。

1. 第一代会计报表的系统

目前一些会计软件公司的产品仍是这个类型：会计报表系统以账务处理为依托，经历了从专用到半通用、最后到通用的发展过程，形成了第一代商品化会计软件系统。报表编辑方式从行编辑发展到所见即所得的编辑，报表数据的取得通过提供的报表取数函数获得。不需要手工录入，有的系统还提供了财务方面的功能。

第一代会计报表系统的不足主要是财务分析、决策函数功能不足，报表打印输出不够美观，缺乏统计图形等。

2. 第二代会计报表的系统

第二代会计报表系统主要是将会计报表系统和账务系统独立开来，并加入了很多功能，如生成统计图形等，同时竭力对 Excel 等电子表格软件功能克隆。不足之处在于不仅克隆的 Excel 和真正的 Excel 相比仍有很大差距，而且 Excel 升级很快，依目前国内会计软件公司的实力远赶不上微软的 Excel 发展速度。

3. 第三代会计报表的系统

第三代会计报表系统是利用 Excel 等通用电子表格软件作开发环境进行深层次开发，并能随 Excel 等的升级而自动获得更强大的功能。

**(二) 会计报表格式的设计原则**

电算化条件下会计报表格式的设计应遵循以下原则：

1. 标准化

对于对外提供的会计报表要按照新的会计制度的要求设计。

2. 单元性

无论是打印输出还是显示输出，尽可能以物理规格（如前者每页66行、132列；后者每页24行、80列）为一单位，不至于显得支离破碎。

3. 最大化

在决定输出位数时，要考虑编辑结果的最大位数。

4. 发展性

格式设计要考虑系统的发展的需要。在设计时一般都在原格式中留有备用项目与可扩展数据的长度。

5. 适用性

对内提供的内部管理报表的输出格式应尽可能符合用户的要求。还可以利用计算机的优势制作各种分析图形，如生成反映各下属部门利润情况的直方图、反映利润发展情况的折线图、反映比例关系的扇形图等。

6. 系统化

电算化会计报表应当和账务处理系统一体化和系统化。由于电算化会计报表应当从账务处理系统中提取相应的数据自动生成会计报表，所以在电算化会计系统的账务处理与报表处理两个子系统之间，应当备有接口文件，设置会计报表数据生成的途径，以便自动生成报表所需要的各种数据。

**(三) 通用会计报表系统的设计**

由于目前通用会计软件已成为企业的主要选择，因此，这里主要就通用会计软件会计报表系统的设计进行说明。通用会计报表系统需要用户自己进行的设计主要是报表的初始化设计，其包括：

1. 报表格式的设计

对外提供的报表格式按照会计制度规定的标准，结合通用电子表格，如Excel的设计方式进行设计，也可以直接套用模板提供的标准格式。对内提供的报表格式由企业自行设计。

2. 报表项目计算公式的设计

由于电算化条件下报表编制需要由用户自己定义报表项目及取数来源，因此实现方式有两种：一是直接输入方式，由用户直接定义每个报表数值单位的取数公式，即函数表达式。二是引导输入方式，即采用屏幕引导输入选择输入的方式。

3. 报表钩稽关系的设计

在会计报表中，不仅表内存在着某些钩稽关系，而且报表之间也存在钩稽关系。利用钩稽关系对报表进行检查是保证报表正确性的重要手段，根据报表内部和报表之间的钩稽关系，可以定义审核公式，产生报表审核方法。

4. 报表打印参数的设计

为了美化报表打印输出的效果，报表处理软件一般都提供报表打印输出参数设置功

能，用户可以根据需要设计字体、字形、行间距、列间距、打印份数等内容。

**（四）财务报告的报送方式的设计**

在电算化条件下，可以利用计算机的通讯功能进行财务报告的传送，主要有以下几种方式：

1. 存储设备传输

即单位将由会计软件生成的财务报告拷贝到存储设备中，然后将存有财务报表的存储设备送给有关部门。由于财务报告已经存储在存储设备中，这些部门可以通过计算机阅读、汇总、分析收到的财务报告，提高工作效率。

2. 通信传输

即通过电话线路专用的通讯设备（调制解调器也叫 MODEN，传真卡也叫 FAX 卡）进行连接并传输财务报告。利用这种方式，往往只需要几秒钟就可以传输财务报告，迅速、准确、方便。

3. 网络传输

根据网络的不同，网络传输可以分为局域网传输或广域网传输两类。

有些单位建立了计算机局域网络环境，在局域网环境中利用会计软件对多个单位进行会计核算工作，在网络内通过网络连线进行财务报告的传输，以便集团公司总部或其他单位利用某单位的会计核算数据和财务报告，这种方式在一些集团公司内部使用比较多。

大多数集团公司的子公司或部门的下属单位分布范围比较广，有的分布在全国各地，甚至国外还有子公司。这种情况下，有的公司建立了广域网，把分布在各地的单位连接起来。在这种广域网环境下传输财务报告，效率非常高。

随着计算机技术的发展，特别是 INTRANET、EXTRANET、INTERNET 技术在我国的普及应用，许多单位利用这种技术进行财务报告的传输和信息发布。

## 五、账务处理程序的设计

手工的账务处理程序有多种选择，主要是为了简化登记总账的工作量。会计电算化后，账务处理程序的设计有两种方案可取：一是按目前的经济状况与开发水平，基本按手工系统的方式进行系统移植，其中通用的会计软件应选择普遍的账务处理程序，如科目汇总表的账务处理程序；专用的会计软件可以根据企业的需要选择最适宜的账务处理程序。二是较为理想的全自动处理程序，在这种程序下，可分别具体情况进行：

（1）会计凭证磁性化（或用条形码）。在规格化会计凭证上，用磁性墨水书写（或打上条形码），由阅读机识别后将数据传送到计算机。

（2）计算机内以“资产负债表”，“利润表”、“现金流量表”三大报表为中心分别对数据进行处理，同时辅以成本核算模块程序。

（3）由用户定义输出形式与结果、输出设备（显示器、打印机），提供查询与打印。

电算化系统的账务处理程序不因企业的不同或成本核算对象的不同而不同，相反，成熟的电算化系统应当用同一模式来处理会计业务。成本核算只是其中的小部分程序，随着计算机技术的发展和成本核算的进一步规范化，可以将不同行业的成本核算程序以软件固化形式拼装在计算机里。这样，从会计凭证到会计报表，一切手工系统的中间过程都不必与使用者见面，而任何要求的输出都能得到满足。

## 六、会计数据录入方法的设计

由于数据在计算机内部的出错可能性很小，绝大多数错误都产生于原始记录和录入的手工作业中，因此，保证会计数据正确性的关键就是保证录入的正确性。所以，如何改善与原始数据采集有关的手工作业，减少出错率，以及选用最有效的方法方便用户录入操作并查出有错的数据，就成为会计数据录入设计的核心内容。

理想的数据录入方式设计不仅可以保证数据的正确性，还可以通过尽量减少数据输入，以减少出错的可能性，并保证不重复输入数据以及同一来源的数据在同一输入格式下输入。

### （一）输入方式的设计

目前，会计电算化输入信息的来源比较杂乱，有直接根据原始凭证输入的，有根据记账凭证输入的，企业应根据系统的需要和可能来对输入方式进行选择。常用的输入方式有：

1. 键盘输入

也叫终端输入，它是常规的数据输入方式，输入内容随即可见，便于修改，价格适当，是一种人机交互方式，系统运行效率与正确性主要取决于操作员而不是计算机。因此要规范操作员的行为，并提供一系列的校对措施来保证输入数据的正确性。

2. 网络或通讯传输

通过EDI或E-mail等方式进行局域网或远程的数据交换。缩短了两地的时空距离，加快了数据的传输效率，为信息共享和使用提供了重要的传输手段。这种方式的实现除了要有一系列的硬件设备外，还要有相应的网络传输协议和数据标准。

3. 扫描仪输入

小型的可阅读条形码，台式的可阅读文字、图片，正确率尚未达到100%。

4. 光笔

代替手工击键，在书写板上书写的文字可转换成电脑字符，速度一般，识别率尚不高。

5. 语音输入器

将声音转为电脑字符，速度一般，产品未普及。

6. 磁卡阅读器

信息保存在磁卡上，经机器阅读后可转换成电脑字符，速度快，但磁卡容量小。

### （二）输入数据的校验控制方法的设计

为了保证会计录入的正确性，应在会计数据录入时进行输入数据的校验。输入校验控制应坚持计算机程序控制为主、人工控制为辅的人机结合原则，实施严格的输入控制，常用的输入校验控制方法主要有：

（1）数据结构校验。对数据类型、长度、小数位的校验。

（2）顺序校验。如对记录、凭证号进行顺序校验，检查是否遗漏或重复。

（3）平衡校验。如对记账凭证金额、科目期初余额、报表进行试算平衡校验。

（4）合法性校验。也叫匹配校验，如科目存在校验、凭证对应关系校验。

（5）批量总数校验。如对凭证张数、金额合计校验。

（6）二次输入校验。如对同一批数据输入两次，输入后由计算机逐项核对，不一致则拒绝接受并强制修改。

（7）目测校验。对输入的屏幕显示进行人工核对以校验其是否正确。

（8）界限校验。对输入数据确认一个合理范围以校验输入的正确。

（9）校验码校验。对重要的数据设计校验码，可以避免输入错误的代码。

**（三）会计数据录入的方法的管理**

在电算化条件下，还应规定以下会计数据录入方法的管理制度：

（1）如果凭证错误，应由原制作人修改，录入人员不得更改。

（2）输入到系统的数据在没有转入到下一个过程之前，可以由操作员自行修改。

（3）如果已进入下一步的错误数据，应由有相应权限的人修改，可用类似于红字冲销或补充登记的方法进行修改。

# 第六节　电算化会计日常操作程序设计的注意事项

电算化会计从硬件的安排、软件的安装及其初始化到日常会计数据的输入、输出处理都必须按着先后顺序，抓住要点，进行周密严谨的设计，忽略或弄错了任何一个环节，都会带来后患。日常操作具体程序设计须注意事项，可参考如下内容：

## 一、硬件安排与调试

（1）阅读随机资料及用户安装作用手册等。

（2）检查用户数量、特制附属设备、附件、备件数量。

（3）按安装要求进行安装。

（4）进行必要的测试和运行。

（5）按设备验收统一要求填制验收单。

（6）建立设备卡片，注明备件、附件及附属设备、随机工具等。

（7）由系统管理员、开发人员及有关厂家服务人员参与。

## 二、软件安装与调试

（1）学习操作手册及有关开发文档。

（2）对软件进行备份，原软件及必要文档交数据管理员。

（3）对备份软件进行安装与调试。

（4）填写安装调试记录，内容包括人员、时间、软件名称、内容备份等情况。

（5）由数据维护员及系统管理人员验收调试记录。

（6）将安装调试后软件及硬件交付数据维护员。

## 三、各类操作人员操作基本规定

（1）上机必须输入口令。

（2）操作运行中离开工作现场的，必须退出系统。

（3）妥善保密口令。

（4）不得使用来历不明的软件、游戏软件和非数据维护人员发放的磁盘。

（5）每次上机必须填写上机记录。

（6）每次操作完毕必须退出系统，并做好备份。

（7）不得越权操作，出现故障及时报告。

## 四、编码口令设置与初始化

（1）首先应经系统管理员批准设口令，包括自身口令。

（2）口令只能由系统管理员、数据维护员和各自操作人员掌握。

（3）执行新的会计制度，更换数据维护员，操作人员口令必须更换。

（4）其口令必须能标识操作人员姓名。

（5）共享公共代码，必须由数据维护员设置，如一级科目代码。

（6）公共代码维护只能由数据维护员进行，其他任何人员无权修改。

（7）代码应打印出代码簿，交付有关使用人员并归档。

（8）可以增加代码，已使用的代码除重新开发软件外，不得删除修改。

（9）初次使用由数据维护员输入有关初始数据，如期初余额。

（10）一定的会计期间，月、季、年末应检查数据处理正确性和备份情况。

（11）新会计年度开始，在检查完整备份正确的基础上，可以清理工作磁盘并转入新的初始数据。

## 五、数据准备

（1）填制、取得审核原始凭证经济业务。

（2）填制记账凭证。

（3）正确更正记账凭证错误。

## 六、人工审核数据

（1）审核原始凭证。

（2）审核原始凭证与记账凭证是否相符。

（3）摘要是否规范、正确、简明。

（4）分录是否正确。

（5）代码是否正确。

（6）其他内容是否齐全。

（7）经审核无误的凭证由审核人员签章后交付数据输入员。

（8）不真实、不合法的凭证拒绝受理。

（9）不正确、不完整、不符合要求的凭证退回补填或更正。

## 七、数据输入

（1）严格执行上述关于各类操作人员操作基本规定。

（2）必须经审核人员审核（手工审核与机器输入审核合并除外）并由有关人员签章，制单、审核、经办人、出纳等签章后方可输入。

（3）按软件提供的输入项目和要求输入，收付款凭证必须每日输入，其他凭证视情况选择输入日期，但每月必须全部输入。

（4）每项业务输入后必须自审一次，保证与手工凭证严格一致方可结束此次输入，再进入下一次输入。

（5）输入完成后在输入手工凭证上签章并交付机器输入审核员。

（6）不允许对手工凭证做任何更改，发现错误可停止输入，退回审核员或准备人员，或按错误输入告之审核员。

（7）输入后必须自作备份留存和必要的打印输出。

（8）打印机制记账凭证并签字，同手工凭证一样附原始凭证传递保管。

## 八、机器输入数据审核

（1）严格执行各类操作基本规定。

（2）重要数据进行二次输入。

（3）机器进行自动逻辑检查并进行揭示。

（4）显示对照检查，正确无误后加上审核标志。

（5）打印必要的审核记录，如科目汇总表、错误凭证通知等。

（6）正确凭证交还数据准备人员。

（7）凭证输入错误退还输入员，手工凭证错误退还数据准备人员。

（8）科目汇总表一式两份，一份附凭证之前装订成册，一份交加工操作人员。

## 九、计算机计算和转录查询

（1）严格执行各类操作人员具体规定。

（2）对上次操作备份数据进行复核。

（3）对输入数据的审核进行检查，机内数据是否有审核标志、科目汇总数是否与打印汇总表一致。

（4）计算、转录必须按规定程序进行，日记账每日计算一次，月底前必须全部处理完毕所有业务。

（5）查询必须符合查询范围，不得扩大查询范围。

（6）可以进行局部代码和数据维护操作，必须在授权范围内。

（7）每次操作后必须进行备份。

**拓展区**

阅读光盘中《会计电算化管理办法》、《会计电算化工作规范》、《会计核算软件的基本功能规范》和《会计基础工作规范》，了解与本章内容相关的知识。

## 【本章小结】

本章讲述的是会计制度较为重要的一个发展方向——电算化会计制度。它是系统了解本书、加强对会计制度发展认识的一个不可或缺的方面，也是与企业会计实际操作紧密联系的一个部分。

## 【复习思考题】

简述电算化会计与手工会计的区别与联系。

**☞阅读光盘“例题分析”中的本章内容，掌握解题技巧。在40分钟内完成光盘“即时练习”中的本章练习。光盘的“关键概念”提供了相关概念的检索。**

# 主要参考文献

1. 徐政旦，姚焕廷，朱荣恩．会计制度设计．上海：上海财经大学出版社，1996

2. 张以宽．会计制度设计．北京：中国财政经济出版社，2001

3. 郑石桥，周永麟，刘华．现代企业内部控制系统．上海：立信会计出版社，2000

4. 高平阳，陈红明．新编会计管理制度与表格设计范本．北京：企业管理出版社，2003

5. 高莹，万里霜，阎至刚．审计学原理与实务．北京：清华大学出版社、北京交通大学出版社，2005

6. 中华人民共和国财政部．企业会计制度．北京：经济科学出版社，2001

7. 张云亭．顶级财务总监．上海：上海财经大学出版社，2003

8. 中华人民共和国财政部注册会计师考试委员会．财务成本管理．北京：中国财政经济出版社，2005

9. 中华人民共和国财政部注册会计师考试委员会．会计．北京：中国财政经济出版社，2006

10. 中华人民共和国财政部．企业会计准则．北京：经济科学出版社，2006

11. ［美］托马斯·麦基．现代分析审计．北京：中国铁道出版社，1999

**图书在版编目（CIP）数据**

会计制度设计（第二版）/阎至刚编著.
北京：中国人民大学出版社，2010
21 世纪远程教育精品教材·经济与管理系列
ISBN 978-7-300-12641-8

Ⅰ.①会…
Ⅱ.①阎…
Ⅲ.①会计制度-设计-远距离教育-教材
Ⅳ.①F233

中国版本图书馆 CIP 数据核字（2010）第 169949 号

21 世纪远程教育精品教材·经济与管理系列
**会计制度设计（第二版）**
阎至刚　编著

---

| | | | |
|---|---|---|---|
| **出版发行** | 中国人民大学出版社 | | |
| **社　　址** | 北京中关村大街 31 号 | **邮政编码** | 100080 |
| **电　　话** | 010－62511242（总编室） | | 010－62511398（质管部） |
| | 010－82501766（邮购部） | | 010－62514148（门市部） |
| | 010－62515195（发行公司） | | 010－62515275（盗版举报） |
| **网　　址** | http://www.crup.com.cn | | |
| | http://www.ttrnet.com(人大教研网) | | |
| **经　　销** | 新华书店 | | |
| **印　　刷** | 秦皇岛市昌黎文苑印刷有限公司 | **版　　次** | 2006 年 12 月第 1 版 |
| **规　　格** | 185 mm×260 mm　16 开本 | | 2010 年 9 月第 2 版 |
| **印　　张** | 23.75 | **印　　次** | 2014 年 7 月第 4 次印刷 |
| **字　　数** | 577 000 | **定　　价** | 45.00 元 |

---